社会主义核心价值教程

李进金 ◎ 主编

Shehui Zhuyi Hexin
Jiazhi Jiaocheng

图书在版编目(CIP)数据

社会主义核心价值教程/李进金主编. —北京：北京大学出版社，2015.9

ISBN 978-7-301-26284-9

Ⅰ.①社… Ⅱ.①李… Ⅲ.①社会主义建设—价值论—中国—高等学校—教材 Ⅳ.①D616

中国版本图书馆CIP数据核字(2015)第201411号

书　　　名	社会主义核心价值教程
著作责任者	李进金　主编
责 任 编 辑	魏冬峰
标 准 书 号	ISBN 978-7-301-26284-9
出 版 发 行	北京大学出版社
地　　　址	北京市海淀区成府路205号　100871
网　　　址	http://www.pup.cn
电 子 邮 箱	zpup@pup.cn
新 浪 微 博	@北京大学出版社
电　　　话	邮购部 62752015　发行部 62750672　编辑部 62750673
印 刷 者	北京虎彩文化传播有限公司
经 销 者	新华书店
	890毫米×1240毫米　A5　12.125印张　337千字
	2015年9月第1版　2024年1月第6次印刷
定　　　价	48.00元

未经许可，不得以任何方式复制或抄袭本书之部分或全部内容。

版权所有，侵权必究

举报电话: 010-62752024　电子邮箱: fd@pup.cn

图书如有印装质量问题，请与出版部联系，电话: 010-62756370

目 录

绪论　从优秀文化传统"接着讲"核心价值观
　　——以儒家"大人"之"仁"思想为中心 …………（1）
　　一、社会主义核心价值观与中国传统文化
　　　　的关系 ……………………………………………（2）
　　二、论"大人"之"仁"的核心价值 ………………（4）
　　三、社会主义核心价值观是两个向度
　　　　深化的成果 ………………………………………（7）
　　四、社会主义核心价值观对中华文明的深度挖掘与
　　　　创造性继承 ………………………………………（10）

第一章　自觉践行社会主义核心价值观 ……………（15）
　　一、为什么要倡导核心价值观 ……………………（15）
　　二、国家层面的价值目标：富强、民主、文明、和谐 ……（19）
　　三、社会层面的价值目标：自由、平等、公正、法治 ……（22）
　　四、个人层面的价值目标：爱国、敬业、诚信、友善 ……（27）
　　五、让核心价值观成为做人的灵魂 ………………（30）

第二章　富强 …………………………………………（34）
　　一、富强价值观的思想渊源 ………………………（34）
　　二、富强作为核心价值观重要目标的基本蕴涵 ……（45）
　　三、富强作为价值观的有效践履 …………………（56）

第三章 民主 (71)
一、民主是多数人的统治 (75)
二、个人自由和民主统治之间有无必然联系 (81)
三、专制与寡头以及有限君主制国家:谁是主人 (88)

第四章 文明 (96)
一、文明的含义 (97)
二、文明作为核心价值观的应有之义 (110)
三、文明价值观的践行方略 (117)

第五章 和谐 (135)
一、世界是冲突的还是和谐的 (135)
二、和谐之于文明共生的意义 (140)
三、和谐——最高的智慧和道德境界 (142)
四、和谐中国、和谐世界的愿景 (147)
五、和谐价值观的五个层次 (149)

第六章 自由 (163)
一、没有钱买面包就是没有买面包的自由吗 (163)
二、若为自由故 (167)
三、自由原则 (172)

第七章 平等 (178)
一、人性是人权的依据吗 (178)
二、获得补偿是弱势群体的权利 (185)
三、每个人只顶一个 (189)
四、两种经济平等:按劳分配与按需分配 (193)
五、机会是否应该完全平等 (195)

第八章 公正 (202)
一、勇救溺水者无所谓公正不公正 (203)
二、涌泉之恩滴水相报无所谓公正不公正吗 (207)
三、狗享有权利和负有义务吗 (214)

  四、一个人所享有的权利应该少于他所负有
    的义务吗…………………………………………（222）
  五、一个人所行使的权利应该少于他所履行
    的义务吗…………………………………………（226）
  六、论功行赏…………………………………………（230）
  七、用人如器…………………………………………（234）

第九章 法治……………………………………………（242）
  一、"法"的起源及传统文化中的"法"………………（244）
  二、依法治国的提出及实施…………………………（251）
  三、建设法治社会需要全社会的努力………………（257）
  四、大学生法治思想的培养…………………………（264）

第十章 爱国……………………………………………（273）
  一、爱国的基本内涵…………………………………（273）
  二、爱国主义的历史渊源……………………………（278）
  三、爱国主义的当代价值……………………………（285）
  四、做忠诚理性的爱国者……………………………（297）

第十一章 敬业…………………………………………（306）
  一、敬业与敬业精神…………………………………（306）
  二、敬业精神的历史审视……………………………（312）
  三、培育社会主义的敬业精神………………………（324）

第十二章 诚信…………………………………………（334）
  一、"诚以动人"的情感力量 ………………………（334）
  二、"言必信"——道德的高标 ……………………（341）
  三、"信"的力量 ……………………………………（343）
  四、"诚信"——中国近世社会的价值观 …………（344）
  五、诚信价值观与契约精神…………………………（349）

第十三章 友善…………………………………………（361）
  一、友善是什么………………………………………（361）

二、传统文化中友善的丰富内涵……………………（363）
三、友善文化的现实传承……………………………（365）
四、关于培育友善品格的思考………………………（371）
五、构建公民优秀品格的统一体……………………（381）

后　记……………………………………………………（384）

绪论
从优秀文化传统"接着讲"核心价值观
——以儒家"大人"之"仁"思想为中心

提要

社会主义核心价值观是马克思主义中国化和我国优秀传统文化相结合的理论结晶。以儒家"大人"之"仁"思想为核心的中华文明不断马克思主义化,与马克思主义中国化的进程相结合。在优秀传统文化传统的根基上"接着讲",弘扬社会主义核心价值观的理论精髓和现实意义。在对待中华民族优秀文化传统的眼光和态度方面,我们必须在理论的广度和深度上,扬弃其糟粕,汲取其精华,使之成为马克思主义价值观、世界观乃至哲学观的重要理论来源。

2012年11月,党的十八大报告提出倡导富强、民主、文明、和谐、自由、平等、公正、法治、爱国、敬业、诚信、友善24字社会主义核心价值观;2013年12月,中共中央办公厅发布《关于培育和践行社会主义核心价值观的意见》,文件指出:"富强、民主、文明、和谐是国家层面的价值目标,自由、平等、公正、法治是社会层面的价值取向,爱国、敬业、诚信、友善是公民个人层面的价值准则。"十八大以来,习近平总书记发表了一系列重要讲话,阐述中华文明中的优秀传统文化,深刻揭示我国优秀传统文化的本质内涵,深邃地把握中华文明与当下改革开放的关系,汲取中华文明的养分,提升与创新社会主义理论体系。习总书记对我国优秀传统文化具有深厚的感情,总书记说我们要"让收藏在禁宫里的文物、陈列在广阔大地上的遗产、书写在古籍里的文字都活起来"。

一、社会主义核心价值观与中国传统文化的关系

社会主义核心价值观根植于我国5000年优秀文化传统之中,是对以儒家思想为代表的优秀文化传统的继承与发展。儒家思想源起于上古三代,奠基于礼乐文明,内化于中华民族的生活和心灵之中,是传统社会与传统文化的主要精神形态。

有些外国学者将中国称为"儒家中国"(Confucian China),现代哲学家雅斯贝尔斯将儒家文化视为可与古希腊文化、基督教文化和佛教文化相媲美的少数几个具有人类文明意义的轴心式"伟大传统"。儒学思想体系的内涵博大精深,无所不包,广大悉备,"有天道焉,有人道焉,有地道焉"[1],其知识结构囊括了整个思想文化、理论学术,从形上学(本根论、人性论)到形下学(伦理学、知识论)的所有领域,涵摄了纯粹哲学、人生哲学、宗教哲学、道德哲学、政治哲学等学科,乃至一般文化、信仰、知识、技术、经济、民俗、家庭、社群等社会生活的方方面面。[2] 在儒家思想体系中,这些内容可以用"内圣——外王"结构(按:"内圣外王"语本出《庄子·天下》)加以表述。内圣是体,外王是用;内圣为格物、致知、诚意、正心,外王则是在修养身心的基础上齐家、治国、平天下;内圣是指道德实践,意在通过人性回归,希冀社会每一个体都具有君子的品格,最终臻至圣人的境界,外王是指以君子人格为内在根据,外化为实践,致力于履行社会责任,建构一个"天下为公"的和

---

[1] 朱熹:《周易·系辞下》,《周易本义》卷八,凤凰出版社2011年版,第91页。
[2] 曾振宇:《寻求至善:儒家仁学的特点与生命之乐》,《历史教学》2015年第1期。

谐世界。①

儒家思想的核心是"内圣"之学、德性之学,也就是《大学》所表述的"止于至善"的"大人之学"。朱熹说:"大学者,大人之学也。古之为教者,有小子之学,有大人之学。小子之学,洒扫、应对、进退之节,诗、书、礼、乐、射、御、书、数之文是也。大人之学,穷理、修身、齐家、治国、平天下之道是也。"②正如钱穆先生所言,儒家的真正兴趣并非在物理世界上,而是"贯通在吾之心,贯通在性理上"③。成己成人,"止于至善",才是儒家之所以为儒家的本质特点。社会主义核心价值观是对儒家优秀文化传统的"接着讲"。在传统文化向现代的转化中,创造性继承与发展优秀文化传统的社会主义核心价值观,将给当代中国人提供丰盛的"心灵鸡汤"。

北宋哲学家程颐与邵雍,一为程朱理学的奠基者,一为北宋理学家中象数易学的大师。一天,两人正在坐而论道,忽然室外电闪雷鸣。邵雍于是问程颐:"子知雷起处乎?"程颐答:我当然知道,但是你未必明晓。邵雍听后非常惊讶,不知程颐为何断言自己不知电闪雷鸣的奥秘。程颐解释说:如果你确实知道,就没有必要用象数去推算;正因为你一无所知,所以想用象数推测。邵雍有些不悦,反问对方:既然你知道自然界的奥秘,不妨说说雷源起于何处?程颐回答道:"起于起处。"④这则故事判别程颐与邵雍不同的学问途径。二程理学固然重"今日格一件,明日格一件"的"物理研穷",但此故事所讲系程颐思想中之主观唯心者。程颐认为"道"的落脚点应该在人自身,要关注人的内心世界,而不是单纯的自然之理。从周代到两宋,儒家哲学均包含主观内省之"知"与客观实践之"行"两大分支的思想,在不同的历史时期,或者重视"知",或者重视"行",基本上相安无事,至南宋陆九渊与朱熹在鹅湖激烈辩论之后,格物穷理、道德良知二者的对立才逐步凸现出来。到了

---

① 曾振宇:《寻求至善:儒家仁学的特点与生命之乐》,《历史教学》2015年第1期。
② 朱熹:《晦庵集》卷十五,《经筵讲义·大学》"大学"二字下注,上海古籍出版社1987年版,第573页。
③ 钱穆:《宋明理学概述》一七《程颐》,九州出版社2011年版,第90页。
④ 程颢、程颐:《二程遗书》卷二十一,上海古籍出版社2008年版。

明代中叶,以陈献章为先驱,王守仁最终创立心学,着重对道体的亲切体悟,更加注重心性主观"致良知"的作用,这是宋理学创立之后最大的突破。马克思主义被介绍到中国以后,则是以高度辨证的眼光看待主客体的统一性,在实践中不断创新、丰富,获得长足的生命力。

二、论"大人"之"仁"的核心价值

哲学的问题,归根结底,要探讨和解决的是关于人的生存意义。以儒家哲学为主干的中国文明不大注重技术理性、工具理性对社会的推动作用,对于人的世界最为关注。不单纯停留在实践理性层面谈论道德,而是从形上学高度探讨仁爱、诚信、友善、忠义等道德伦理价值观存在的正当性,是中国文化的一大特点。

当代新儒家的代表学者刘述先以为儒家思想是中国传统文化的正统。"自汉武帝罢黜百家、独崇儒术以来,尽管实际上是阳儒阴法或者儒道互补,政治上儒家的中心地位是不容否认的。汉代发展了伟大的文明,建立了所谓超稳定的秩序。佛教由印度传入,虽然造成了深远的影响,并没有动摇社会的根本","儒家蔚为传统中国文化的主流","道家思想只能占一辅助性的地位",仁爱思想是孔子"终极关怀"之所在[1],是孔子体证到的默运的"天道"。我们不难发现,在大多数语境中,孔子立足于伦理学与工夫论层面讨论"为仁之方",而非回答道德领域形上学意义上"仁何以可能"的问题。面对同一个问题,尽管孔子因材施教之时,答案有所不一,但将孔子仁道的内在人文精神抽绎为"爱人"[2],学界对此无歧义。在哲学性质上,孔子的"仁爱"是超越宗法关系与社会等级的人类普泛之爱,"泛爱众,而亲仁"。[3] 用先秦时代的固有范畴来表

---

[1] 刘述先:《儒家哲学研究:问题、方法及未来开展》,上海古籍出版社2010年版,第3、291、194、108页。
[2] 《论语·颜渊》。
[3] 《论语·学而》。

述,可概括为"爱无差等"①(按:此语本为墨家兼爱思想);用北宋张载的话讲,就是"民吾同胞,物吾党与",即著名的"民胞物与"②思想。

在学术史上,历代不少哲人对孔子的"仁爱"思想作过阐发。孟子说"仁者爱人"③,"仁"源于先天性质的人类"恻隐之心",仁爱是一种悲天悯人的终极关怀。荀子说"仁,爱也"④,"凡生乎天地之间者,有血气之属必有知,有知之属,莫不爱其类"⑤,可谓直指要害,言简意赅。战国吕不韦在其编著的《吕氏春秋》中云:"仁也者,仁乎其类者也。"⑥仁者所爱的范围是普天下之万物,而非仅"仁于"人这一"类",或者仅仅"仁于""他物"。西汉董仲舒云:"故仁者爱人类也,智者所以除其害也。"⑦"人类"一词相对于"物类"而言。仁者应当超越宗法、血缘关系,泛爱天下之人,"仁之法在爱人,不在爱我"⑧。西汉刘安云:"偏(按:通"遍",下同)知万物而不知人道,不可谓智;偏爱群生而不爱人类,不可谓仁;仁者爱其类也,智者不可惑。"⑨唐代韩愈在《原道》中说:"博爱之谓仁,行而宜之之谓义。"⑩这些思想家对孔子的"仁爱"思想不断添加进积极的思辨成果,构建出以"仁爱"为基础的中国传统文化丰富的形态。

从道德形上学的高度论证孔子所开创的仁学具有绝对性、普适性、永恒性的特质,这项工作历二程(按:二程指程颢、程颐兄弟)等哲学家,最终由朱熹完成即"程朱理学"。在二程、朱子的程朱理学思想体系中,"万物皆只是一个天理"⑪。"宇宙之间,一理

---

① 《孟子注疏》卷五下《滕文公章句上》,朱熹《四书章句集注》,上海古籍出版社1988年版,第259—260页。
② 张载:《张子全书》卷一、卷十五,文渊阁四库全书本。
③ 孟子:《离娄章句下》,朱熹:《孟子集注》卷八,第263页。
④ 《荀子集解·子道》,王先谦集解,中华书局1980年影印新编诸子集成本。
⑤ 《荀子集解·礼论》。
⑥ 《吕氏春秋集释》卷二十一《爱类》,杨宽、沈延国集释,中华书局1980年影印新编诸子集成本。
⑦ 董仲舒:《春秋繁露》卷八《必仁且智第三十》,文渊阁四库全书本。
⑧ 《春秋繁露》卷八《仁义法第二十九》。
⑨ 刘安:《淮南鸿烈解》卷九,文渊阁四库全书本。
⑩ 《韩愈全集》文集卷一,上海古籍出版社1997年版,第120页。
⑪ 《二程集》,中华书局2004年版,第30页。

而已。"①二程和朱熹的"理本论"哲学将人伦道德与哲学本体相"挂搭",为人伦道德寻觅哲学依据。"人伦者,天理也。"②人伦道德源于天理,是天理的社会化外现。"仁,理也。人,物也。以仁合在人身言之,乃是人之道也。"③仁是天理之属性,落实于心为仁。以仁合人,就是将天理与人道相结合,这正是二程倡导"人伦者,天理也"思想之目的。

天地之理彰显"公"之伦理特点,"仁"在人心彰显为"公道"。"仁之道,要之只消道一公字。"④"公"是仁内含之天理,仁是"公"的具体实现。"仁之道,要之只消道一公字。公只是仁之理,不可将公便唤做仁。公而以人体之,故为仁。只为公,则物我兼照,故仁,所以能恕,所以能爱,恕则仁之施,爱则仁之用也。"⑤朱熹对此诠释说:"理无迹,不可见,故于气观之。……人与己一,物与己一,公道自流行。"⑥"心无私泽与天同,物我乾坤一本中。随分而施无不爱,方知仁体盖言公。"⑦朱子所言"公"与"公道",也就是王夫之所言"公欲":"天下之公欲,即理也;人人之独得,即公也。"⑧二程、朱熹把天理称之为道心、公心,把不合道心的人欲称之为人心、私心,所以要"存天理""遏人欲"⑨,"做到私欲净尽,天理流行,便是仁"⑩,对社会各阶层人群的物质欲望起到道德的制衡和约束作用。

公心又被称之为"天心",天心是共相,而且是一种先天性的人类本质上的道德共相。私心是殊相,私心是天理被私欲遮蔽而

---

① 《朱熹集》卷七十《读大纪》,四川教育出版社1996年版,第3656页。
② 《河南程氏外书》卷七,《二程集》第394页。
③ 《河南程氏外书》卷六,《二程集》第391页。
④ 《河南程氏遗书》卷十五,《二程集》第153页。
⑤ 同上。
⑥ 《朱子语类》卷六,中华书局1994年版,第111页。
⑦ 《朱熹外集》卷一,《朱熹集》第5733页。
⑧ 王夫之:《张子正蒙注》卷四《中正》,中华书局1978年版,第165页。
⑨ 按:《御纂朱子全书》卷四《力行》一则、卷二十四《中庸》两则、《晦庵集》卷三十七《与刘共父》等处均有相近表述,而《晦庵集》卷四十五《答吴德夫》作"去人欲,存天理"。
⑩ 《朱子语类》卷六,第117页。

造成的社会道德现象,因此私心又被称之为"利心"。"公"既然源出于天理,落实于人道为"仁","公"在伦理学层面上自然具有"善"之品格。二程一再强调:"天子之理,原其所自,未有不善。"①天理具有"公"且"善"之特点,仁作为天理在人心之落实,自然也先天性地具有"公"且"善"之品格。春华秋实、日月交替、父慈子孝,宇宙间万事万物的道理都一样,皆蕴涵一种"仁爱温和之理"。"仁爱温和之理"超越时空,具有绝对性、普遍性和永恒性的特点。

社会主义核心价值观中的"爱国、敬业、诚信、友善、平等"等观念均是从儒家的观念中"创造性转化"而来。简言之,社会主义核心价值观不是空穴来风的"无根"文化,而是真实鲜活地深植于中华文明优秀传统之中。

三、社会主义核心价值观是两个向度深化的成果

迄今为止,社会主义运动在全世界的发展已经有500余年的历史,经历了六个阶段。马克思主义传入中国后,也已发展为有中国特色的马克思主义理论,发展出注重理论与实践相结合的方法论,不断充实、丰富、创新马克思主义的理论体系。毛泽东同志在《新民主主义论》中强调:"必须将马克思主义的普遍真理和中国革命的具体实践完全地恰当地统一起来,就是说,和民族的特点相结合,经过一定的民族形式,才有用处,决不能主观地公式地运用它。"②在中国新民主主义革命和解放战争年代,"马克思主义的普遍真理和中国革命的具体实践"的具体实践被简单化,粗糙地对待,"统一"和"结合"仅限于马克思主义与中国革命和建设的统一或结合,有意识地排除马克思主义的普遍真理与我国民族文化的统一或结合,画地为牢,故步自封,陷入另一种教条主义的胡同。

---

① 《朱子语类》卷八十三,第2159页。
② 《毛泽东选集》第2卷,人民出版社1991年版,第534页。

在对待民族文化的问题上,毛泽东同志所谓"和中国民族的特点相结合"指的是将马克思主义关于民族文化的经典论述同我国优秀的文化传统相结合,对我国民族传统文化采取"取其精华,去其糟粕"的科学态度,剔除、改造传统哲学、文化体系中封建主义的、迷信的消极层面,取精用弘,不断丰富马克思主义的理论体系。马克思主义与中国民族文化的融合包含两个向度的内容:一是促成传统文化向现代文化的转化;二是推进马克思主义的中国化。这两个方面又是相辅相成、密切关联的。马克思主义与中国民族文化的结合,实际上也就是马克思主义的中国化和中国文化的现代化。

纵观中国历史,中华文明对待外来文明的方式,均以中国化的方式改造、提升、接纳、融入中华文明的血液中,再扩散到以中华文明圈为核心的世界各国。换言之,任何一种外来文明、思想进入中国或迟或早都接受了中国文化的同化。方其如此,才能成为中华文明的一部分。以毛泽东同志为代表的我党第一代领导人,具有深厚的中国传统文化的国学基础,马克思主义中国化的第一次成果就是中国的马克思主义者把马克思主义和中国革命的实践结合起来,产生了毛泽东思想,引领中国人民取得民族解放战争的胜利,从此马克思主义理论和实践相结合就成为中国革命和建设不断取得胜利的法宝和利器。

譬如儒家的德性之学强调"行",其"合理内核"为马克思主义所吸收。德性之学不单纯是学术研究的对象,更重要的还在于它是可以变化气质、提升生命境界的生活哲学。正因为如此,儒家思想才具有"活的生命"。明儒王守仁虽然创立心学,但其一生倡导"知行合一","知之真切笃实处即是行,行之明觉精察处即是知"[1]。真切地认识与体悟儒家精神,进而付诸行动即实践,在实践中明白精确地体察就是认识。王守仁一直主张知而必行,行而必知,"知是行的主意,行是知的功夫"[2],知而不行,属于"不行之

---

[1] 王守仁:《传习录中》,《王文成全书》卷二,文渊阁四库全书本。
[2] 《传习录上》,《王文成全书》卷一。

知","茫茫荡荡"之知①,这种"不行之知"实际上是未知。只有赋予了行的品格的知,才是真知。在古代中国,以儒家精神作为安身立命的价值观和自身生命"灯塔"的人,不胜枚举。民族英雄文天祥就义之后,夫人欧阳氏前去收尸,在文天祥衣带中发现了著名的《衣带赞》:"孔曰成仁,孟曰取义。惟其义尽,所以仁至。读圣贤书,所学何事。而今而后,庶几无愧。"②文天祥之所以感到"无愧",是因为他不仅在学理的层面领悟了儒家"仁""义"的真髓;更重要的意义其实还在于文天祥用自己的一腔热血见证了儒家精神,真正做到了知行合一。儒家思想认为,人有两种生命:一是生理生命,二是德性生命。生理生命短暂,德性生命永恒。如果两者发生冲突,应以生理生命去成就德性生命。这也就是孔子等儒家所一直倡导的"杀身成仁""舍生取义""视死如归"等生命价值取向。圣贤书不仅是用来"读"的,更是用来"行"的。现代学者杜维明先生指出:"儒学的未来命运取决于它有没有见证者以及有怎样的见证者。真正儒者的见证是生命的契印,是以自我生命的存在形态来展示一种德慧生命的气象。如果没有一批从终极关怀到生活方式全幅贯注了儒家精神的见证者,儒学对于现代人生而言恐怕就最多只能有学理的意义。"③马克思主义中国化的过程则从中汲取了知行合一的方法论,上升到辩证唯物的高度,在实践中检验理论的正确性和正确的程度,不断推进马克思主义在中国的发展。

马克思主义的本质是开放的、不断创新的。观察中华文明的演进史,我们也能认识到中华文明的开放性、包容性,其所具备的强大融合能力和调适能力使中华文明面对历次外来文化舶来之时,在抗拒、接受、融合、改造、创新的态势和过程中不断发展创造出新的文化因子,甚至保留了在其母国、原产地已经消亡的文明,如佛教和部分少数民族的音乐,成为中华文明灿烂的一部分。

---

① 《传习录上》,《王文成全书》卷一。
② 《宋史》卷四百十八《文天祥本传》,中华书局1985年版,第12534页。
③ 转引自李翔海:《儒家的安身立命之道与东亚文化》,《中华读书报》2006年6月28日。

鸦片战争以来,领先世界文明数千年的中国面临列强的欺凌,一百多年来面临分裂、亡国、亡种的危难关头。几代中国人前仆后继,探索救亡图存、富国强兵之道。梁启超等有识之士呐喊:我中国并非暮气沉沉的老大中国,她必将焕然一新,充满活力,以少年中国的崭新面貌出现在世界的舞台上。孙中山等国民党人倡以三民主义救中国,终究因其局限性难逃失败的宿命,成为历史的一幕。中国共产党成立以来,责无旁贷地担负起拯救民族于危亡、谋求国家复兴的使命,创造性地将马克思主义和中国革命、建设的实践相结合,不断创新理论体系,迎接时代挑战,解决发展和改革难题,在资本主义国家发展模式之外创新了国家和民族发展的新道路,克服了资本主义发展的危机和局限性。在改革开放的37年时间中,古老的中华民族和年轻的中华人民共和国焕发出璀璨的光辉,踏实坚定地实现中国梦,成就举世瞩目,代表了当今世界马克思主义理论和社会主义运动的最高水平。

四、社会主义核心价值观对中华文明的深度挖掘与创造性继承

中国共产党与中国历史上的农民起义最大的区别在于:她是一个以马克思主义为其指导纲领的政党,以马克思主义激励革命者投身到无穷尽的、充满激情和成就感的共产主义事业中,实现为崇高事业献身的永恒价值,因此新中国避免了中国历史上农民起义胜利之后的同质化蜕变;中国共产党和资产阶级政党的区别在于以探寻人类终极真理、献身人类解放事业、追求人类最终自由为崇高理想,超越资产阶级政党的短视眼光和趋利本质,实现人之所以为人的本真状态。

社会主义核心价值观之于中华优秀传统文化之间的关系,不存在有没有借鉴和吸收的问题,而是如何创造性继承与发展的问题。1935年,国学大师章太炎在《答张季鸾问政书》中断言:"中国文化本无宜舍弃者。"章太炎站在爱国主义与民族主义立场上,将读史与爱国相联系。"中国今后应永远保存国粹,即是史书,以民

族主义所托在是。"①"夫读史之效,在发扬祖德,巩固国本,不读史则不知前人创业之艰难,后人守成之不易,爱国之心,何由而起?"②章太炎把经书当做古史史籍来读,尊重古人,尊重国家历史,并以此来激起国人的爱国热肠。1999年,已经86岁的程千帆先生说:"我就觉得中国的传统文化,儒学乃至道家,的确还是代表了人类部分的真理吧。"③程先生说这番话是比较谦虚的,应该写信不疑。中华文明体系庞大,海涵万有,但绝不是一堆繁琐的杂碎文明。考古学和人类学的研究成果表明,在人类文明的长河中,全球几乎同时形成了数个文明中心,作为青铜时代古代文明发源之一的中国文明一直延续到今天,成为全世界延续时间最长久的文明。

西方资本主义国家从中世纪(约从公元500年至1500年)阴暗的宗教专制统治枷锁中摆脱出来,不过数百年的历史,以美国为代表的西方国家动辄标榜的自由、民主价值观发展的时间更为短暂,远远不能与中华文明所孕育出来的民主、平等、自由的历史相比,可以毫不夸张地说,西方在中华文明面前兜售其所谓民主、平等、自由,简直是班门弄斧,如同犹太谚语所说"人们一思索,上帝就发笑"。有学者认为中共十八大报告把自由、民主等写入核心价值观,是西方资本主义价值体系中的普世价值被我党接受,这种论调是错误的,其原因是他们缺乏对中国历史、文化、思想的基本认知。关于自由,早熟、睿智的中华民族很早就产生了对自由的诉求。孔子认为他"七十而从心所欲不逾矩"④,先秦道家的代表庄子有《逍遥游》一篇,讨论小知(智)与大知(智)、小年与大年的相对关系,大年之大以8000岁为一季节,如果一个人可以突破生理、寿命的极限,活到8000年,已经是何等的自由!就是这8000年还只是大年中的一个季节而已,庄子认为也还是不自由。庄子又说"鹏之于九万里",上升到九万里的高空,御风而行,"犹有所待",

---

① 《章太炎政论选集》,汤志钧选编,中华书局1977年版,第859页。
② 《论读经有利而无弊》,《章太炎政论选集》第863页。
③ 程千帆:《桑榆忆晚》,上海古籍出版社2000年版,第36页。
④ 《论语·为政》。

自由的境界是"以游无穷","至人无己,神人无功,圣人无名"①,这才是绝对的自由。达到绝对自由的人,突破财富、权势、境遇等等束缚人类自由的羁绊条件,就像鸱鸮对待腐鼠一样,毫不在意,等闲视之。在《秋水》篇中,庄子假借北海若之口,讨论自由:"以道观之,物无贵贱;以物观之,自贵而相贱;以俗观之,贵贱不在己";"以道观之,何贵何贱",到了这种境界,人不仅是自由的了,还是互相平等的,物我平等,可以泯灭物我、生死、贵贱等主客体之间的鸿沟。1929年,陈寅恪撰《清华大学王观堂先生纪念碑铭》,将"独立之精神,自由之思想"的自由理论发挥到了一个新境界:"士之读书治学,盖将以脱心志于俗谛之桎梏,真理因得以发扬。思想而不自由,毋宁死耳。斯古今仁圣所同殉之精义,夫岂庸鄙之敢望。先生以一死见其独立自由之意志,非所论于一人之恩怨,一姓之兴亡。呜呼!树兹石于讲舍,系哀思而不忘。表哲人之奇节,诉真宰之茫茫。来世不可知者也,先生之著述,或有时而不章;先生之学说,或有时而可商。惟此独立之精神,自由之思想,历千万祀,与天壤而同久,共三光而永光。"②中国现代著名学者胡适一生崇尚自由,他在1930年所撰短文《介绍自己的思想》中说:"争你们个人的自由,便是为国家争自由!争你们自己的人格,便是为国家争人格!自由平等的国家不是一群奴才建造得起来的!"③毛泽东同志在其诗词中大力倡导自由:"看万山红遍,层林尽染,漫江碧透,百舸争流。鹰击长空,鱼翔浅底,万类霜天竞自由。"④由此可见,自由思想在中华文明中有自己的道统,源远流长,完全达到,甚至超越西方哲学所能达到的自由高度。

我党在历史上曾经犯过教条主义错误,全面照搬苏联社会主义革命和建设的经验,这也是一种"西化"。在中国的现代化进程中,鲁迅先生曾经写过《拿来主义》这篇文章,批评闭关自守的锁

---

① 《庄子·逍遥游》,吉林文史出版社2004年版,第1—2页。
② 《王国维论学集》,傅杰编校,云南人民出版社2007年版,第507页,附录四《清华大学王观堂先生纪念碑铭》。
③ 《胡适全集》第21卷,安徽教育出版社2003年版,第603页。
④ 毛泽东:《沁园春·长沙》,《毛泽东诗词》,外文出版社2006年版,第48页。

国政策。改革开放以来,有些国人基本缺乏中华文明的素养,对中华民族优良传统的理解停留于非常浅薄的阶段,崇洋媚外、全盘西化,以为西方的月亮比中国圆,凡此种种,都是走另一种极端。我们应当吸收人类文明发展史上所产生的所有先进的精神财富,绝不盲目自大,更要重视悠久的中华文明对中华民族生存和发展所提供的经验,促进马克思主义中国化,以中国化的马克思主义新成果推动中华文明中的优秀传统马克思主义化,提升中华文明的普世价值和实践意义。

中华优秀文明中的价值观、行为方式、思想观念、处世方式、思维方法,已潜移默化为中国人的生活方式,成为太熟悉不过的生活场景,以无数的碎片式、同质化的形态表现出来,而中国人生活在这样的环境、人群之中并未明显感受到中华文明的熏陶和影响,一旦与其他文明、其他国度、其他族群的人们接遇、碰撞时,就立刻显现出中华文明的独创性。社会主义核心价值观对中华文明中的精华部分进行提炼、吸收、扬弃,改造糟粕部分,去除漫长的封建社会演进过程中产生的特权思想等不合时代的因素,抵制迷信、邪教对人类精神世界的毒害,提倡、发扬正能量,倡导健康、积极的生活态度。通过国家层面资助中华学术外译,向世界各国推介博大精深的中华文明和中华优秀传统文化,搭建宽厚的桥梁和介质,有效实现中国梦向国际视野的世界梦转化,推动社会主义核心价值观向普世价值观升级,让全球认识到凝练成社会主义核心价值观的中华文明不仅是中国人的优秀文化遗产,更是全世界人类共享的文化盛宴。

中华文明对待外来文明具有高度的自信力、兼容性、包容性和主动性,而不具有被强迫、被殖民的屈辱性质。中华文明在全世界的传播过程中,也没有所谓的"文明的冲突"的强烈碰撞、强势植入的性质。从5000年中华文明诞生起,各种社会思潮风起云涌,彼此充分竞争与吸纳,形成中华文明的非单一结构性质。多结构文明和谐相处,有别于西方文明非我即彼的二元思维,具有避震的柔韧度、抗冲击力,避免社会在转型期产生急剧的动荡。

思考题

1. 马克思主义中国化应该有哪些具体的"相结合"的经验？
2. 中国传统文化在马克思主义化过程中该如何扬弃？
3. 中国先秦时代有哪些学术流派？试着谈一谈自己的看法。
4. 如何看待中华文明与西方文明的异同？

参考文献

［1］朱熹：《周易本义》，凤凰出版社2011年版。
［2］朱熹：《晦庵集》，上海古籍出版社1987年版。
［3］钱穆：《宋明理学概述》，九州出版社2011年版。
［4］程颢、程颐：《二程遗书》，上海古籍出版社2008年版。
［5］刘述先：《儒家哲学研究：问题、方法及未来开展》，上海古籍出版社2010年版。
［6］《论语译注》，杨伯峻译注，中华书局2004年版。
［7］《孟子注疏》，朱熹《四书章句集注》上海古籍出版社1988年版。
［8］张载：《张子全书》，文渊阁四库全书本。
［9］《荀子》，诸子集成本，中华书局2006年版。
［10］《韩愈全集》，上海古籍出版社1997年版。
［11］《朱熹集》，四川教育出版社1996年版。
［12］《朱子语类》，中华书局1994年版。
［13］王夫之：《张子正蒙注》，中华书局1978年版。
［14］《毛泽东选集》第2卷，人民出版社1991年版。
［15］王守仁：《王文成全书》，文渊阁四库全书本。
［16］脱脱：《宋史》，中华书局1985年版。
［17］《章太炎政论选集》，汤志钧选编，中华书局1977年版。
［18］程千帆：《桑榆忆晚》，上海古籍出版社2000年版。
［19］《王国维论学集》，傅杰编校，云南人民出版社2007年版。
［20］《胡适全集》，安徽教育出版社2003年版。
［21］《毛泽东诗词》，外文出版社2006年版。

第一章
自觉践行社会主义核心价值观

提要

2012年,党的十八大报告对社会主义核心价值观做出了凝练,提出:"倡导富强、民主、文明、和谐,倡导自由、平等、公正、法治,倡导爱国、敬业、诚信、友善,积极培育社会主义核心价值观。"党的十八大之后,中央采取一系列措施推动社会主义核心价值观的学习、宣传和落实。2013年12月,中办印发了《关于培育和践行社会主义核心价值观的意见》。2014年2月24日,中央政治局第十三次学习的主题是培育和践行社会主义核心价值观。2014年5月4日,习近平总书记在北京大学发表《青年要自觉践行社会主义核心价值观》的重要讲话。从理论层面讲,社会主义核心价值观的研究已较为成熟。现在摆在我们面前的重要任务,就是让核心价值观"落地",即落到每一个人的心灵里,落到每一个人的行动上,落实到全社会。

一、为什么要倡导核心价值观

一个事物和人结成关系,这种关系往往包含认识关系、评价关系和实践关系。认识是把握事物的本来面目及其客观规律形成事实判断。如西瓜富含多种维生素、氨基酸、碳水化合物等等。评价是把握事物对人的利害、好坏、善恶，形成价值判断。如多吃西瓜对糖尿病人有害等。实践则是认识和评价的源泉和基础。事物的本来面目及其客观规律，独立于人而存在，无论人认识承认与否，它都存在。如西瓜营养成分、日月运行、四季更替等。

然而，事物的价值，却离不开人。所谓价值，就是一个事物在人眼里的好坏、利害、善恶、美丑。比如房地产价格下降，有说好，也有说不好；爱德华·詹纳发明的牛痘疫苗让人类远离天花，当时的人却讥笑它会让人长出牛角和牛毛；达尔文提出了划时代的进化论，人们却讽刺地把他画成一只猿猴。

人们的价值判断以对事物能否满足主体的需要以及满足的程度为标准。例如说房地产价格下降不好，因为影响了炒房利益；说多吃西瓜不利，那是对糖尿病患者而言的。在价值判断的基础上进一步作出的选择，就称为价值选择。选择了价值就等于确立了价值目标。

价值观是一个人对利害、美丑、善恶的总看法和根本观点。价值观不仅决定人对事物价值的评价，还决定人对价值的向往和追求。不同的人往往具有不同的价值观。那么，有没有共同的价值观呢？

回答是肯定的。一个团体有团体的共同价值观，一个民族有民族的共同价值观。国家也是如此。国有四维，礼义廉耻，这是中国先人对当时核心价值观的认识。自由平等博爱，是资本主义社会的核心价值观。共同价值观中最基本、最重要的东西，就是核心价值观。

任何社会都需要核心价值观，当代中国，倡导核心价值观，更为必要。这主要因为：一是我国人口众多，需要核心价值来凝聚人心统一行动。使全体人民同心同德、团结奋进。二是多元价值差异共存，需要核心价值来规范和引领。"如何实现理想人生""如何度过人生"的问题，每个人都可以合宜的方式加以追求。例如有的立志大学毕业考研，有的准备就业。对此我们不可以"欠缺理想"或"价值虚无"轻易否定，但这并不意味着不需要共同的价值追求。"如果一个民族、一个国家没有共同的核心价值观,莫衷一是,行无依归,那这个民族、这个国家就无法前进。这样的情形,在我国历史上,在当今世界上,都屡见不鲜。"①三是价值缺失和偏离,需要核心价值来培育和纠偏。有这样一个例子:一位网友说,他的一个好友骑电瓶车,在郊区被摩托车撞了,当场晕过去。对方逃逸,无人施救。不知道晕了多久,自己爬起来后,发现钱包手机和所有可以拿走的东西都没有了,只有那辆破损的电瓶车还在。诸如此类的道德缺失或偏离,需要用核心价值观来纠正。

核心价值观的意义和作用就在于,它是全社会的价值共识(认同)、价值追求(目标)和价值准则(标准)。习近平总书记指出,对一个民族、一个国家来说,最持久、最深层的力量是全社会共同认可的核心价值观。核心价值观,承载着一个民族、一个国家的精神追求,体现着一个社会评判是非曲直的价值标准。②

核心价值观,其实就是一种德,既是个人的德,也是一种大德,就是国家的德、社会的德。德有很多层次,高层次的德比如说毫不利己、专门利人,无私奉献,低层次的德如不偷、不抢等等。核心价值观所倡导的德,就是中国人的德的最大公约数。假如我们用84、60、48、12这几个数字,代表不同的人群层次或者人们不同的道德境界,它们的公约数有2、3、4、6、12。其中,2是最小公约数,12是最大公约数。核心价值观倡导的德就是不同道德层次之间的最大公约数,目的是通过核心价值观这个德的最大公约数,把我们德的共同点找得更多一些。作为共同的德,我们显然不能要求大家都向道德境界最高者看齐;在任何时候,像无私奉献这样的德行,少数人可以,多数人不行;一时可以,长期不行。但如果整个社会的德仅仅满足于不偷不抢这种层次也不够,尽管连这种德现在还有人做不到。核心价值观倡导德的最大公约数,比较合理可行。

核心价值观是文化软实力的灵魂、文化软实力建设的重点。

---

① 习近平:《青年要自觉践行社会主义核心价值观——在北京大学师生座谈会上的讲话》,2014年5月4日。
② 习近平:《青年要自觉践行社会主义核心价值观——在北京大学师生座谈会上的讲话》,2014年5月4日。

这是决定文化性质和方向的最深层次要素。一个国家的文化软实力，从根本上说，取决于其核心价值观的生命力、凝聚力、感召力。培育和弘扬核心价值观，有效整合社会意识，是社会系统得以正常运转、社会秩序得以有效维护的重要途径，也是国家治理体系和治理能力的重要方面。历史和现实都表明，构建具有强大感召力的核心价值观，关系社会和谐稳定，关系国家长治久安。①

我们现在所倡导的核心价值，包括核心价值体系、核心价值观和核心价值风尚三个部分。十六届六中全会明确提出社会主义核心价值体系。核心价值体系的基本内容，由统一指导思想、共同理想信念、强大精神力量和基本道德规范四个主要部分构成：马克思主义的指导思想、中国特色社会主义共同理想、以爱国主义为核心的民族精神和以改革创新为核心的时代精神、社会主义荣辱观。

核心价值观三组词，每一组4个词，共24个字。富强、民主、文明、和谐是国家层面的价值要求，自由、平等、公正、法治是社会层面的价值要求，爱国、敬业、诚信、友善是公民层面的价值要求。核心价值观的鲜明特点：一是突出核心要素。核心价值观强调的是社会主义核心价值体系的内核，确立了当代中国最基本的价值观念。二是注重凝练表达，核心价值观明确了国家、社会、公民三个层面的价值目标、价值取向、价值准则，是社会主义核心价值体系的凝练表达，符合大众化、通俗化要求，便于传播。三是强化实践导向，对人们有更具体的价值导向，便于遵循和践行。

这里提出一个新概念——核心价值风尚。那么，何为核心价值风尚？就是指社会主义核心价值体系和核心价值观被普遍认同接受、被普遍追求实践，普遍体现在个人言行和人际关系上而形成的一种社会氛围、社会环境和社会风气。风尚就在社会风气当中，但风尚是一种相对先进的、带有示范性的社会风气。如果没有核心价值风尚，无论是核心价值体系也好，核心价值观也好，都很容易落空。现在我们的很多理念很好，比如说为人民服务，建设服务

---

① 习近平：《2014年2月24日在中共中央政治局第十三次集体学习时的讲话》，《习近平论中国传统文化——十八大以来重要论述选编》。

型政府;比如说把群众当亲人;比如说不仅要团结拥护自己的人,还要团结那些批评自己,甚至反对过自己的人,但是现实行动中仍然存在着理论和实践相脱节、口头和行动相脱节、外表和内在相脱节的问题。因此,完整的核心价值不能停留在理念层面,必须以形成核心价值风尚为落脚点。

二、国家层面的价值目标:富强、民主、文明、和谐

实现国家强盛、人民富裕,是人民的期望,也一直是中国共产党的追求,是社会主义的价值目标。在1945年党的七大上,毛泽东同志就在《论联合政府》的政治报告中提出"把中国建设成为一个独立、自由、民主、统一、富强的新中国"[①]。富强,不仅仅是指国家富强,也包括人民富裕幸福,因为国家的全部努力就是让人民过上好日子。在核心价值观12个词中,只有"富强"代表物质性的、经济方面要达到的价值目标,而且放在第一位。这道理很简单:如果没有经济发展,没有富强,哪有民主、文明、和谐,也谈不上自由、平等、公正、法治。

这就要求我们始终以经济建设为中心,把发展作为第一要务,坚持科学发展。经过改革开放35年努力,我国更加接近富强的价值目标。1978年国内生产总值3645亿元,人均381元;2013年568845亿元,人均43800元。1978年外汇储备1.67亿美元,2013年3.8万亿美元。尽管发展得这么快,我国仍然是世界上最大的发展中国家。2013年,国内生产总值568845亿元人民币,约合91850亿美元,相当于美国168030亿美元的54.66%,我国人均GDP6767美元,美国人均GDP53152美元,中国人均GDP相当于美国的12.73%。要实现富强的终极目标,实现共同富裕,需要保持当前国民经济发展的良好势头,需要持续奋斗,全面深化改革,进一步解放和发展生产力,这是中国特色社会主义的根本任务。

---

① 《论联合政府》,《毛泽东选集》第3卷。

改革发展的成果要让人民共享,以人为本要具体化为以民生为本。

民主是人类普遍追求的价值,因为国家一经产生,人们便追问一个问题:国家的主人是谁？人民在国家中居于什么地位？不同历史阶段,答案不同,民主的含义和模式也不同:封建社会"民之主",近代以来"民选主",现在和将来希望"民自主"。世界上没有固定的民主发展道路和模式,比如英国的民主模式是君主立宪制,是在君主制基础上通过改良方式发展而成的;美国的民主模式是以联邦制为基础的总统共和制,是在移民文化基础上通过革命形式建立起来的;法国则建立了兼具议会制和总统制特征的混合制,是在革命与复辟的多次反复中形成的。

对我国社会主义来说,民主是一种目的。中国共产党领导人民闹革命,28年浴血奋战,就是为了实现民主。早在新中国成立前,毛泽东同志就指出:"没有广大人民的民主,就没有人民当家作主的国家。"[①]民主是一种权利。人民有权在自己的国家当家作主,任何人不得剥夺公民的选举权、监督权等权利。回溯中国近代以来的历史,中国人民为争取民主进行了百折不挠的斗争和探索,但只有在中国共产党的领导下,才真正获得了当家作主的权利。民主是一种制度。新中国建立了人民当家作主的社会主义制度——民主政治制度。人民民主是社会主义的生命,没有民主,就没有社会主义。民主是一种手段。1945年延安,毛泽东同志与爱国民主人士黄炎培谈话时说:"我们已经找到了新路,我们能跳出这周期率。这条新路,就是民主。只有让人民起来监督政府,政府才不敢松懈。只有人民起来负责,才不会人亡政息。"[②]

中国的社会主义民主政治,借鉴了人类政治文明包括西方民主的有益成果,吸收了中国传统文化和制度文明中的民主性因素,具有鲜明的中国特色——中国共产党领导、人民当家作主、依法治国三者统一。

在东西方文化中,文明一词在词源学上的含义,都与社会个体

---

① 转引自韩震:《人民民主 社会主义的生命》,《人民日报》2014年1月15日。
② 《党的建设七十年纪事》,中央党史出版社1992年版,第204页。

文化和道德素质紧密相关。文明,是一个客观描述社会发展状况的概念,例如奴隶制文明、封建制文明、资本主义文明、社会主义文明;同时,文明也是一个评价社会发展状况是否合理的价值概念,例如说"这个城市很文明"。我们要建设高度的物质文明、制度文明、生态文明,还要提高人们的思想道德素质、科学文化素质和健康素质,建设高度的精神文明,使全体人民养成文明的思想观念、道德情感和生活方式。

社会和谐是中国特色社会主义的本质属性,也是一切事业的保证。社会和谐包括:

人与人之间的和谐 人类对美好社会的构想,无论是中国古代的"世界大同",还是柏拉图的"理想国",都渴望人与人和谐相处。我国社会人与人之间总体上是和谐的,但不和谐的方面也不少。人与人之间的和谐,要靠民主法治、公平正义、诚信友爱、充满活力、安定有序去解决。

人与自然的和谐 我国古代"天人合一"的哲学思想所表达的就是人与自然的和谐。我们今天正面临自然界的报复①,人与自然在许多方面已出现不和谐,要靠调整经济结构、转变发展方式、生活方式、消费方式、建设两型社会去解决。

人与自身的和谐 解决这种和谐的思路要复杂得多,因为影响人与自身和谐的因素太多。过上美好生活内心才能和谐,而美好生活不仅包括物质生活丰裕,还包括公民权利保障、内心世界丰富;不仅要有健康的体魄,还要致力于求知、践行、审美,要有知识、有道德、有信仰、有智慧善良高尚美好的心灵。有钱财的可能不满足于没权力,有权力的可能不满足于没钱财,有钱有权的可能不满足于多病……人总难免遭遇不和谐。古人发明的解决办法是"知足常乐",这是值得记住的。对于一个社会来说,要创造让人与自身和谐的环境和条件,不是规劝"知足常乐"就能解决问题的。

---

① 按:恩格斯在《自然辩证法》中指出:"我们不要过分陶醉于我们人类对自然的胜利。对于每一次这样的胜利,自然界都对我们进行报复。"(《马克思恩格斯选集》第4卷,人民出版社1995年版,第383页)

为了建设和谐社会,就要最大限度增加和谐因素,减少不和谐因素。当前存在不少影响社会和谐的矛盾和问题,主要是:城乡、区域、经济社会发展很不平衡,人口资源环境压力加大;就业、社会保障、收入分配、教育、医疗、住房、安全生产、社会治安等方面关系群众切身利益的问题比较突出;体制机制尚不完善,民主法制还不健全;一些社会成员诚信缺失、道德失范,一些领导干部的素质、能力和作风与新形势新任务的要求还不适应;一些领域的腐败现象仍然比较严重;敌对势力的渗透破坏活动危及国家安全和社会稳定。① 要最大限度增加和谐因素,确保社会安定有序,国家长治久安,环境健康宜人。

建设富强民主文明和谐的社会主义现代化国家,是我们的目标,也是我们的责任,是我们对中华民族的责任,对前人的责任,对后人的责任。我们要保持战略定力和坚定信念,坚定不移地走自己的路,朝着自己的目标前进。②

三、社会层面的价值目标:自由、平等、公正、法治

自由的内涵非常丰富,可以从以下三对关系来认识:

自由与约束 这是日常生活对个体的要求。自由是一种无拘无束、不受任何束缚的自在状态。当然,这里的自由,不是随心所欲,更不是为所欲为,而是以尊重他人的自由为前提和界限的。例如"广场大妈"在公共场合跳健身舞,这是她们的自由,但她们应当以不侵犯周边居民安静的权利、不影响他人休息的自由为前提。任何自由都是有一定约束的自由。

自由与必然 这是哲学层面的认识。自由是对必然的认识和对客观世界的改造。人对必然的认识越深刻,自由程度就越大。

---

① 《中共中央关于构建社会主义和谐社会若干重大问题的决定》,2006年10月11日中国共产党第十六届中央委员会第六次全体会议通过。
② 习近平:《青年要自觉践行社会主义核心价值观——在北京大学师生座谈会上的讲话》,2014年5月4日。

电工能够在高压电上工作,航天员能够飞达空间站,就是因为他们掌握了自然规律。

自由与强制 这是政治哲学层面的体认,也反作用到社会生活层面。自由与权利相联系,自由意味着国家赋予公民各种各样的权利,例如现代国家普遍承认并保障公民的基本权利和自由,包括财产和人身自由、言论和出版自由、集会自由、宗教自由、良心和思想自由等,但在任何国家,权利和自由的行使要遵循一定规范,如在美国的游行由警察带着,并沿着规定的路线游行;开会要有秩序;等等。无约束的权利会相互抵触,每个人的自由就失去保障,比如游行占满了街道,就使他人失去交通的自由;开会讨论如果没有程序和秩序,放任人人发言,其结果使人人都无法实现言论的自由。

因此,自由是有限度的。自由不能危及社会秩序和国家存在,所以有自由就有强制。强制只能维持存在,自由才能促进发展,所以一个国家的强制,应该保持在这个国家存在所需要的最低限度;一个国家的自由,应该广泛到这个国家存在所能容许的最大限度。这是衡量国家制度和国家治理好坏的自由限度原则。[①]

自由是马克思主义的根本追求之一。马克思曾在《1857—1858 经济学手稿》中提出过人类发展的三个形态和阶段,就是以自由作为首要衡量指标:人的依赖关系→物的依赖关系→人的全面发展。马克思从社会分工与自由、剥削压迫与自由等多方面阐述了他关于自由的思想,他甚至设想,在未来社会,人们想干什么可以干什么,想干什么就能够干什么,比如上午打猎,下午捕鱼,傍晚从事畜牧,晚上从事批判。[②] 这种以人的全面发展为内容的自由,是马克思主义的终极价值目标。

哈耶克:"自由是道德价值——当然不仅仅是众多价值中的一种价值,而是指所有价值的根源——成长所必需的摇篮,这几乎

[①] 王海明:《国家学原理》,生活·读书·新知三联书店 2014 年版,第 166—170 页。
[②] 《马克思恩格斯选集》第 1 卷,人民出版社 1995 年版,第 85 页。

是不证自明的事情。"①自由的价值,不在于它是许多价值中的一个,而在于它是一切价值的根源;第一,自由保证自我实现,亦即实现自己的创造性潜能。一个人越自由,个性就能发挥得越充分,他的创造性潜能就越能得到实现。马斯洛说:"自我实现的个人比普通人拥有更多的自由意志和更少的屈从他人。"第二,自由推动社会进步。个人的潜能发挥得越充分,社会就越能发展进步。若要社会进步,就应该给人以自由;若压抑自由,便从根本上阻碍社会进步。②

自由是中国特色社会主义的基本要义之一,是中国梦的核心要义之一。没有民主就没有社会主义,同样,没有自由也不会有社会主义。我们不仅要使人民物质生活逐步改善,更重要的是使每个人都能够自由全面地发展,都能够享有"人生出彩""梦想成真"的机会。党的十八大报告明确把"促进人的全面发展"纳入中国特色社会主义的内涵。改革的目的之一,就是打破体制和观念束缚,使人成为更加自主、独立的主体,获得更大的自由权利。只有让一切劳动、知识、技术、管理、资本的活力竞相迸发,才能让一切创造社会财富的源流充分涌流。十八届三中全会部署全面深化改革,例如户籍制度改革,企业登记制度改革,负面清单制度,消除市场壁垒,建立现代市场体系,让企业自主经营、公平竞争,消费者自由选择、自主消费,商品和要素自由流动……都是为了让人们的生产生活更加自由,进一步解放和增强社会活力,推动社会进步。

平等是现代社会的基本特征,是制度的基本价值。我们知道,每个人在特征、个性、能力、需求等方面是千差万别的,但他们在作为人、作为社会主体的意义上是平等的,社会对他们应平等对待。在我国,平等权是公民的一项基本权利。公民平等权的内容是:一是权利平等。所有公民享有法律规定的权利。例如《宪法》规定,十八岁的公民,不分民族、种族、性别、职业、家庭出身、宗教信仰、教育程度、财产状况、居住期限,都有选举权和被选举权。现在我

---

① 《哈耶克文选》,冯克利译,江苏人民出版社2007年版,第56页。
② 王海明:《国家学原理》,第171页。

们提出公共服务均等化,就是实现平等的一个重要措施,实现医疗、卫生、公共文化、社会保障、就业等等公共服务的均等化,就体现了平等的要求。二是义务平等。所有公民平等地履行法律规定的义务,比如:(1)维护国家统一和各民族团结;(2)遵守宪法和法律,保守国家秘密,爱护公共财产,遵守劳动纪律,遵守公共秩序,尊重社会公德;(3)维护祖国的安全、荣誉和利益;(4)保卫祖国、依法服兵役和参加民兵组织;(5)依法纳税。三是法律适用平等。法律面前,人人平等,任何人都不得有超越宪法和法律的特权。

提倡平等价值观,有利于消除社会不公,保障人的生存权利、人格尊严以及人的全面发展。平等不是平均。平均强调每个人在分配时得到均等的份额,平等则强调每个人拥有平等的权利和机会,在分配时使用平等的尺度。平等并不排除差别,只要差别是正当的,如勤奋工作的人比消极怠工的人收入应当要多。

公正,通俗地说就是善有善报,恶有恶报,就是等利交换和等害交换的善行。不公正就是不平等的利害相交换的恶行。例如多劳多得,就是公正,这是等利交换;多劳不多得,少劳多得,这是不等利交换,就被认为不公正。杀人偿命,就是公正,这是等害交换;杀人不偿命,就被认为不公正,不等害交换。公正有斤斤计较成分,但却是最重要的道德。等利交换的公正原则有利于增进社会和他人利益。这个原则意味着,你增进社会和他人利益,就等于增进自己利益;你为社会和他人增进多少利益,就等于为自己增进多少利益。为社会、他人贡献越大,自己的收入就越高。[①]

等害交换的公正原则有助于避免人们相互伤害。这个原则意味着,你伤害社会和他人,就等于伤害自己;你伤害社会、他人多少,就等于伤害自己多少。例如打伤别人要付医疗费,偷窃别人财物达到一定数量要坐牢。有人说,今天的社会存在着一种互害生态链:种菜的滥施农药,自己不吃菜而吃肉;养猪的滥用饲料添加剂,自己不吃肉而吃菜;医生为赚钱滥用抗菌素,害了种菜养猪的

---

① 王海明:《国家学原理》,第144—156页。

病人,但他每天在吃菜吃肉……这是因为等害交换的公正落实不到位,结果几乎使每个人都生活在这个生态链里。

公正原则,最主要的是讲社会公正,社会对于每个人权利和义务的分配的公正。因此,公正主要是国家治理、国家制度、国家政策的价值原则,是衡量国家治理、国家制度、国家政策好坏的最重要最根本的价值标准。党的十八大报告强调,公平正义是中国特色社会主义的内在要求。公平正义的主要内容是机会均等、规则公平、分配公平、司法公正。当前,我国还存在有违公平正义的问题和现象。中央部署全面深化改革、全面推进依法治国,目标之一就是在全社会实现公平正义。

法治是与人治相对的。法治,就是依法而治,即依靠法律治理国家,强调法律在国家治理中的至上地位。人治,是依人而治,依靠的是掌权者的智慧和权威,强调治权者的绝对权力。法治是优于人治的治理方式。最早作出比较的是亚里士多德。他指出,人治容易偏离公正,再伟大的贤人也难以完全摒弃个人好恶,而法治则体现理性精神更能确保公正。法律由众人审慎考虑后制定,比一个人或少数人意见有更多正确性;而且法律具有稳定性,人则容易朝令夕改。故而"法律是最优良的统治者。法治代替人治,是现代文明的标志"。

法治与法制不同。法制是法律制度的简称。法制国家仅仅表示一个国家设有法律制度和法律体系,但无法排除人治的可能性。如果只有法制而没有法治,法律可能成为人治和专制的工具。法治是实现自由平等、公平正义的保障。改革开放以来我们国家的法治建设,从无法可依、有法不依、违法难究的状况,到现在建立起比较完备的中国特色社会主义法律体系;与此同时,大力推行法治政府建设。围绕行政行为制定了一系列法律法规,法治建设取得了长足进步。

但是不用讳言,法治建设方面还存在一些不容忽视的问题。法律体系有待完善,有法不依、执法不严、违法不究的现象依然存在,贪赃枉法、执法犯法、以言代法、以权压法的问题时有发生。还有就是对法治的误解,以为法治就是用法律去治理民众,治理公众。实际上法治首先是对权力的规范和约束,一切权力都应该在法律规范的框架下运行。因此,法治最重要的就是依法行政、依法施法。对于公民来说要知法守法。这几个方面要结合起来。其中,尤其要注意程序合法,这是任何法治建设的一个重要方面。自由、平等、公正、法治,作为社会层面的价值目标,极其重要。

四、个人层面的价值目标:爱国、敬业、诚信、友善

爱国、敬业、诚信、友善,是公民应有的基本价值观、道德规范和行为准则。

爱国主义是中华民族最稳定的文化基因。自古以来,舍身为国者荣,卖国求荣者耻。时至今日,经过几千年的沉淀,特别是100多年来反帝反封建的斗争的洗礼,爱国主义已经成为中华民族精神的核心。因此,爱国应当是每个公民的基本美德。热爱祖国,建设祖国,保卫祖国,为维护祖国的统一、利益与尊严,为实现祖国的富强民主文明和谐而奋斗,是每一个公民的基本义务。

敬业,是对于每个公民的基本职业要求。为什么要敬业?对个人来说,只有敬业,才能提高个人生活品质,改善家庭生活条件;劳有所得,多劳多得嘛。只有敬业,才能实现人生价值;生命的意义在于创造,不敬业无以创造。对社会来说,敬业精神是社会发展的基础,是良好社会风气的重要构成。

然而何为敬业?敬业即热爱工作。热爱才能投入。投入才有成果。如果公民像厌恶疾病一样厌恶自己的工作,像逃避瘟疫一样逃避工作,什么情景?敬业即勤勉工作。热爱工作不能停留在嘴上,而要表现为勤勉工作。当然,勤勉不是一天,而是要长年累月。作家葛拉威尔《异数》说:"人们眼中的天才之所以卓越超凡,并非天资超人一等,而是付出了持续不断的努力。只要经过一万小时的锤炼,任何人都能从平凡变成超凡。"这就是著名的"一万小时定律"。敬业还需要克制享乐和过长休息的想法。如不克

制,容易蹉跎岁月,感叹"时间都去哪儿啦?"①

诚信就是诚实守信、守诺践约。在中国传统道德中,"诚信"具有重要地位。儒家把"仁义礼智信"作为人们安身立命的五种"常行之德",即五种基本的道德原则,简称"五常"。"信"则是"五常"之一。诚信是一种道德品格。没有这种道德,其他道德就没有产生的基础前提。诚信是一种行为范式。这种行为范式是人际交往的基础。人与人之间只有以诚相待,才能团结相处、合作共事。诚信是一种制度安排。诚信只有成为制度,才能持久、有力地产生规范作用。

我们现在实行社会主义市场经济。市场交易秩序的维护,一是靠制度和法律,二是靠诚实守信的道德。作为个体,要以诚信取信于人。讲诚信,就要守时,不能拖延耽搁;就要守约,一旦承诺,就要尽力履约;就要守法,做守法公民;就要不欺,不能自欺欺人;就要言行一致。作为企业,要以诚信赢得市场、赢得消费者。作为政府,要以诚信赢得民心。政府讲诚信,就要诚心诚意为民、信守承诺、表里如一。只有这样,才能赢得人民的信赖,才有威信和尊严。而政府诚信的关键看市长,市长是不是诚信,有一个自我检测的办法,就是在作完《政府工作报告》后,思想是不是还能回到工作报告上来,检查报告的落实情况,拿出还没有得到落实事项的解决办法。能,则是一个讲诚信的市长;压根儿不再想报告的事了,则是一个不诚信的市长。

诚信,是安身立命的根本,是人际交往的准则,是事业成功的途径。社会生活中有许多为诚实守信而甘受艰辛的人,令人十分感动。1993年,河南省焦作市王玉伟和丈夫双双下岗。丈夫王建于1994年组建了一个建筑队。2006年,王建承包的一个工程完工后,对方迟迟没有兑现20多万元的工钱。王建带着工人去外地要账,却不幸得了脑梗死加二级精神残疾。面对来自各地的50多名工人,王玉伟许下承诺:"只要我还有一口气,也要把拖欠你们

---

① 郭建宁:《社会主义核心价值观基本内容释义》,人民出版社2014年版,第8—10页。

的工钱全部还了。"她把家里能卖的东西全卖了,连房子也卖了。她一边照顾患病的丈夫,一边不停地四处打工。每当王玉伟打工挣来一些钱,她就拿出欠债名单给工人们打电话,让他们过来拿钱。"我有50元,就还他们45元,只为能早点还清账。"今年,拖欠工人的工资快还清了。这位坚强的女人,一句承诺坚守了8年。

友善是中华民族的传统美德。友善就是待人平等。若是对富贵之人奉承巴结,对贫贱之人冷眼相对、拒绝往来,就不是友善。友善,首先是平等待人。友善就是待人如己。人,不会对困境中的自己无动于衷,更不会恶意相加。所谓"推己及人",消极地说,就是"己所不欲,勿施于人";积极地说,就是"己欲立而立人,己欲达而达人"。友善就是待人宽厚。人的脾气性格不同,兴趣爱好有别,利益有时冲突,还有冒犯自己的时候。如果心平气和,容人之过,就是友善;如果针锋相对,就是不友善。当然,对社会败类,要疾恶如仇。友善就是助人为乐。助人,说的是力所能及。如果举手之劳而不为,就是不友善。

目前,存在的问题主要在三个方面:一是公共空间的冷漠症。你走你的路,我走我的桥,你的事与我无关。二是遭遇非礼的计较症。以眼还眼,以牙还牙,针锋相对,不容人之过。三是助人为乐的恐惧症。① 解决这些问题,除了加强道德建设外,还要依靠制度保障。一是完善社会保障制度。实现病有所医。如无医疗保障,摔倒的老人有足够的动力恩将仇报。现在汽车相撞,司机不再打架,为什么? 强制保险制度起了作用。二是健全法制明察秋毫。不让好人被冤,不让恶人占便宜。

当然,我上面所讲的国家、社会、个人三个层次,这种构思,从设计到理解都是相对的,并不是说国家要和谐,个人就不要和谐,更不是说社会不要和谐。三个层面的划分是相对的。总体来说,三者共同构成了一个整体,每一个方面对国家、对社会、对个人都具有规定性、规范性和导向性。

---

① 郭建宁:《社会主义核心价值观基本内容释义》,人民出版社2014年版,第146页。

五、让核心价值观成为做人的灵魂

　　社会对青年人可以说羡慕最多、担心最大、期望最高。2014年5月4日,习近平总书记在北京大学与师生座谈会上发表重要讲话《青年要自觉践行社会主义核心价值观》,他说:我为什么要对青年讲讲社会主义核心价值观这个问题？是因为青年的价值取向决定了未来整个社会的价值取向,而青年又处在价值观形成和确立的时期,抓好这一时期的价值观养成十分重要。这就像穿衣服扣扣子一样,如果第一粒扣子扣错了,剩余的扣子都会扣错。人生的扣子从一开始就要扣好。习总书记对青年提出了四点要求:一是要勤学,下得苦功夫,求得真学问;二是要修德,加强道德修养,注重道德实践;三是要明辨,善于明辨是非,善于决断选择;四是要笃实,扎扎实实干事,踏踏实实做人。这些要求的详细内容,希望大家认真学习,见之于行。总书记强调,有信念、有梦想、有奋斗、有奉献的人生,才是有意义的人生。当代青年建功立业的舞台空前广阔、梦想成真的前景空前光明,希望大家努力在实现中国梦的伟大实践中创造自己的精彩人生。

　　的确,人都要有梦想,尤其是青年人。梦想不是随心所欲、异想天开、好高骛远,梦想就是指理想、愿望、志向、追求、目标等。它的最终表现是:一个人一辈子应该有所能、有所为、有所成。也就是说,心中的梦想到最后一定要落实到外在,具体表现为"三成":成才、成就、成功。成才即是成为有用的人;成就是人的一生有好的成绩、好的成果、好的业绩的应然性收获;人的成功主要是做人成功,然后才是做学问成功或者做事情成功。

　　梦想是每个人都需要的。首先,梦想是一种进取,人有了梦想,才会有追求,才会不甘于现状,不满足于已有的成绩和成就,才会继续努力。其次,梦想是一种支柱,当人处在顺利的时候,它是你的动力;当人处在逆境的时候,它是你的希望和未来,所以人没有了梦想,也就失去了支柱。

　　当然,实现梦想要有基础:知识、能力与态度。要实现梦想,首先要有知识支撑。列宁曾讲,只有用人类创造的全部知识财富来丰富自己的头脑,才能成为共产主义者。英国哲学家培根则留下名言:知识就是力量。邓小平同志说:靠空讲不能实现现代化,必须有知识,有人才。没有知识,没有人才,怎么上得去?①

除了知识,实现梦想还要有能力。能力便是运用知识的本领,能力不同,成就不同;能力愈大,成就愈大。而态度比能力更重要,态度主要是责任、敬业和执着。一个立志成才、成就、成功的人,必须要做一个有责任心的人,一个有敬业精神的人,一个执着的人。当然,态度中还有一个更重要的,那就是"人品"。古人说,人都要有恻隐之心、羞恶之心、恭敬之心、是非之心,亦仁义礼智,即是说,人应该有四种道德品质,不可缺一。人这一辈子无论做什么,都要把人做好。

一个人,有了梦想,也有了实现梦想的基础,剩下的就是付诸行动,让梦想得以实现。如果梦想仅仅只停留在想的阶段,而不行动,那么最后也只会成为空想。所谓梦想,就是要实施,要实现,要努力。如何实现人生梦想?原来,实现人生梦想有四个秘诀或者四个要领:惜时如金、充分读书、勤于思考、置身现实。

第一,惜时如金。成才、成就、成功都是靠点滴积累。高山不是一天堆起,河水是靠细流聚积而成,实现梦想就要靠我们聚沙成塔、水滴石穿、日积月累,每天进步一点点。这就要利用好点滴时间。实现梦想,首先要珍惜时间。有很多名人名言,比如"抛弃时间的人,时间也抛弃他","荒废时间等于荒废生命"等,都在给我们传输一个道理:珍惜时间,就是让原本有限的生命更加有效率,也就等于延长了人的生命。

第二,充分读书。实现梦想一定要有知识基础,知识来源于书本和实践。青年人,首先要认真读书。对青年学生来说,读书既是他们的属性,也是他们的任务,更构成了他们的生命。甚至可以说,读不读书是区分真学生和假学生的标志。

怎么读书?首先要博览,博览群书对哪一个学科都管用。博览群书能扩大知识面,开阔视野,能用各种学科的思维方式思考问

---

① 《邓小平年谱》,中央文献出版社2004年版,第40页。

题,不至于狭隘、片面。博览群书的方法有两种,一是一本一本地实读;二是导读,读各种书评、书摘等。大学时代,一定要围绕所学专业广泛读书。如果把知识比作高楼大厦,大学的主要任务就是摸门牌号,知道哪个知识在哪个门,有哪些书,以便用时可随时查阅。

当然,读书更要专深。学历越高,学习面就越窄,在某一个领域、某一个方面、某一个问题上成为专家,所以实现梦想的第二个要领就是要充分读书,作书本的痴迷者。

第三,勤于思考。"学而不思则罔,思而不学则殆。"①这句话就是要求我们既要学习,更要思考。思考是一种精神生产活动,它的产品就是思想。思考的过程也是思想产生的过程。人要有思想,无论是研究自然科学,还是社会科学,都需要思想。思想出于思考,做学问最终就是为了出思想。不想思考就是不想生产,这叫"懒";不会思考就是不会生产,这叫"笨";不产生思想的思考就是无效生产,这叫"废"。

当然,思考不一定会产生思想,但是不思考肯定不能产生思想。人不思考,读书就会食而不化,不思考睁眼也是视而不见,不思考就会人云亦云,甚至上当受骗。在这里,可以把思考分成四种:理解性思考、学习性思考、批判性思考、创新性思考。思考的同时要动笔,一动笔,思考就深入、系统。

第四,置身现实。读书不能关起门来死读书,做书呆子,一定要投身现实。中国当代正处于经济社会发展的重要战略机遇期和社会矛盾凸显期,改革开放和现代化建设已经取得了巨大的成就,但是仍然存在不少问题。对于现实我们到底应该采取什么态度?首先,要感恩现实,是改革开放为我们带来了今天的机遇;第二,要研究现实。现实要变得更加美好,需要我们投身现实,去研究问题,去寻找对策,去贡献我们的力量,这就是第三:奉献现实。现实,包括理论现实、思想现实、社会现实。中国当代最重要的理论现实就是中国特色社会主义。青年人一定要掌握中国特色社会主义,否则无法了解中国,无法融入这个现实,从而成为局外人。

---

① 《论语·为政》。

综上所述,一个人要实现梦想,至少要做到四点:珍惜时间,做时间的吝啬鬼;充分读书,做书本的痴迷者;勤于思考,做思想的永动机;置身现实,做现实的有心人。要让珍惜时间、勤学思考成为一种习惯,成为我们生活的常态。每个人,尤其是青年人,都应当有自己的人生梦想;实现人生梦想也有多种方式,别人的实现方式只能作为参考,应该用心找自己的实现方式;而执着与勤勉是最好的方式。要设计好自己的人生梦想,只要执着与勤勉,就能把人生梦想变成现实。让我们牢记习总书记的教导:

"我相信,当代中国青年一定能够担当起党和人民赋予的历史重任,在激扬青春、开拓人生、奉献社会的进程中书写无愧于时代的壮丽篇章!"①

思考题

1. 为什么要培育和践行社会主义核心价值观?
2. 为什么富强、民主、文明、和谐是国家层面的价值目标?
3. 为什么自由、平等、公正、法治是社会层面的价值目标?
4. 为什么爱国、敬业、诚信、友善是个人层面的价值目标?
5. 如何使社会主义核心价值观成为做人的灵魂?

参考文献

[1] 王海明:《国家学原理》,生活·读书·新知三联书店2014年版。

[2] 郭建宁:《社会主义核心价值观基本内容释义》,人民出版社2014年版。

[3]《党的建设七十年纪事》,中央党史出版社1992年版。

[4]《马克思恩格斯选集》,人民出版社1995年版。

[5]《哈耶克文选》,哈耶克著,冯克利译,江苏人民出版社2007年版。

[6]《邓小平年谱》,中央文献出版社2004年版。

---

① 习近平:《青年要自觉践行社会主义核心价值观——在北京大学师生座谈会上的讲话》,2014年5月4日。

第二章
富强

提要

把"富强"作为社会主义核心价值观国家层面的首要价值观规定,是中国共产党在社会价值观理论探索和实践建设方面的又一重要创新。党的十八大报告所规定的社会主义核心价值观24个字,12个词组,第一个词组就是"国家层面"的价值取向——"富强"。富强之所以被提到如此重要的地位,其根本原因在于,文明人类的历史和现实一再昭示我们一个深刻而基本的道理:"富"是民之本,"强"是国之基。

"富强"是一个复合性词语,包蕴两重涵义:其一,民富而国强,才是国家的真正富强。人民富足,是一国存在的终极意义;国家强盛,是人民生活的重要保障,所以"民富"和"国强",是相互成就、互为表里的一对概念。其二,在现实中,国强与民富应该是这样的关系:国强是民富的保证,民富是国强的基础。

一、富强价值观的思想渊源

100多年来,由于民贫国弱,中华民族屡受列强欺凌侵略。化贫弱为富强,成为灾难深重的中华民族梦寐以求的强烈愿望。这一强烈愿望表现为两大历史性追求:一是实现国家的独立和民族的解放;二是实现国家的富强、民族的振兴、人民的幸福。中国近代历史上,在国共两党的争战中,中国共产党正是以"将中国建设成为一个独立、自由、民主、统一和富强的新国家"的承诺,才获得广大民众、特别是知识分子的拥护,纷纷聚集在共产党的旗帜之下,保证了新民主主义革命的胜利。

新中国成立以后,全面实现经济、政治、国防、科学技术和整个社会的全面现代化,一直是中国人民追求已久的梦想。中国共产党的奋斗目标,就是把中国建设成为富强、民主、文明的社会主义现代化强国。60多年来,富强一直是举国上下一致追求的目标。

中国共产党的十八大把富强列为国家层面第一条核心价值观,作为国家层面的首要价值目标,显示出其在12条核心价值观中的重要意义和作用。其核心,就是要以经济建设为中心,不断增强我国的综合国力,不断提高人民的物质生活水平,不断提高中国的国际地位,为实现中华民族复兴中国梦奠定坚实的物质基础。

那么,究竟何为"富强"?何谓"富强"?我们对价值观层面的富强——富强价值观含义的基本规定又有多少基本认知?如何全面、准确、深刻地理解作为中国特色社会主义核心价值观在国家层面之首要目标的内容,国家价值观的全新宣示的富强价值观的真谛、深意?

中国历史上,有关国家富强的话题,通常关联着两种思想主张之间的不同理解,此即所谓"王道"和"霸道"之争。战国(公元前475年—公元前221年)是中国历史上"七雄争霸"的时期。齐威王当了"霸主"以后,燕、赵、韩、魏等国出于惧怕心理纷纷前来朝贡,唯独西方的秦国没有效仿。原因是当时秦国在政治、经济、文化各方面都比较落后,中原各国叫它"西戎",视为蛮族,很少与之来往,并时时派兵侵夺其土地。公元前361年,秦孝公即位。因不堪秦国外受强邻欺压、内有贵族专横的困窘现状,决心奋发图强,改变国家落后的面貌。秦孝公欲通过变革振兴秦国,为求改革贤才,发出"求贤令":"不管是本国人,还是外国人,谁有好办法使秦国富强起来,就封他做大官,赏给他土地。"①不久,一个叫商鞅(战国时代著名的改革家,法家学派的代表人物)的年轻人应征从魏国来到秦国。商鞅认识到,弱小的卫国不足以施展他的才华,曾投靠魏国当了一段时间的门客,未受重用。在郁郁不得志之时,听到秦孝公招聘人才,决心离开魏国到秦国去。公元前359年,商鞅进言秦孝公,阐述了一套富国强兵的方略:一个国家要富强起来,就必须重视农业生产,这样,老百姓有吃有穿,军队才有充足的粮草;要训练好军队,做到兵强马壮;还要赏罚分明,种地收成多的农民、英勇善战的将士,都要鼓励和奖赏,对那些不好好生产、打仗怕死的人,要加以惩罚。真能做到这些,国家没有不富强的。② 秦孝公于商鞅所建议的霸道与王道政策中二选其一,认为行霸道之策能迅速使国家富强,随即开始重用商鞅推行霸道,推行著名的"商鞅变法",秦国逐渐走向强盛,至秦王嬴政之时,一统天下八荒四土,开"始皇"帝业之初,秦帝国实力达到巅峰的状态。

日本著名学者宫崎市定是声誉卓著的"京都史学派"的奠基者,他经年研究中国历史的结果,得出许多洞见。他发现中国历史的一个重要事实:从公元10世纪就跨入了"近代"门槛的中国社会,何以到了19世纪,却依然不得不再次重复"寻求富强"的所谓"王安石命题"?更进一步的问题是:绵延不绝、生生不息、充满了

---

① 原文:"昔我穆公自歧、雍之间,修德行武,东平晋乱,以河为界;西霸戎翟,广地千里。天子致伯,诸侯毕贺,为后世开业,甚光美。会往者厉、躁、简公、出子之不宁,国家内忧,未遑外事,三晋攻夺我先君河西地,诸侯卑秦,丑莫大焉。献公即位,镇抚边境,徙治栎阳,且欲东伐,复穆公之故地,修穆公之政令。寡人思念先君之意,常痛于心。宾客群臣有能出奇计强秦者,吾且尊官,与之分土。"(《资治通鉴·周纪二·周显王八年》)可参见《史记》卷五《秦本纪》(中华书局1959年版,第202页)。

② 原文:"卫鞅欲变法,秦人不悦。卫鞅言于秦孝公曰:'夫民不可与虑始,而可与乐成。论至德者不和于俗,成大功者不谋于众。是以圣人苟可以强国,不法其故。'甘龙曰:'不然。缘法而治者,吏习而民安之。'卫鞅曰:'常人安于故俗,学者溺于所闻,以此两者,居官守法可也,非所与论于法之外也。智者作法,愚者制焉;贤者更礼,不肖者拘焉。'公曰:'善。'以卫鞅为左庶长,卒定变法之令。令民为什伍而相收司、连坐,告奸者与斩敌首同赏,不告奸者与降敌同罚。有军功者,各以率受上爵。为私斗者,各以轻重被刑大小。力本业,耕织致粟帛多者,复其身。事末利及怠而贫者,举以为收孥。宗室非有军功论,不得为属籍。明尊卑爵秩等级,各以差次名田宅、臣妾、衣服。有功者显荣,无功者虽富无所芬华。"(《资治通鉴·周纪二·周显王十年》)可参见《史记》卷六十八《商君列传第八》(第2229—2230页)。

活力的煌煌中华文明何以竟在近代转变的门槛上踌躇、徘徊了900多年之久？宫崎市定指出，抛开历史原因不论，其中"王道"对于"富强"的深刻制约，乃关键性要素之所在。①

儒家思想从"经学"的束缚中独立解放出来之后，宋明理学和陆王心学就走了另外一条特立独行的道路，其实质乃追求"王道"。何谓"王道"？"王道"者，非"霸道"也。"王者，往也。""政者，正也。""大学之道在亲民"②，故离开"亲民"，也便无所谓"明明德"，也就无所谓"王道"。清代启蒙思想家、政治家、文学家魏源(1794—1857)，被称之为近代中国"睁眼看世界"的首批知识分子的优秀代表。他曾经这样说过："自古有不王道之富强，无不富强之王道"③，深悟"王道"与"富强"之命理。可以说，从北宋的王安石到明代隆庆、万历间的内阁大学士张居正，清代雍正皇帝，以至晚清洋务自强运动，乃至国民党的建国运动，其政治实践和社会变革的目标，无不指向"寻求富强"。用当时的话语，此即所谓"富国强兵"。而要实现这个目标，就必须建立与现代财政金融制度相联系的国家科层官僚制度、科学教育制度和军事制度，即这里的要害就在于动员、改造上层，变革中国社会的领导力量。

可见，问题的核心与实质是，要实现富强与王道的统一，克服富强与王道之间的矛盾，单纯依靠"改革"、仅凭改造上层、发动社会精英增加自身治理能力，被证明是根本行不通的。只有走"'王道'富强"之路，才能实现真正的"复兴"。道理很简单，若只求富强，其实反而不能实现真正的富强。④

"富民强国"的主张在中国历史上源远流长。春秋末期孔子的《论语》中之"足民"⑤即富民主张⑥；《管子》亦云："主之所以为

---

① 本段内容转引自韩毓海：《王道与富强》，《南风窗》2014年第5期。
② 原文："大学之道，在明明德，在亲民，在止于至善。"(《礼记·大学第四十二》)
③ 转引自韩毓海：《王道与富强》，《南风窗》2014年第5期。
④ 韩毓海：《王道与富强》，《南风窗》2014年第5期。
⑤ 《论语·先进》。
⑥ 参见南怀瑾：《论语别裁》，复旦大学出版社2005年版，第136页。

功者,富强也"①,"凡治国之道,必先富民;民富则易治也,民贫则难治也"②。"富强"这个词,是一个并列词语,民富而国强,才是国家的真正富强。人民富足,是一国存在的终极意义;国家强盛,是人民生活的重要保障,所以"民富"和"国强",是相互成就、互为表里的一对概念。

从词源学上考证,一般认为,"民富国强"四个字最早见诸《吴越春秋》:"越王内实府库,垦其田畴,民富国强,众安道泰。"③从字面理解即民众富裕,国家就会强大。国之强大,仅是民富之路的安全保障,而民之富庶,则是国之持续强大和更加强盛的扎实的经济基础。

首先,中国传统思想文化对"民富"做出了符合时代特征的理解。孟子曾对想要治理好邦国的梁惠王说:"五亩之宅,树之以桑,五十者可以衣帛矣。鸡豚狗彘之畜,无失其时,七十者可以食肉矣。百亩之田,勿夺其时,数口之家,可以无饥矣。"④《孟子》里讲,让人们通过正常有序的劳作,可以穿上帛、可以吃上肉,这就是民富。其实,孟子这里说的五十岁、七十岁只是泛指,衣帛、食肉也只是一种指代,孟子真正看重的,是人民生活中最重要的两层保障:丰衣和足食。⑤ 受上述观念的影响,陶渊明在《桃花源记》里描写他幻想中的世外桃源时就形容道:"土地平旷,屋舍俨然,有良田美池桑竹之属。阡陌交通,鸡犬相闻。其中往来种作,男女衣着,悉如外人。黄发垂髫,并怡然自乐。"⑥他幻想着,有一方乐土,人们在那里安居乐业、衣食无忧,这样的平实生活就是陶渊明心目中的理想国了,就可以令男女老少怡然自得。即使到了清代,人们的诉求依然如此,清初的艺术家李渔在他的《闲情偶寄》里就说:

---

① 《管子·形势解》。
② 《管子·形势解》。
③ 《勾践归国》,赵晔:《吴越春秋》外传第八。按:"国富民强"语出西汉桓宽《盐铁论》。
④ 《孟子·梁惠王上》。
⑤ 于光荣:《孔子、孟子和荀子的富民思想简论》,《广东教育学院学报》2000年第2期。
⑥ 《桃花源记》,《陶渊明集》,中华书局1979年版,第163—166页。

"谓一朝富有,男可翩翩裘马,妇则楚楚衣裳。"①衣冠楚楚、宝马香车,民众这样的生活就是社会富有的表现,由此,我们可以联想到当下每一天的车水马龙,每个人的衣着鲜亮。实现丰衣足食,只是生活富足的层面;而真正的民富,还要追求生命富足的层面——也就是在物质富足之后的精神富足、也就是经济富足之后的文化富足。因此孟子在对梁惠王的论述中,说完衣帛、食肉、无饥,就马上说到了文教,他说:"谨庠序之教,申之以孝悌之义,颁白者不负戴于道路矣。"②在孟子心中,给民众以教化,让大家懂得礼仪规范、仁义道理,这是民富的更高表现。孔子把这层意思说得更清晰,《论语》里就记载说:"子适卫,冉有仆。子曰:'庶矣哉。'冉有曰:'既庶矣,又何加焉?'曰:'富之。'曰:'既富矣,又何加焉?'曰:'教之。'"③孔子看到卫国人口众多,说,应当使人民富裕,富裕之后,就要给人以教育。就此,孔子提出了社会要经由民富而文昌的必要顺序。由此我们能够领会一个民族提倡文化兴国、重视文化软实力的必要性:文化教养标识着民富的层次。没有建立起稳固的精神家园,人的心灵就不能算是找到了安居乐业之所;没有文化滋养的心灵沃土,人的生活就不能算是充实富足。因此《易经》会说"观乎人文,以化成天下"④,以文化人的过程,就是文明推动的过程,就是文化兴国的过程,就是构建精神家园的过程,就是社会经由民富而至文昌的过程。

其次,中国传统思想文化同样对"国强"做出了精准的诠释。如果说,一国的财富,主要是由经济和文化组成的,那么,一国的强盛,主要是由政治和军事构成的。一方面,不仅体现为政治的强盛,更体现为对内的国家统一,以及对外的国际影响力。中国历史上不断重复着虽"合久必分"、但"分久必合"的规律,对江山一统的追求成为国家层面的战略,因为历朝历代的政府都深深认识到国家统一的重要性。疆土归一、政权稳定、民族团结,才能使国内

---

① 李渔:《闲情偶寄》,丽江出版社2001年版,第23页。
② 《孟子·梁惠王上》。
③ 《论语·子路》。
④ 《周易大传今注》卷二,高亨注,齐鲁书社1979年版,第226页。

资源形成合力,形成势不可挡的大国力量。纵观历史上但凡长治久安的王朝,总体来讲一定都是国家统一、疆域辽阔、民族相安的时代,比如汉、唐、明、清,九州一统、天下归心,这是所有朝代的政治任务,也是历史发展的客观规律。正因此,分裂祖国的行径才是那么地不可饶恕,因为国家分裂、政治飘摇,削弱的是民族的整体实力,损害的是每个人的生活保障,造成的是历史发展的困境甚至是倒退。九州同心后,国家便可向外谋求在国际上的影响力。

  不难看出,中国古代社会希望达到的理想状态是"万国来朝"、是"大国气象",是期盼在国际关系中成就政治上的足够权威。然而对外强盛之后的这个政治共同体,在中国古人看来,又不是以对世界的称霸、对区域的强权为诉求,而是以"四海一家"、以"互通有无"为追求,是以自身的强大来赢得彼此尊重、以国家的强盛而有余力回馈他国为荣,所以强盛王朝所沿袭的优异传统,是保护附属国家、优待远方友邦,是输出灿烂文化、给出丰富物资,而不是强势凌人、干涉他国内政,或者仗势欺人、贪婪开疆拓土。中国文化认为,政治的强大,表现为一种自尊自重、自省自强的自信力,是像孔子信心满满说的"虽百世,可知也"①——只要遵从历史的得失经验,百代之后的社会情形也可以掌握——虽然孔子这里论述的是礼仪制度,但是我们可以将礼仪之邦的精神引申为影响社会的结果。中国文化认为政治强大的根本,在于规范自我的风度,而不是凌驾于人的霸权。另一方面,如果说政治强大的形态,有外放型也有收敛型,那么强盛的军事状况,就常常被人理解为血脉贲张的战无不胜、攻无不克。其实军事强大的理想状态,应该表现为维持稳定的静态守备,而不是冲锋陷阵的动态进攻。兵强马壮,威仪赫赫,声名远播,令敌人不敢来犯,这就是"强军梦"的终极追求②;而使家国沦陷于战火,并不是军队建设的本来目的。中国传统的"强军梦",是"不战而屈人之兵"的兵不血刃,是不战而

---

① 《论语·为政》。
② 参见周积明:《中国古代"富强"论的分歧及其启示》,《浙江社会科学》2013年第8期。

胜,杜绝穷兵黩武;而一旦不可避免地开战,又是"上下同欲者胜"的所向披靡,是为国效力、马革裹尸,是同仇敌忾、与子同仇。所谓泱泱大国,不仅仅是看起来人口多、收入多、土地多、资源多,而是要在国家形象上体现出精神之大、责任之大、气度之大、实力之大。

由上可以看出,在中国传统思想文化中,政治的统一、军事的完备,这两方面共同构成了国家强盛。而国家强盛的内在自信和持久保障,又是以强而不霸、盛而不骄为智慧准则,这充分体现中国传统儒家文化所主张的"中庸之道"的理想。

"富强"的思想和作为国家与社会层面的价值追求真正进入国人视野,是近代以后的时期。这就不能不提及"洋务运动"。富强的观念可追溯到洋务运动时期,尽管那时中国内忧外患,但他们的思想还是有可取之处。19世纪70年代以后,"洋务派"感到在创办军事工业和编练新式海陆军的过程中,遇到了资金拮据、后勤供应不足、燃料短缺以及没有运输、电讯等事业相配合的困难,于是他们开始感到仅仅"求强"是不行的,从而把注意力转向"求富",便从新式民用企业的创办入手,洋务运动转入"求富"阶段。70年代至90年代,洋务派"求富"思想的主要内容集中体现在如下四个方面:其一是"寓强于富"的主张。在洋务派看来,求强的结果并未改变衰弱的局面,中国之所以"弱"的原因在于"贫",因此必须转"贫"为"富",这样才可以"强"①。李鸿章指出:"中国积弱,由于患贫。西洋方千里、数百里之国,岁入财赋动以数万万计,无非取资于煤铁五金之矿、铁路、电报、信局、丁口等税。酌度时势,若不早图变计,择其要者逐渐仿行,以贫交富,以弱敌强,未有不终受其敝者。"②其二是指出"必先富而后能强"。从"求强"观到"求富"观的递转和觉察到富与强的因果关系,表明洋务派的认识较以前深入了一步。李鸿章认为:"古今国势,必先富而后能强;尤必富在民生,而国本乃可益固。"薛福成指出:"中国地博物

---

① 孙占元:《洋务运动的指导思想应是"求强""求富"》,载《人文杂志》1991年第1期。
② 梁启超:《李鸿章传》,中国华侨出版社2013年版,第64页。

阜,甲于五大洲,欲图自治,先谋自强,欲谋自强,先求致富,致富之术,莫如兴利除弊,兴利奈何?一曰煤铁之利,每省能开一二佳矿,则船政、枪炮、制造各局所需,无须购之外洋,可省无穷之费。一曰五金之利。云南产铜,山东、吉林产金,广东产水银,四川产银,诚能广为开采,妥为经营,则货不弃于地矣。一曰鼓铸之利。如能仿英、美诸国之铸金银,公家之利甚溥,而钞票之法亦寓乎其中,即银行之利亦可兴焉。"①"其三,"与洋商争利,面对着外国商品的大量输入和外国轮船公司对中国航运权的控制,洋务派认为必须与洋商争利,才能实现求富的目标。李鸿章在创办轮船招商局时指出:"各口岸轮船生意已被洋商占尽,华商领官船另树一帜,洋人势必挟重资以倾夺,则须华商自立公司"②,目的在于"开此风气,渐收利权"。李鸿章创办机器织布局时也一再申明要"扩利源而敌洋产"。李鸿章还指出:"溯自各国通商以来,进口洋货日增月盛,核由近年销数价值已至一千九百余万两之多。"③其四是提出振兴工商的思想。工商业的兴起,这是中国进入近代化的一个显著标志。但在洋务运动时期,由于风气不开,一些人视创办企业为畏途,致使中国工商业发展缓慢,薛福成多次谈论了工商致富的观点。他指出:"迩者中外通商,颇仿西洋纠股之法,其经理获效者,则有轮船招商局,有水陆电报局,有开平煤矿局,有漠河金矿局。然较外国公司之大者,不过什百之一耳。气不厚,势不雄,力不坚,末由转移全局",这都是由于"风气之不开"的缘故。因此,"风气不变,则公司不举;公司不举则工商之业,无一能振;工商之业不振,则中国终不可以富,不可以强"④。

洋务派的"求富"观和求富实践历程中,表现出两个方面的鲜明的时代特质:一是洋务派的代表人物已经明确认识到,只有"富国强兵"才能赶上西方资本主义国家的发展。他们首先求强,进而求富且能够提出"寓强于富","必先富而后能强"的主张,说明

---

① 梁启超:《李鸿章传》,第34页。
② 梁启超:《李鸿章传》,第76页。
③ 梁启超:《李鸿章传》,第91页。
④ 《薛福成选集》,丁凤麟、王欣之编,上海人民出版社1997年版,第543页。

他们对洋务的认识有个不断深化的过程,这种认识的加深,又对洋务运动的发展起到了全局性的指导作用。二是洋务派针对外商纷至沓来,舶来品充斥市场的状况,主张"与洋商争利",要求振兴商务、目的在于抵制与制约外来商品的流入和外商在华的工商活动,这就有利于中国资本主义工商业的发展及其思想的不断完善,顺应了中国近代化的历史潮流。① 清朝末年,已经腐败不堪的政体,加上内忧外患所致,洋务运动最终失败了。但其"求富"观,对于今天崛起中的中国,仍有重要的历史借鉴意义。

渴望并追求富强伴随着一部人类发展史。纵观人类历史图景,多少国家曾经辉煌一时,但又瞬间衰落。多少国家企图称霸一世,却成"南柯一梦"。如何跳出兴衰治乱的历史周期,永葆国家繁荣富强是每个国家面临的历史课题,中华民族亦是如此。

勤劳、勇敢、善良、智慧,是中华民族向来的优良品质。历史上,中国曾经是堪称富强的东方大国。从西周的"成康之治"始,历经两汉等朝的文治武功,到唐宋时期,更是达到了冠绝宇内的少见盛世。譬如唐朝,无论贞观之治,还是开元盛世,都映照出富强国家的真实图景:"小邑犹藏万家室。稻米流脂粟米白,公私仓廪俱丰实。"②唐代的国家治理者明确地认识到:"凡理国者,务积于人,不在盈其仓库。古人云:'百姓不足,君孰与足?'但使仓库可备凶年,此外何烦储蓄?后嗣若贤,自能保其天下;如有不肖,多积仓库,徒益其奢侈,危亡之本也。"③意思是:只要是在治理国家事务的时候,一定要使(财产)积累在民间(即使人民富裕),不在于国库是否有多么的充裕。李世民深知财富(粮食)应积聚在民间,实现百姓富足的"民足",国家才真正富足;竭泽而渔的"国富"乃亡国之兆。"汉唐雄风""两宋繁华","郑和七下西洋"让中华文明远播海外,"康乾盛世"留下了封建帝国落日前最后的一抹

---

① 参见贾新奇:《国家富强的内在伦理冲突及其调节方式》,载《道德与文明》2012年第5期。
② 杜甫:《忆昔二首》之二,仇兆鳌:《杜诗详注》卷十三。
③ 《贞观政要·辩兴亡》,任俊华等:《贞观政要正宗》,华夏出版社2010年版,第39页。

辉煌。

据有关文献典籍记载,唐朝的GDP占当时世界的26%,为全球第一,文化上是诗歌的时代,画的时代,艺术的时代;汉朝GDP占当时世界的18%,全球第一,但是文化上不及唐朝。盛唐时代掀开了中国古代历史最为灿烂夺目的篇章,"均田制"经济改革促成政治、财经、军事的全面昌盛,边塞军功频传,从上层高官门第到市井寒士,为国立功的荣耀感弥漫社会。东征西讨,大破突厥,融合吐蕃,招安回纥,连文人也争相出入边塞,著名大诗人几乎没有不亲历唐朝边关的,习武戍边蔚为时尚。"宁为百夫长,胜作一书生"①,豪迈雄风,跃然诗行。

小农经济意识,为闭关锁国观念束缚了中华民族寻求富强的历史进程,遭受了惨痛教训。明清以降,先有海禁,后又闭关。一个古老的民族不愿睁眼看世界,还沉浸在自欺欺人的"天朝上国"迷梦中不能自拔。鸦片战争以来,面对西方国家的强势冲击,中国一度陷入落后挨打的境地,贫弱的中国逐步沦为西方列强殖民的对象。面对亡国灭种的危机,先进的中国人举起富国强民的旗帜,前赴后继。

19世纪中后期,面对鸦片战争后中国的贫弱,洋务派提出了"以中国伦常名教为原本,辅以诸国富强之术"②的富强观,学习西方的物质器物、坚船利炮。然而,"自强、求富"的梦想终结于甲午惨败的风云;其后,以康有为、梁启超为代表的资产阶级维新派提出"变法图强",学习西方的政法制度,力图强国富民。可叹的是,百日维新仅是昙花一现,最后落幕于"戊戌六君子"血荐轩辕;而后,以孙中山为代表的资产阶级革命派提出"振兴中华"的口号,主张实业救国,发展工商,在追求国家富强的道路上不懈探索。

洋务运动终究未能从根本上帮助中国摆脱积弱积贫的旧貌。上述求富图强的努力,终因其阶级局限和革命的不彻底性而归于

---

① 杨炯:《从军行》,载《旧唐书·杨炯传》。
② 冯桂芬:《校邠庐抗议》,转引自姜铎:《略论洋务派经济活动的若干特点》,载《学术月刊》1960年第8期。

失败。正如毛泽东同志所说:"在一个半殖民地的、半封建的、分裂的中国里,要想发展工业,建设国防,福利人民,求得国家的富强,多少年来多少人做过这种梦,但是一概幻灭了。""中国人向西方学的很不少,但是行不通,理想总是不能实现。多次奋斗,包括辛亥革命那样全国规模的运动,都失败了。"[①]这些失败,既是坏事,也是好事。它促使中国人开始深思失败的原因,另求他路。

二、富强作为核心价值观重要目标的基本蕴涵

从理论上讲,社会主义制度之所以优越于资本主义制度,在于这种制度能够创造出比资本主义更加强大的生产力,创造更加多的社会财富,提供比资本主义更加体面、更加有尊严的美好生活。

在如何对待富强以及中国富强起来以后的国家形象问题上,有一个非常有说服力的真实例子,这就是非常有名的"蒙哥马利之问"。1960年5月27日,毛泽东同志与来华访问的英国元帅蒙哥马利围绕"五十年以后"中国的发展走向问题,有过一段饶有趣味、发人深思的对话,内容大致如下:蒙:"我有一个有趣的问题想问一下主席:中国大概需要50年,一切事情就办得差不多了……到那时候,你看中国的前途将会怎样?"毛:"你的看法是,那时候我们会侵略,是不是?"蒙:"我觉得,当一个国家强大起来以后,它应该很小心,不进行侵略。看看美国就知道了……历史的教训是,当一个国家非常强大的时候,就倾向于侵略。"毛:"要向外侵略,就会被打回来……外国是外国人住的地方,别人不能去,没有权利也没有理由硬挤进去……如果去,就要被赶走,这是历史教训。"蒙:"50年以后中国的命运怎么样?那时中国会是世界上最强大的国家了。"毛:"那不一定。50年以后,中国的命运还是960万平方公里。中国没有上帝,有个玉皇大帝。50年以后,玉皇大帝管的范围还是960万平方公里。如果我们占人家一寸土地,我们就是侵略者。"

[①] 《邓小平文选》第3卷,人民出版社1993年版,第64页。

毫无疑问,"蒙哥马利之问"反映了西方人内心深处的一种"历史逻辑",即当一个国家非常强大的时候就会倾向于侵略。一些国家发展的历史确实证明了这一点。古罗马帝国和奥斯曼帝国,荷兰、西班牙、葡萄牙、英国、法国、德国、日本、俄罗斯和美国,都走过这条路。之所以如此,有两个重要原因。一个是经济原因。人类社会进入私有制后,强大起来的国家常常对外侵略扩张,掠夺他国财富。尤其是进入资本主义社会,资本的贪婪本性天然地充满血腥暴力,导致武力征服和殖民扩张成为资本主义的特殊生产方式。另一个是政治原因。一些西方人把优胜劣汰、适者生存的生物进化规律视为人类社会发展规律,演绎出一套弱肉强食、以大欺小的政治哲学。有了这种"历史逻辑",加之深植于心的"黄祸论",一些西方人对中国这头刚刚醒来的"睡狮"高度戒备,对中国的发展备感担忧,就不足为奇了。

光阴荏苒,一晃整整50年过去了。今天的中国,经济总量跃居世界第二,综合国力大幅提高,社会面貌、人民面貌都发生了历史性变化。然而,中国并没有走西方列强侵略、掠夺、战争、扩张、称霸的老路,而是依然走在和平发展的大道上。半个世纪后,中国为什么没有发生蒙哥马利担心的那种情况呢?从根本上说,这是由国家性质决定的。中国是社会主义国家,坚持人民富裕、社会公正、国家发展、世界和平的基本目标。

富强是中国共产党人的伟大奋斗目标。自中国共产党成立以来,国家富强的目标就写进了不同时期的党的大会报告或《党章》中。早在革命战争时期召开的党的七大,就在其政治报告《论联合政府》中提出,"建立独立、自由、民主、统一和富强的新中国"。社会主义建设时期召开的党的八大通过的党章中提出,把中国建设成为一个"伟大的、富强的、先进的"社会主义国家。改革开放时期,党的十二大通过的党章中提出,促进社会主义祖国日益"繁荣富强";党的十三大、十四大、十五大、十六大的报告中提出,建设"富强民主文明"的社会主义现代化国家;党的十七大、十八大报告进一步提出,建设"富强民主文明和谐"的社会主义现代化国家。

在新民主主义革命时期,中国共产党领导全国人民力图"建立独立、自由、民主、统一和富强的新中国"。为此,中国共产党人领导中国人民历经艰苦卓绝、荡气回肠的革命斗争,建立了一个独立的新中国。一个独立的中国,是国家富强的前提。

新中国成立之初,面对的是一个一穷二白、千疮百孔的烂摊子,工业几乎等于零,粮食不够吃,通货恶性膨胀,经济十分混乱。一位西方记者曾武断地说:"这个国家太大了,又穷又乱,不会被一个集团统治太久,不管他是天使、猴子,还是共产党人。"①社会主义给中国带来了天翻地覆的变化。新中国成立后,中国人民以前所未有的主人翁姿态和高涨的创造热情投入社会主义改造和国家建设,确立社会主义制度,为国家富强奠定政治前提和制度基础。站起来的中国人民,在毛泽东同志和中国共产党的领导下,迅速医治战争创伤,在很短的时间内就建立了独立的工业体系和国民经济体系;1964年10月16日,中国第一颗原子弹在祖国新疆的罗布泊爆炸成功,继美国、苏联之后,成为世界上第三个拥有原子弹的国家。这以后,科学家又遵循毛泽东主席"原子弹要有,氢弹也要快"的指示,继续苦战,1967年6月又成功地爆炸了第一颗氢弹,第一颗人造地球卫星成功发射,为共和国奠定了强大的国防基础;1972年中国恢复了联合国的席位,成功地打破了西方世界对中国的封锁……迅速将一个贫穷落后、满目疮痍的旧中国,建设成了一个蒸蒸日上、阔步走向繁荣富强的新中国。仅"一五"期间,我国工业建设和生产所取得的成就,就远远超过了旧中国的100年。事实充分证明,在中国,除了社会主义道路,没有任何其他道路能够给中国带来这样的发展,能够改变中华民族的前途和命运。

20世纪50年代中期,中国共产党人又适时提出要实现马克思主义和中国实际的"第二次结合",为中国特色社会主义建设进行了有益探索,积累了宝贵经验。党的八大通过的党章中明确提

---

① 转引自人民日报评论员:《中华民族伟大复兴的必由之路》,载《人民日报》2009年6月3日8版。

出,要把中国建设成为一个"伟大的、富强的、先进的"社会主义国家。

改革开放以来,中国共产党带领中国人民进入了建设富强国家的新时期。具体说来,1978年,安徽"小岗村"18位农民引领的农村变革,揭开了中国社会巨变的序幕;1992年,邓小平同志的南方谈话破除了"姓资""姓社"的争议。中国自此进入了社会主义市场经济发展的快车道。"社会主义要消灭贫穷。贫穷不是社会主义,更不是共产主义"的理念逐步深入人心。生产发展、国家强大、人民富裕,被纳入社会主义的本质内涵。从1978年到2013年,我们的国内生产总值从3000多亿增长到了56.88万亿,增长了100多倍!30多年来,从"计划经济"到"市场经济",从"割资本主义的尾巴"到"发展是硬道理",从香港回归到加入世贸,从降伏"非典"到举办奥运,从上海世博到"嫦娥"入轨,我们伟大的祖国在中国特色社会主义的大道上阔步前行⋯⋯

党的十八大以来,实现中华民族伟大复兴的中国梦,激励着亿万的华夏儿女拼搏奋进。习近平总书记强调指出,自1840年以来,中华民族持续奋斗,在中国大地上展现出了中华民族伟大复兴的光明前景。"我们大家都能感到,我们现在比历史的任何时期都更接近中华民族伟大复兴这个目标,我们现在比历史上的任何时期都有信心、都有能力实现这个目标。"

实现中华民族伟大复兴,把我国建设成为一个富强、民主、文明、和谐的社会主义现代化国家,其"基本内涵是实现国家富强、民族振兴、人民幸福"。而实现中华民族的伟大复兴,首要的、也是第一位的任务,就是把我国建设成为一个富强的国家。

经过90多年艰苦奋斗,我们党团结带领全国各族人民,把贫穷落后的旧中国变成日益走向繁荣富强的新中国,中华民族伟大复兴展现出光明前景。

"富强"在《管子·形势解》中的解释是:富足而强盛。财富充裕,力量强大:富强即国富民强,是社会主义现代化国家建设的应然状态,是中华民族梦寐以求的美好夙愿,也是国家繁荣昌盛、人民幸福安康的物质基础。一代又一代的中国人一直都有一个实现富强的梦。至少从"鸦片战争"以来,这个梦就是要实现"富国强兵""国强民富"。

自20世纪70年代末以来,在30多年的时间里,作为中国社会改革开放的总设计师,邓小平同志倡导的改革开放政策,使一个曾经积弱积贫的国家经济上越来越富强,政治上越来越民主,文化上越来越文明,社会上越来越和谐。因此,富强作为核心价值观集中体现了中国特色社会主义现代化的价值目标和价值追求,符合当代中国共产党人和全体中国人民寻求民族复兴的共同愿景,是一个凝聚人心、鼓舞士气、激发活力、振奋精神的价值目标。

作为中国特色社会主义现代化的价值目标和价值追求的"富"的含义。就字面意思而言,"富"就是实现"富裕",在政策的引导下实现国家和人民的共同富裕,但是共同富裕并不等于同时富裕、同步富裕、同等富裕。奔向富裕是一个有先有后、有快有慢逐步实现的过程,如果要求所有人、所有地区同时、同步、同等富裕起来是不切实际的,必须允许一部分人、一部分地区先富起来。共同富裕的构想正是这样提出来的:一部分地区有条件先发展起来,一部分地区发展慢点,先发展起来的地区带动后发展的地区,最终达到共同富裕。先富不是目的,而是实现共同富裕的途径和手段。因此十一届三中全会提出的建立经济特区就是一个好的试验,东部发展起来了带动西部,成就了国家发展的大战略——西部大开发,而党的十八大提出的深化经济体制改革就是为实现共同富裕提出的努力方向,为实现共同富裕创造雄厚的物质基础,为实现共同富裕提供牢固的政治保障。

作为中国特色社会主义现代化的价值目标和价值追求的"强"的含义。与"富"相联系,"强"就是强盛、强大,因此人民富裕就需要国家强大,就是国家要拥有强大的工业,强大的国防,国家就要拥有完成工业化道路的全面的资源和动员这些资源的绝对的权力。我们要变成富强的国家,政府就应该做得更多,就应该拥有更多的重要产业。为了富强,我们必须拥有自己的核心技术,我们就必须自己控制着战略性的产业,而不是让那些在我们本土上的外资去控制。这是当下在中国流行起来的"经济爱国主义"的核心观点。我们的确需要思考很多问题来明白一些并不复杂的道理。富强的国家到底拥有了什么才是富强的？在我看来，在这个开放和全球化的世界上，标尺应该只有一个，只有它的人民拥有了财富创造的自由，国家才真正会是富强的。人民富裕，国家富强，是中华民族梦寐以求的美好夙愿，也是国家繁荣昌盛、人民幸福安康的物质基础。我们追求的民主其实质和核心是人民当家作主，也是人类社会的美好诉求，倡导文明与和谐是社会进步的重要标志，是中国传统文化的基本理念，也是社会主义现代化国家的重要特征。24字的社会主义价值观的核心就是集中体现社会主义现代化国家必须要对面向现代化、面向世界、面向未来，让人民学有所教、劳有所得、病有所医、老有所养、住有所居，实现互相尊重、互相关心、互相帮助，和睦友好，努力形成社会主义核心价值的新型人际关系，共同而努力实现"中国梦"。

为什么说富强是社会主义核心价值观的首要价值目标呢？简单地讲，对富强的追求是任何社会主体的基本需求和前进动力。自人类产生以来，摆脱物质匮乏，不断创造、积累物质财富就成为社会主体的生存所需和基本追求。社会个体如此，民族、国家也是如此。今天，中国共产党人正带领中国人民为实现中华民族伟大复兴的中国梦而奋斗，国家富强是实现这一梦想的物质基础和保障。

富强是人类的永恒梦想。历史唯物主义认为，物质利益及其实现是任何社会主体活动的主要动因，也是推动社会进步和人的全面自由发展的物质保障。只有在生产力高度发展、社会财富充分涌流的前提下，才有可能消除旧式分工，克服人的片面发展，最终实现人的自由全面发展，所以富强作为一种价值目标，不仅反映了不同社会主体的生存需要，也是推动社会主体发展的主要动因。

在人类历史发展进程中，创造物质财富、追求物质利益的生产劳动构成社会历史发展的基础。其中，生产力与生产关系、经济基础与上层建筑的矛盾，构成人类历史发展的基本矛盾和主要动力。在人类历史的不同阶段，人类或以狩猎为生，力图生存；或以农牧为本，追求温饱；或以工业强国，追求强盛。虽然凭借的手段不同，达到的境界不一,但对富强的追求,则是一以贯之的永恒主题。

富强作为社会主义核心价值观,既具有作为人类文明进程中富强作为一般的社会历史价值追求的基本规定,同时作为当代中国向人类所贡献的思想成果,更具有自己独特的规定性。

富强价值观的社会主义性质。寻求富强之路,是人类历史的各个时代、各个不同发展阶段,几乎所有一切民族都一直努力的共同理想和奋斗目标。各个不同的社会制度、不同的历史与文化传统、不同的社会意识形态下,对富强价值观的理解,以及如何实现富强的方式等,有很大的差别。

富强作为中国特色社会主义国家层面核心价值观的首要内容,首先必须体现社会主义制度的根本性质。富强作为国家层面的首要价值目标,还体现了中国特色社会主义的本质。"什么是社会主义?"这是建设中国特色社会主义必须回答的首要问题。首先,"贫穷不是社会主义","社会主义必须摆脱贫穷"。社会主义的优越性之一就是利用更先进的生产力,创造出更多的物质财富。其次,"两极分化也不是社会主义"。社会主义社会的富裕,不是资本主义社会的少部分人的富裕,而是全体人民的共同富裕。"如果走资本主义道路,可以使中国百分之几的人富裕起来,但是绝对解决不了百分之九十几的人生活富裕的问题。"①

什么才是社会主义的本质呢?那就是"解放生产力,发展生产力,消灭剥削,消除两极分化,最终达到共同富裕"。这一本质概括,既包含生产力发展标准,也包含共同富裕的价值目标。生产力标准要求大力发展生产力,做大社会物质财富这一蛋糕;共同富裕的价值标准则要求公平合理地分配蛋糕,最大限度地实现全体人民的共同富裕。生产力标准更多强调的是效率优先。共同富裕并不等于同步富裕、同等富裕,必须允许一部分人、一部分地区先富起来,先富带动后富,最终达到共同富裕。先富不是目的,而是实现共同富裕的途径和手段。

从学理上讲,社会主义之所以优越于资本主义,就在于它代表

---

① 《毛泽东选集》第4卷,人民出版社1991版,第1470页。

的先进生产关系,能够极大地解放和发展社会生产力,进而创造出超越资本主义的物质文明、制度文明和精神文明。在经历了100多年的被压迫、被剥削、被欺凌的屈辱历史后,毛泽东同志领导党、人民和人民军队实现了国家独立和人民解放,为民族振兴奠定了主权国家的基石;邓小平同志总结社会主义建设和发展的经验教训,进一步确立了贫穷不是社会主义、更不是共产主义的社会发展理念。

党的十八大召开后,习近平同志指出,中国特色社会主义首先是社会主义而不是别的什么主义。在这个意义上讲,可以说:富强作为社会主义的核心价值,既是中国特色社会主义的理论诉求和实践自觉,也是全心全意为人民服务的中国共产党人的核心价值,更是当代社会主义制度能够优于资本主义制度的崭新价值尺度与实践准则。

社会主义的富强观是对中国传统的富强观和西方资本主义的富强观的借鉴和超越。我国古代曾出现过重视或者轻视经济发展的观念。《礼记》提出过"小康"的社会理想,反映了我国古人对富足、殷实生活的向往;《史记·货殖列传》中"仓廪实而知礼节,衣食足而知荣辱"的观念,表达了我国古人关于经济发展对道德发展影响的认识;《论语》中"不患寡而患不均"的思想,既表达了重视公平分配的思想,也流露出小农经济条件下人们对财富创造和经济发展的忽视。这些价值观在一定程度上对社会经济发展产生了积极或消极的影响。

西方一些资本主义国家率先实现现代化,通过资本主义原始积累和不断开拓市场,推动了生产力的巨大发展,创造了具有一定高度的物质文明。西方资产阶级学者重视对致富之道的研究,历史上先后出现过重商主义、古典经济学和现代经济学等,提出了一些反映市场经济发展规律、具有历史进步意义的思想。但是,资本主义制度决定了资本主义的财富观从根本上反映了少数人或资本家发财致富的欲望和手段,反映了剩余价值规律支配的资本主义生产方式;一些资本主义国家主张富国强兵,其目的在于在世界范围内扩张势力甚至发动侵略战争。

　　社会主义价值观区别于传统价值观和资本主义价值观之处,一方面在于吸收了传统思想和西方价值观中重视发展经济的积极因素和有价值的思想,另一方面在于摒弃了阻碍社会进步和损害人民根本利益的错误观念。社会主义的富强观是建立在充分吸收人类文明发展成果基础之上的,强调富强的人民性和公平性。同时,社会主义倡导国家富强是同倡导民主、文明、和谐等价值内容相结合的,是与倡导自由、平等、公正、法制的社会制度联系在一起的,这就保证了国家富强具有服务于社会进步、人的发展和世界和平的正确价值导向。

　　其次,富强是社会主义初级阶段的根本任务。现阶段,我国社会的主要矛盾是人民日益增长的物质文化需要同落后的社会生产之间的矛盾。我国社会主义现代化建设的根本任务,就是要花主要精力、下主要功夫去解决这对矛盾。中国经济总量虽大,但人口基数大,人均国内生产总值世界排名并不靠前。故此,富强作为价值追求,理所当然地应该成为社会主义核心价值观首要并且内在的质的规定性。

　　富强价值观的人民主体性。是人民主体、全体人民共享发展成果的富强价值观,人民群众是创造、享受富强价值的唯一合法主体。社会主义制度是人民当家作主的制度,中国的繁荣,作为富强之集中体现的物质财富与精神财富的创造,是中国民众辛勤的结果。① 共同富裕的价值标准则更多强调公正为本。实现富强的要义是人民的共同富裕。社会主义制度在本质上不同于以往剥削阶级占统治地位的社会制度,不是追求少数人的富裕,而是努力实现最大多数人的富裕。社会主义的富强观,兼顾生产力标准的效率原则和共同富裕价值标准的公正诉求。在此意义上,它超越了中国传统的平均主义的富强观和西方资本主义两极分化的富强观。中国传统文化中有深厚的平均主义思想,"不患寡而患不均"的理

---

① 参见崔宜明:《个人自由与国家富强》,载《上海师范大学学报》2011年第3期。

念,既包含重视公平的积极思想元素,也流露出自给自足小农经济忽视财富积累的局限。而西方资本主义国家鼓励发展生产、开拓市场、积累财富。但是,资本主义私有制决定了资本主义的财富观从根本上只能满足少数人致富梦想。社会主义富强观既吸收了中国传统价值观中重视公平和西方价值观中重视生产和物质财富的积极因素,也摒弃了中国传统中阻碍生产发展和西方资本主义无视多数人利益的错误观念。

中国特色社会主义是前无古人的伟大事业。我国是在经济文化相对落后的基础上建立起社会主义大厦的,还属于发展中国家,还将长期处于社会主义初级阶段,这一基本国情决定了当代中国必须解决好两大难题:一是做大蛋糕,二是分好蛋糕。做大蛋糕必须发展,分好蛋糕也需要发展。

不仅如此,实现富强的主体是人民,实现富强的最终目的是增进人民幸福。倡导富强,实质上就是倡导民富国强。人民是实现国家富强的主体力量,也是国家富强的受益者。实现人民幸福是社会主义最高价值原则,增进人民福祉是社会主义建设、改革、发展的出发点和落脚点。幸福是多方面的,不仅仅限于富裕,但一定程度的物质丰裕是国民幸福的基本前提。国家是人们生存于其中的最重要社会形式,国家富强和人民幸福是紧密联系在一起的,是互为条件的。

在社会主义条件下,国家、集体和个人的根本利益是一致的。我们通常说"国"与"家"不可分,就是基于这个道理。历史和现实告诉我们,国家的贫弱会给人民带来困苦或灾难,而国家的富强是为民造福的重要前提。解放和发展生产力,创造越来越多的物质财富,建设高度发展的物质文明,是社会主义国家的首要任务。以实现国家富强、民族振兴和人民幸福为内容的中国梦,集中体现了国家和人民的强烈愿望和美好追求,从一个侧面体现了国家富强之于民族复兴、人民幸福的重要性。

富强价值观指向的民族复兴理想,是服务于中华民族复兴的国家利益至上的富强价值观。改革开放30多年来,中国作为一个"文明型国家",以其大国的韬略与智慧,以其超大型的体量和超丰富的传统,造就了中国震撼与中国崛起,如今的中国,经济总量和综合国力大幅跃升,已经上升为世界第二大经济实体,但我们必须清醒地意识到,中国仍然是世界上最大的发展中国家。正是基于这样的考虑,"富强"成为社会主义核心价值观中基础性的观念。所谓富强,既表明我们的党要让人民生活得更加美好,也表明我们要走共同富裕的道路,还表明中国应该变得日益强大。一部近现代史,是令所有中国人辛酸、苦痛、激愤和血泪斑斑的灾难史,记载着我们国家和人民受欺凌的历史。痛定思痛,我们国家一定要彻底改变过去积贫积弱的状态,变得富强起来。而国家的富强一方面要求每个公民都具有强烈的爱国情怀和敬业精神,另一方面也要奉行互利共赢的开放战略,贯彻与邻友善、以邻为伴的周边外交方针,坚定不移地走和平发展道路。

富强作为社会主义核心价值观追求的最高目标:人的自由全面发展。富强价值观的最终目标是"实现人的自由全面发展"。历史唯物主义认为,物质利益及其实现是任何社会主体活动的主要动因,也是推动社会进步和人的全面自由发展的物质保障。只有在生产力高度发展、社会财富充分涌流的前提下,才有可能消除旧式分工,克服人的片面发展,最终实现人的自由全面发展。马克思主义创始人在《共产党宣言》《哥达纲领批判》等著作中认为,生产力的高度发展既是共产主义社会实现的必要条件,又是共产主义社会的一个重要特征。在共产主义社会高级阶段,"在随着个人的全面发展,他们的生产力也增长起来,而集体财富的一切源泉都充分涌流之后,……社会才能在自己的旗帜上写上:各尽所能,按需分配!"①所以富强作为一种价值目标,不仅反映了不同社会主体的生存需要,也是推动社会主体发展的主要动因。

富强的基本含义是,国家通过发展生产力,创造和积累物质财富,提升物质文明程度,达到民富国强。历史唯物主义主张,物质利益及其实现是人们历史活动的前提和主要动因,实现人的物质利益、创造物质财富的生产劳动构成社会历史发展的基础。只有

---

① 《马克思恩格斯选集》第3卷,人民出版社1995年版,第305—306页。

在生产力高度发展、社会财富充分涌流的前提下,才有可能为消除旧式分工和克服人的片面发展创造物质条件,才有可能为最终消除剥削和三大差别提供社会条件。这说明,富强作为一种价值观,不仅反映了一定社会主体的需要,而且符合社会发展的客观规律。

精神富强才是真正的富强。富强并不是单指物质上的,其实更深意义上的是民族的民主程度以及民族精神,这才是主要的,而决定过国家和民族的最主要的一点就是社会制度。2012年年底,央视曾经做过一个"你幸福吗?"的街头采访,收集来的答案千姿百态,回味悠长。"两会"期间,央视又在做"你的梦想是什么"的街头采访系列,这也是中华民族强国之梦的"百姓版"。让中华民族受全世界尊敬,不只是因为富裕,更是因为中华民族良好的全民素质,只有精神富强了才是一个民族真正富强的标志。

文明社会的历史表明,社会历史发展和进步中,一个民族的富裕可能只需要30年,一个民族的富强可能需要50年,但是改变一个民族的整体素质则需要200年。经过改革开放后的30多年,今天的中国已经算富裕了,GDP总量跃居世界第二,经济实力已经可以在一定程度上左右世界经济。但是我们还不富强。看看中国经济的结构,没有多少领先的核心技术和产品,关键技术、主流产品和核心设备都需要进口,我们还只是一个加工制造为主的经济体。可见,中国不富强的还有精神。精神富强才是民族真正富强的标志。全面提升中华民族的整体素质,是实现中华民族强国之梦的基础。未来的国际竞争也一定是民族整体素质的竞争,因为整体素质关系着一个民族的可持续发展。

三、富强作为价值观的有效践履

民族复兴,国家富强,是当代每一个中国人的一致梦想。在这方面,伟人周恩来的故事很具有典型性。1910年前后,年仅12岁的周恩来离开家乡,来到了东北。当时的东北是帝国主义列强在华争夺的焦点。他在沈阳下了车,前来接他的大伯指着一片地方说:"没事可不要到那个地方去玩啊!"少年恩来不知何故,问道:

"为什么?""那是外国租界地,惹出麻烦来可就糟了,没处说理去!""那又是为什么呢?"少年恩来追问。"为什么?中华不振啊!"大伯意味深长地说。就是这一句话,在少年恩来心中深深扎下根儿。后来,他还是"没听话",去租界进行了"实地考察",眼见中国人在自己的土地上被外国人欺凌,也就是那一刻,他真正体会到"中华不振"的含义。后来,在他就读的东关模范学校的一堂修身课上,当校长向全班同学们提出"请问诸生为什么而读书?"这个问题后,有的说:"为明理而读书。"有的说:"为做官而读书。"也有的说:"为挣钱而读书。"恩来在被校长点名发言时,一语惊人:"为中华之崛起而读书!"校长听后虎躯一振,不敢相信这句话出自一个少年之口,追问了一句,得到的回应依旧是:"为中华之崛起而读书!"校长惊讶之余,高喊一声:"好哇!为中华之崛起!有志者当效周生啊!"

当代中国,比历史上任何时期都更接近中华民族伟大复兴的目标。对中国而言,20世纪是一个真正的大时代,一个处于"千年未有之大变局"的转折年代。20世纪前半叶,中国尚处于不稳定的国际体系的底层,所求者首先是恢复19世纪失去的独立与主权;20世纪下半叶,中国迎来历史性的崛起,所求者"国富民强、中华民族的伟大复兴";尤其是20世纪的最后20年,中国主动开启了融入国际体系的进程,逐步成为国际体系一个"负责任、建设性、可预期"的塑造者。改革开放成为现代中国崛起的一个历史性序幕,经济快速增长和现代化追赶模式成为当代中国演绎的绚丽传奇。

1978年至2010年,中国综合国力上升居诸大国之最,中国经济保持了年均增长9.3%的高水平。国家统计局2014年1月20日公布,2013年我国国内生产总值568845亿元,同比增长7.7%,完成了年初设定的7.5%的目标。按2013年人民币对美元年平均汇率6.1932计算,2013年中国GDP约合91849.93亿美元,人均GDP约为6767美元(2013年年末人口为13.6072亿,年中人口约为13.5738亿)。2013全年进出口总额41603亿美元,比上年增长7.6%。其中,出口22100亿美元,增长7.9%;进口19503亿美元,增长 7.3%。进出口相抵,顺差 2597.5 亿美元。按购买力平价(PPP)计算,目前中国已是世界第二大经济体,仅次于美国。2013 全年城镇居民人均总收入 29547 元。其中,城镇居民人均可支配收入 26955 元,比上年名义增长 9.7%,扣除价格因素实际增长 7.0%。全年农村居民人均纯收入 8896 元,比上年名义增长 12.4%,扣除价格因素实际增长 9.3%①(2003 年中国国内生产总值达到 11.67 万亿元人民币;按现行汇率计算,人均国内生产总值达到 1090 美元;外贸进出口总额达到 8512 亿美元,世界排名仅次于美、德、日)。中国被视为世界经济发动机之一,继美、日、欧之后的"第四大世界经济支柱"。多少代仁人志士梦寐以求的"中国崛起",不再被视为"神话"(Myth),而是活生生的现实,中国已经重归"世界强国"之列。

中国崛起在全球引发了激烈的探讨和争论,正面者如"中国机遇论""中国贡献";负面者如"中国威胁论""中国崩溃论""中国风险论""中国经济水分论"等等,不一而足。一时间,中国的未来走向似乎显得扑朔迷离、波诡云谲。这提醒我们,越是接近国家富强、民族复兴的历史目标,我们越应该保持清醒的头脑,正视我们存在的问题和差距。党的十八大指出,我国仍处于并将长期处于社会主义初级阶段的基本国情没有变,人民日益增长的物质文化需要同落后的社会生产之间的矛盾这一社会主要矛盾没有变,中国是世界最大发展中国家的国际地位没有变。建设社会主义富强国家,必须深刻把握我们身处的新形势、新机遇,全面认识我们面对的新任务、新课题,科学分析我们面临的新矛盾、新挑战,真正把社会主义富强观内化于心,外化于行。

坚持中国共产党在领导中国人民富强进程中的中心地位。中国共产党不仅领导中国人民建立起新中国,更是领导中国不断走向富强,人民不断走向安康。中国改革开放 30 多年取得的成绩,相当于欧洲工业化国家用 200 多年走过的历程。与周边国家相比,我们原先的生活水平远比不上邻国,经过多年的不懈努力,我

---

① 参见门洪华:《中国崛起与国际秩序》,载《中国社会科学》2002 年第 1 期。

们不仅赶上了,而且还超过了。我们从一组数据来回顾在中国共产党领导下,新中国的发展成就:粮食产量增长3.7倍,不仅解决了吃饭问题,而且支撑了工业化进程;GDP年均增长8.1%,中国由低收入国家跃升至中等偏下收入国家;城乡居民储蓄增加2.5万倍,人民生活由贫困迈上总体小康;居民平均期望寿命由解放初期的35岁提高到现在的73岁。新中国成立60多年来,在旧中国满目疮痍的废墟上,走出了一条有中国特色的社会主义道路,一个充满生机和活力的社会主义大国,已经巍然屹立在世界东方。我们坚信,在中国共产党的坚强领导下,中国还将继续发展壮大。

把国家富强的目标和当前全面深化改革、完善和发展中国特色社会主义制度、推进国家治理体系和治理能力现代化的事业结合起来。

一方面。必须坚持以全面深化改革之路走向富强。党的十八届三中全会指出,"经济体制改革是全面深化改革的重点,核心问题是处理好政府和市场的关系,使市场在资源配置中起决定性作用和更好发挥政府作用"。无论是民富,还是国强,都需要提高市场配置资源的效率,市场化是根本的富民强国之路。同时还需要政府维护社会公平,公平正义是社会主义的内在要求。只有这两点做到了,才能"让一切劳动、知识、技术、管理、资本的活力竞相迸发,让一切创造社会财富的源泉充分涌流,让发展成果更多更公平惠及全体人民"。

长期以来,一些人不能正确理解市场经济的作用,对市场化往往带有很深的疑虑和不信任。这些看似观念层面的认知,对于形成使市场在资源配置中起决定性作用的经济体制及运作机制存在较大的影响和阻碍,需要加以澄清和破除。例如人们经常将市场竞争形成的产业集中度和大品牌视为垄断,并将其视为市场作用的结果。其实,产业集中带来规模经济效应,几大品牌间的公平竞争同样会带来充分的、有利于消费者的效果。垄断的本质是市场准入限制,我国现行体制中的行政管制才是最需要加以革除的垄断。又如有人将贫富差距扩大和社会两极分化看作市场经济作用的结果。市场经济固然会带来收入和财产差距,但这恰恰是市场激励机制起作用的一个条件。市场同时也在根据要素的稀缺和贡献程度对差距起到平衡作用。我国现存的收入和财产差距主要是机会不公平造成的,而机会不公平则是传统体制积弊和行政权力不当干预的结果。再如有人认为贪污腐败是市场经济和改革造成的。事实上,贪污腐败是公共权力被滥用,是公共权力向市场寻租的结果。反腐的关键,一方面是深化经济和政治体制改革,另一方面是进一步完善市场经济体制。

另一方面,价值理念必须付诸主体实践,才能发挥现实作用。富强的社会主义国家价值目标,必须渗透于国家行为和国家制度安排中,才能真正有助于实现国家富强、民族复兴的中国梦。党的十八届三中全会指出,全面深化改革的总目标是完善和发展中国特色社会主义制度,推进国家治理体系和治理能力现代化。从国家层面来说,培育和践行社会主义核心价值观,就是要在推进国家治理体系和治理能力现代化的过程中实现富强、民主、文明、和谐的价值目标。

富强的实现还需要可持续的动力与环境。富强是一个过程,一个需要数代人持之以恒为之努力奋斗的过程。这个过程需要可持续的动力、可持续的环境。

就当下而言,我们将通过全面深化改革获得和释放追求富强的新动力。新动力将来自技术创新、制度创新、治理创新和模式创新;新动力将产生于结构调整、优化和升级;新动力将内生于创业创新和市场经济主体,进而推动经济的自主增长。唯有这种自主增长才能与追求富强的进程产生良性互动。外部刺激充其量只能稳定一段时期的增长,但代价往往很大。因此,我们要通过转变经济发展方式,打造中国经济升级版,走出一条绿色、高效、可持续的追求富强的新路子。

可持续的环境是经济发展的保障,它由和谐友好的人与人的关系、人与自然的关系组成。这两个方面恰恰是我们在经历了30多年经济高速增长后出现的"短板"。人与人的关系,矛盾集中表现在收入分配差距过大、社会公平正义尚有诸多欠缺;人与自然的关系,矛盾集中于过度消耗资源、破坏环境的增长方式上。党的十八届三中全会在深刻分析这些矛盾和问题的基础上,把握到了它们的症结,那就是国家治理和制度建设。全会指出,全面深化改革的总目标,是完善和发展中国特色社会主义制度,推进国家治理体系和治理能力现代化。这是改革的总方向、总引领,是第一位的要求。当然,总目标和阶段性目标都不会自动地实现,需要我们进行深刻的利益格局调整,需要为之付出巨大的努力。

努力消除两极分化与分配不公,最大限度地实现社会正义。卢梭认为:"人类当中存在着两种不平等,其中一种,称之为自然的或生理上的不平等;另外一种,称为精神上的或政治上的不平等。"①在中国封建社会中,"三纲五常"、森严的等级观念,决定了人与人之间处于垂直的等级关系。在社会主义社会中,人与人之间的关系则是"平等"的,这里所说的平等既指政治上的平等、机会上的平等,也指起点平等、过程平等、结果平等。

与平等观念相辉映的是"公正"观念。公正不仅意味着一个人会得到与他付出的劳动相应的报酬和奖励,而且也表明,社会对资源的分配是公平、合理的。这就为人民的生活提供了良好的政治生态环境。与此同时,在社会主义社会中,每个人都拥有法律所规定的"自由"。自由是一个政治哲学中的概念,人类可以自我支配,凭借自由意志而行动。个人的自由权利和人与人之间的平等关系都要靠"民主"制度来维系。随着中国市场经济不断发展,市场经济体制逐步形成,经济的市场化已成为不可阻挡的历史潮流。经济的市场化必然要求政治的民主化,并推动政治的民主化。历史人,任何一个时代、任何一个历史阶段上的每个民族、每个国家都有富强梦。富强最终要靠一个国家的人民矢志不渝、艰苦奋斗,才能到达彼岸。中华民族在通往富强的道路上一直在努力奋斗,现在正处在最具挑战、也最有希望的时代,自强不息、奋发有为,我们终将实现中华民族的富强梦。

立足中国特色社会主义的伟大实践,有必要从价值哲学的视

---

① 卢梭:《论人类不平等的起源》,张庆博译,陕西人民出版社2012年版,第30页。

角,把握并明晰富强作为社会主义核心价值体系中的价值属性、科学内涵,掌握其以下几个方面的特征:(1)人民主体性与国家利益性的有机统一。人民群众是创造历史的主体,也是创造核心价值和实践核心价值观的主体。富强作为中国特色社会主义的核心价值,既不是神启的结果,也不是所谓英雄的"创举",而是由广大人民群众在物质文明、政治文明、精神文明、社会文明、生态文明建设等实践活动中所创造的,建设以富强为首位的社会主义核心价值体系,离不开人民群众的主动参与和自觉建构。同时,我们也必须看到,没有国家富强,人民的真正幸福就失去了保障;没有人民的富裕幸福,也根本谈不上国家富强,更谈不上民族振兴。(2)公平正义性与包容开放性的辩证耦合。社会主义的富强观体现的不是资本主义弱肉强食的丛林法则,而是全体人民共建、共享的共富模式。中国特色社会主义富强观,强调的是公正性和开放性,具有服务于世界和平和人类进步的积极价值指向。世界近代史上,很多强国的诞生,是以武力为手段,侵吞他国利益、甚至威胁他国生存。中国的发展、强大是和平发展,对他国不是威胁而是机遇。中国愿意以开放包容的心态加强同外界对话和沟通,虚心倾听世界的声音,也期待外界能够更多以客观、历史、多维的眼光观察中国,中国式的富强是"大道之行也,天下为公"的富强。[①](3)和谐与自强的兼容并具。习近平同志指出,中华民族是爱好和平的民族。有着5000多年历史的中华文明,始终崇尚和平,和平、和睦、和谐的追求深深植根于中华民族的精神世界之中,深深溶化在中国人民的血脉之中。他说:"中国始终奉行防御性的国防政策,不搞军备竞赛,不对任何国家构成军事威胁。"[②]我们要传播中国好声音,在国际上树立文明、富强的大国形象。当然,和平不是无原则的和平。人不犯我,我不犯人。立足和平视野建设社会主义富强国家,一定不能忘记建设强大的国防。弱国无外交,这是中国近代史留

---

① 参见孙业礼:《共同富裕:六十年来几代领导人的探索和追寻》,载《党的文献》2010年第1期。
② 2013年3月23日习近平在莫斯科国际关系学院发表的演讲。

给我们的民族记忆。(4)物质性和精神性同时并重。马克思、恩格斯认为,物质生产的发展归根到底是社会历史过程中的决定性因素。他们把社会物质生产的高度发展和由此带来的社会财富的极大增长作为实现共产主义的必要前提,认为"建立共产主义实际上具有经济的性质",所以建设富强民主文明和谐的中国特色社会主义,必然要加强物质文明建设。与此同时,我们也应清醒地认识到:物质贫乏不是社会主义,精神空虚也不是社会主义,贪污腐败不是社会主义,道德堕落更不是社会主义。社会主义的富强观绝不是对任何价值理念都应保持中立宽容、甚至照单全收。发展是硬道理,但发展必须是物质、精神、文化、道德、科技的共同发展和共同进步。(5)历史过程性和现实超越性的统一。社会主义是不断发展的、动态的过程,作为核心价值观的富强也是历史、现实和未来三种形态的辩证统一。新中国成立前,建设独立、自主、富强的新中国,是中国社会发展的突出主题,毛泽东同志领导党、人民和人民军队完成了国家独立、民族解放、人民当家作主这一神圣使命。

新中国成立后,中国共产党领导中国人民找到了中国特色社会主义道路,这条道路是实现中华民族伟大复兴中国梦的必由之路,也是建设富强中国的必由之路。从未来发展的角度来看,国家富强代表了中华儿女对建成社会主义、实现共产主义美好未来的期盼。现在,经过一代又一代中华儿女的不懈探索和持续奋斗,中华民族伟大复兴已经展现出无比光明美好的前景,所以坚持过程性和超越性的辩证统一,朝着全面建成小康社会奋勇前行,朝着共产主义的理想社会不懈前进,我们才能去真正建设富强中国,才能真正实现中华民族的繁荣昌盛。

如上所述,富强,即国富民强,是社会主义现代化建设的基本价值目标,是中华民族的千年夙愿,也是国家繁荣昌盛、人民幸福安康的物质基础。贫穷不是社会主义,两极分化也不是社会主义,我们追求的富强,是以综合国力的强大为基础、以全体人民的共同富裕为特征,以持续健康的发展为方向。

而要实现这一目标,就需要处理好两对辩证关系:

其一是国富和民富的关系。"富强"包含着两大主体的价值诉求,一是人民富裕,二是国家强盛。"富强"首先在于富民,即人民富裕,没有民富就没有国强,中华民族自古就有"凡治国之道,必先富民"之说。马克思主义也认为,无论是社会生产力的发展,还是国家财富的创造,其根本目的都在于丰富人民的物质生活和精神生活,进而促进人的自由全面发展。社会主义要创造更高的生产力,使社会财富极大涌流,人民享有高水平的物质生活和精神生活。特别是在中国这样的贫穷落后的国家搞社会主义,最根本的任务就是发展生产力,并且在发展生产力的基础上不断改善人民的物质文化生活。改革开放30多年来,我们牢固树立"贫穷不是社会主义","社会主义必须摆脱贫穷"的观念,在致富、富民的道路上大步迈进。不仅使几亿中国人摆脱了贫困,也使整体的中国人均国内生产总值从100美元左右迅速增加到5000多美元。其次,"富强"还在于强国,即国家强盛,体现为国家拥有强大的综合国力,能够对国际秩序和国际事务产生强大的影响力。在社会主义国家,人民富裕同国家富强从根本上说是一致的,国家富强是为民造福的重要前提,而人民富裕又是国家富强的根本目的。

富裕是富强的一个方面,但富裕不等于富强,富国也不等于强国。当今世界,像卢森堡、卡塔尔之类的小国,人均国内生产总值逾10万美元,可谓富裕、富国,甚至可以说是世界最富的国家,但是由于其国家经济实力、总量规模小,所以不可能成为经济大国、强国。作为一个世界经济大国,一是要有相当巨大的国家经济规模,这包括宏观经济总量的规模和微观企业的规模,若无此规模,就谈不上其在世界经济中的分量,也就谈不上是世界经济大国;二是要有相当密切的国际经济联系,这包括对外贸易的联系和货币金融的联系,若无此密切的国际经济联系,就谈不上其对世界经济的影响力,也就谈不上是世界经济大国。无疑,大不等于强,大国也不等于强国。鸦片战争前后的大清国,其国土面积、人口数量以及经济总量规模,不可谓不大,但是这个老大落后的帝国在新兴的西方强国面前,是那样的陈腐虚弱、不堪一击,所以既致富又做大也谋强,国家富而大而强,都是富强的题中应有之义。

其二是先富和共富的关系。社会主义的本质是"解放生产力,发展生产力,消灭剥削,消除两极分化,最终达到共同富裕"。前者是生产力标准,更多强调的是效率优先,后者共同富裕更多强调公正为本。我们的富强观,是兼顾生产力标准的效率原则和共同富裕价值标准的公正诉求,从而超越了中国传统文化中"不患寡而患不均"的平均主义思想,也超越了西方资本主义鼓励发展生产但往往产生两极分化的富强观。

其三富强同时也是一个综合国力概念。当今世界国与国之间的竞争是以经济实力为基础的综合国力竞争。经济的富强是国家综合国力强大的基础,同时也需要政治、军事、文化、科技、教育等硬实力、软实力的发展和增强,才能使国家走向全面富强。

换言之,一国除了是经济富国、强国之外,同时还是政治强国、军事强国、文化强国、科技强国、人才强国等方面的强国,才是一个完全意义的强国,才真正称得上国家富强。就其中的军事而言,无论是战争时期、还是和平时期,军事实力都是一国综合国力的重要因素,军事强国都是体现国家富强的重要方面。因此,所谓富强,除了意指"富民强国"外,同时亦含"富国强军"之义,是富民与强国、富国与强军的统一。①

核心价值观的三个层面是一个有机体系,富强不仅与国家层面的其他价值目标有直接联系,而且与社会层面的价值取向和公民层面的价值准则有密切联系。要把富强观的宣教、培育融入社会主义核心价值观的全过程,把富强观的培育同社会和公民等层面的价值取向和价值准则结合起来。

"富强"虽是国家层面的价值目标,但也是与每一个中国人息息相关的目标。国家富强、民族振兴、人民幸福的中国梦体现了中华民族整体利益与每个中国人个人利益的有机统一。中国梦是民族的梦,也是每个中国人的梦。中国梦归根到底是人民的梦,必须紧紧依靠人民来实现。"功崇惟志,业广惟勤。"②实现国家富强、

---

① 李娟:《民富与国强的辩证关系的思考》,载《学术论坛》2007年第4期。
② 《尚书今古文注疏·周书》,十三经注疏本。

人民富裕的价值目标,需要我们每一个人付出辛勤劳动和艰苦努力。我们必须破除国家富强是党和政府事情的错误心态,增强建设富强国家的使命感和责任意识,把实现个人理想和实现国家富强的中国梦结合起来,自觉地把个人奋斗融入国家发展的历史潮流。

把"富强"价值观理念教育同爱国主义教育有机结合起来,同实现中华民族伟大复兴中国梦的教育结合起来。爱国就是要努力实现富国强国的目标,中国梦蕴含着富国梦、强国梦。应教育公民特别是青少年立志为国家富强作贡献,为国家富强而自豪。提倡把个人的奋斗与国家富强结合起来,培养公民形成国家富强、匹夫有责的使命感和责任感。

以爱国主义为核心的民族精神和以改革创新为核心的时代精神是社会主义核心价值体系的精髓。在5000年的历史演进中,中华民族形成了以爱国主义为核心的团结统一、爱好和平、勤劳勇敢、自强不息的伟大民族精神。爱国主义始终是把中华民族紧紧团结在一起的精神力量,我们要把弘扬和践行社会主义富强观融入爱国主义教育,使每个公民尤其是青少年形成国家富强、匹夫有责的使命感和责任感。在改革开放的伟大实践中,我们形成了以改革创新为核心的与时俱进,开拓创新,求真务实,奋勇争先的伟大时代精神。在全面深化改革的实践中,改革创新始终是鞭策我们攻坚克难,不断前进的精神力量。这就必须把把弘扬和践行社会主义富强观融入改革创新的时代精神教育,要让每个公民都认识到,改革创新是我们这个时代的最强音,国家富强的梦想只有在改革创新的时代潮流中才能真正实现。

综上所论,作为社会主义核心价值观的富强观所体现的不是弱肉强食的"丛林法则",而是"追求共享、共赢"的崭新发展模式。在人类历史上,很多强国的诞生,往往以武力为手段,侵吞他国利益,划分势力范围,甚至威胁他国生存。中国的发展、强大是和平发展;中国的发展、强大对他国不是威胁,而是机遇。因为,我们倡导的社会主义富强观强调富强的公正性和世界性,具有服务于世界和平和人类进步的积极价值导向。中国的发展,将为世界和平和人类文明注入正能量,提供新模式。实现富强中国梦从未像现在这样如此接近。当今中国正站在新的历史起点上,致力于在中国共产党成立100年时全面建成小康社会,进而在新中国成立100年时建成富强民主文明和谐的社会主义现代化国家。这"两个100年"的奋斗目标,是实现中华民族伟大复兴的"中国梦"的奋斗目标,实际上也就是实现"富强中国梦"的奋斗目标。

思考题

1. 仔细阅读下面材料,然后思考一下问题:

材料一:1793年,当英国使臣马戛尔尼提出通商的要求时,乾隆皇帝断然拒绝。他说:"天朝物产丰盈,无所不有,不需要与外国通商",且"天朝尺土,俱归版籍",想租地经商更不可能。

材料二:19世纪60年代,在英国的影响下,欧美等国先后启动或完成了工业化进程。中国的一些有识之士也看到了追赶世界的机遇,进行了近代中国第一次实质意义上的现代化努力——洋务运动。

材料三:发端于欧洲的工业文明以各种方式向世界各地扩散,亚非拉各国面临着巨大的压力和挑战。

材料四:日本政府在1885年实行内阁制,1886年开始制定宪法,1889年正式颁布宪法,1890年召开第一届国会。在政治改革的同时,也进行经济和社会改革。军事工业以及交通运输都得到很大发展。1872年建成第一条铁路,1882年成立新式银行。为了满足现代化的需要,大量介绍西方的科学技术。

材料五:新中国成立后,提出实现"四个现代化"的口号,赶超欧美强国的步伐从来没有停止过。

如何理解"民富国强"是中国和平崛起的硬实力?

2. 长期以来,中国走的是"国强民富"的发展道路,首先是想尽一切办法让国家强大起来,然后逐步解决民众的温饱问题、小康问题,逐渐让一部分人富起来,最终实现共同富裕。但是这个进程产生了诸如贫富差距拉大、阶层矛盾激化、公平正义受损等一系列社会问题。因此,当历史进程走过了"国强民富"和"先富带动后富"的关键时刻,就必须全面转向"民富国强",这是国家更趋强大的必由之路。而收入分配作为长富于民和藏富于民的有效手段,其格局和秩序将亟待进行调整和规范。

民不富则难以推动国家经济持续发展。需求是拉动经济增长的"三驾马车"之一,而作为内需重要内容的居民消费需求取决于居民的收入水平,只有国民普遍富裕,消费需求旺盛,才能实现经济结构的调整和优化,才能保证经济发展方式的转变,才能保障国家经济持续不断的发展。因此,中国应尽快转变理念,从原来的"国强民富"转向"民富国强"的思维逻辑,以"不积小流无以成江海"之势,扩大国民个性化的消费;以百姓之小富汇聚成社会之巨富;以百姓之财富构筑国家之强势;从而达到民富国强之势。民不富则难以实现社会公平正义。民不富,则国民的物质文化需要和精神文化需要就难以满足。

依据上述材料,思考并回答下列问题:"国强民富"和"民富国强"之间的辩证关系是什么?

3. 去年年底,央视曾经做过一个"你幸福吗?"的街头采访,收集来的答案千姿百态,回味悠长。"两会"期间,央视又在做"你的梦想是什么?"的街头采访系列,这也是中华民族强国之梦的"百姓版"。让中华民族受全世界尊敬,不只是因为富裕,更是因为中华民族良好的全民素质,只有精神富强了才是一个民族真正富强的标志……

有人说过,一个民族的富裕可能只需要30年,一个民族的富强可能需要50年,但是改变一个民族的整体素质则需要200年。

经过改革开放后的30多年,今天的中国已经算富裕了,GDP总量跃居世界第二,经济实力已经可以在一定程度上左右世界经济。

但是我们还不富强。看看中国经济的结构,没有多少领先的核心技术和产品,关键技术、主流产品和核心设备都需要进口,我们还只是一个加工制造为主的经济体。

结合上述材料,思考并回答下列问题:在你看来,民族"富强"的关键因素究竟是什么?什么样的富强才是一个民族真正"富强"的标志?

4. 2012年年底,央视曾经做过一个"你幸福吗?"的街头采访,收集来的答案千姿百态,回味悠长。"两会"期间,央视又在做"你的梦想是什么?"的街头采访系列,这也是中华民族强国之梦的"百姓版"。让中华民族受全世界尊敬,不只是因为富裕,更是因为中华民族良好的全民素质,只有精神富强了才是一个民族真正富强的标志。如何理解"精神富强"的准确含义?什么是中华民族的真正的"精神富强"?

5. 2014年,甲午战争爆发120周年。忆及那个甲午,无不涌起耻辱、悲愤之情:北洋水师全军覆没,签署《马关条约》,割地赔款,开放通商口岸……甲午海殇,殇在落后挨打;甲午之痛,痛在国力不强。列强林立之下,"天朝上国"迷梦终成泡沫幻影,"落后就要挨打"终成上下共识,"振兴中华"终成民族呼声。警钟长鸣,重温历史,审视征途,富强之路难之又难。两个甲子走过,中国经济总量跃居世界第二,持续的中高速经济增长,"中国制造"迈向"中国创造"……中国站在新的起点上。从甲午之鉴到新的起点,一以贯之的是对富强的不懈追求。正如习近平总书记所言:"今天,我们比历史上任何时期都更接近中华民族伟大复兴的目标,比历史上任何时期都更有信心、有能力实现这个目标。"

作为当代中国人,结合中国社会的历史和现实,谈谈你对实现中华民族富强价值观这一伟大理想的认识。

参考文献

[1] 康有为:《康南海自编年谱》,中华书局1992年版。

[2] 康有为:《康有为政论集》,中华书局1981年版。

[3] 梁启超:《爱国论》,《饮冰室合集》文集之三,中华书局1989年版。

[4] 郑观应:《盛世危言》王贻梁评注,中州古籍出版社1998年版。

[5] 卢云昆编选:《社会剧变与规范重建——严复文选》,上海远东出版社1996年版。

［6］刘梦溪主编:《中国现代学术经典严复卷》,河北教育出版社1996年版。

［7］史华慈:《寻求富强严复与西方》,江苏人民出版社1989年版。

［8］王中江:《进化主义在中国》,首都师范大学出版社2002年版。

［9］黄克武:《自由的所以然严复对约翰弥尔自由思想的认识与批判》,上海书店出版社2000年版。

［10］吴丕:《进化论与中国的激进主义》,北京大学出版社2005年版。

［11］王天根:《天演论与清末民初的社会动员》,合肥工业大学出版社2006年版。

［12］李强:《严复与近代中国思想的转型》,《史华慈论中国》,新星出版社2006年版。

［13］王中江:《进化主义原理、价值及世界秩序观——梁启超精神世界的基本观念》,首都师范大学出版社2002年版。

［14］汪晖:《现代中国思想的兴起》,生活·读书·新知三联书店2004年版。

［15］张汝伦:《从进化论到历史主义》,《现代中国思想研究》,上海人民出版社2001年版。

［16］许纪霖:《紧张而丰富的心灵》,《中国知识分子十论》,复旦大学出版社2003年版。

［17］张汝伦:《救国与建国——现代中国的民族主义思潮》,《现代中国思想研究》,上海人民出版社2001年版。

［18］李泽厚:《严复论》,《中国近代思想史论》,生活·读书·新知三联书店2008年版。

［19］王尔敏:《中国近代的自强与求富》,《中国近代思想史论续集》,社会科学文献出版社2005年版。

第三章
民主

提要

唯有民主制符合国家制度核心价值标准——亦即国家制度终极价值标准"增减全社会和每个人利益总量"和国家制度根本价值标准"公正与平等"以及国家制度最高价值标准"人道和自由"——而非民主制都程度不同地违背这些价值标准：专制极端违背、有限君主制次之、寡头共和又次之。因此，不论何种民主制，不论其有多少弊端，民主制都是唯一具有正价值的、唯一应该的、唯一优良的、唯一好的、唯一善的和唯一正确的国家制度；不论何种专制等非民主制，不论其有多少优越，也都是不应该的、具有负价值的、恶劣的、坏的、恶的和错误的国家制度。这恐怕就是为什么民主是社会主义核心价值之一的根本原因。

1985年，邓小平同志在一次会议上说："制度好可以使坏人无法任意横行，制度不好可以使好人无法充分做好事，甚至会走向反面。即使像毛泽东同志这样伟大的人物，也受到一些不好的制度的严重影响，以至于对党对国家对他个人都造成了很大的不幸——不是说个人没有责任，而是说领导制度、组织制度问题更带有根本性、全局性、稳定性和长期性。"①

我常想,邓小平同志的这个论断不但是划时代的,而且它所划的时代之长,绝无仅有:上下时长超过4000年。因为中国自大禹开创家天下的——亦即像家长那样全权垄断的——专制制度以来,一直到民国,国家制度根本说来并无变化,始终是专制者及其官吏阶级全权——政治权力与经济权力以及社会权力与文化权力——垄断的极权主义专制。不变的最为直接的原因,无疑在于4000年来,中国盛行的一直是"不改变制度而只改变人"的明君清官文化:官吏阶级的每个成员一心只想当更大的官,充其量,只想当一个清官并拥戴明君;庶民阶级的精英们一心只想挤进官吏阶级,而广大成员则只祈盼明君和清官而已。因此,中国历代农民起义始终未能摆脱换汤不换药——只更换统治者而不改变制度——的怪圈。

邓小平同志是中国遭受4000年坏制度的苦难才道出"好制度是根本的"第一人。确实,国家制度是大体,是决定性的、根本性的和全局性的;国家治理是小体,是被决定的、非根本的和非全局性的。如果一个国家的治理活动出了问题、错误、恶劣和罪恶,就表明国家制度存在缺陷,就可以归咎于国家制度存在缺陷、恶劣和罪恶。真正堪称好的、优良的国家制度,一定是这样的制度,在这种制度下,就是坏的和恶的国家统治者也只能做好事,而无法为非作歹。西方也是一直到18世纪休谟的"无赖假设",才说出这个道理:

"许多政论家已经将下述主张定为一条格言:在设计任何政府体制和确定该体制中的若干制约、监控机构时,必须把每个成员都设想为无赖之徒,并设想他的一切作为都是为了谋取私利,别无其他目标。我们必须利用这种个人利害来控制他,并使他与公益合作,尽管他本来贪得无厌,野心很大。不这样的话,他们就会说,夸耀任何政府体制的优越性都会成为无益的空谈,而且最终会发现我们的自由或财产除了依靠统治者的善心,别无保障,也就是说

---

① 《邓小平文选》第2卷,人民出版社1994年版,第333页。

根本没有什么保障。因此,必须把每个人都设想为无赖之徒确实是条正确的政治格言。"①

诚哉斯言!好的、优良的国家制度一定是使坏的、恶劣的统治者也无法作恶的国家制度;相反地,坏的、恶劣的国家制度一定是好的、贤达的统治者也无法不作恶的国家制度。试想,在一个专制的国家里,即使专制者能够像柏拉图所说的"哲学王"那样贤达,他有可能不剥夺全体公民的政治自由和政治平等的权利吗?他有可能不剥夺全体公民原本神圣不可侵犯的人权吗?他有可能不使国民丧失人权和免于政治被奴役吗?显然不可能。否则,他就不是独掌国家最高权力者,他就不是专制者了。

那么,究竟什么制度才堪称好制度?答案无疑是:民主,特别是社会主义民主。如今这已是不争的问题。然而,从西方国家理论传统来看,自赫拉克利特、苏格拉底、柏拉图和亚里士多德以降,2000多年来,民主制度一直遭到断然否定:

"在民主漫长历史的绝大部分时期,从古希腊时期到当代,民主被智者和有教养的人们看作是政府和社会可以想象到的最坏形式。民主或多或少成为'乌合之众的法则'的同义词,而且精确地说,它是对一个文明有序社会所有核心价值的一种威胁。C. B. 麦克弗森非常恰当地阐述了这一点:'民主曾经是一个坏字眼。几乎任何一个人都认为,按照其最初的意义即人民统治或政府遵从大多数人的意愿,民主就会是一件坏事——对于个人自由和文明生活的优雅品质都是有致命危害的。从很早的历史时期直到大约100年以前,几乎所有智者们都抱有这种观点。直到近50年,民主才开始变成好事情。'"②

确实,民主被认为是好制度,至今不过百年;而使民主是好制度成为全世界主流意识形态的,与其说是理论家们,不如说是人民大众,是民主国家繁荣兴旺的事实,是三次民主化的伟大浪潮。因为正如穆勒所言:民主潮流的兴起"并不是思想家们鼓吹的结果,

---

① 刘军宁编:《民主二十讲》,中国青年出版社2008年版,第40页。
② 安东尼·阿伯拉斯特:《民主》,吉林人民出版社2005年版,第10页。

而是由于几大股社会群体已变得势不可挡"①。相反地,即使是民主主义理论家,如熊彼特、波普和哈耶克等等,对于民主的价值也多有言辞激烈的否定和批判。

原来,正如布莱斯所言:"所有制度都不是十全十美的。"②不可能有十全十美的国家制度。有一利必有一弊,任何一种国家的治理和制度,不论是民主还是专制,都必定既有一些优良的、好的、善的和正确的方面,又有一些恶劣的、坏的、恶的和错误的方面,而不可能全部优良正确或全部恶劣错误。这就是为什么自柏拉图和亚里士多德以降,绝大多数思想家否定民主而赞成贤人政治或贵族政治的缘故。他们否定民主,因为民主有很多弊端和缺憾;他们赞成贵族政治,因为贵族政治有很多的优越和美好。这样来评估各种国家制度好坏价值的方法是不科学的:按照这种方法,我们既可以说任何制度都是好的、优良的,因为任何制度都有很多优越和美好;也可以说任何国家制度都是坏的、恶劣的,因为任何制度都有很多弊端和缺憾。

因此,评价一种国家制度或国家治理之好坏价值,只能看其是否符合国家制度好坏的价值标准:国家制度终极价值标准"增减每个人利益总量"和根本价值标准"公正与平等"以及最高价值标准"人道和自由":符合这些标准的国家制度,无论有多少缺点、错误和恶,都是具有正价值的、应该的、好的、善的国家制度;违背这些标准的国家制度,无论有多少优点、正确和善,都是具有负价值的、不应该的、坏的和恶的国家制度;完全符合这些标准的国家制度,就是最好的国家,就是人类的理想国家了。这就是国家制度价值评估的科学方法。罗尔斯《正义论》一开篇就将这一见地概括为一段气势磅礴的宣言:"公正是社会制度的首要善,正如真理是思想体系的首要善一样。一种理论,无论多么高尚和简洁,只要它不真实,就必须拒绝或修正;同样,某些法律和制度,无论怎样高效

---

① 王绍光:《民主四讲》,生活·读书·新知三联书店2008年版,第32页。
② 詹姆斯·布莱斯:《现代民治政体》下册,吉林人民出版社2001年版,第1027页。

和得当,只要它们不公正,就必须改造或废除。"①

一、民主是多数人的统治

自柏拉图和亚里士多德以来,国家和政体大都以最高权力执掌者的人数究竟是一人还是少数人抑或多数人而分为三大类型:一个人执掌最高权力的叫做君主制;少数人执掌最高权力的叫做贵族制或寡头制;多数人或所有人执掌最高权力的叫做民主制。柏拉图论及国家和政体的分类时便这样写道:"我们判断它们的唯一标准就是某种政制是由一个人来统治,还是由少数人来统治,还是由多数人来统治。"②"多数人的统治——叫做民主制。"③这种分类科学吗?民主就是多数人统治吗?

答案是否定的。因为照此说来,最典型的古代民主国家——梭伦和克里斯提时代的雅典城邦国家——就不是民主国家了:那时能够参政从而执掌最高权力的人只占人口的一小部分,而多数人——奴隶和妇女——均被排除在外。这样一来,界说民主为多数人或所有人平等地共同执掌最高权力,岂不大错特错?那么,民主是什么?国家的精确分类究竟如何?

原来,民主一词源于希腊文 demokratia,由两个词构成:一个是 demos,意为民、民众、平民、庶民、人民、贫民;另一个词是 kratein,意为统治或权力。这两个希腊词的合成词就是民主:demokratia。该词于16世纪演变为拉丁文 democratia,17世纪成为英文 demoucracy。因此,民主就其词源含义来说就是民治、庶民的统治、平民的统治或人民的统治。然而,有研究者强调民主的确切词义是人民的统治。殊不知,从词源上看,人民在拉丁语中对应的词是 populus,意为平民群体。因此,从词源来说,人民与平民和庶民实为同一概念。只不过,人民概念多有歧义;而庶民与平民概念简

---

① John Rawls. *A Theory of Justice* (Revised Edition), The Belknap Press of Harvard University Press, p. 3.
② 《柏拉图全集》第3卷,王晓朝译,人民出版社2003年版,第142页。
③ 《柏拉图全集》第3卷,人民出版社2003年版,第141页。

单明了,就是没有官职的人的意思,所以民主固然是人民的统治,但说到底,却是平民的统治或庶民的统治。这样一来,从词源上看,民主实有悖论的意蕴:民主就是被统治的庶民或人民的统治,就是没有官职的人的统治,就是被统治者的统治,就是老百姓的统治。

中文"民主"一词也是由"民"与"主"两个词构成,并且"民"与希腊文的 demos 含义完全相同,都是指被统治的或没有官职的庶人。《辞海》对"民"的词源含义这样写道:"古代泛指被统治的庶人。"因此,就中文的词源含义来说,"民"与"官"相对,"民"相对于"官"而言:民就不是官,民就是不当官的庶人。但是,中文的"主"与希腊文的 Cracy 却有很大的不同。"主"虽然也有掌握、统治之意,但它在古代"民主"一词中的含义却如同在"国主"和"家主"中的含义一样,意指君、长、主人,所以中国古代的"民主"一词的含义就是民之主,亦即民的主人、为民做主,说到底,就是君主、官吏:君主及其各级官吏就是民主,就是没有官职的庶民的主人。如《三国志·吴志·钟离牧传》写道:"仆为民主,当以法率下。"时至今日,我们仍将官吏看作民之主人,如所谓"当官不为民做主,不如回家卖红薯"云云。

因此,从词源来看,中国的"民"虽然与古希腊语的 demos 含义相同,都是指没有官职的庶民或人民;但是,中国的"民主"与古希腊语的 democracy 含义相反,不是指民乃官主,而是指官乃民主。这恐怕是因为中国与西方根本不同:一方面,自大禹开创家天下的专制主义制度直至清朝,4000 年来,中国一直是专制帝国;另一方面,4000 年来,诸子百家——儒家、墨家、法家和道家等等——无不倡导专制主义,而竟然没有一个民主主义思想家。但是,今日我们的"民主"一词的含义已经与古代"民主"根本不同。今日的民主的"民"虽然仍然与"官"相对,是指不当官的庶人;但"民主"的"主"却不是指君、长、主人,而是指执掌、统治:民主就是没有官职的庶人的统治,所以民主一词虽然中国古已有之而不是舶来品,但今日民主的词义——民主就是没有官职的庶人的统治——却是舶来品,是西学东渐的结果。

因此,"民主"就其词义来说,虽然古代中西根本不同,但今日中西却无不同,都是指被统治者的统治,亦即没有官职的人的统治,就是老百姓的统治。那么,从概念来看,民主也可以如此定义吗?答案是肯定的:不论传统的定义还是精确的定义。按照民主的传统定义,民主就是多数人或所有人执掌最高权力的政体,就是多数人或所有人的统治。照此说来,民主就是没有官职的庶人的统治。因为没有官职的人显然是所有人中的绝大多数人,因而按照民主所固有的多数裁定原则,民主——不论多数人执掌最高权力还是所有人执掌最高权力——必定是按照庶民的意志进行的统治。这样一来,多数人或所有人的统治,说到底,也就是没有官职的庶民统治:民主的传统定义与其词源含义完全一致。

但是,民主的传统定义是不够周全的,不具有普遍适用性。试想,如果民主亦即多数人或所有人的统治,那么,最典型的古代民主国家——雅典民主共和国——也就不是民主国家了。因为经过梭伦和克里斯提尼两次改革,雅典城邦国家所确立的民主制之所以是民主,如所周知,只是因为最高权力被全体公民执掌,亦即被所有公民都可以参加——发言和表决——的公民大会执掌;而其他各种国家机关,如五百人议事会、陪审法庭、贵族院、十将军委员会、执政官都隶属于公民大会。但是,当时雅典城邦国家的公民只占人口的一小部分,约十分之一左右,而多数人——奴隶、妇女和外邦人等等——都不是公民。这样一来,雅典民主制虽然是全体公民执掌最高权力,却仍然是少数人执掌最高权力。这意味着,民主是所有公民——而未必是所有人——执掌最高权力的政体;这就是民主的科学的精确的定义。

如果说所有公民执掌最高权力的政体是民主的精确定义,那么,民主是多数或所有公民执掌最高权力的政体,是否更加全面和精确?否。不可能存在多数公民执掌最高权力的政体。因为,权力的大小与同一权力享有者的人数成反比:如果最高权力为一个人拥有,他所拥有的政治权力无限大;如为少数公民(寡头共和政体)拥有,每个公民所拥有的政治权力也极其巨大;如为一个国家多数公民拥有,每个公民所拥有的便是最小的政治权力了,甚至比最低等的官吏所拥有的政治权力还小：它不过是亿万张选票中一张选票的权力罢了。

多数公民执掌最高权力，意味着每个人执掌最小的政治权力，也就意味着没有执掌最高权力的少数公民连最小的政治权力也没有，因而等于毫无政治权力。毫无政治权力的人不可能是公民，因为公民是享有从事管理社会和国家等公共事务的权利的人，亦即享有政治权力的权利的人。因此，多数公民执掌最高权力，说到底，意味着没有执掌最高权力的少数公民不是公民。

这样一来，多数公民执掌最高权力，实际上就等于所有公民执掌最高权力，因而也就不可能存在多数公民执掌最高权力——断言多数公民执掌最高权力是自相矛盾——而只可能存在所有公民执掌最高权力、少数公民执掌最高权力和一人执掌（无人限制地执掌与被人限制地执掌）最高权力。这就是为什么，西塞罗、霍布斯和边沁等思想家一再说，最高权力执掌者只可能有三种情形：一人执掌、少数人执掌和所有人执掌。这就是为什么，他们说民主是所有人执掌最高权力。可是，为什么柏拉图与亚里士多德却断言最高权力只可能一人执掌、少数人执掌和多数人执掌？

原来，多数裁定是民主固有的原则：没有多数裁定也就没有民主。因为民主是所有公民完全平等地共同执掌最高权力。但是，所有公民的意见不可能完全一致，而势必存在着分歧和不一致，因而所有公民完全平等地共同做出决定和选择是不可能的，于是只好少数服从多数、多数裁定：多数裁定最接近——亦即比少数裁定和一人独裁更接近——所有公民完全平等地共同做出决定和选择。

因此，民主——亦即所有公民执掌最高权力——的实现途径和形式，必定是按照多数公民的意志进行统治：获得多数选票的政党是执政党。但是，按照多数公民的意志进行统治，与多数公民执掌最高权力根本不同。因为按照多数公民的意志进行统治，乃是所有公民共同执掌最高权力的实现途径，显然并没有剥夺少数公民所执掌的最高权力；少数公民仍然与多数公民共同执掌最高权力。柏拉图和亚里士多德的错误就在于，将民主（所有公民执掌最高权力)与民主的实现途径(按照多数公民的意志进行统治)等同起来,将按照多数公民的意志进行统治,与多数公民执掌最高权力等同起来,因而误以为民主是多数人执掌最高权力。

可见,民主的定义是所有公民——而不是多数公民——执掌最高权力。这个民主的精确定义完全否定了传统定义——民主是所有人执掌最高权力——吗?显然并没有。它只是表明传统定义不具有普遍适用性:"所有人执掌最高权力或所有人的统治"的民主定义,不适用于只有部分国民才是公民——因而是不应该不道德不公正不完善的——的古代的民主,却适用于每个国民都是公民——因而是应该的道德的公正的完善的——的现代民主或普选制民主。反之,"所有公民执掌最高权力"的民主定义,则具有普遍适用性:它既适用于每个国民都是公民的现代民主,也适用于只有部分国民才是公民的古代民主。那么,民主的这一精确的定义是否与其词源含义一致?答案是肯定的。因为按照这一定义,民主是所有公民执掌最高权力;而所有公民执掌最高权力的实现途径,必定是按照多数公民的意志进行统治,说到底,也就是按照庶民的意志——庶民的意志无疑是多数公民的意志——进行统治:民主就是庶民的统治。因此,民主的科学的精确的定义——所有公民执掌最高权力——与其词源含义完全一致。

更确切些说,如果执掌最高权力的是全体公民,那么,在这些公民中,低级官员必定多于高级官员;没有官职的庶民必定多于低级官员从而处于绝大多数状态:这是不言而喻之理。这意味着,如果执掌最高权力的是全体公民,那么,在执掌最高权力的公民中,没有官职的庶民必定居于绝大多数,因而民主就是按照庶民的意志进行统治,就是庶民的统治。因此,所有公民共同执掌最高权力,实际上就是没有官职的庶民的统治。这样一来,民主的科学的精确的定义也便与其词源含义完全一致:民主就是所有公民共同执掌最高权力,说到底,就是没有官职的庶民的统治。这就是为什么全体公民执掌最高权力叫做民主之真谛。

民主的概念分析告诉我们,国家分类的科学的精确的根据,不是执掌最高权力的人数,而是执掌最高权力的公民人数:民主或民主共和是所有公民平等地共同执掌最高权力;寡头、寡头共和或贵族共和是少数公民平等地共同执掌最高权力;专制、君主专制或无限君主制是一个公民独掌最高权力;有限君主制或分权君主制是一人为主而与其他公民共同执掌最高权力,是一个公民受到其他公民及其组织限制地执掌最高权力。这就是国家的科学的精确的基本类型、基本分类:只有执掌最高权力的公民人数——而不是执掌最高权力的人数——才是国家分类的科学依据。

因为,如所周知,一方面,公民是享有从事管理社会和国家等公务活动权利的人:这是公民定义;另一方面,公民应该是具有从事管理社会和国家等公务活动能力的人;这是公民身份或公民资格。准此观之,岂不只有公民才可能执掌国家最高权力,而非公民不可能执掌国家最高权力?因此,所谓执掌国家最高权力的人数的"人",岂不只可能是公民,而不可能包括非公民?于是,岂不只有执掌最高权力的公民人数——而不是执掌最高权力的人数——才是国家分类的科学依据?

然而,令人困惑的是,为什么自柏拉图和亚里士多德以降,两千年来,学者们一直将执掌最高权力的人数——而不是执掌最高权力的公民人数——作为国家分类的依据?这恐怕是因为,几乎所有学者都认为,只有民主的国家才有公民,而其他国家——特别是君主专制的封建社会——似乎不存在公民,而只有臣民和君主:君主主宰一切,而其他一切社会成员都丧失了管理国家等公务活动的政治权利,因而皆非公民。菲利普·施米特便这样写道:"公民是民主政治最与众不同的要素。所有的政体都有统治者和一个公共领域,但只有在它们是民主政治的意义上它们才有公民。"①

这种观点是不能成立的。因为公民就是享有从事管理社会和国家等公务活动权利的人,就是享有政治权利——政治自由权利和政治职务权利——的人。这样一来,不论任何社会,一切当官的或担任政治职务的人,无疑都是执掌政治权力从而享有政治权利

---

① 刘军宁编:《民主与民主化》,商务印书馆1999年版,第23页。

的人，都是公民。君主专制社会——不论是君主专制的封建社会还是君主专制的资本主义社会——的官吏所丧失的只是执掌最高权力的政治权利，而仍然享有执掌其他政治权力（如宰相或县令的政治权力）的政治权利，因而仍然是享有政治权利的人，仍然是公民。在君主专制社会，只有不当官或不担任政治职务的人，才因其毫无政治权利——既不可能享有执掌最高权力的政治权利也不可能享有执掌其他政治权力的政治权利——而皆非公民，所以君主专制社会同样有公民。只不过，一方面，该社会的公民就是以君主为首的各级官员；另一方面，该社会只有一个公民——亦即君主——执掌最高权力。

可见，公民是普遍存在的：任何国家都有公民，任何国家享有政治权利的人都是公民，任何国家的官吏都是公民，任何国家执掌最高权力的人都是公民；只不过执掌最高权力的公民人数有所不同，因而国家类型有所不同罢了。这就是我们将执掌最高权力的公民人数——而不是执掌最高权力的人数——作为国家分类的科学依据的缘故。

二、个人自由和民主统治之间有无必然联系

柏林有一段名言："个人自由和民主统治之间，并没有什么必然的联系。'谁统治我'和'政府干涉我多少'从逻辑上看，是截然不同的两个问题。"[①]他的具体根据，可以归结为如下事实：民主国家不但仍然可能是个不自由的国家，而且还可能比君主制和贵族制国家更不自由；人们在懒散无能、同情自由的、仁慈的专制君主国所享有的个人自由可能多于不尚宽容的民主国家。柏林此见能否成立？

答案是否定的。诚然，有一些专制国家比民主国家更自由。但是，民主国家的每个公民必定都享有政治自由。因为，如所周知，一个国家的政治，应该直接或间接地得到所有公民的同意，应

---

① Isaiah Berlin, *Four Essay on Liberty*, Oxford University Press, 1969, p.130.

该直接或间接地按照所有公民自己的意志进行,说到底,应该按照被统治者的意志进行;这就是衡量国家制度和国家治理好坏的政治自由标准。那么,如何才能使国家政治按照所有公民的意志进行呢? 答案无疑是:只有所有公民共同执掌国家最高权力,说到底,只有实行民主。因为民主就是所有公民共同执掌国家最高权力,因而必定使国家政治按照所有公民的意志进行;民主就是政治自由的实现,因而完全符合政治自由标准。

究竟言之,所谓政治自由的国家,亦即民主国家;二者实为同一概念。因为只要实行民主制,那么,不论统治者如何治理,必定都是全体公民掌握最高权力。这样,不论该国家的统治者如何治理,不论该国家如何不自由,该国家的政治却必定是按照全体公民自己的意志进行的,因而所有公民必定都拥有政治自由,该国家必定是一个政治自由国家。这个道理,就是极不欣赏古代民主的贡斯当也不得不承认而一再说,古代斯巴达和罗马的民主制国家公民虽然极不自由,却享有完全的政治自由:

"社会权威机构干预那些在我们看来最为有益的领域,阻碍个人意志。在斯巴达,特藩德鲁斯不能在他的七弦琴上加一根弦,以免冒犯五人长官团的长官。而且。公共权威还干预大多数家庭的内部关系。年轻的斯巴达人不能自由地看望他的新娘。在罗马,监察官密切监视着家庭生活。法律规制习俗,由于习俗涉及所有事物,因此,几乎没有哪一个领域不受法律的规制。因此,在古代人那里,个人在公共事务中几乎永远是主权者,但在所有私人关系中却是奴隶。作为公民,他可以决定战争与和平;作为个人,他的所有行动都受到限制、监视与压制;作为集体组织的成员,他可以对执政官或上司进行审问、解职、谴责、剥夺财产、流放或处以死刑;作为集体组织的臣民,他也可能被自己所属的整体的专断意志剥夺身份、剥夺特权、放逐乃至处死。"[①]

相反地,所有非民主制——专制、寡头和有限君主制——都程度不同地违背政治自由标准:专制极端违背,有限君主制次之,寡

---

① 贡斯当:《古代人的自由与现代人的自由》,商务印书馆1999年版,27页。

头共和又次之。因为专制是一个人不受限制地独掌国家最高权力,因而国家政治只能按照君主一人的意志进行,从而也只有君主一人拥有政治自由,其他所有人则都处于政治被奴役状态;有限君主制是一人为主而与极少数人共同执掌最高权力,虽然限制君主独裁——因而分掌某些最高权力——的极少数人享有一定的政治自由,但是,主要讲来,无疑也只有君主一人享有政治自由,而这些极少数人仍然与其他所有人一样,都处于政治被奴役状态;寡头共和是极少数公民平等地共同执掌最高权力,因而也就只有极少数公民享有政治自由,绝大多数公民则都处于政治被奴役状态。

政治自由无疑是最重要最根本最主要最具决定性的国家自由,从而是真正实现其他全部自由标准和真正自由国家的最根本的必要条件。因为,政治自由国家或每个公民都拥有政治自由意味着:全体或多数公民掌握最高权力,因而国家政治按照全体或多数公民自己的意志进行。这样,每个公民的其他自由,如言论自由、出版自由、结社自由、经济自由和自由的限度标准等等,能否实现,便完全取决于自己的意志,因而是有保障的。反之,如果政治不自由,那么,国家最高权力便不是执掌于全体或多数公民,而是执掌于专制者或寡头,因而国家政治便是按照专制者或寡头统治者的意志进行,而不是按照全体或多数公民自己的意志进行。这样,每个公民的其他自由能否实现,便完全取决于专制者或寡头的意志,而不是取决于自己的意志,因而是无保障的。

因此,柏林的断言是不能成立的。个人自由和民主统治之间,"谁统治我"和"政府干涉我多少"之间,存在着必然的联系:专制等非民主制的社会必定是不自由的社会,必定违背政治自由标准、经济自由标准和思想自由标准等全部自由标准;自由的社会必定是民主国家,符合政治自由标准、经济自由标准和思想自由标准等全部自由标准的社会只能是民主制国家。民主就其制度本性来说,是实现政治自由从而保障实现其他一切自由的唯一政体,因而虽然不是自由国家的充分条件,却是自由国家的最根本必要条件,是实现思想自由和经济自由等一切自由标准的最根本的必要条件,因而根本说来符合思想自由和经济自由等全部自由标准。

自由是最根本的人道。因此,民主符合自由标准,便意味着,民主符合人道标准:"民主的基础必须在于对理性的信念,在于人道主义。"①相反地,专制等非民主制违背自由标准,意味着,专制违背人道标准:"专制制度的唯一原则就是轻视人类,使人不成其为人。"②

确实,只有民主才符合人道标准。因为民主是多数或全体公民执掌最高权力,说到底,也就是没有官职的庶民或被统治者控制最高权力,就是老百姓控制最高权力,就是平民百姓控制最高权力,就是没有官职的庶民的统治。因此,民主就其制度本性来看,显然就是唯一能够防止暴政和捍卫人道的国家制度。因为侵犯人道的暴政无疑源于政治权力垄断。非民主制的实质,说到底,都可以归结为政治权力垄断。因为非民主制——君主专制和寡头共和以及有限君主制——都是一个人或少数公民执掌最高权力,都不是没有官职的庶民执掌最高权力,因而实质上都形成了政治权力垄断集团和毫无政治权力集团的对立:多数人或老百姓构成没有任何政治权力的集团;少数人或有官职或政治职务的人构成政治权力垄断集团。政治权力垄断集团与没有政治权力集团的根本关系必然是压迫和剥削关系:没有权力的群体,必定遭受相应的有权群体的压迫和剥削而不得自由;垄断权力的群体,必定压迫和剥削相应的无权群体而剥夺其自由。对于这个道理,休谟曾有深刻揭示:"人们天生野心很大,他们的权欲永远不能满足。如果一个阶层的人在追求自己的利益时能够掠夺其他一切阶层,他们肯定会这么干,并使自己尽可能地专断一切,不受制约。"③

因此,专制等非民主制的国家治理不论如何自由和人道,这种国家制度所固有的压迫、剥削、不自由和非人道的本性决定了,这些自由和人道都必定是表面的、短暂的、偶尔的和无关根本的;而恒久和根本说来,无权群体必定遭受权力垄断群体非人道的压迫

---

① 波普:《开放的社会及其敌人》,山西高校联合出版社1992年版,第197页。
② 《马克思恩格斯全集》第1卷,人民出版社1956年版,第411页。
③ 刘军宁编:《民主二十讲》,中国青年出版社2008年版,第41页。

和剥削而不得自由。因此,专制等非民主制国家无论从国家制度来看,还是就国家治理来说,实质上都是非人道的,必定违背人道标准。相反地,民主制是没有官职的庶民控制最高权力,因而使没有官职或政治职务的老百姓,与占有官职的人一样执掌最高权力,从而消除了政治权力垄断,消除了政治权力垄断群体与没有政治权力群体之分。这样一来,也就消除了政治权力垄断群体对无权群体的压迫、剥削和剥夺自由的非人道行为:民主制是唯一符合人道标准的国家制度。

然而,托克维尔却认为,国家的最高权力无论掌握在君主手里,还是掌握在人民手里,都可能成为无限权力而沦为暴政:"当我看到任何一个权威被授以决定一切的权力和能力时,不管人们把这个权威称作人民还是国王,或者称作民主政府还是贵族政府,或者这个权威是在君主国行使还是在共和国行使,我都要说,这是给暴政播下了种子。"①

这种观点是不能成立的。民主制就其制度本性来说决不会导致暴政,而只有非民主制才会导致暴政。确实,非民主制——特别是专制——就其制度本性来说必定导致暴政。因为就制度本性来看,非民主制是一人或少数人执掌最高权力,是一人或少数人对绝大多数人的统治。一人或少数人依靠什么迫使多数人服从其统治呢?根本说来,只能依靠暴力,所以非民主制统治的本性就是暴力,就是暴政,就是非人道,就是违背人道标准。想一想中国4000年和西方1000年的专制统治吧!岂不是充满惨绝人寰的血腥的非人道的历史?

相反地,民主的制度,特别是社会主义民主制度,其本性就是避免暴政,就是人道,就是符合人道标准。因为民主的制度,特别是社会主义民主制度,其本性就是多数公民执掌最高权力,就是多数人的统治。多数人依靠什么迫使少数人服从其统治呢?根本说来,显然不需要依靠暴力。因此,拉里·戴蒙德说:"在所有的政

---

① 托克维尔:《论美国的民主》,商务印书馆1996年版,上卷,第289页。

府形式中,唯独民主政体依赖于最少的强制和最多的同意。"①民主的制度本性,进言之,乃是没有官职的老百姓执掌最高权力,是没有官职的老百姓的统治,是没有官职的老百姓对占有官职的人的统治。试问,没有官职的老百姓能够将拥有官职的人怎么样呢?民主的制度本性,说到底,就是消除政治权力垄断。没有了政治权力垄断,人人都完全平等地拥有最高权力,怎么会出现暴政呢?

因此,波普甚至将暴政和流血看作是民主与专制的根本区别而一再说:"民主政体和专制政体的区别是:在民主政体下,可以不流血地推翻政府;在专制政体下则不可能。"②达尔对于民主的人道本性与专制的非人道本性的论述更加深刻和系统。特别是,他列举民主十大价值之首,就是"避免暴政":"为什么要民主?民主有令人向往的结果:避免暴政。"③他论述道:"民主有助于避免独裁者暴虐和邪恶的统治。避免独裁统治,也许是政治学最为根本且永恒的话题……专制统治使人类付出的代价,超过了疾病、饥荒和战争。想一想20世纪的几个事例。………纳粹德国的独裁者希特勒(1933—1945),且不论二战造成的数千万军人和百姓的死亡,他对集中营中600万犹太人的死,还有不计其数的反对派、波兰人、吉卜赛人、同性恋者以及其他他希望灭绝的团体成员的死,负有直接的责任。"④

试问,民主统治的历史曾有过哪怕是一次这样的暴政吗?没有!民主的暴政几乎是不可能的:民主的暴政岂不就是每个人自己对自己的暴政?所谓民主暴政,如前所述,具有双重含义:一方面是多数人对少数人的暴政;另一方面是侵犯每个人的个人自由和个人权利的暴政。民主制国家的统治侵犯每个人的个人自由和个人权利,如贡斯当所枚举的"不准在七弦琴上加一根弦""不许自由地看望自己的新娘"等等,无疑是作为统治者的人民自己对

---

① 刘军宁编:《民主二十讲》,中国青年出版社2008年版,第207页。
② 波普:《猜想与反驳》,上海译文出版社1988年版,第500页。
③ Robert A. Dahl, *On Democracy*, Yale University Press,1998,p.44—45.
④ Ibid., p.46.

自己的个人自由和个人权利的限制、侵犯。这种限制和侵犯,显然不过是错误的认识所致,根本算不上是暴政:自己怎么可能对自己施行暴政呢?同样,在民主制国家,每个人属于多数还是少数,并不是固定不变的:他今天是多数派,明天就可能是少数派。因此,多数人如果对少数人实行暴政,实无异于对明天的自己实行暴政:自己怎么可能对自己施行暴政呢?

可是,流放和处死还不是暴政吗?特别是令人发指地对贤达政治家的流放和处死,难道还不是民主的暴政?民主暴政论者最主要的根据恐怕就是:甚至最伟大的雅典民主也曾一次次流放和处死那些无辜的贤达俊杰!确实,民主制国家的统治者处死贤达政治家,如果仅就处死事件本身来说无疑是暴政。但是,不要忘记,民主国家的统治者处死贤达的政治家,是因为民主国家的统治者认为该政治家权力过大,威胁民主,不处死他,民主就会被他颠覆而转化为专制。因此,他们处死贤达政治家固然是暴政;但这种暴政却防止了更可怕的暴政:专制。这样一来,处死贤达政治家就是以恶制恶,就是以小恶防止大恶,就是必要恶,就是善,因而也就不是暴政了。对于这个道理,波普曾有很好的解释:

"从历史上看来,雅典民主,至少在伯里克利与修昔底德的心目中,其实强调的不是多数统治,而是不计任何代价避免独裁统治。这代价很高,也许是太高了,所以雅典民主维持不到100年。所谓的代价就是经常被误解的'流放制度'。在雅典,任何人无须犯罪,只要太受人民欢迎,就会被流放。几位善于控制人心的政治家,阿里斯提得斯、地米斯托克利都是因此遭到流放……流放制度先发制人,杜绝他往独裁的方向继续前进。"[①]

遍观人类社会民主制被专制取代的历史,我们不但不会说这是雅典民主制的暴政,恰恰相反,我们不仅衷心赞叹雅典民主"流放制度"的明智、美妙和高瞻远瞩。因为历史告诉我们,一个政治家过于伟大和受人欢迎,确实是民主的心腹大患。因此,流放极为受人欢迎的伟大政治家固然是一种暴政,是一种恶;但是,这种恶

[①] 刘军宁编:《民主二十讲》,中国青年出版社2008年版,第146页。

却能够有效防止更大的恶,这种暴政能够有效防止更加可怕的专制的暴政,岂不就是一种莫大的善政?岂不是一种必要的恶?当然,流放制度无疑具有历史局限性:它仅仅在国家制度还极不完善的古老的雅典时代是一种必要的恶。如果将这种流放制度拿到今天来实行以防止专制,无疑是一种不必要的恶,是一种纯粹的暴政了。因为今天我们已经有远为完善的防止专制的方法,如多党制和宪政民主等等。

诚然,民主制国家的治理活动只是几乎不会出现暴政,而不是完全不可能出现暴政。我们恐怕无论如何也不能否定,雅典民主制的统治者处死苏格拉底是民主的暴行。但是,民主就其制度本性来说,与暴政无缘;因而就其治理活动来说,暴政的出现只能是偶尔的非常的特例,而不可能是恒久的正常的经常的常规。相反地,专制等非民主制就其本性来说,就是暴力,就是暴政,就是非人道,就是违背人道标准,因而就其治理活动来说,暴政的出现必定是恒久的正常的经常的常规,而决非偶尔的非常的特例。

三、专制与寡头以及有限君主制国家:谁是主人

S.E.芬纳在给"专制"下定义时这样写道:"专制是一种统治者与被统治者的关系是主奴关系的统治形式。"[①]这意味着,在专制国家,主人只有君主一人,而其他所有人都是专制者的奴才。这种观点能成立吗?答案是肯定的。

首先,民主,特别是社会主义民主,就是所有公民共同执掌国家最高权力,说到底,就是没有官职的庶民或被统治者控制最高权力。没有官职的庶民、被统治者或多数公民控制最高权力的最主要最重要最根本的方式,如所周知,就是投票。这样一来,民主岂不就意味着:每个公民完全平等地共同执掌最高权力?因为民主显然意味着每个人都完全平等享有一张票的权利:"每个人只顶

[①] 《布莱克维尔政治学百科全书》,戴维·米勒等编,中国政法大学出版社1992年版,第194页。

一个,不准一个人顶几个。"①因此,民主意味着每个公民完全平等地执掌国家最高权力,从而完全平等地享有政治自由权利:民主就是政治自由完全平等标准的实现,完全符合政治权利完全平等标准,完全符合政治人权完全平等标准。

究竟言之,所谓政治权利完全平等的国家,亦即民主国家:二者实为同一概念。因为只要实行民主制,那么,不论统治者如何治理,不论是自由民主还是极权民主,必定都是没有官职的庶民或被统治者控制最高权力,因而必定是每个公民完全平等地共同执掌最高权力,从而每个公民完全平等地享有政治自由权利。如果没有实现民主,那么,不论该国家的统治者如何治理,不论该国家如何平等,该社会最高权力的执掌者必定仅仅是一人或少数人,而不可能是绝大多数公民,因而必定违背政治权利完全平等标准。一句话,不论从民主的制度来说,还是就民主的治理来讲,民主与政治权利完全平等标准都是充分且必要条件:民主完全符合政治权利完全平等标准。

相反地,所有非民主制度——专制、寡头和有限君主制——无不违背政治权利完全平等标准。寡头共和或贵族共和制只能是少数公民平等地共同执掌最高权力,因而无论如何治理,也都只有少数人享有政治自由权利。有限君主制是一人为主而与其他公民共同执掌最高权力,因而无论治理如何,主要讲来,无疑也只有君主一人享有政治自由权利。专制是一个人不受限制地独掌国家最高权力的国家制度。一个人不受限制地独掌国家最高权力,岂不意味着,一个人拥有全部最高权力而所有人拥有的都是零?岂不意味着"一个人顶所有人,而所有人都等于零"?这岂不最大限度地、最极端地违背"每个人只顶一个,不准一个人顶几个"的政治权利完全平等标准?岂不最大限度地、最极端地违背"每个人都应该完全平等地共同执掌国家最高权力"的政治自由完全平等标准?因此,正如卢梭所言,专制意味着最极端的、最大限度的政治权利不平等:"这里是不平等的顶点……在这里一切个人之所以

---

① 《潘恩选集》,商务印书馆1963年版,第145页。

是平等的,正是因为他们都等于零。臣民除了君主的意志以外没有别的法律;君主除了他自己的欲望以外,没有别的规则。"①

因此,只有民主符合政治权利完全平等标准;而所有非民主制无不违背政治权利完全平等标准;寡头共和严重违背政治权利完全平等标准;有限君主制更加严重违背政治权利完全平等标准;专制完全且极端地违背政治权利完全平等标准。这是只有民主制才具有正价值——而所有非民主制皆具有负价值——的最根本的依据。

因为,如果实行专制等非民主制,那么,无论如何治理,无论明君贤臣如何倡导平等,国家最高权力毕竟掌握在一个人或少数人手中。这样一来,无论如何,岂不只有执掌最高权力的君主或寡头才是真正的主人,而其他人则都是最高权力执掌者的真正的奴隶?遍观古今中外专制国家,真正的主人岂不只有君主一人?这就是为什么只有他一人才被叫做"主公"的缘故。其他所有人,包括所谓"一人之下,万人之上"的国家第二领导人,如宰相等等,岂不都是专制者可以任意摆布和宰杀的奴才?所以S.E.芬纳在给"专制"下定义时这样写道:"专制是一种统治者与被统治者的关系是主奴关系的统治形式。"②因此,专制等非民主制国家,不论治理如何,人们相互间毕竟是一种地地道道的主奴关系,因而根本说来是极不平等的。

只有实行民主,特别是社会主义民主,每个公民才能够完全平等地执掌国家最高权力,每个人才能够完全平等地享有政治自由权利,每个人才能够完全平等地是国家的最高权力的掌握者,每个人才能够完全平等地是国家的最高统治者,每个人才能够完全平等地是握有最高权力的国家的主人。这样一来,人们相互间才能够真正达到平等;即使他们相互间的贫富贵贱相当悬殊,毕竟没有主奴之分,而同样是握有最高权力的国家的主人,因而根本说来是完全平等的。

---

① 卢梭:《人类不平等的起源和基础》,商务印书馆1962年版,第146页。
② 《布莱克维尔政治学百科全书》,中国政法大学出版社1992年版,第194页。

想一想那些实现了民主——从而每个人完全平等地共同享有执掌国家最高权力的权利——的国家吧,谁能看出来总统与教授有多少不同吗?谁能看出来总统与平民有多少不同吗?真的,他们与普通百姓也何其相似乃尔!他们与百姓的不平等,毫无疑义,远远不及专制社会的一个小小县太爷与百姓的不平等!为什么民主社会人与人之间是如此平等?说到底,岂不就是因为,民主社会的每个人都是完全平等地握有最高权力的国家的主人?

　　这就是为什么只有民主制才具有正价值——而所有非民主制皆具有负价值——的最根本原因:非民主制违背政治权利完全平等标准,因而非民主制国家人与人的关系必定是地地道道的主奴关系;而只有民主制才符合政治权利完全平等标准,因而只有民主制国家人与人的关系才是名副其实的平等关系,所以科恩一再说:"如果为民主的辩护完全无需估价它的后果,那这种辩护必须以无可怀疑的原则为基础。在目前这种辩护的情况下所依据的,是人人平等以及政治社会中人皆享有平等权的主张。"①"平等是民主合理性的关键。"②"平等是最接近民主的理论核心的。如果不允许或不承认成员享有基本平等,所有人平等参与管理的精神就会荡然无存。……只有在平等的情况下,才有理由相信应该实行民主,相信那是组织社会公共事务的正确的与适当的方式。"③

　　民主不但完全符合政治平等标准,而且必定因此符合经济平等标准和机会平等标准乃至全部平等标准;专制等非民主制不但违背政治平等标准,而且必定因此违背经济平等标准和机会平等标准乃至全部平等标准。因为政治平等是实现人与人相互间一切平等的根本保障。试想,如果实行民主从而实现政治平等标准,那么,每个人便完全平等地共同执掌国家最高权力。这样一来,每个人所应该享有的其他平等权利,如经济平等权利和机会平等权利等等,能否实现,便完全取决于自己的意志,因而是有保障的。反

---

① 科恩:《论民主》,商务印书馆1988年版,第271页。
② 科恩:《论民主》,第278页。
③ 科恩:《论民主》,第279页。

之,如果实行非民主制,国家最高权力不是掌握在每个人手中,而是仅仅掌握在一个人或一些人手中,那么,每个人的其他平等权利能否实现,便完全取决于握有最高权力的那一个人或那一些人的意志,而不是取决于自己的意志,因而是无保障的。特别是专制国家,每个人不但根本没有什么平等权利可言,甚至根本没有什么权利可言。因为每个人的一切,正如管子所言,都完全取决于专制君主的意志:"明王之所操者六:生之、杀之、富之、贫之、贵之、贱之。"①试问,生活在这样的国度里,还可能有什么平等权利可言?纵使有,也显然毫无保障、随时都会丧失。

民主符合全部平等标准,意味着:民主符合公正标准。反之,专制等非民主制违背全部平等标准,意味着:专制等非民主制违背公正标准。因为平等是最根本最重要的公正:"所谓公正,它的真实意义,主要在于平等。"②这样一来,民主符合平等的全部标准,便意味着:民主,根本且主要讲来,完全符合公正标准;相反,专制等非民主制违背全部平等标准,根本且主要讲来,完全违背公正标准。因此,科恩说:"所有政体之中,民主是最可能保证社会各成员及各阶层获得公正待遇的。"③精确言之,毋宁说:只有民主才符合公正标准;而专制等非民主制都违背公正标准。

综观民主制与专制等非民主制价值,可知唯有民主制,特别是社会主义民主制,符合国家制度核心价值体系——亦即国家制度最高价值标准"人道与自由"和根本价值标准"公正与平等"以及终极价值标准"增进每个人利益总量"——而非民主制都程度不同地违背国家制度核心价值标准体系:专制极端违背、有限君主制次之、寡头共和又次之。因此,不论民主制有多少弊端,也都只有民主制,特别是社会主义民主制,才是唯一具有正价值的、应该的、优良的、好的、善的和正确的国家制度;不论专制等非民主制有多么优越,也都程度不同地是恶劣的、不应该的、负价值的、坏的、恶

---

① 《管子·任法》。
② 亚里士多德:《政治学》,商务印书馆1996年版,第153页。
③ 科恩:《论民主》,第218页。

的和错误的国家制度。因此,像丘吉尔那样,说民主制是"最不坏"的国家制度,显然不正确;①但像密尔那样,说民主制是"最好"的国家制度也不确切②;确切地说,民主制乃是"唯一好"的国家制度,只有民主制才是好的国家制度,而任何非民主制都是坏的国家制度:寡头共和是坏的,有限君主制更坏,专制最坏。

马克思恩格斯也一再教导我们,民主乃是实现社会主义的根本必要条件:"《共产党宣言》早已宣布,争取普选权、争取民主,是战斗的无产阶级的首要任务之一。"③"如果说有什么是无可置疑的,那就是:我们的党和工人阶级只有在民主共和国这种形式下,才能取得统治。"④"马克思和我在40年间反复不断地说过,在我们看来,民主共和国是唯一的这样的统治形式,在这种形式下,工人阶级和资本家之间的斗争能够先具有普遍的形式,然后以无产阶级的决定性胜利告终。"⑤"在目前条件下,共产主义者根本不想同民主主义者进行无益的争论,相反,目前在党的一切实际问题上,他们都是以民主主义者的身份出现的。在所有的文明国家,民主主义的必然结果都是无产阶级的政治统治,而无产阶级的政治统治又是实行一切共产主义措施的首要前提。因此在民主主义还没有实现以前,共产主义者和民主主义者就要并肩战斗,民主主义者的利益也就是共产主义者的利益。"⑥"民主在今天就是共产主义……民主已经成了无产阶级的原则、群众的原则……当各民族的无产阶级政党彼此联合起来的时候,它们完全有权把'民主'一词写在自己的旗帜上。"⑦

---

① 刘军宁编:《民主二十讲》,中国青年出版社2008年版,第147页。
② John Stuart Mill, *On Liberty · Representative government · Utilitarianism*, Encyclopaedia Britannica Inc., Chicago, 1952, p.344.
③ 《马克思恩格斯选集》第4卷,人民出版社1995年版,第516页。
④ 同上书,第412页。
⑤ 《马克思恩格斯全集》第22卷,人民出版社1965年版,第327页。
⑥ 《马克思恩格斯选集》第1卷,人民出版社1995年版,第205页。
⑦ 《马克思恩格斯全集》第2卷,人民出版社1957年版,第664页。

思考题

1. 波谱说:"即使民主国家采取了坏的政策,也比屈从哪怕是明智的或仁慈的专制统治更为可取。"(波谱:《开放社会及其敌人》,山西高校联合出版社1992年版,第132页)此言当否?

2. 哈耶克说:"自由民族,就其本义来说,未必是一个由自由人构成的民族;而个人自由也并不必须享有这种集体自由。"(Friedrich A. Hayek, *The Constitution of Liberty*, The University of Chicago Press,1978,p.13.) "因为对民族自由的追求并不总是增进个人自由;它有时会使人们宁可选择一个自己民族的专制君主,而不要异族多数构成的自由政府。"(Friedrich A. Hayek, *The Constitution of Liberty*, The University of Chicago Press,1978,p.15.) 这种观点能成立吗?你宁可选择一个自己民族的专制君主,还是异族多数构成的自由政府?

3. 我们从古到今一直认为等级制是公正合理的。因为等级制将国民分为官民两大群体:官应该是精英,应该德才优异,贡献大,因而应该享有较多权益;民不应该是精英,德才应该不如官,德才优秀者应该是官而不是民——学而优则仕——因而应该享有较少的权益。这就是为什么,我国古代一个小小的七品芝麻官县太爷,他所享有的权利,从很多方面来说,恐怕都远远大于和多于一个民主国家的总统。那么,请问等级制是否公正合理?

4. 邓小平同志1985年在一次会议上说:"制度好可以使坏人无法任意横行,制度不好可以使好人无法充分做好事,甚至会走向反面。即使像毛泽东同志这样伟大的人物,也受到一些不好的制度的严重影响,以至于对党对国家对他个人都造成了很大的不幸——不是说个人没有责任,而是说领导制度、组织制度问题更带有根本性、全局性、稳定性和长期性。"[1]试析这一论断的划时代意义,并回答:为什么制度是根本的?民主是唯一好的国家制度吗?专制等非民主制在一定条件下可能是好的国家制度吗?

---

[1] 《邓小平文选》第2卷,人民出版社1994年版,第333页。

参考文献

[1]《马克思恩格斯全集》第1卷,人民出版社1956年版。
[2] 托克维尔:《论美国的民主》,商务印书馆1996年版。
[3] 贡斯当:《古代人的自由与现代人的自由》,商务印书馆1999年版。
[4] 科恩:《论民主》,商务印书馆1988年版。
[5] 王海明:《国家学原理》,读书·生活·新知三联书店2014年版。
[6] John Stuart Mill, *On Liberty · Representative government · Utilitarianism*, Encyclopaedia Britannica Inc., Chicago, 1952
[7] John Locke, *Two Treatises on Civil Government*, George Routledge and Sons Ltd., 1884
[8] Robert A. Dahl, *Democracy and its Critics*, Yale University Press, 1989

第四章
文明

提要

英文中的文明(Civilization)一词源于拉丁文"Civis",具有"公民的""社会的""国家的"等含义。该词根意指古罗马时代的"公民身份"(意思是城市的居民)。其名词"civitas"指"有组织的社会"(其本质含义为人民和睦的生活于城市和社会集团中的能力),形容词"civilis"也有"文明的、开化的"等义,由它引申的civilite则有"谦恭、礼仪"的意思,引申后意为脱离了野蛮蒙昧的状态。在19世纪,特指开化、文化或文雅,已经具有现代"文明"的意义,把文明看成是人类历史"从落后不断走向进步的标志",即一种先进的社会和文化发展状态,以及到达这一状态的过程。中国古代先民创造"文明"一词本是借用自然界的现象来说明人类社会的理想与追求。文明作为人类所创造的精神财富和物质财富的总和,体现着社会价值、承载着社会的价值信念和美好理想,构成特定历史时期社会价值观的合理内核与灵魂。文明有形态和结构之分。中国特色社会主义文明是新的文明形态,它坚持文明价值构建中的"物质文明""精神文明""政治文明""生态文明"和"社会文明"之"五位一体"。

作为社会主义核心价值观的文明,扬弃了"现代性文明"(传统的"工业文明")的弊端,吸收、借鉴了中国传统文化的优秀基因,符合历史发展的方向,代表了人类文明发展的主流,反映了文明发展的未来方向,是一种具有前瞻性、引领性、包容性(兼容性)、超越性的新型文明价值主张。党的十八大报告指出:改革开放三十多年以来,随着经济社会的发展,综合国力的不断增强,中国社会的"文化软实力显著增强。社会主义核心价值体系深入人心,公民文明素质和社会文明程度明显提高"。由此可见,文明是国家软实力的重要组成部分。

那么,文明究竟在何种意义上构成一个社会的核心价值观?作为国家层面中国特色社会主义核心价值观的文明,又包含哪些具体的内容和基本规定性?如何理解其多维性、时代性和渐进性?国家层面文明之核心价值观的确立,其之于中国社会文化和精神生活的意义究竟是什么?如何在弘扬践行社会主义核心价值观的实践中,深刻理解"文明"的内涵,并将其内化为每个人的核心价值理念?所有这些,都是我们在这一章中需要探索和回答的问题。

一、文明的含义

文明是一种社会历史现象,具有深刻的"人文"意蕴,一种健康、完善、合理的文明价值观形成的标志,往往与特定时代、特定制度背景下政治治理智慧及其社会生活的清明与否紧密相关。举例来说,《孟子·梁惠王上》记载:一次齐宣王问孟子,如何才能像历史上的齐桓公、晋文公那样,扫平六合,统御天下?孟子告诉他,统御天下的方法有两种:一种是用"武力",即"兴甲兵,危士臣,构怨于诸侯"。但这样做终究不能让人"心悦而诚服"。还有第二种方法,就是实行"仁政"。孟子说,如果你能实行仁政,把你们国家建设到这样的境地:天下当官的都愿意到你们国家来当,耕地的都想到你们国家来耕,做生意的都想到你们国家来做,出行者都想到你们国家行走,怨者都想来向你申诉,请问那时候还有哪个国家比你们更强大?

在中国思想史上,作为儒家学说的重要奠基人之一,孟子的

"仁政"思想又被称为"王道"思想。王道思想的精神实质是,一个国家的真正实力并不寄托在军事、政治乃至经济实力上,而寄托在其社会文明、进步的程度上。

在辞源学考辨意义上,中西不同的社会历史传统和理论视野中,对文明的理解与诠释不尽相同。英文中的文明(Civilization)一词源于拉丁文"Civis",具有"公民的""社会的""国家的"等含义。该词根意指古罗马时代的"公民身份"(意思是城市的居民)。其名词"civitas"指"有组织的社会"(其本质含义为人民和睦地生活于城市和社会集团中的能力),形容词"civilis"也有"文明的、开化的"等义,由它引申的civilite则有"谦恭、礼仪"的意思,引申后意为脱离了野蛮蒙昧的状态。中世纪时的英语中没有与现代汉语"文明"对应的词语。18世纪初,英国合并苏格兰后,苏格兰的民法开始与英国的普通法融合起来,于是有了"Civilization"这个词汇,指"法律或判"。1755年,《英国语言辞典》对"civilization"作了解释,指民法专家或罗马法教授。直到18世纪中后期,启蒙思想家抨击中世纪黑暗统治时,开始使用了"Civilization"一词,与"野蛮"相对,"法律"的意义降为第二位。《韦氏大辞典》中对"文明"的定义为"教化的行为"。在19世纪,特指开化、文化或文雅,已经具有现代"文明"的意义,把文明看成是人类历史"从落后不断走向进步的标志",即一种先进的社会和文化发展状态,以及到达这一状态的过程,其涉及的领域广泛,包括民族意识、技术水准、礼仪规范、宗教思想、风俗习惯以及科学知识的发展等等。

Civilization的汉译"文明"同样是古汉语中固有的词语。在中国,文明概念出现得非常早,但是其内涵与现代意义不同。中国古代先民创造"文明"一词本是借用自然界的现象来说明人类社会的理想与追求。根据涂大杭的考证,在我国,"文明"两字最早见之于《尚书》和《周易》。它像"文化"一样,同样以"文"为关键字构成,其本义是"文采光明,文德辉耀"之意。如《易·乾》中的"见龙在田,天下文明"。后来,随着社会实践的发展,文明被不断赋予新的含义。唐代孔颖达解释为"天下文明者,阳气在田,始生万物,故天下有文章而文明也"①。《书·舜典》中的"濬哲文明,温恭允塞",孔颖达解释说:"经纬天地曰文,照临四方曰明。"②我们不难看出,这里的"文明"显然暗含着与蒙昧荒蛮相反的意思。其另一义则同"文化"相通,指"文治教化",例如前蜀贯休的诗"何得文明代,不为王者师"中的"文明"即此意。此外,它还可以指"明察事理",例如《易经》"明夷"卦象传中的"内文明而外柔顺,以蒙大难,文王用之。"就是说周文王被纣王幽囚,蒙难却能保全自身,因为他能够明察事理,洞晓处境的艰险,因而能内怀明哲,外用柔顺,终于摆脱了困境。

在清代,"文明"一词具有美好的社会进步状态的意义。到了近代。康有为有"三代文明,皆藉子发扬之,实则蒙昧也"③的观点。梁启超提出了现代文明是群众的文明,东西文明相互交流产生新的文明的思想。他说:"从前是贵族的文明受动的文明,如今却是群众的自发的文明。从前的文明是靠少数地位特别的人来维持他,自然逃不了'人亡政息'的公例,当今的文明,是靠全社会的一般个人日日创造出来的,所以他的质虽有时比前不如,他的量却比前来得丰富,他的力却比前来得连续。"他还说:"拿西洋的文明来扩充我的文明,又拿我的文明去补助西洋的文明,叫他化合起来成一种新文明。"④

孙中山提出了"心性文明"的观念,并有了"心性文明"与"物质文明"相协调的思想。他说"物质文明与心性文明相待,而后能进步。中国近代物质文明不进步,因之心性文明之进步亦为之稽迟。"⑤1915年9月,陈独秀就在《法兰西与近世文明》一文中指出:"文明云者,异于蒙昧未开化之称也。La civilisation 汉译为文明、开化、教化诸义。世界各国,无东西今古,但有教化之国,即不

---

① 王弼、韩康伯注,孔颖达疏:《周易正义》,《十三经注疏》,中华书局1980年版,第16页。
② 孔颖达:《尚书正义·虞书·舜典》,《十三经注疏》,第125页。
③ 涂大杭:《精神文明概论》,厦门大学出版社2002年版,第1—2页。
④ 梁启超:《梁任公近著》,商务印书馆1932年版,第29—30页,第68页。
⑤ 《孙中山选集》,人民出版社1981年版,第139—140页。

得谓之无文明。……古代文明,语其大要,不外宗教以止残杀,法禁以制群首,文学以养神武。"他还说:"近代文明之特征,最足以变古之道,而使人心社会焕然一新者,厥有三事:一曰人权说,一曰生物进化论,一曰社会主义,是也。"①1922年7月,中国共产党在党的文件中首次使用"文明"一词。《关于妇女运动的决议》指出:"几世纪以来,平等自由的原则,成为资本主义文明国装饰门面的口头禅。"②

德国学者奥斯·瓦尔德斯宾格勒认为,文明是文化的没落阶段,文化和文明,前者是一个灵魂的活生生的形体,后者却是灵魂的木乃伊③;英国学者阿诺尔德·汤因比认为,文明是社会的整体。"文明乃是整体,他们的局部彼此相依为命。在这个整体里,经济的、政治的和文化的因素都保持着一种非常美好的平衡关系。"④美国学者威尔·杜兰认为,文明是社会秩序。"文明是增进文化创造的社会秩序,它包含了四大因素:经济的供应、政治的组织、伦理的传统以及知识与艺术的追求。"⑤美国著名学者塞缪尔·亨廷顿认为,文明是最广泛的文化实体:"文明和文化都涉及一个民族全面的生活方式,文明是放大了的文化。文明是一个最广泛的文化实体,乡村、宗教、种族群体都在文化异质性的不同层次上具有独特的文化。"⑥德国著名学者马克斯·韦伯认为,西方资本主义文明,以古希腊和罗马文化为基础,以路德教和加尔文教为精神支柱,以自由市场经济、商业经营和资本核算为本质。四种主要的文明分别兴起于中东、印度、中国和欧洲。现在,这四种文

---

① 《独秀文存》,安徽人民出版社1987年版,第10页。
② 《中共中央文件选集》(1921—1925)第1册,中共中央党校出版社1989年版,第87页。
③ 奥斯瓦尔德·斯宾格勒:《西方的没落》,黑龙江教育出版社1988年版,第255页。
④ 阿诺尔德·J.汤因比:《历史研究》,曹未风译,上海人民出版社1964年版,下册第463页。
⑤ 威尔·杜兰:《东方的文明》,李一平等译,青海人民出版社1998年版,上册第3页。
⑥ 塞缪尔·亨廷顿:《文明的冲突与世界秩序的重建》,周琪等译,新华出版社2010年版,第25页。

明都融于以西方为主的全球性世界主义。学者虞崇胜先生在《政治文明论》一书中曾将国外关于文明含义的认识归纳为13种观点：文明是人类理性的发展以及征服自然能力的进步；文明是个人活动和社会活动的发展与进步；文明是人类智德的进步；文明是人类文化的僵死阶段和没落阶段；文明是社会的整体；文明是人类抵御自然和调节人际关系的成果；文明是一种进步的社会秩序；文明是都市化的文化；文明是一种先进文化；文明是物质的，文化是精神的，但两者是结合的；文明是语言、文字传播知识的过程；文明囊括了社会的一切事务；文明是最广泛的文化实体。[1]

马克思主义经典作家对"文明"概念也有多种表述。概括起来，一般是在三种意义上加以使用的。一是时间界限意义上的文明，它指人类社会发展到高级阶段的社会现象，与其相对的是蒙昧和野蛮时期。19世纪，美国著名历史学家摩尔根在《古代社会》一书中，把人类从低级阶段到高级阶段的发展分为蒙昧、野蛮、文明三个时期。恩格斯对摩尔根的分期法给予了高度的评价，并抓住文明时代的主要标志及其本质作了进一步阐述。他说："从铁矿石的冶炼开始，并由于拼音文字的发明及其应用于文献记录而过渡到文明时代。"[2] "文明时代是社会发展的这样一个阶段，在这个阶段上，分工，由分工而产生的个人之间的交换，以及把这两者结合起来的商品生产，得到了充分的发展，完全改变了先前的整个社会。"[3] 二是广义上的文明，指人类在改造客观世界和主观世界活动中的全部成果。马克思在《关于摩尔根古代社会》一书摘要中，不仅把文化的发展纳入文明的内涵，而且把技术的发展，海上贸易的扩大，农业、手工业的发展，劳动的分工与结合等等，都看作文明的应有之义。他多次把"已经获得的生产力"叫做"文明的果实"，把体现时代精神的哲学思想称为"文明的灵魂"，把科学、美术等当作文明中间一切精致的东西，把特定的社会制度与文明联系起

---

[1] 虞崇胜：《政治文明论》，武汉大学出版社2003年版，第47—50页。
[2] 《马克思恩格斯选集》第4卷，人民出版社1995年版，第174页。
[3] 同上书，第22页。

来进行称谓,等等。① 三是社会进步状态意义上的文明。即人类改造世界的积极成果。毛泽东同志在谈到旧中国的发展前途时也说过:"要把一个被旧文化统治因而愚昧落后的中国,变为一个被新文化统治因而文明先进的中国。"②这里讲的文明表示人类社会物质、精神、制度不断发展、进步的状态。③

在现代汉语中,"文明"一词,至少具有两种词性:其一,作为名词,它囊括了人类的发展史。从居住洞穴到摩天大楼,从穿着兽皮到华服美裳,关于文明的记载也从口口相传落入文献典籍,又从纸面延伸到了网络。世界文明史中,中国文明的地位不言而喻——东方文明的源头在中国,华夏文明独一无二,从未中断。当然,华夏文明也曾徘徊,近现代史上的列强欺压、割地赔款,让这一古老文明遭受了巨大冲击。从新中国成立到改革开放,探索道路亦蜿蜒曲折,但是在一代一代中国人民的不断探索和勇往直前中,今日中国取得了让世界侧目的成就、走出了中国特色的社会主义道路、创造了崭新的社会主义文化,这样的探索和创造必将丰富全人类的文明发展史。其二,作为形容词,文明落在了我们每一个中国人的肩上。仓廪实而知礼节,衣食足而知荣辱,腰包鼓了、生活富了,怎样才称得上文明?举止有度,谈吐有节,诚信友善,爱人爱己,或许只是作为现代文明人的最基本要求④。

"文明"还有广狭义之分。广义上的文明,指一个社会集团中的综合文化特征,包括民族意识、价值观念、礼仪习俗、宗教思想、生活方式、生产方式、科学程度等等,比如说到思想体系上的中华文明、西方文明、伊斯兰文明,或者说到生产方式上的工业文明、农业文明,或者说到创造成果上的物质文明、精神文明,这些都是宏观意义上的文明概念。而狭义的文明,是指某个对象具备较高的文化素养、思想素质、道德水准、教育水平,比如说某某人是个文明人,某某国是个文明的国家。以广义上的文明为例。(1)从文字

---

① 《马克思恩格斯全集》第45卷,人民出版社1985年版,第781页。
② 《新民主主义论》,《毛泽东文集》第2卷,第73页。
③ 《毛泽东文集》第3卷,人民出版社1996年版,第228页。
④ 参见刘文波等:《五位一体,共筑文明》,载《人民日报》2014年8月25日。

上看。今天的考古学家已经发现,在距今3000年之久的商代末年,汉字的数量已有5000个左右,证明汉语当时已成为一种非常成熟的书面语言。其发明的时间也许可以往前推进一两千年(考古学家则认为更早)。而中原周边民族书面文字的发明时间最早的大约也要到公元7世纪。(2)与文字发明相对应的,是伟大经典的诞生。没有书面文字,就不可能有博大精深的思想体系,也不可能形成伟大的经典。文化经典的形成是文明成型最重要的标志之一,因为它蕴含着一个民族全部的智慧,承载着一个民族的精神价值,因此也可以说承载着一个民族的生命。在中国,《尚书》《易经》《诗经》是最早形成的经典,部分成书年代可上溯到商周时期甚至更早;而从春秋末年到战国的数百年间,诸子百家的兴起更标志着一系列伟大思想体系的形成,为此后中华文明奠定了数千年发展之框架。(3)制度方面。中国建立在辟举、科举等基础上的文官制度,是世界上同时期最成熟发达的文官制度。英国一直到1870年才在中国影响下率先在西方实行文官制度,而德国和法国则一直到二战结束才正式实行文官制度。在中国,专业化的文官制度早在西周时期特别是春秋战国时期即已在一定范围内存在;公元前221年,秦统一后实行的郡县制,为西汉(公元前206年—公元220年)比较正式地实施职业官僚制度铺平了道路;宋代(公元960年—1279年)比较彻底地打破了门阀世族束缚,实行科举,将文官制度推向了顶峰。中国的文官制度比西方早了2000年左右。(4)宗教方面。宗教特别是伟大宗教的兴起是一个民族走向成熟和文明的另一重要标志。四大文明古国都曾有自己的伟大精神传统。中国人早在春秋战国时期就形成了后来称为"儒教"和"道教"的最重要典籍,汉代以后逐渐发展、成熟和壮大。佛教虽非中国人自创,但唐宋以来中国人把它改造、发展并创造性地运用,形成自己的诸多门派,成为东亚各国学习的样板。像中国这样同时拥有好几个世界性大宗教的民族,在全世界是不多见的。由此可以说明:中华民族之所以会成为世界上为数不多的几个文化不曾中断的民族之一,主要原因还在于其文化确曾在相当长时间内居于领先地位。

但是，令人无比痛心的是，从近代史开篇，中华民族的自有文明在世界面前就从未彰显出优越性，相反，处处都显示出落后于人的伤心对比：工业文明击垮了农业文明、西方文明压倒了东方文明，以儒家思想为主流、以农耕文化为主体的中华文明除了拥有漫长的历史和辉煌的过往，在现代化的进程中始终处于下风。中华文明曾以仁义礼智信辐射过周边国家、曾以温良恭俭让礼敬出大国风范、曾以诗书礼乐打造了崇高的价值观念，却在19世纪的世界大变革中被称作"东亚病夫"，曾经的雄风不再，这一头东方雄狮似乎是快快病倒了。

文明作为一般社会价值观的含义和意义。

首先，一般社会价值观视野中的"文明"，其具体内涵，从学理上讲，主要包括了国家、社会和个人等三个层面。

从国家层面来讲，文明是指国家发展的状态，即国家创造的物质财富与精神财富的总和。这是唯物史观对文明的根本定义。马克思主义经典作家认为，人类文明的一切进步，都是社会生产力的发展结果和体现。不仅如此，人类文明时代是学会天然产物进一步加工的时期，是真正的工业和艺术产生的时期。可见，文明是物质与文化的增长，以及由此产生的各种制度建设，最终推动人的全面发展。我们熟悉的物质文明、精神文明、政治文明、社会文明、生态文明，都包含于国家发展的状态之中。

从社会层面来讲，文明是社会秩序的确立。在中国，"文明"一词最早见于《周易》。该书中多次出现"天下文明"等描述，其意指社会文教昌达、文德彰显而形成的王者修德、民风淳朴、风调雨顺的和谐景象。

从人的层面来讲，文明则是指人的教养和开化状态。《尚书·舜典》称赞舜"浚哲文明"，就是指他非常谦恭，品德高尚，很受人爱戴的意思；《礼记·乐记》说："是故情深而文明，气盛而化神，和顺积中而英华发外。"文明是谦恭有礼，是内在的德行开放出来的一枝鲜花。西方的"文明"一词包含有脱离野蛮的开化之意，所以文明有人的端庄优雅有教养之意。

文明与文化是紧密相连但有区别的概念。文化指一种存在方式,有文化意味着某种文明,但是没有文化并不意味"野蛮"。在国家层面,在中国传统文化中,文化具有以文德化育之意,是教化的意思,这是文明所不具备的。现代的文化则是人们创造的文艺产品及人们的各种生活方式。而文明则是指国家的所有财富,等同于国家这个文明体本身。同时,文明更侧重于指称社会的进步状态,是国家发展的灵魂,与文化明显不同。在个人层面,文化指人们拥有的知识,文明则是指人们的素质和修养。有文化不等同于有教养,二者之间有明显的区别。其次,文明作为社会价值观,具有多方面的现实意义。文明作为人类所创造的精神财富和物质财富的总和,体现着社会价值、承载着社会的价值信念和美好理想,构成特定历史时期社会价值观的合理内核与灵魂。其意义概括起来,主要体现在两个方面:

意义之一:文明是人类创造的积极成果的总和,是社会进步的标志。文明是人类创造的积极成果的总和,标志着社会进步的程度。"文明"这个庞大的概念中包括了物质文明、政治文明、精神文明、社会文明和生态文明。社会文明的程度决定了个人生理需求、心理需求、伦理需求的满足程度,达到越来越文明的状态是我们国家努力追求的方向,因此纳入核心价值观十分必要。

意义之二:文明是国家赖以存在的基础。"礼义廉耻,国之四维,四维不张,国乃灭亡"[1],我们不能全盘照搬西方制度,而是应该延续以德治国、以礼治国和依法治国三结合的治国传统,这是中华文明的独到之处。文明也是人类赖以生存的基础。人类需要物质文明而生存,也需要精神文明而立身。"不学诗,无以言""不学礼,无以立"[2],在享受物质文明成果的同时,要不断提高自己的道德水准、工作生产能力和文化水平,既造福社会也丰富自己。

文明的基本结构,通常认为,这是一个十分复杂的问题。关于人类文明的基本结构的认识,经历了一个逐步深化的过程。一开始,人们把人类文明分为物质文明和精神文明两大构成要素。物

---

[1] 《管子·牧民》。
[2] 《论语·季氏》。

质文明是指人类改造客观世界的积极财富的总和,精神文明则是指人类精神文化创造的积极财富的总和,这就是传统的文明"二分法"。后来,随着人类社会的发展和人们认识的深化,出现了"三分法""四分法"甚至"五分法"等许多不同意见。

文明结构中的"三分法",是指在物质文明、精神文明之外,有的学者还把制度文明作为文明的基本构成方面。如认为制度文明是一种相对独立的文明形态,与物质文明和精神文明并列①;文明结构理解中的"四分法",是指所谓大文明的四维进程,包括物质文明、精神文明、制度文明和生态文明②,社会有机体的协调发展表现为生态文明、物质文明、制度文明、精神文明四大文明的协调发展。文明结构理解中的五分法认为,人类生产活动的五种形态(物质资料生产、人类自身生产、社会制度生产、精神产品生产和人类环境生产)所产生的成果分别表现为物质文明、人本文明、制度文明、精神文明和环境文明。③

文明的形态,文明被认为是有一个产生、发展、兴盛到衰落的历史过程,期间,文明经历了不同的形态。这方面的研究,不能不提到阿诺德·汤因比。汤因比(1889—1975)出身学术世家,是英国著名历史学家。汤因比对历史有其独到的眼光。他的十册巨著《历史研究》讲述了世界各个主要民族的兴起与衰落,被誉为"现代学者最伟大的成就"。

依汤因比之见,文明是一个具有总体性的概念,其自身包含政治、经济、文化三个方面,其中文化构成一个文明社会的精髓。文明具有两个特点:第一,都经历起源、生长、衰落、解体和死亡5个发展阶段。第二,文明和文明之间具有一定的历史继承性,或称"亲属关系",就像几代人生命的延续,每一个文明或者是"母体",或者是"子体",或者既是母体又是子体。但这种文明之间的历史继承性并不排斥它们之间的可比性。首先,从时间上看,文明社会

---

① 刘京希:《政治文明论》,载《文史哲》2001年第3期。
② 金柱演:《制度文明:先进的社会文明》,载《探索与争鸣》1999年第10期。
③ 赵诗清、曾瑞芝:《人类文明形态辨析》,载《社会科学论坛》2000年第2期。

最多不过三代,历史进入文明阶段也不过刚刚超过6000年,而人类历史至少已有30万年。两者相比,文明的历史长度只占整个人类历史长度的2%,因此,在哲学意义上,所有文明社会都是同时代的。其次,从价值上看,如果与原始社会相比,所有文明社会都取得了巨大成就;但如果同理想的标准相比,这些成就又都是微不足道的。因此,所有文明社会在哲学上又是等价的。依照上述界定,汤因比把6000年的人类历史划分为21个成熟的文明:直接从原始社会产生的第一代文明:埃及、苏美尔、米诺斯、古代中国、安第斯、玛雅;从第一代文明派生出来的亲属文明:赫梯、巴比伦、古代印度、希腊、伊朗、叙利亚、阿拉伯、中国、印度、朝鲜、西方、拜占庭。另外还有5个中途夭折停滞的文明:波里尼西亚、爱斯基摩、游牧、斯巴达和奥斯曼。在21世纪初期,中华文明再次上演了一个人类文明历史的奇迹,每个文明都会经历的上升和衰落的文明规律,甚至汤因比提出的文明发展的四个阶段再次在解释中华文明的发展时失效。中华文明再次打破了文明兴衰的铁律,回到了世界权力结构的顶峰,成为世界上未来最有潜力的文明和经济生产能力最强大的文明。

现代意义上的文明形态的变迁,是与17、18世纪以来影响深远的人类工业化实践密切相关的。一般认为,自工业革命的大浪潮开始、人类社会进入到现代化进程中以来,从发展方式上看,可以将世界上的文明划分为三种类型:一种是狭隘的民族本位和科技理性支配下的扩张型、殖民性文明形态。占据主动态势、侵略型的文明形态,是以海盗文明为思维模式、对世界各国物质资源和民族意识形态进行扩张与占领的国家,可称之为海盗式文明;另一种是呈现出被动跟随态势、殖民地型的文明形态,是以顺从侵略者、趋从强国脚步为国家意志而发展起来的民族,可以称作奴役式文明;而介乎这两种文明形态之间的,就是中国的文明态势,是一种自新型、中和型的文明,既没有对弱国进行过压迫和掠夺,也没有对强国一味顺从和屈服,纵然曾经有过深重苦难,依然渴望着和平崛起、依然坚持着中国道路、依然保持着不卑不亢。

客观地说,人类历史进程中,中华文明作为世界上唯一生存至今、未曾中断的古文明,在世界潮流的涌动中曾一时落于人后,实在属于历史的常态,那是由旧制度转型到新世界中的秩序调整过程、是一个泱泱大国自我更新的必要积累过程。中国在探索现代化的征程中,面对着"海盗式文明"国家争霸世界的傲慢,理智地审视着"奴役式文明"国家唯唯诺诺的附和,此时更显示出了中华文明自身不同于其他文明形态之"中正、平和"的内在优良品质,以及在未来发展中具有强大生命力和涵化力的特征。可以说,未来的世界必将迎来"中和式文明"引领并标榜于世界文明模范的全新时代。这种文明是靠着崇尚和谐、爱好和平、自我日新、中正仁和的智慧发展到今天、强大于明天,她以一种虽是表现平和但更为自信、虽曾暂时落后但更为自强、虽将走向富强但绝不称霸、秉持和谐精神的人类文明而生存、而发展。

最后,"中国模式"是人类文明的一种崭新形态。"中国模式"的出现是一个客观事实,并已引起世人高度的关注。美国全球语言研究所跟踪全球75万家主要纸质媒体、电子媒体和互联网站,挑选21世纪头10年中世人谈论最多的10大新闻话题,结果发现"中国模式"或"中国崛起"的话语高居榜首,总共被播发了约3亿次。

"中国模式"或中国崛起为什么会成为新千年以来最大的新闻话题?因为中国模式不仅与中国人有关,而且与全人类有关。中国模式推动世界重心东移,有利于形成平衡而和谐的新世界;因为中国模式创造了崭新的社会主义文明,有利于推动人类文明发展到新的阶段。中国人曾经创造过非常辉煌的古代文明。然而,从19世纪初以后,随着工业革命的展开,西方诸国逐渐变强,而中国则已经陷于停滞并向下沉沦,西方人看待中国的心态也从过去的向往变成轻蔑。英国汉学家约翰·巴罗曾在1840年出版的一本书中写道:"认为中国很强大,富裕辉煌,这是对常识的公开侮辱"。中华民族是"一个野蛮的异端民族,几乎比野人好不了多少。"①这样的话,巴罗说过,其他许多西方人也说过。他们这样说,正是为了把中国人当做"野人"来践踏和屠杀。我们今天没有忘记巴罗之流的谰言,是为了永远警醒自己:国家的强盛从来不是天命注定的,任何不求进取的民族,都会陷入内忧外患、被人蔑视和欺辱的悲惨境地。

"中国模式"就是"中国特色社会主义"。"中国模式"最早是邓小平同志提出来的。1980年5月,在谈到各国共产党的关系时,邓小平同志说:"中国革命就没有按照俄国十月革命的模式去进行,而是从中国的实际情况出发,农村包围城市,武装夺取政权。既然中国革命胜利靠的是马列主义普遍原理同本国具体实践相结合,我们就不应该要求其他发展中国家都按照中国的模式去进行革命。"②这里主要讲的是夺取革命胜利的中国模式。1988年5月,邓小平同志在接待莫桑比克朋友时说:"世界上的问题不可能都用一个模式解决。中国有中国自己的模式,莫桑比克也应该有莫桑比克自己的模式。"③这里讲的是解决国家发展问题的中国模式。在邓小平同志的心目中,夺取革命胜利的中国模式,解决国家发展问题的中国模式,本质上是一致的,都是"中国特色的社会主义"。

站在人类历史的重大转折关头和新的起点上,我们可以认定和充满自信地宣告:"中国模式"是人类文明的一种崭新形态。依马克思主义经典作家之见,迄今为止,人类历史上的文明形态,无一例外,都是以对抗为基础的。当文明一开始,生产就开始建立在级别、等级和阶级的对抗上,最后建立在积累的劳动和直接的劳动的对抗上。可以说,没有对抗就没有进步。此乃文明直到今天所遵循的规律。

经典作家对人类文明演进历程的观察是深刻的,人类经历过的奴隶社会文明和封建社会文明,都是建立在"级别、等级和阶级

---

① 转引自王天玺:《中国模式是人类文明的一种崭新形态》,载《红旗文稿》2003年第4期。
② 《邓小平文选》第2卷,第318页。
③ 《邓小平文选》第3卷,第261页。

的对抗上"。人类正在经历的资本主义文明则是"建立在积累的劳动和直接的劳动的对抗上"。与以往不平等的对抗社会的文明形态相反,"中国模式"所创造和实践着的文明不是建立在对抗的基础上,而是建立在"和谐"的基础上,这是社会主义文明区别于以往各种文明的崭新的特点所在。中国模式这样的社会主义文明,当然不是某种偶然出现的历史幻象,而是在社会发展的大潮流中千锤百炼而成的必然的历史图景。立足世界,人们已经愈来愈清楚地看到,塑造和锤炼"中国模式"的是当今世界三大进步潮流之一:世界实现现代化潮流;社会主义胜利前进潮流;中华民族伟大振兴潮流。当代世界中如果有什么重大的奥秘,那么这三大进步潮流在中华大地上融合为一,共同锤炼出中国模式这种崭新的社会主义文明,就是最重大的奥秘。

二、文明作为核心价值观的应有之义

文明的最高境界究竟是什么?不同时代人们的理解并不相同。日本沟口雄三教授就曾指出,"在当今世界以经济力量来判断文化优劣与文明高低与否已成一股风潮"[1]是不对的,并且批评了日本曾存在的一种理论——"文明即西方的科技、经济"的论调。[2] 事实上,作为人类集群的社会,文明同时也应指社会的精神风尚和道德水准。举例来说,一人戴名贵手表,穿着漂亮,但无教养,对人缺乏爱,甚至无人情味。另一人虽无名贵手表,穿着也非常朴素,但待人亲切,既有教养,又富于人情味。那么。我们就没有理由认为前一种人比后一种人更"文明",恰恰相反,后者更像一个真正的"文明"人。

当今世界,中国无疑是人类文明社会的一个"大体量"的有机组成部分。毋庸讳言,依靠中华民族的勤劳智慧而逐渐富裕与强

---

[1] 沟口雄三:《中国思想史:从宋代到近代》,龚颖、赵士林、孙道凤等译,生活·读书·新知三联书店2011年版,第36页。
[2] 沟口雄三:《中国的思维世界》,刁榴、牟坚等译,生活·读书·新知三联书店2013年版,第45页。

大起来的中国社会的文明创造成功,一定会直接增强整个人类文明社会的物质基础。同样的逻辑,中国综合国力的增加,在一定意义上必然是整个人类文明社会的经济实力的增加。

中华人民共和国建立以来,中国人民坚定地选择了中国特色社会主义道路。20世纪70年代末期以来,全面的改革开放,尤其是全球化和市场经济实践,给中国带来的最大成果就是其经济获得持续而高速的发展。中国近3亿人口摆脱了贫困,13亿人的生活被迅速地现代化。13亿人口大致占世界总人数的1/5,现在中国人不仅解决了贫困和生存问题,而且逐步走上了富裕的道路,这是中国对整个文明社会的巨大贡献。

社会主义核心价值观的培育,不仅仅只是为了彰显中国的文化软实力,其最终的指向还应该是归依于中国现代文明的建构,就如先哲所说:为天地立心,为生民立命,为往圣继绝学,为万世开太平。① 如果从宏大的历史格局和思想视野来考察,可以分为以下四个阶段:一是古代中国。此一时期社会文明的核心价值体系,大体上是以儒家思想为根基,所谓"仁义礼智信""礼义廉耻"等成为整个社会与人生的信条。传统中国文明并非以宗教为其根基,儒家伦理构成了中华民族的精神世界与终极关怀,所以梁漱溟先生说中国是以伦理为本位的社会,辜鸿铭先生则断言中国是以儒学代宗教。②

第二个阶段:"五四"以后,儒家传统受到了致命的打击,成为了历史博物馆的陈列品。

第三个阶段:新中国建立以后,我们的核心价值观是"为人民服务""大公无私",后来演变为"斗私批修"等极"左"思潮泛滥。旧的价值观断裂以后,新的价值观也因为"左"的思潮而倒塌。"文革"后期的中国,社会凋零破败,经济支离破碎,政治迷惘失向,整个国家在曾经笃信不疑的社会主义"金光大道"上艰难匍

---

① 张载:《张子语录·中》。
② 分别参见梁漱溟:《东西文化及其哲学》(《梁漱溟全集》第1卷,山东人民出版社1989年版,第352页)、《辜鸿铭作品精选》(夏丹编选,长江文艺出版社2004年版,第9页)。

爬。人们曾经高昂的士气已经松懈,变为惰性、冷漠和失望。①

第四个阶段:改革开放以后,中国人以引人瞩目的成就走上了一条独具特色的社会主义现代化发展道路。借助于这一条道路,中国用短短30年完成了西方两三百年的发展进程。正如著名作家余华在《兄弟》后记中写道:"一个西方人活400年才能经历这样两个天壤之别的时代,一个中国人只需40年就经历了。"②现在可以说达到了近代以来中国历史上最接近于中华民族伟大复兴目标的重要时刻。比之GDP的数量和规模,更富有理论和实践意义的,是中国人向世界和历史呈现了一种不同于西方发达国家的发展道路与模式。这种宏大历史新格局对世界历史所形成的影响,无疑将是广泛、长久和深远的。

但是,从人类社会历史演进的长时段着眼,必须清醒地认识到,在经济突飞猛进的同时,当代中国也付出了巨大代价,既有生态方面的破坏,也有精神方面的迷失。相比较当下中国经济的艰难转型,以文明为努力方向的核心价值观的建构更为困难。文明价值观之所以成为当代中国极为紧迫的课题,是因为其不仅关乎中国人的终极关怀和安身立命之处,而且再一次提出"中国向何处去"的宏大命题。虽然我们已经成为世界第二大经济体,但是中国的现代化之路仍然漫长,中国现代文明的建构更是任重道远,应该凸显我们这个民族现代文明的精神精髓。

"十月革命一声炮响,为我们送来了马克思主义。"从20世纪20年代起,一代代中华民族的仁人志士和优秀儿女,坚定地选择了在一个半殖民地半封建国家的基础上建立社会主义政治制度,在社会主义道路上实现国家的现代化。这是中华民族在历史发展的紧要关头,在历史发展的多种可能性中所作的最佳选择,是一次伟大的历史性选择。这一艰难探索和选择的过程历经了近一个世纪的时间。

---

① 佟新、沈旭:《文革研究对于认识中国社会的意义——一种国家与社会的分析视角》,载《开放时代》2007年第2期。

② 余华:《兄弟》,"后记",作家出版社2008年版。

1840年鸦片战争以后,中国逐步沦为半殖民地半封建社会。中国的发展受到严重阻碍。中华民族灾难深重,国家积弱积贫,社会战乱不已,人民饥寒交迫……救亡与发展,实现民族独立和人民解放,实现国家的现代化和人民共同富裕,成为中国要完成的两大历史任务。为了救亡图存,许多仁人志士艰苦求索,寻找救国救民的真理,但是都未能成功。从洪秀全、康有为到孙中山,无论旧式的农民革命运动和农民战争,还是资产阶级改良运动和资产阶级领导的旧民主主义革命,都没有也不可能改变中国半殖民地半封建的社会性质;在当时的中国,也流行着各种"主义"和思潮,都不能解决中国的根本问题,不能完成中国面临的历史任务。在"中国向何处去"的历史关头,19世纪中叶在欧洲诞生的马克思主义伴随着俄国十月革命的炮声传播到了中国,中国人民选择了马克思主义,选择了社会主义,中国的面貌为之一新。中国特色社会主义制度,既是中国人民的历史选择和伟大创造,也是世界多样文明交互作用、相互融合的产物。它吸收了人类政治文明的先进成果,又体现了中华民族的政治智慧,具有中国特色。在这里需要强调的是,马克思主义来自西方,是西方文明的产物。但是中华民族并没有因为它姓"西"而排斥它,而是在对历史必然性和本民族特点科学判断和把握的基础上选择了它,并在实践过程中使之中国化。以马克思主义为建党原则的中国共产党人,把马克思主义普遍原理运用于中国实践,推动了中国社会的改造和发展,使中国确立了社会主义的政治制度,开始了建设社会主义现代化的历程。

　　价值观是人们在实践中形成的对于价值、价值关系的一般看法和根本观点,是处理各种价值问题时所持有的比较稳定的立场、观点和态度的总和。社会主义价值观是对社会主义价值的总的看法和最根本观点。

　　首先,文明是社会进步和国家发展的重要标志。在社会主义核心价值观中,"文明"集中体现着社会主义先进文化的前进方向和社会主义精神文明的价值追求。弘扬和践行社会主义文明观,必须自觉遵循文化建设规律,既要吸取古今中外一切文明成果的有益成分,更要立足于中国特色社会主义伟大实践,使文化建设与时代进步同行、与实践发展同步。

其一,文明是社会进步的精神动力和文化体现。在人类发展史上,文明作为一种价值追求,对社会主体的实践活动起着十分重要的价值导向作用。社会主体对文明的追求,可以提升个人素养,优化社会秩序,推动国家发展。概括地讲,人类社会史就是一部人类文明史。

在马克思主义之科学的唯物史观理论看来,文明是对国家发展状态的一种总体描述,文明即国家创造的物质财富与精神财富的总和。文明的产生,与生产力发展紧密相连:"文明时代是学会天然产物进一步加工的时期,是真正的工业和艺术产生的时期。"①而生产力和生产关系的矛盾运动,促进文明形态的发展变化:"通过私有财产及其富有和贫困——或物质的和精神的富有和贫困——的运动,正在生成的社会发现这种形成所需的全部材料。"②

当今时代,文化在综合国力竞争中的地位日益重要,文明成为国家发展的灵魂和精神动力。当代国际竞争中,谁占据了文化发展的制高点,谁就能在国际竞争中掌握主动权。改革开放以来,中国的社会主义现代化建设取得了举世瞩目的成就,社会主义文明也取得了长足发展。但不可否认的是,相对于物质文明建设所取得的成就而言,我们在文化和精神文明建设方面还存在诸多问题。人类文明进步的历史充分表明,"没有先进文化的积极引领,没有人民精神世界的极大丰富,没有全民族创造精神的充分发挥,一个国家、一个民族不可能屹立于世界先进民族之林"③。

其二,中国共产党人始终不变的价值诉求同样是文明。建设文明国家,是中国共产党始终不变的价值诉求。在革命战争年代,建设文明国家就是共产党领导人民进行革命的目标之一。毛泽东同志指出,我们"不但要把一个政治上受压迫、经济上受剥削的中

---

① 《马克思恩格斯选集》第4卷,人民出版社1995年版,第24页。
② 《1844年经济学哲学手稿》,人民出版社2000年版,第88页。
③ 《十六大以来重要文献选编》,中央文献出版社2008年版,下册第752页。

国,变为一个政治上自由和经济上繁荣的中国,而且要把一个被旧文化统治因而愚昧落后的中国,变为一个被新文化统治因而文明先进的中国"①。

在社会主义建设和改革开放新时期,我们党一再强调,不仅要建设高度发展的物质文明,还要建设高度发展的精神文明。二者都是社会主义建设的重要内容,相互支撑,不可偏废。"社会主义的优越性不仅表现在经济政治方面,表现在能够创造出高度的物质文明上,而且表现在思想文化方面,表现在能够创造出高度的精神文明上。贫穷不是社会主义;精神生活空虚,社会风气败坏也不是社会主义。……必须充分认识到,两个文明建设缺少任何一个方面的发展,都不成其为有中国特色的社会主义。"②

将社会主义文明上升到兴国之魂的高度,是因一代执政者的远见卓识的体现。习近平总书记指出,中国共产党人要领导中国人民实现民族复兴的中国梦,就必须弘扬凝聚社会主义核心价值体系精髓的中国精神。"实现'中国梦'必须弘扬中国精神。这就是以爱国主义为核心的民族精神,以改革创新为核心的时代精神。这种精神是凝心聚力的兴国之魂、强国之魂。"

第三,社会主义文明是迄今为止最先进的文明形态。在人类文明的发展历程中,人们关于文明一词的定义林林总总、不一而足。简单地讲,人们对文明一词的理解大致可归结为广义、狭义两个层次。广义上的文明,是人类改造世界的物质成果和精神成果的总和;狭义上的文明则主要是指精神文明,特指思想上的进步以及文化上的先进。(1)文明含义的二重性在于,它既是一个客观描述社会发展状况的描述性概念,同时也是一个评价社会发展状况是否合理的价值概念。依照唯物史观的基本原理,人作为一种历史的社会存在物,其主体评价尺度复杂多样。其中,只有那些符合历史发展趋势,推动社会进步,促进人的自由解放的价值尺度才

---

① 《毛泽东选集》第 2 卷,人民出版社 1991 年版,第 663 页。
② 《社会主义精神文明建设文献选编》,中央文献出版社 1996 年版,第 473—474 页。

是合理、先进的。从人类文明史的发展来看,我们可以社会形态为据,纵向划分出奴隶制文明、封建制文明、资本主义文明、社会主义文明等文明形态。这些文明形态存在层次上的递进更替关系,历史地看,后者是比前者更高一级的文明形态,它们依次构成人类文明进步的各个历史阶段。(2)社会主义文明是以人的解放和自由全面发展为目标的最高文明形态。唯物史观理论揭示出,随着社会生产力的不断发展,人类文明不断由低级向高级发展,社会主义文明是人类社会发展迄今为止最先进的文明形态。社会主义文明之所以比以往的社会文明更先进,首先就在于它是建立在公有制和人民当家作主这样的经济和政治基础之上的。在社会主义文明产生之前,其他几种文明类型都是建立在生产资料私有制和少数人对多数人进行阶级统治基础之上的"文明"。这些文明有名无实,恩格斯甚至将这些所谓的文明时代称为人类的史前时期。恩格斯指出,只有消灭了私有制,建立了社会主义制度,才使人们之间的"生存斗争停止了,于是人才在一定的意义上最终地脱离了动物界,从动物的生存条件进入真正人的生存条件。……人们第一次成为自然界的自觉的和真正的主人,因为他们已经成为自身的社会结合的主人了"。只有从这时起,才揭开了真正人的历史的序幕,"人们才完全自觉地自己创造自己的历史","这是人类从必然王国进入自由王国的飞跃"①。由此,人类文明才发展到一个全新的历史阶段,社会主义文明才开辟了"真正的人"的文明的广阔发展前景。

不仅如此,社会主义文明的嘴和突出的本质在于它是以最广大劳动人民为服务对象,以最终实现人的自由全面发展为最高价值目标。在此之前的诸种文明中,创造社会文明的广大劳动者不仅不能充分享受文明的成果,反而越来越被"工具化"发展得越来越片面。人的解放,人的自由全面发展始终是社会主义文明发展的主题和目标。在从社会主义到共产主义的发展链条中,社会主义文明将为未来的"每个人的自由全面发展"的共产主义高级阶

---

① 《马克思恩格斯选集》第4卷,人民出版社1995年版,第758—759页。

段准备条件、提供基础。与此同时,只有在社会主义文明中,最广大的劳动人民才第一次真正成为服务对象。列宁明确指出,社会主义文明要"为千千万万劳动人民,为这些国家的精华、国家的力量、国家的未来服务"①。毛泽东同志在谈到社会主义文艺的服务对象时也提出:"历史是人民创造的,但在旧戏的舞台上人民却成了渣滓,由老爷太太少爷小姐们统治着舞台,这种历史的颠倒,现在由你们再颠倒过来,恢复了历史的面目。"②

三、文明价值观的践行方略

明确了文明以及中国特色文明价值观是一回事,而在现实中如何结合历史和现实国情,有效践履作为核心价值观的文明,则是另一回事。举例来说2010年,奥斯卡奖最佳纪录片奖颁给了《海豚湾》,日本右翼团体为此辩护,说这是日本多年来的民俗传统,潜台词就是"我们的"东西不允许其他人来评价。这其中的逻辑有点荒谬,因为"我们的"不代表是"好的",究竟好不好,还需放在整个文明标准里来衡量,特别是涉及人类核心价值的时候。又譬如2009年,欧美有一本非常有影响的书在中国出版了中译本,是马丁·雅克写的《当中国统治世界》。马丁·雅克是一个中国问题专家,他认为到了2050年,中国将主宰世界、统治世界,那个时候全世界代替美元的全球货币,是人民币。上海将替代纽约成为全世界的金融中心,汉语将像英语一样风靡全世界,孔子就像柏拉图一样,全世界的人都要学习他的经典。他说,过去英国是海上霸主,美国是空中和经济霸主,中国到了2050年将成为文化霸主,中国文明将统治全世界。显然,这是一种无视中国历史和现实的虚妄之论。试问,未来的前景真如上所论有那么好的美景吗?中国真的"崛起"了吗?如果是,那么这是一种什么意义上的崛起?中国会走到哪里?中国今天已经走向了世界舞台的中心,成为与美

---

① 《列宁选集》第1卷,人民出版社1995年版,第666页。
② 《毛泽东书信选集》,中央文献出版社2003年版,第199页。

国一样重要的世界大国。但这是一个什么样的大国？马丁·雅克说中国将会以文明大国崛起,然而,中国又是一个什么样的文明呢？

一个多世纪以来,在西方列强的侵略和欺辱下,中国人把国家富强当做全民族最大的追求,在一定历史时期诚然合理。然而今天看来,至少应该认识到:仅有富强是远远不够的,须知富有和强大并不能解决一切,文化的发达和进步才能赋予一个民族永久的生命力。引领人类前行和方向文明的实质在于,其作为人类改造自然、改造社会的积极成果,是在人类社会发展的一定历史阶段上所体现出来的进步程度,是一个民族、国家、地域具有共同精神信仰的群体的精神财富和物质财富的总和。

文明是人类发展进步的永恒主题,也是中华民族和中国共产党人的不懈追求。新中国成立时,中国共产党就提出要"把一个被旧文化统治因而愚昧落后的中国,变为一个被新文化统治因而文明先进的中国"的崇高任务。改革开放以来,更明确地将建成富强、民主、文明、和谐的社会主义现代化国家作为伟大目标。党的十八大以来,又反复强调,要大力推进生态文明建设,"走向社会主义生态文明新时代"。今天,实现中国梦,更需要践行文明的新内涵。

首先,必须充分肯定西方文明的重要贡献。至少从16世纪之后,文艺复兴的"西方文化"以及与之相伴随的"文明社会"形态的主张和制度实践被探险者、殖民者、商人以及传教士传播到新大陆。随后的启蒙时代,在美国革命、法国大革命时达到顶峰。一些理念,比如民权、法律面前人人平等、司法公正以及民主,这些社会构成的理想,第一次被付诸实践。如今这些准则已经成为现代西方文化的基石。19世纪,美国开始发展自成一体的"西方文化",1950年代后,占据了主导地位,连同美国时尚、娱乐、技术以及政治,流行于其他西方世界,对其社会文化以及文明形态的各个方面造成了巨大的影响。

在世界范围内,西方文化中的元素对其他文化与文明价值观具有很强的影响力。许多文化背景的人,包括西方与非西方的,都将"现代化"与"西化"等量齐观,当然也有许多非西方人士,反对将采纳西方理念与价值,作为所有社会的必然。一些非西方世界的成员,他们将科技进步跟西方的不同价值观相联系,由于西方价值观与他们当地社会的价值理念大相径庭,以此作为理由,来反对大部分的"现代化"。

无可争议的是,组成所谓"现代化"概念的技术、社会模式中的大部分,都发展自西方世界。但这些技术和社会模式,是否就是西方文化和西方文明的本质部分,需要审慎反思和理智对待。西方世界的一大特色就是致力于科学与技术,并善于创造新加工、新材料,进而形成新产品。正是在西方,蒸汽机得到了发展,并被应用于工厂,以产生电力。四冲程循环和内燃机的发明和前期发展也都发生在西方。核电站则发明于芝加哥。发电机、变压器、马达以及电灯,可以说几乎所有熟悉的电器,都源自西方。新的通信设备与系统,比如电报、电话、传真、海底电缆、无线电以及电视、通信与导航卫星、因特网、万维网,这些都可以归功于西方。一些司空见惯的材料,比如混凝土、铝、明亮的玻璃、合成橡胶、聚乙烯、聚丙烯、聚苯乙烯等等,这些都是西方的发明。

钢铁造的轮船、桥梁以及摩天大楼,首先出现在西方。疫苗接种、麻醉、MRI、口服避孕药,以及所有纯的抗生素都来自西方。晶体管、集成电路、存储芯片、计算机、鼠标以及硬盘都在西方问世,还有铅笔、圆珠笔、CRT、LCD、LED、摄影、静电复印、激光打印机、等离子显示器等。轮船的经度仪、引擎带动的螺旋桨、火车头、自行车、汽车以及飞机,都发明自西方。眼镜、望远镜、显微镜、电子显微镜,各种色谱法、蛋白质、DNA排序、CT、核磁共振、X射线,还有白光、紫外线、红外线的光谱研究,都首先在西方的实验室、医院、工厂里开发并应用。生化疾病、糖尿病、细菌病源论也是由西方人发现。根除古代被称为天谴的天花,则是在西方人唐纳德·汉德森领导下展开。

在数学中,微积分、统计、逻辑学、矢量、张量、复分析、群论以及拓扑学都发展自西方。生物学中,进化论、染色体、DNA、遗传学以及分子生物学用到的方法,都在西方首创。物理学中的力学、量子力学、相对论、热力学、统计力学都由西方人创造。原子、原子核、电子、中子和质子都由西方人揭示。大部分的化学元素,包括其组成等,都在西方被发现。固氮和石化产品也是西方人的功劳。化学正是在西方发展成为科学的一员。西方人也以对地球与太空的探险著称。第一次环球航行的是西方人,第一次踏足南极、第一次登陆月球的都是西方人。机器人登陆火星和小行星,对外层行星的旅行探索,这些都是西方人的成就。

其次,必须警惕西方文明固有的多重弊端。工业文明在不到人类历史万分之一的时间里,现在根据科学考察,我们人类历史大概300多万年,工业文明的历史大概300年,所以在万分之一的时间里,创造了比过去一切时代总和还要多的物质财富,是刚才我们说的生产效率越来越高,人口越来越多,消费的水平提高得越来越高,物质产品是过去任何时代都不如的,也创造了更加丰富的文化与制度,我们今天来谈文明,一个是物质财富,一个是金融财富。

工业文明在使人的主体得到张扬的同时,无视自然的价值,刚才我们已经提到了关于自然价值、生态价值,使原本充满灵性的有机自然沉沦为机械的、僵死的被征服与掠夺的对象。这是我们大家经常说的人类中心主义,为所欲为,人类想干什么就要干什么,不考虑大自然的规律,所以把大自然沉沦为机械的、僵死的,被征服与掠夺的对象。资本主义生产方式赋予了工业文明以新的特征,经济增长成为工业社会最大的追求,经济增长成为工业社会最大的追求。

从古典经济学怎么衡量经济增长来看,是将一切自然物作为经济的资源,对自然的工具性目的意味着增长越多,自然资源的消耗必然越多,环境破坏越来越严重。在这种生产方式下,主张过度消费,因为过度消费、高消费是增长的动力,这是传统的经济观很重要的一个特点,因为消费带动了经济的发展,所以使得人类产生了生态危机。下面我们可以再讲一讲生态危机的问题。因此工业革命作为以人为中心,轻视人与自然的关系的这种文明的形态,不可能解决人与自然的矛盾。

美国作家卡逊《寂静的春天》当中有这么一段话,她说:"从那时起,一个奇怪的阴影遮盖了这个地区,一切都开始变化。……神秘莫测的疾病袭击了成群的小鸡,牛羊病倒和死亡,……不仅在成人中,而且在孩子们中间也出现了一些突然的,不可解释的死亡现象……一种奇怪的寂静笼罩了这个地方,这儿的清晨曾经荡漾着鸟鸣的声浪,而现在一切声音都没有了。只有一片寂静覆盖着田野、树林和沼泽。"[1]本来是鸟语花香的春天,现在如同死一般,什么原因?他这本书主要是写由于工业化在社会发展过程当中大量使用化肥,大量使用农药,害虫被毒死了,有益的一些植物、动物也被害死了,所以环境开始变化,神秘莫测,病毒袭击成群的小鸡,牛羊病倒死亡,同时人类本身与农业的污染也产生了莫名其妙的一些死亡的现象。

人类的不幸和更为巨大的灾难还在于:大气污染、水源污染、土地污染、河道断流、土地沙化、水土流失严重;引发了气候干燥,风沙天气频繁,野生动物灭绝,温室效应,酸雨增多,等等。同时,城市工业污染向农村转移,相互感染,造成了恶性循环。更为严重的是发达国家对发展中国家推行"生态殖民主义",大搞"污染转嫁"。

人类社会在经济巨量增长的同时,环境负效应也日趋严重,造成了全球性的生态恶化,人类自身正面临着生态危机的严峻考验。现代科技增强了人类征服自然所产生的负面效应,以巨大的生态环境代价换取经济的繁荣。工业文明中"人类中心主义"意识的存在,严重割裂了人与自然的和谐,破坏了生态平衡,一向慷慨的自然界开始变得反复无常。恩格斯在《自然辩证法》中说:"我们不要过分陶醉于我们人类对自然界的胜利。对于每一次这样的胜利,自然界都对我们进行了报复。"[2]一方面,西方技术文明的扩张将全世界非西方社会都卷入了一个世界市场,无论情愿与否,世界各国都必须在某种程度上学习西方文明,可以说,世界各国是在西

---

[1] 蕾切尔·卡逊:《寂静的春天》,吕瑞兰、李长生译,吉林人民出版社1997年版,第34页。
[2] 《马克思恩格斯选集》第3卷,人民出版社1995年版,第457、517页。

方的狼性征服中真正被带进一个全球化世界的。而西方也的确为世界带来了新的制度探索,包括民主体制、法律宪政、公民社会、人权观念和功能分化。尽管西方世界从没打算要认真促进世界各国平等的人权,也不曾要真心实意地促进各国的法治进步。西方的工业化在带来了空前繁荣的同时,也让西方的技术文明和技术征服扩展到了全世界。另一方面,西方世界的技术文明和军事机械化组织对世界空前的征服,带来了人类前所未有的杀戮、屠杀和战争。20世纪惨绝人寰的两次世界大战,让人们看到西方文明技术可能带来的毁灭效用。在一战和二战的间歇,德国历史学家斯宾格勒在1922年就以悲观主义论点,预言了西方文明的自我毁灭。当今世界,资本和技术的无限扩张带来的工业化、消耗浪费及其对环境的污染,工业文明带来的对世界各国经济和环境的剥削,业已达到了我们这个星球可以承受的极限。

当代中国文明,是由物质文明、精神文明、政治文明、生态文明和社会文明相互适应、相互制约、相互作用,共同构成的一个有机整体,所谓文明协调发展即物质文明、精神文明、政治文明、生态文明和社会文明五个文明之间相互适应、相互配合、相互促进、有序发展的过程和状态。

党的十二大指出,我们在建设高度物质文明的同时,一定要努力建设高度的社会主义精神文明;十六大把发展社会主义民主政治,建设社会主义政治文明,确定为全面建设小康社会的一个重要目标;十七大首次将生态文明写入党代会报告,要求建设生态文明;"建设生态文明,基本形成节约能源资源和保护生态环境的产业结构、增长方式、消费模式";十八大进一步明确了生态文明建设的战略任务和历史地位。

走中国特色的社会文明发展道路,是我国社会文明发展的必然选择。在我国社会文明发展的过程中,党的十七大明确提出必须强调物质文明、精神文明和生态文明的协调发展,使社会生产的发展速度、广大人民群众物质文化生活需要的满足程度与自然生态环境的承载能力相适应,实现人与自然之间、社会生产与生态环境之间的和谐发展与共同进步,推动社会走上生产发展、生活富裕、生态良好的社会文明发展道路,促进我国社会文明的跨越式发展。

"五位一体"是十八大报告的"新提法"之一。经济建设、政治建设、文化建设、社会建设、生态文明建设——着眼于全面建成小康社会、实现社会主义现代化和中华民族伟大复兴。党的十八大在十七大提出四个文明的基础上,把生态文明建设提高到新高度,纳入小康社会五个目标,纳入中国特色的五位一体的总体布局,这是重要的理论创新和贡献。

这表明,当代中国社会文明体系必然是包含物质文明、政治文明、精神文明、生态文明和社会文明等在内的"五个文明"的协调建设和发展。其中,物质文明主要解决人类与科学技术的关系,精神文明主要解决人与文化、人与人之间的关系,政治文明主要解决人与国家权力的关系,生态文明主要解决人类与自然的关系。这四个文明共同推动了社会进步,促进了和谐社会的构建;生态文明是对现有文明的整合与重塑,是一种更为高尚的发展目标,它使社会主义物质文明建设、政治文明建设和精神文明建设发生了与生态文明建设内在要求相一致的生态化转向。

所谓物质文明,是指人类物质生活的进步状况。它主要表现为物质生产方式和经济生活的进步。物质文明越高,表明人类离开野蛮状态愈远,依赖自然的程度愈小,控制自然的能力愈强。物质文明的高度发展给人类改造自然,征服宇宙,推动人类社会本身的进步创造了优越的、必要的、先决的条件。因此,物质文明在四个文明中处于基础地位。

政治文明,指人类社会政治生活的进步状态和政治发展取得的成果,主要包括政治制度和政治观念两个层面的内容。在政治制度层面,主要表现为由于经济基础和阶级力量对比的变化所引起的国家管理形式、结构形式的进化发展,即政体或国体、政体范围内的政治体制、机制等方面发展变化的成果。如代议制民主的确立、选举制度的推行、司法制度的近现代化、政党制度的建立、文官制度的形成等等。其中,民主政治制度的建立是政治制度文明发展的最重要成果。在政治观念层面,主要表现为政治价值观、政治信念和政治情感的更新变化。如民主、自由、平等、人权、正义、共和、法治等思想观念的形成、普及和发展,以及人们政治参与意识的普遍增强等等。政治观念文明是精神文明的重要组成部分,它与精神文明的其他部分一起,为政治文明的发展提供强大的精神动力和智力支持。社会主义政治制度的建立是人类政治文明发展的最新成果。建设社会主义政治文明,必须按照社会主义政治生活的发展规律,全面加强政治建设,不断推进社会主义民主法治建设的进程。

精神文明是人类在改造客观世界和主观世界的过程中所取得的精神成果的总和,是人类智慧、道德的进步状态。精神文明主要表现为两个方面:一是科学文化方面,包括社会的文化、知识、智慧状况,教育、科学、文化、艺术、卫生、体育等项事业的发展规模和发展水平。二是思想道德方面,包括社会的政治思想、道德面貌、社会风尚和人们的世界观、理想、情操、觉悟、信念以及组织性、纪律性的状况。作用是为物质文明的发展提供思想保证、精神动力及政治保障、法律保障和智力支持。社会主义精神文明是人类精神文明发展的重要阶段。它以马克思主义为指导,在社会主义经济政治制度下形成的人类历史上新型的精神文明,是社会主义社会的重要特征,是现代化建设的重要目标和重要特征。它包括思想道德建设和教育科学文化建设,渗透在整个物质文明建设之中,体现在政治、经济、文化生活的各个方面。

社会文明有两种概念,即:第一种社会文明系指人类社会的开化状态和进步程度,是人类改造客观世界和主观世界所获得的积极成果的总和,是物质文明、政治文明、精神文明和社会文明等方面的统一体。第二种社会文明,是指与物质文明、政治文明、精神文明并列的,社会领域的进步程度和社会建设的积极成果,包括社会主体文明、社会关系文明、社会观念文明、社会制度文明、社会行为文明等方面的总和。我们这里说的社会文明,就是指第二种定义的社会文明。

生态文明是指人类遵循人、自然、社会和谐发展这一客观规律而取得的物质与精神成果的总和;是指人与自然、人与人、人与社会和谐共生、良性循环、全面发展、持续繁荣为基本宗旨的文化伦理形态。它将使人类社会形态发生根本转变。生态文明是农业文明、工业文明发展的一个更高阶段;从狭义的角度讲,生态文明与物质文明、精神文明和政治文明是并列的文明形式,是协调人与自然关系的文明。在生态文明理念下的物质文明,将致力于消除经济活动对大自然自身稳定与和谐构成的威胁,逐步形成与生态相协调的生产生活与消费方式;生态文明下的精神文明,更提倡尊重自然、认知自然价值,建立人自身全面发展的文化与氛围,从而转移人们对物欲的过分强调与关注;生态文明下的政治文明,尊重利益和需求多元化,注重平衡各种关系,避免由于资源分配不公、人或人群的斗争以及权力的滥用而造成对生态的破坏。生态文明是对现有文明的超越,它将引领人类放弃工业文明时期形成的重功利、重物欲的享乐主义,摆脱生态与人类两败俱伤的悲剧。生态文明作为社会文明的一个新阶段和新表现,是社会文明在人类赖以生存的自然环境领域的扩展和延伸,反映的是人类认识过程的大飞越,同时,也是价值观念的大转变。这一转变的观念在于把社会物质生产以人为中心的价值取向,转到人、社会、生态协调发展的价值取向上。

党的十八大报告明确提出今后的生态文明建设的四项任务:优化国土空间开发格局,全面促进资源节约,加大资源生态系统的环保力度,加强生态文明政治建设,把生态文明制度化、法制化、规范化。报告第一部分在论述"必须把科学发展观贯彻到我国现代化全过程、体现到党的建设各方面"时,提出了四个"全党必须",其中第三个"必须"是:"必须更加自觉地把全面协调可持续作为深入贯彻落实科学发展观的基本要求,全面落实经济建设、政治建设、文化建设、社会建设、生态文明建设五位一体总体布局,促进现代化建设各方面相协调,促进生产关系与生产力、上层建筑与经济基础相协调,不断开拓生产发展、生活富裕、生态良好的文明发展道路。"报告第八部分"大力推进生态文明建设"的第一段提出:建设生态文明,是关系人民福祉、关乎民族未来的长远大计。面对资源约束趋紧、环境污染严重、生态系统退化的严峻形势,必须树立尊重自然、顺应自然、保护自然的生态文明理念,把生态文明建设放在突出地位,融入经济建设、政治建设、文化建设、社会建设各方面和全过程,努力建设美丽中国,实现中华民族永续发展。报告第八部分的第二段:坚持节约资源和保护环境的基本国策,坚持节约优先、保护优先、自然恢复为主的方针,着力推进绿色发展、循环发展、低碳发展,形成节约资源和保护环境的空间格局、产业结构、生产方式、生活方式,从源头上扭转生态环境恶化趋势,为人民创造良好生产生活环境,为全球生态安全作出贡献。

　　生态文明作为一种独立的文明形态,是一个具有丰富内涵的系统。按照理论体系,大致可划为四个层次,即:一是"意识文明"。思想意识是要解决人们的哲学世界观、方法论和价值观的问题,其中最重要的是价值观念与思维方式、方法,它指导人们的行动。以生态科学群、可持续发展理论和绿色技术群为代表的生态文明观,主要包括以下几个内容,即:1.是树立人与自然同存共荣的自然观;2.是建立社会经济和自然相协调、可持续的发展观;3.是选择健康与适度消费的生活观。二是"行为文明"。生态文明观认为,盲目地高消费并不等于人的身体健康,而且浪费资源,污染环境。同时,生态文明作为一种处理人与自然关系的崭新文明,应通过政府、企业、公众等行为,运用包括政治、经济、科技等方面手段及其他有效方法,解决人类面临的影响持续发展的各类问题。三是"制度文明"。社会制度是要解决人与人之间的关系。为了维护良好的生态环境必须进行制度建设,以规范和约束人们的行为。四是"产业文明"。物质生产是要解决人与自然的关系。进行物质生活资料的生产,是任何社会、任何文明生存与发展的基础。生态文明的物质生产就是进行生态产业建设,大力发展生态产业。

　　社会主义文明作为人类文明发展史上一种新型的文明,是社会主义核心价值观的重要组成部分。培育和践行社会主义文明价值观,既要自觉遵循社会主义文化建设的规律,还要把文化建设和中国特色社会主义的各项建设结合起来,使社会主义文明与时代进步同行、与实践发展同步。

有效方略之一,依照人类文化发展规律,在努力传承和发扬中华民族的优秀文化传统基础上,有效吸收和借鉴人类文明的一切积极成果。社会主义文明是人类文明发展的必然结果,社会主义文明之所以是迄今为止最先进的文明,就在于它继承了先前人类文明形态的一切积极成果,并在全新的基础上发扬光大。对于中国这样一个有几千年悠久文明传统的国家而言,培育和践行社会主义文明观,首先就要继承和弘扬中华民族的优秀文化传统。我们必须旗帜鲜明地反对"历史虚无论""全盘西化论"等论调。"中国文化应有自己的形式,这就是民族的形式。"①对于"从孔夫子到孙中山"的全部优秀民族文化遗产,我们必须加以继承。当然,继承和弘扬民族优秀文化传统,并不是夜郎自大,故步自封。相反,我们要以开放的胸襟,"广泛吸收外国的进步文化,作为自己文化的食粮的原料"。"凡属我们今天用得着的东西,都应该吸收。"②社会主义新文化不是"自闭于幽谷"的旧文化,它是广泛吸收进步的外国文化资源基础上的,开放的、创新的民族新文化。③

以中国现代文明建构为旨归的社会主义核心价值观研究,需要特别关注以下几点:一是传统中国文明的思想资源,包括对以儒家为核心的古代中国传统诸子百家思想如"仁义礼智信"和"礼义廉耻"等做出合乎现代意义的解读,儒家思想作为传统智慧与中华文脉,早已融入我们的生命和血液之中,成为我们的行为方式和精神之源。二是积极吸纳人类特别是西方现代文明的优秀成果,在这方面"五四"以来的思想界一直存有很大的争议,但我认为,中国历史上先秦和"五四"两个时代是中国文化高昂、思想激荡、学派纷呈的原创时代,正是"五四"那样的时代才能够有幸引领中国走向现代世界,而不是无休止地交替于王朝的兴衰。无论是民主、自由、人权、法制,还是市场经济乃至人们的生活方式,当代中国受西方现代文明的熏陶和影响极为深刻,今天的我们,基本的态

---

① 《新民主主义论》,《毛泽东选集》第2卷,人民出版社1991年版,第707页。
② 《新民主主义论》,《毛泽东选集》第2卷,第707页。
③ 《新民主主义论》,《毛泽东选集》第2卷,第706—707页。

度仍然应该是怀着"拿来主义"的积极心态,对人类的一切文明怀着深深的敬意。三是马克思的伟大理想:人的自由和解放的终极关怀、关于未来社会的宏大叙事,是我们社会主义核心价值观的终极目标。在这一方面,正如中国特色社会主义理论一样,中国马克思主义在自身的理论建构方面也有许多工作要做,在理论和实践两个方面有着极为广阔的思想与行动空间。

有效方略之二,致力于将精神文明建设和中国特色社会主义建设的各项事业有机结合。唯物史观认为,生产力决定生产关系,经济基础决定上层建筑。"物质生活的生产方式制约着整个社会生活、政治生活和精神生活的过程。"①物质生产是一切历史发展的基本条件。社会主义精神文明建设,必须以社会主义物质文明建设为基础并与之相适应。也就是说,培育和践行社会主义文明观,必须融入社会主义物质文明、政治文明、社会文明和生态文明的宏大系统,这是社会主义文明发展的内在要求。对此,毛泽东同志深刻指出:"一定形态的政治和经济首先是决定那一定形态的文化的;然后,那一定形态的文化才给予影响和作用于一定形态的政治和经济。……我们要建立的这种中华民族的新文化,它也不能离开中华民族的新政治和新经济。"②

有效方略之三,坚持以人为本,立足于提升公民文明素养、促进每个人的自由全面发展。人民群众是历史的创造者,也是社会文明的创造者。社会主义文明之所以是人类迄今为止最先进的文明形态,就在于它以最广大劳动人民为服务对象,以最终实现人的自由全面发展为最高价值目标。其一,文明作为核心价值观的当前任务,是适应社会主义现代化建设的需要,培养有理想、有道德、有文化、有纪律的社会主义公民,提高整个中华民族的思想道德素质和科学文化素质。一个社会是否文明进步,一个国家能否长治久安,很大程度上取决于公民的思想道德素质。每个公民都应当从自身做起,自觉维护公共道德,以真诚、善良的心建设和谐美好

---

① 《马克思恩格斯选集》第2卷,人民出版社1995年版,第32页。
② 《毛泽东选集》第2卷,人民出版社1991年版,第664页。

的家园,培育良好的社会环境,为推动我们的民族不断提高文明程度,创造更丰富的文明成果,做出积极的探索和不懈的努力。其二,培育和践行社会主义文明观,必须以人为本,尊重人民群众的主体地位。当然,每个社会个体的内外部条件有所不同,人们的文明观念和价值尺度也会有所不同。这其中,有的是多样性的合理差异,我们要加以尊重;也有的属于素养差别和境界区分,对此我们要坚持鼓励先进,鞭策后进。其三,要用社会主义文明观指导精神文化产品的生产创作,用更多体现社会主义文明观的精神文化产品去影响、塑造广大人民的精神世界和价值观念,发挥社会主义核心价值春风化雨的引导作用。

综上,中国是举世闻名的四大文明古国之一。中国文化博大精深,源远流长。中华民族在漫长的历史演进过程中创造了辉煌灿烂的文化与文明,为人类社会留下了丰富而宝贵的文化遗产。中华文明经历了5000多年历史变迁,始终一脉相承,延续着国家和民族的精神血脉,为中华民族生生不息、发展壮大提供了丰厚的滋养。

当今世界,经过改革开放30多年的实践历程,创造了"中国模式""中国奇迹"的中国社会,正面临着民族复兴的伟大时刻。当此伟大历史时期,每一个华夏子孙都应该清醒地认识到:中国人今天遭遇的最严峻挑战,绝不仅仅是如何建立一个经济富国或军事强国,绝不仅仅是政治、经济乃至军事上的复兴,而是一种新型文明形态的诞生。这个新型文明形态,尽管在工业化、市场经济、政治和法治等诸多方面与今日主导世界的西方现代文明多有类似,但终究是一个本质上与西方现代文明不同的文明形态,体现在核心价值、组织模式、生活方式、行为样式等多个不同方面。要完成这一伟大文明的复兴与重建,就必须放眼世界大格局,正确理解中华文明在未来人类文明之林的位置,并为之做出不懈的努力。

思考题

1. 在谈到文明和文化的关系时,中国近代著名大思想家胡适先生做出了这样的论断:"现在高谈'精神文明'、'物质文明'的人,往往没有共同的标准做讨论的基础,故只能作文字上或表面上的争论,而不能有根本的了解。我想提出几个基本观念来做讨论的标准。第一,文明(Civilization)是一个民族应付他的环境的总成绩。第二,文化(Culture)是一种文明所形成的生活的方式。第三,凡一种文明的造成,必有两个因子:一是物质的(Material),包括种种自然界的势力与质料;一是精神的(Spiritual),包括一个民族的聪明才智、感情和理想。凡文明都是人的心思智力运用自然界的质与力的作品;没有一种文明是精神的,也没有一种文明单是物质的。"(参见胡适:《西洋文明的本质》,当代中国出版社2014年版)在你看来,"文化"和"文明"究竟是不是一回事? 文化和文明之间得以明确界分的根本标准究竟是什么?

2. 在《共产党宣言》中,马克思有这样一段论述:"资产阶级,由于开拓了世界市场,使一切国家的生产和消费都成为世界性的了。使反动派大为惋惜的是,资产阶级挖掉了工业脚下的民族基础。古老的民族工业被消灭了,并且每天都还在被消灭。它们被新的工业排挤掉了,新的工业的建立已经成为一切文明民族的生命攸关的问题;这些工业所加工的,已经不是本地的原料,而是来自极其遥远的地区的原料;它们的产品不仅供本国消费,而且同时供世界各地消费。旧的、靠本国产品来满足的需要,被新的、要靠极其遥远的国家和地带的产品来满足的需要所代替了。过去那种地方的和民族的自给自足和闭关自守状态,被各民族的各方面的互相往来和各方面的互相依赖所代替了。物质的生产是如此,精神的生产也是如此。各民族的精神产品成了公共的财产。民族的片面性和局限性日益成为不可能,于是由许多种民族的和地方的文学形成了一种世界的文学。""它迫使一切民族——如果它们不想灭亡的话——采用资产阶级的生产方式;它迫使它们在自己那里推行所谓文明,即变成资产者。一句话,它按照自己的面貌为自己创造出一个世界。"

对于当今风靡一时的"全球化",很难有比这更准确、更深刻的表述。结合中国社会改革开放和全球化现实,谈谈你对全球化与人类文明关系的认识。

3. 萨缪尔·亨廷顿(Samuel Phillips Huntington,1927—2008),美国当代政治学家,因主张"文明冲突论"而闻名于世。亨廷顿把世界文明分为八种:西方文明、儒家文明、日本文明、伊斯兰教文明、印度教文明、斯拉夫东正教文明、拉美文明和非洲文明。亨廷顿认为,新世界的冲突根源,将不再侧重于意识形态或经济,文化将是截然分隔人类和引起冲突的主要根源。文明的冲突将左右全球政治,文明之间的断层线将成为未来的战斗线。你是否认同亨廷顿的观点?为什么?

4. 人们通常所说的所谓"中国模式",实际上指的是一种新的文明形式。这种人类文明形式的出现,使西方文明模式走下了神坛,阻止当今人类文明变成清一色的西方特征。一些国外学者也看到了中国文明形式的出现是对西方文明的挑战和竞争。美国白宫经济咨询委员会前高官克丽丝汀·福布斯这样说道:"中国既是西方最大的希望,也是西方最大的恐惧。"你是如何理解"中国特色社会主义道路的开辟,意味着一种新的人类文明形式的诞生"这一论断的?

5. 1915年,胡适在留学日记中写道:"拿破仑大帝尝以睡狮譬中国,谓睡狮醒时,世界应为震惊。百年以来,世上争道斯语,至今未衰。余以为以睡狮喻吾国,不如以睡美人比之之切也。……东方文明古国,他有所贡献于世界,当在文物风教,而不在武力。"四年之后,朱执信重提睡狮一说,他问国人:"为什么醒了不去做人,而去做狮子?"狮子好斗,以武力争胜;而人类贵互助不贵争斗,比智力而不比武力。中国"从前没有觉醒,就像睡了的人。现在醒了,就把人待朋友的方法,来待友邦。"结合上述论述,请思考:醒来之后的中国,是做狮子还是做人?中华民族究竟以何种方式才能创造一种无愧于历史的新型的中华文明价值类型?

参考文献

[1]《马克思恩格斯选集》(1—4卷),人民出版社2012年版。
[2]《列宁全集》第38卷,人民出版社1959年版。
[3]《列宁选集》(1—4卷),人民出版社1960年版。

[4]《资本论》第1卷,人民出版社1975年版。

[5]《毛泽东选集》第1卷,人民出版社1991年版。

[6] 马克思:《机器、自然力和科学的应用》,人民出版社1978年版。

[7] 恩格斯:《自然辩证法》,人民出版社1971年版。

[8] 康德:《历史理性批判文集》,商务印书馆1990年版。

[9] 李世安主编:《世界文明史》,中国发展出版社2000年版。

[10] 余英时:《中国思想传统的现代诠释》,江苏人民出版社1989年版。

[11] 费正清等:《东亚文明传统与变革》,天津人民出版社1992年版。

[12] 兹拉特科夫斯卡雅:《欧洲文化的起源》,生活·读书·新知三联书店1984年版。

[13] 乔治·萨顿:《科学史和新人文主义》,华夏出版社1989年版。

[14] 威廉·麦克高希:《世界文明史》,新华出版社2003年版。

[15] 朱宁等:《变乱中的文明》,中国人民大学出版社2000年版。

[16] 王浦劬:《政治学基础》,北京大学出版社1995年版。

[17] 汤因比:《历史研究》,上海人民出版社1997年版。

[18] 弗洛伊德:《文明及其缺憾》,安徽文艺出版社1987年版。

[19] 威尔·杜兰:《世界文明史·文明的建立》,东方出版社2000年版。

[20] 张广智、张广勇:《史学、文化中的文化——文化视野中的西方史学》,浙江人民出版社1990年版。

[21] 王缉思主编:《文明与国际政治——中国学者评亨廷顿的文明冲突论》,上海人民出版社1995年版。

[22] 吕大吉:《宗教学通论新编》,中国社会科学出版社1998

[23] 裔昭印主编:《世界文化史》,华东师范大学出版社 2000 年版。

[24] 孔汉思、库舍尔编:《全球伦理世界宗教议会宣言》,四川人民出版社 1997 年版。

[25] 云南民族学院、中华孔子学会编:《经济全球化与民族文化多元发展》,社会科学文献出版社 2003 年版。

[26] 田真:《世界三大宗教与中国文化》,宗教文化出版社 2002 年版。

[27] 中国现代国际关系研究所民族与宗教研究中心编:《世界宗教问题大聚焦》,时事出版社 2003 年版。

[28] 村山节、浅井隆:《东西方文明沉思录》,中国国际广播出版社 2000 年版。

[29] 塞缪尔·亨廷顿:《文明的冲突与世界秩序的重建》,新华出版社 2010 年版。

[30] 哈拉尔德·米勒:《文明的共存》,新华出版社 2002 年版。

[31] 张宜雷编:《影响西方文明的战争》,百花文艺出版社 2003 年版。

[32] 奥斯特罗姆·莫勒:《全球化危机?》,新华出版社 2003 年版。

[33] 盛邦和、井上聪主编:《新亚洲文明与现代化》,学林出版社 2003 年版。

[34] 杨思信:《文化民族主义与近代中国》,人民出版社 2003 年版。

[35] 赵书廉:《中国人思想之源儒释道思想的斗争与融合》,吉林文史出版社 1992 年版。

[36] 何劲松编选:《池田大作集》,上海远东出版社 2003 年版。

[37] 鲁思·本尼迪克特:《菊与刀》,商务印书馆出版社 1990 年版。

[38] 阿诺德·汤因比:《人类与大地母亲》,上海人民出版社 200 年版。

[39] 弗兰西斯·福山:《历史的终结》,远方出版社 1998 年版。

[40] 久加诺夫:《全球化与人类命运》,新华出版社 2004 年版。

[41] 许启贤:《道德文明新论》,河南人民出版社 2003 年版。

[42] 中国现代国际关系研究所、全球化研究中心编译:《全球化时代的标识》,时事出版社 2003 年版。

[43] 赵修义、汪海萍:《文化:综合国力的重要标志》,上海人民出版社 1998 年版。

[44] 李伯淳主编:《中华文化与 21 世纪》,中国言实出版社 2003 年版。

[45] 白祖诗:《中国文明透析》,云南大学出版社 2000 年版。

第五章
和谐

提要

党的十八大报告把"和谐"作为国家层面的社会主义核心价值观之一。据《尚书·尧典》的文献记载,"和"的观念可上溯到上古"五帝"之一尧帝的时代,与"和"相关的"中庸""中和"的哲学、道德和美学上的观念构成一套迥异于西方世界价值观的价值体系,在现行的充满"文明冲突"的、动乱的国际秩序框架之外,中国式的"和谐世界"价值观提供了解决文明冲突,实现国家之间和平共处的国际关系准则。

一、世界是冲突的还是和谐的

美国总统吉米·卡特时代(1977—1981)的白宫安全顾问、哈佛大学教授塞缪尔·亨廷顿(1927—2008)把他对冷战结束后新世界秩序的观点称之为"文明的冲突",其代表作为《文明的冲突与世界秩序的重建》(*The Clash of Civilizations and the Remaking of World Order*,新华出版社 2010 年版),该书已被翻译成 39 种文字出版,对国际政治学说产生深远的影响。

《文明的冲突》一文 1993 年首发于美国《外交》杂志,在这篇

25 页的文章中,亨廷顿开门见山地指出:"全球政治的主要冲突将在不同文明的国家和集团之间进行。文明间的断裂带将成为未来的战线。"①亨廷顿把世界主要文明区域划分为西方(包括美国和欧洲)、拉美、伊斯兰、非洲、东正教(以俄罗斯为主)、印度、日本和"大中华"(包括中国、朝鲜和越南),出现西方文明、儒家文明、日本文明、伊斯兰文明、印度文明、斯拉夫—东正教文明、拉美文明和可能出现的非洲文明等八种文明形态。他认为,在后冷战时代,暴力冲突不再因为不同国家之间意识形态的摩擦,而是世界主要文明之间的文化和宗教差异。这一观点在学术界引起广泛辩论和争议,但仍不失为一种极具洞察力的远见,特别是在"9·11"恐怖袭击发生之后,亨廷顿的理论在这个动荡不安的世界格局中得到更多的印证。②

强调对抗和冲突是西方世界强权政治的必然反应,有其文明和文化的根源。基于基督教、天主教的教义所产生的排斥异端的极端思想,欧洲于公元11世纪到13世纪末发动了9次宗教性质的军事行动,以捍卫宗教、解放圣地为名,对地中海东岸的伊斯兰国家发动战争,到富庶的东方(地中海东岸,位于欧洲东方)掠夺土地和财富,扩大势力范围,满足欧洲封建主贪婪的欲望,这是天主教的暴行。西方宗教的极端思想对人类的迫害,对科学的阻碍罄竹难书。

马克斯·韦伯所著《新教伦理与资本主义精神》就是一部"宗教观念影响经济行为"(苏国勋序)的论著,对资本主义及其文化、宗教根源分析精辟:"除了贸易、借贷及银行业务等例外,这些人(指资本主义的冒险家)追求的主要机会要不就是纯粹不合理性的投机,否则即为凭借暴力攫取的利得,特别是战利品的利得,不管是出之以真正战争的方式,还是财政上的长期掠夺(对隶属民的横征暴敛)。即使在西方当今,公司创办人、大投机者、殖民者

---

① 网址 http://news.xinhuanet.com/world/2013-09/06/c_125332884.htm,新华网北京2013年9月6日电,奥地利《新闻报》9月5日发表题为《"文明的冲突"一直吸引人》的文章。
② 《文明的冲突继续,亨廷顿去世》,《南方周末》2008年12月29日。

及现代金融家的资本主义,就连在平时,也还有上述的烙印,尤其是专以战争为取向的资本主义活动,就更加显著。"①马克斯·韦伯指出:"(基督新教)在心理效果上,将财货的取得从传统主义的伦理屏障中解放出来,解开利得追求的枷锁,不止使之合法化,而且(在上述意味下)直接视为神的旨意。"②基于新教的宗教伦理和文化价值观,资本主义在全球的传播,在其初始阶段,都带着资本积累的血腥,以零和博弈竞争利益的得失,在全球掠夺人口、资源、领土,以为一方的收益必然意味着另一方的损失,赢家的豪取来自输家的损失,至今在处理国与国之间的关系之时,西方发达资本主义国家仍然以零和博弈的僵化思维看待国际关系、国家实力的变化,这是一种与中华文明不同的文化中产生的掠食性、弱肉强食、带有邪恶性质的进化论及丛林法则。所谓的"新教徒"(Protestants)以其protest(抗议)欧洲公教(天主教),形成Protestant ethic(新教徒道德)和Protestantism(基督教新教),强化了欧洲资本主义永不满足的追求资本的驱动力,掀开列强全球殖民的新篇章。

自17世纪始,西欧列强开始向北美殖民,采取硬实力强行征服和欺骗、直接统治的手段,对印第安原住民进行残酷的屠戮和压迫,强盗式、赤裸裸地掠夺原住民的土地和财富;在美洲殖民成功之后,继而继续向东方殖民,先后把南亚次大陆、大部分亚洲国家、远东部分地区、澳大利亚纳入殖民势力范围,英国因此成为一个拥有地球上最广袤殖民地和领土的"日不落帝国";西欧国家在殖民非洲的同时,贩卖黑奴到美洲和欧洲,从早在资本主义生产方式产生之前到资本主义积累、扩张的各阶段,从15世纪到20世纪第二次世界大战爆发之前,贩卖黑奴的罪行从不间断,犯下了人类最不可宽恕的反人类罪,这就是资本主义的罪恶面孔。第二次世界大战以后,世界范围内的资本主义似乎变得文明、民主、温文有礼,西方强国对非西方国家实施了新殖民主义,赤裸裸的暴力征服掠夺

---

① 马克斯·韦伯:《新教伦理与资本主义精神》前言,广西师范大学出版社2010年版,第8页。
② 《新教伦理与资本主义精神》第二章,第169页。

和强权政治已经被国际社会所唾弃,西方发达国家被迫改变了直接的殖民统治的方式,而采取更隐蔽的、间接的殖民侵略手段,包括政治、经济、文化侵略,把已取得政治独立的国家置于它们的控制之下,以使这些国家继续充当其商品市场、原料产地和投资场所,最大限度地榨取财富。在20世纪末到21世纪初,全球战略家在新殖民主义的理论和经验基础之上,在硬实力(Hard power)之外发展出软实力(Soft power)、巧实力(Smart power)理论体系,作为国家实施战略竞争的新的依托和方向,这是21世纪风头正劲的、在世界发达国家大行其道的实现霸权的更加隐蔽的理论,比新殖民主义的危害性有过之而无不及,但它对新兴国家、崛起中的中国也具有积极的借鉴意义。中国国际问题研究所阮宗泽先生认为:"在分析一个国家的综合国力的构成要素时,通常将之分为有形力量与无形力量,或硬实力与软实力",软实力指的是"精神力量,包括政治力、文化力、外交力等软要素……具有超强的扩张性和传导性,超越时空,对人类的生活方式和行为准则产生巨大的影响。""以美国为首的西方国家凭借其强势政治、经济、军事和科技力量,大力推行其民主、人权等价值观,这就是以硬实力为依托扩张软实力的例子。早在170年前,法国政治思想家托克维尔在《美国的民主》一书中就指出,昔日的君主只靠物质力量进行压制,而今天的民主共和国则靠精神力量进行压制,连人们的意志它都想征服。"[①]2014年6月10日,阿根廷总统克里斯蒂娜在讲话中强调,殖民化最可恶的不是经济,不是军事,不是地理,也不是人口,所有这些都可以通过文化殖民来完成。究其深层次的思维,就是西方世界的文明所衍生出来的根深蒂固的零和、非合作博弈观和僵化的冷战思维。

　　社会主义国家新中国自建立以来,长期被资本主义国家遏制,面临险恶的政治环境,西方资本主义国家与新中国之间的颠覆与反颠覆、渗透与反渗透、和平演变与反和平演变的斗争,从未停止。

---

① 网址http://www.people.com.cn/GB/guandian/8213/8309/28296/2335163.html,人民网"人民视点"专栏文章,2004年2月12日。

在一个主权国家内部,我国大陆与香港、澳门、台湾长期隔绝,这三个地区的资本主义意识形态和盘踞在此、以此为基地据点的外国势力自不量力,螳臂当车,企图以蛇吞象,处处敌视社会主义制度,以正统自居,以文化和经济自高,极力贬低新中国成立以来的成就,无所不用其极,图谋资本主义在大陆死灰复燃。姑且看看港澳台地区在1949年以来对我们大陆语言的侵蚀和污染,有多少现代汉语词汇变味了?如"小姐",从尊贵的雅称变成对失足妇女低俗的称谓;"同志",从亲切用语变成某些群体的特殊符号;如"老板",从稀有到大众,现在党政部门的领导被下属、学校的导师被所指导的研究生称为"老板";如"三八",在闽南地区,受到港台用语的影响,这个中性的词变成一个攻击对方的恶毒用语……诸如此类的语言现象,为数不少。最近几年,"和谐"也成为人们调侃的对象,动辄笑谓"什么什么被和谐了",长久下去,恐怕"和谐"这个具有深厚中国传统文化底蕴的词汇即将成为下一个被污染的对象,届时,不单单是语言上的变味,更可怕的是包括港澳台同胞在内的中国人文化上自毁、自虐成瘾而不觉悟,对中华民族造成的创伤将是永久的。

中国是一个文明古国,创造了灿烂的文明,在历史的长河中,饱受苦难和磨砺,积累了丰富的关于生存的体验和经验,为人类的智慧库添加了丰硕的成果,造福人类,泽被全球,至今我们这个全球化的国际社会仍然分享古老中国的文明硕果。李约瑟(1900—1995)博士主编的、七卷本《中国科学技术史》(科学出版社1990—2013年陆续出版)充分展示了古老的中国对人类的巨大贡献,从数学、天文学、地理学、物理学、机械工程、土木工程、航海、化学、印刷术、军事技术、纺织技术、非金属冶炼技术、冶铁、采矿、生物学、植物学、农业、畜牧业、渔业、食品科学、解剖学、生理学、医学、药学到政治制度、思想体系、经济结构等领域,从自然科学到哲学社会科学,林林总总,难以枚举,偏偏有一个英国人怀着对中国的热情组织了一批国际性的学者,尽其可能地把中国古代对人类的贡献清算出来,连我们自己都诧异于这么灿烂的文明。

在李约瑟博士所论的古老中国所创造的改变世界、改变自然的工具理性之外,和谐价值观是古老的中华文明贡献给全世界的智慧结晶,"极高明而道中庸",逐渐成为处理人际关系、民族关系、国际关系的重要准则。

二、和谐之于文明共生的意义

零和观念、非合作博弈源于现代博弈论,现代博弈论是匈牙利数学家冯·诺依曼于20世纪20年代创立和发展起来的新理论。但是在整个20世纪,人类经历了两次世界大战、经济的高速增长、科技进步、全球一体化以及日益严重的环境污染之后,"零和游戏"观念正逐渐被"双赢""多赢"的观念所取代,"非零和博弈""合作竞争"成为思想的新潮流。刘述先以为"西方那种专讲功利竞争的文化不免漏洞百出,就要转趋中国重视人际关系、社会和谐的文化"①。在竞争的社会中,人们开始认识到"利己"不一定要建立在"损人"的基础上。

中国古老的智慧——"和谐"价值观提供了认识世界的新思维,克服了片面强调"文明冲突"的认识缺陷。西汉武帝在位期间,历史学家司马迁成就了他的著作《史记》,这是一部"究天人之际,通古今之变,成一家之言"(司马迁:《报任安书》)的历史巨著。在《史记·李将军列传论》中,2000多年前的司马迁以"太史公"的口吻说:"桃李不言,下自成蹊",西方文明强调强烈地"介入",有鲜明的主体性,而中国人却提倡"不言"而"自成蹊",消解主客体的对立面;西方世界的"输出"论代表着与中国"和谐"价值观所不同的强势文化对弱势文化的植入、侵入和文化殖民,而中华文明则无此种强烈的排他性,呈现出与西方文明截然不同的、另外一种生长态势。全球进入一个"非零和时代",中国和世界的和谐相处,能够提供足够宽广的空间和足够长的时间,让中国和世界各国调适、调整他们各自在世界格局中的利益和地位,以适应彼此之间

---

① 刘述先:《儒家哲学研究:问题、方法与未来开展》,上海古籍出版社2010年版,第5页。

因力量消长而带来的变化。

"和谐"价值观其来已久,"和"连同"和谐"之"谐"出现在《尚书·尧典》中,每个独立的词其含义接近,但均以单字成为一个词语。《尧典》:"(舜)帝曰:夔!命汝典乐,教胄子:直而温,宽而栗,刚而无虐,简而无傲。诗言志,歌永言,声依永,律和声,八音克谐,无相夺伦,神人以和。"①按:这段话在清代被阎若璩的《古文尚书疏证》证明为伪《尚书》的一部分,但由于科举时代的唐、宋、元、明、清基本上把伪《尚书》视为儒家五经(一说六经)之一,尤其是明、清两代,五经在儒家的古籍中地位特别崇高,《尚书》是科举的必备教科书,所以伪《尚书》自晋代作伪问世始即深刻地影响了中国人的思想和文化,直到清代被证伪之后伪《尚书》的地位依然如故,经典的地位未受动摇。

《尚书·尧典》这段话中含有两个"和"字,而且是"和谐"最早的文本出处。通篇的意思也是着重在表达教育的终极目的要达到"和"。其中一个重点讲教育子弟的问题:《尚书注疏》卷二传:"谓元子以下至卿大夫子弟,以歌诗蹈之舞之,教长国子,中和祗庸孝友。"具体展开来说,"直而温,宽而栗"的意思是:"教之(按:指"元子以下至卿大夫子弟"这些施教对象)正直而温和,宽弘而庄严";"刚而无虐,简而无傲"的意思是:"教之刚毅,却不失之于苛刻;教之简易而不傲慢",我们可以感受到这样的一种人格一旦经过教育作养化育成功,其人格结构恰得其中,达到"士不可不弘毅"的境界,但同时又防止人性的过度发展:在现实中,我们可以感受到某人正直、峻洁却面目严肃,表情板重,一点也不温和;某人对人宽宏大量,但却失去他人对其应有的庄严和尊重;某些人非常刚毅,却以残忍、甚至残酷著称;某些人至简至朴,简直不近人情,透露出傲慢来,《尧典》告诉人们两种对立的人格之间其实并不矛盾,并非水火不容、形同冰炭,应当进行调和,韩愈《答李翊书》所谓"仁义之人,其言蔼如"说的就是这个意思;我们在教育学生之时,要以伪《尚书·尧典》所期许的人格作为教师品格的高标准,

---

① 孙星衍:《尚书今古文注疏》。

同时也要教育学生知道古老的中国对"直而温,宽而栗,刚而无虐,简而无傲"的人格的推许,而不是认定教师就是老学究,穷酸、迂腐得不得了,或者老是以一副恶狠狠的面孔对待学生的样子。

这段话的另一层意思讲音乐对人的教化作用。儒家本来有《诗经》《尚书》《礼经》《周易》《春秋》《乐经》六部经典,但是偏偏最重要的一部书《乐经》散佚了。孔子教育门人时说:"兴于《诗》,立于《礼》,成于《乐》。"①《乐》在儒家六经中的次序,排在孔子教授、研习《诗经》、《礼经》之后,是最高阶段的教育;到了接受《乐》的教育,那就是一个人"成"立了,具备相当高的修养,成为合格的"士"。对于音乐,伪《尚书·尧典》认为十二"律吕"要调和歌之"声",金、石、土、革、丝、木、匏、竹八种材质制成的乐器要达到和谐,不要扰乱它们之间的次序,这样神与人之间可以通过音乐和歌声交流思想感情,互相之间协调和谐。举凡以上两方面的内容,兼论人的教育和音乐的作用,以期通过夔这位传说中掌管音乐的人物的教育,在人的修养和神人交流这两方面都达到理想的境地。

三、和谐——最高的智慧和道德境界

伪《尚书》中不仅有"和谐"观念最早的萌芽,此外别有一"允执厥中"观念与"和谐""中庸"密切相关。《尚书·大禹谟》:"人心惟危,道心惟微,惟精惟一,允执厥中。"②这16字被称为尧舜心法。其中"允执厥中"的意思大概是指言行符合不偏不倚的中正之道,"中"是尧、舜、禹三位上古帝王所立的"万世法"。③清代乾隆皇帝御笔题写"允执厥中"四字,制成牌匾,高悬在太和殿上,成为乾隆之后清代诸皇帝施政的祖宗之法。

儒家哲学把"和谐"内化于心,成为一种修身的境界,恪守中道,坚持原则,不偏不倚,无过无不及,称之为"中庸",是儒家最高

---

① 《论语·泰伯》。
② 《尚书·大禹谟》。
③ 方孝孺:《夷齐》,《逊志斋集》,文渊阁四库全书本。

的道德标准,也是解决问题的最高智慧。《论语·雍也》:"中庸之为德,其至矣乎!"这是孔子的总结,他向往所谓的"致广大而尽稍微,极高明而道中庸"①的人生境界。《礼记·中庸》论"中和":"喜怒哀乐之未发,谓之中;发而皆中节,谓之和。中也者,天下之大本也;和也者,天下之达道也。致中和,天地位焉,万物育焉。"②中庸,换种说法,即"中和"。学者聂文涛解释上引段云:"喜怒哀乐没有发作失控(此言不因个人情绪而左右正见),叫做中;喜怒哀乐情绪表现出来的时候,都恰到好处,叫做和。君子能够做到中,是天下最大的根本;做到和,天下才能归于道。君子的中和如果做到完美的程度,天地都会赋予他应有的位置,万物都会养育他。"

《论语》这部书通过语录体生动地记载了孔子和其门人的思想活动。孔子说:"吾十有五而志于学,三十而立,四十而不惑,五十而知天命,六十而耳顺,七十而从心所欲,不逾矩。"③孔子"从心所欲"而"不逾矩"的修为状态,是"道"已然内化而外化表现的自然状态。"不逾矩"即"中庸",亦即"中和"。

对今人而言,孔子的标准太高了,但据孔子"夫子自道"的这些话,可以认为孔子在他一生的各阶段确实达到了这么高的境界。孔子40岁的时候,"不惑"。程树德《论语集释》,引黄式三《论语后案》:"立,必先不惑,而言不惑于立之后者,何也?夫子曰:可与立,未可与权。立,守经也;不惑,达权也。不惑,遇事可以行权,无可,无不可。"今人40岁,仍然不知取止,不知方向,不知内心信念,还是一片混沌、懵懂,与岁月同迁。孔子60岁之时"耳顺",皇侃《疏》:"但闻其言,即解微旨,是所闻不逆于耳,故曰耳顺也。"又引李充的见解:"心与耳相从,故曰耳顺也。"④孔子70岁之时,"从心所欲",顺从心之所欲而不逾越法度。顺心而为,自然合法,也就是动念不离乎道。此所谓"欲",是合乎"道",是无关"人欲"之

---

① 戴圣编:《礼记·中庸》,十三经注疏本。
② 戴圣编:《礼记·中庸》,十三经注疏本。
③ 《论语·为政》。
④ 程树德:《论语集释》,中华书局2006年版,引黄式三《论语后案》。

"天理",不是对陆九渊、王守仁心学思想中的"吾心即是宇宙""人同此心","我心"可"致良知"的肤浅、表面的理解,也不是对朱熹的"理一分殊"之众"殊"的表面理解,若以每个个体之"殊""良知"为"理"和真"良知",容易滑入价值多元化的认识误区。明代王守仁心学创立之后,诸如聂豹、徐阶、唐顺之、张居正等人都是心学的重要传人,这几位明代学者在建立其功业之时,不同程度上落下了道德上的瑕疵,如卖友求荣、躁进功名、心地歹毒、夺情视事等;到了万历党争之时,"笃行程、朱,不迁异说者,无复几人矣"①。所有臣工多少都通晓心学,但多讲门户之见,多以声名自高,积重难返,他们对王守仁心学的主旨有所曲解,所以在德行上如此亏欠,似乎是嘉靖、万历间习心学者必然的结果,不仅不合乎王守仁心学的精义,更是偏离了孔门的思想,直到清代崇实去虚,对心学思想痛加压抑,才扭转了士大夫的风气。

孔子认为君子、小人对待"中庸"的态度截然相反:"君子中庸,小人反中庸。君子之中庸也,君子而时中;小人之中庸也,小人而无忌惮也。"②孔子这段话的意思是君子之所以中庸,因为君子的行为随时符合"中"的原则,即"从心所欲,不逾矩";小人之所以违背中庸,是因为他们无敬畏之心,行为肆无忌惮。孔子通过"中庸"与"狂""狷"的比较,呈现"中庸"与"狂""狷"的区别。孔子说:"不得中行而与之,必也狂狷乎!狂者进取,狷者有所不为也。"③中行,是行为合乎中庸之意。全句的意思是:孔子说:"我找不到奉行中庸之道的人和他交往,只能退而寻求其次,与狂者、狷者交往了。狂者敢作敢为,狷者有所不为。"在中庸之次,才转向品行中的"狂"与"狷"。

《论语》中还有许多描述"中和""中庸"状态的片段:

(1)批评学生的场合。"子路曰:'卫君待子为政,子将奚先?'子曰:'必也正名乎!'子路曰:'有是哉,子之迂也!奚其正?'

---

① 张廷玉:《明史》卷二百八十二,《儒林传》,中华书局1974年版。
② 《中庸》第二章,孙希旦:《礼记集解》,中华书局1989年版。
③ 《论语·子路》。

子曰:'野哉,由也!君子于其所不知,盖阙如也。名不正则言不顺,言不顺则事不成,事不成则礼乐不兴,礼乐不兴则刑罚不中,刑罚不中,则民无所措手足。故君子名之必可言也,言之必可行也。君子于其言,无所苟而已矣。'"①这个"野"字,与孔子"质胜文则野"(《论语·雍也》)之"野"是同一意思,不是完全没有修饰、没有提高的最为原始的状态,已有若干肯定之意,但更多表达的是尚未达到的委婉批评,绝不过火。又如:"子路、曾皙、冉有、公西华侍坐。子曰:'以吾一日长乎尔,毋吾以也。居则曰:"不吾知也。"如或知尔,则何以哉?'子路率尔对曰:'千乘之国,摄乎大国之间,加之以师旅,因之以饥馑;由也为之,比及三年,可使有勇,且知方也。'夫子哂之。……(曾皙)曰:'夫子何哂由也?'曰:'为国以礼,其言不让,是故哂之。唯求则非邦也与?安见方六七十,如五六十而非邦也者?唯赤则非邦也与?宗庙会同,非诸侯而何?赤也为之小,孰能为之大?'"②子路"率尔"(轻率匆忙)的回答,作为老师的孔子"哂之"(微微一笑),含有轻微的批评,以其不合于"为国以礼"(用礼来治理国家)的理念,也可以看到一个温柔敦厚的老师形象。孔子重视"刚""毅""木""讷",以为这四种品格(刚强、果敢、朴实、谨慎)的人"近仁"(《论语·子路》篇"子曰:刚、毅、木、讷近仁"),但他也强调"恭""敬""忠"也合于"仁"之道(《论语·子路》篇"樊迟问仁"),不偏不倚,体现出"中庸"之道。但"中庸"之道不同于"乡愿"者,能执中守正、折中致和,是所谓的"大中至正";"乡愿"者是"德之贼"③,不分是非,混淆善恶,伪善欺世,孔子清楚地划出"中庸"和"乡愿"之间的界限。

(2)评论《诗经》、音乐等场合。"子曰:《诗三百》,一言以蔽之,曰:思无邪。"④"子曰:《关雎》乐而不淫,哀而不伤。"⑤"子谓

---

① 《论语·子路》。
② 《论语·先进》。
③ 《论语·阳货》。
④ 《论语·为政》。
⑤ 《论语·八佾》。

《韶》尽美矣,又尽善矣。谓《武》尽美矣,未尽善也。"①"颜渊问为政。子曰:行夏之时,乘殷之辂,服周之冕,乐则《韶》《舞》。"②"思无邪"句:"思",作语气词解或解释为"思想"的意思皆可;"无邪",即合于雅正、中和之意。"乐而不淫,哀而不伤","淫"是过分之意,整句讲的是快乐却不过分,悲哀却不至于自伤,孔安国的注释和朱熹的集注说这两句是"言其和",不"失其正",不"害于和"的意思。

(3) 相反相成的批评。"子贡曰:贫而无谄,富而无骄,何如?"③"子曰:质胜文则野,文胜质则史。文质彬彬,然后君子。"④"子夏为莒父宰,问政。子曰:无欲速,无见小利。欲速则不达,见小利则大事不成。"⑤"子曰:君子和而不同,小人同而不和。"⑥"子曰:君子泰而不骄,小人骄而不泰。"⑦"子曰:晋文公谲而不正,齐桓公正而不谲。"⑧"子贡问:师与商也孰贤?子曰:师也过,商也不及。曰:然则师愈与?子曰:过犹不及。"⑨孔子善于运用相反相成的词汇,对立词语、矛盾词语在同一语境中出现,形成严谨的表述,表达"中庸"的哲学思想,特别是在比较子张(师)之"过"与子夏(商)之"不及"中,孔子把"过"与"不及"视作等值判断,形成"过犹不及"这个具有深刻哲理的成语,尤其值得我们今人警醒的是孔子否定了"过"的价值。孔子的这套思想贯穿整部《论语》,甚至连子贡都模仿了孔子的语言(见《论语·学而》),无论是在评论道德修养、文艺创作、历史人物,还是在回复门人关于品行操守、行事成效等问题,孔子都自觉遵循"中庸"的原则,把"中庸"的哲学"放之四海而皆准",取得普适性的功用和成效,深刻地影响了中国人

---

① 《论语·八佾》。
② 《论语·卫灵公》。
③ 《论语·学而》。
④ 《论语·雍也》。
⑤ 《论语·子路》。
⑥ 《论语·子路》。
⑦ 《论语·子路》。
⑧ 《论语·宪问》。
⑨ 《论语·先进》。

的思维,直到今天的中国,与西方国家的价值观明显不同,而从"中庸"哲学发展而来的"和谐"价值观较之西方资本主义国家的"零和博弈论",是更高层次的、优入圣域的、值得大力弘扬的中华优秀传统,是一种不以输出为目的,提倡各种文明、不同国家、不同族群和平相处、兼容并蓄的价值观。倘若以西方国家的观念,中国将来一定要向世界输出她的价值观,那就是一种以不主动输出、植入为特征的和谐价值观,提倡全球所有国家、地区、民族和平共处。

四、和谐中国、和谐世界的愿景

2003年以来,胡锦涛同志发表了构建社会主义和谐社会的系列文章,提出"和谐中国""和谐世界"的理念;2013年,中共中央文献研究室编辑成胡锦涛同志《论构建社会主义和谐社会》一书,全面论述具有中国特色社会主义和谐社会的框架和顶层制度优势;2012年11月,中国共产党十八大报告把"和谐"列为社会主义核心价值观之一。

在人类历史的绝大部分时间里,中国的发展遥遥领先于世界其他国家和地区,无论物质财富还是精神财富的富足度和创造性,居于世界前列,遥不可及,即使在鸦片战争爆发的前夕,清朝的国内生产总值仍然超过英国、法国等西方列强。从鸦片战争到1949年新中国成立的100多年时间里,是中国贫穷、落后、饱受欺凌的屈辱历史。新中国建立以后,我国的综合实力稳步恢复,逐渐爬升,特别是1978年以来的改革开放所经历的将近40年时间里,中国的发展获得一个相对稳定的机遇窗口,参与全球化的经济合作和分工,1995年实现人均GDP比1980翻两番的战略目标,正朝着2020年人均GDP比2000年翻两番的战略目标迈进,建设小康社会,改变世界经济版图,这是全球史上正在发生的巨变、万国瞩目的奇迹。"尽管该国的GDP在世界上所占份额不大,但在现代经济史上,从未有哪个国家像中国这样,在25年的时间里以平均

8%—9%的增长率扩张,而且这一发展进程远未结束。"①

中国的崛起和振兴,对传统西方国家而言,是一种国与国之间经济实力的调整,同时也必然会带来国际政治秩序的调整。中国由于人口众多,拥有广阔的市场,世界各国对待中国的发展,心态既复杂又矛盾:他们一方面欢迎中国的发展,为其开拓海外市场和发展经济提供契机,更多的情况下,西方国家和中国的邻国视中国为不断增强的威胁,不愿意看到中国的强大,不断炒作中国"威胁"论,或者唱空中国,或者实施和平演变,阻断中国现代化的进程,或者利用军事、政治结盟等手段遏制中国的发展,限制中国在国际上的活动空间。

面对巨变,西方世界一些对华态度不大友好的政客不愿看到西方世界的衰落,更不愿看到在他们生活的年代里中国一步步恢复她的强盛和光荣,罔顾事实地说,"中国不可能成为一个大国,因为中国没有可以输出的普世价值观"(英国已故前首相撒切尔夫人),"中国在能够输出价值观之前,是不会成为一个真正的大国的"(法国前总统吉斯卡尔·德斯坦)等等。这种态度是不理性的,中国的崛起是不争的事实。中国已经是一个经济总量迟早要超过美国的全球第二大国,然而这些政要唯"输出"是论,思维是僵化的,结论必然不是正确的答案,而是引向正路之外的歧路的偏见。德斯坦所立足的西方价值观限制了他对中国这个正在复兴中的大国的理解,但他对中国的观察相当透辟:"中国的历史和文化与西方迥然不同。仅通过一些数据,我们不可能理解中国。中国毫无在全球攻城略地的野心,不像美国那样对世界其他地方兴趣盎然。此外,中国的形而上学思想也与西方哲学截然不同,所以我们不应用西方的标准来'思考中国'。中国不是价值观的输出者。"②这种矛盾的思想在德斯坦这里真伪莫辨,需要加以分析,不能一概否定。

---

① 2005年2月23日,法国《费加罗报》刊登德斯坦和《回声报》编辑部副主任埃里克·伊兹拉莱维奇关于中国发展的长篇对话。
② 同上。

即使如埃里克所称"21世纪中国将主宰世界",中国也不会以西方列强曾经对世界发动的征服和殖民手段来回敬昔日的强国,在政治、经济、文化等诸领域中,与世界所有国家和地区的共处、发展和竞争,谋求和谐发展的前景,实现双赢和多赢的发展格局。

五、和谐价值观的五个层次

当代新儒家的代表人物刘述先教授认为,以儒家思想为主导的中国传统文化具有"理一分殊"的优越性:"我可以确信自己所选择的是最佳的可能性,但却不可以把自己的信仰加以绝对化。我要容许别人也选择他认为最佳的可能性,互相交流、辩论,扩大自己的视域,造成视域的交融。我们要培养如哈贝马斯(J. Habermas)所谓的'沟通理性'(Communicative Reason),求同存异,这才能向往一个真正全球性的社团,不诉之于暴力,而诉之于理性,来解决彼此间的争端。"①"和谐"的价值观应该有和谐的心灵世界、和谐的人际关系、和谐的民族观、和谐的中国以及和谐的世界等层次,由内到外拓展,鲜活地展示"和谐"价值观的内涵。

首先,当代中国人需要和谐的心灵世界。新中国成立之后至改革开放前,近30年间,中国人的生存状态几乎没有个体的区别,即使存在些微区别,总体上没有太大的差距,生活物质近于平均分配,但是改革开放之后,中国人凭借个体的勤奋和智慧,八仙过海,追求富裕,个体所得财富不均衡,社会关于分配和再分配的体制机制不完善,有先富、后富之别,而且有暴富和极贫两极分化甚至失衡之虞。社会民众对待财富的心理复杂多样,心理状态不平衡,产生许多社会问题以及盗窃、欺诈、抢劫、黑社会等犯罪现象。孔子曾高度赞赏颜渊:"贤哉!回也。一箪食,一瓢饮,在陋巷。人不堪其忧,回也不改其乐。贤哉!回也。"②对待财富,需要保持适当

---

① 刘述先:《儒家哲学研究:问题、方法与未来开展》,上海古籍出版社2010年版,第225—226页。
② 《论语·雍也》。

的节与度,既不可过分追求,又提防对待生活和工作的慵懒态度,应当秉承"中庸"原则,未必一定要不择手段,汲汲以求富贵;以儒家高度"自省"的持身态度,寻求心理平衡,浇灭胸中不平的心念。江苏无锡梅园有一楹联,上句:"发上等愿结中等缘享下等福",下句:"择高而立就平处坐向宽处行",系晚清重臣左宗棠(1812—1885)题撰。此联的意思是:做人要立志高远,是为最"上";人生一世但得中等缘分即可,不要过高;能享到最下一等福分,则是最大的希冀;处世之方,在于择高而立,眼界自然宽阔;与众人同行,以"平坐"为好,不要高坐,压人一头;待人待事则以"宽"最好,这副楹联典型地体现了"极高明而道中庸"的哲学思想,也是此种哲学处处内化为个体日常生活之中的方方面面的真实写照,绝不会造成个体猥琐的精神面貌,因为"中庸"之道同时包含着、内蕴着"直而温,宽而栗,刚而无虐,简而无傲""当仁不让""自强不息""浩然之气"等等优秀的品格。

电影《盲探》对人性的探索。2013年6月,刘德华、郑秀文、高圆圆等主演的香港电影《盲探》上映,这是一部好评如潮的影片,甚至被评为年度最佳华语电影。影片有数十句经典台词,网友曾经进行完整的整理,以飨观众。这部影片的经典台词不仅有戏谑的愉悦,有时关乎深刻的人生情感经验、生存经验和哲理。请看影片近结束时庄士敦解释小敏下落的真相:

[影片时间节点01:50:30]盲探庄士敦到珠海阿祖餐厅,摸索进去,问:"不好意思,有人在吗?阿祖在不在?"(可能听知有人,问)"你好!我叫庄士敦,我找阿祖有事,他在吗?"

(小敏慢慢弯身站起,冷漠)

小敏:"他不在,我刚跟他吵过架。他跟小三跑掉了。"

庄士敦:"其实,我来这里只是求证一件事。问你也可以。"

小敏:"我没心情。你走吧。"

庄士敦:"那不好意思。能不能给我一杯水?(小敏擦手,倒水)还是来一杯清酒比较好,谢谢!"

庄士敦:谢谢!(喝清酒)其实我查案,只是投入到案中人的处境,然后瞎猜。你先听听我这个故事,然后看我猜得对不对? 小敏害怕从此再见不到这个男孩子,就连去哪里找他也不知道。但是她没有放弃,她告诉自己,要冷静。要冷静。没想到一躲(躲进柜子,被装进集装箱),就躲了二十七天,原来到了巴西。可她知道留下来,跟男孩相认,只会吓到他,接受不了自己,所以她离开了,当地人收养了她,改了名,换了姓,一直潜伏在男孩的身边,她长大后去整容,结果成功地把男孩追回来,可惜,这男孩子本性就是花心,到处勾搭女生。(小敏抽噎两声),不管小敏百般付出,还是挡不了婚姻走到尽头,(庄士敦说了一句葡萄牙语)你说的这句葡萄牙语我查过了,中文大概的意思是,你负我,我要你鸡犬不宁。这句话,是你外婆说的。人太执着,心盲无明,是会杀人的。(小敏泣不成声)你妈妈是这样,你外婆也是这样,你太像你外婆了。这次我来,除了想找到答案之外,(镜头拍到被杀的两个男女的鲜血从庄士敦脚下鞋子流过)还想劝你放下。(镜头拍向一男一女横卧血泊之中的情景)哈哈,我瞎猜错了。(庄士敦察觉到小敏杀了两人,处境危险,借机快步走掉)

　　孟子曾经分析一个人将有四种说辞为自己的行为开脱:"诐辞知其所蔽,淫辞知其所陷,邪辞知其所离,遁辞知其所穷。"① 意即一个人说出片面、偏颇的话我们就能观察到他的内心有所遮蔽;一个人说出过分的言辞,我们就可观察他沉溺其中,不能自拔;一个人要是说出违背正道的话,那么据此我们可知他偏离正道;一个人说躲躲闪闪的言辞,就可知他理穷了。《盲探》中的人物小敏从小深爱阿祖,是一种感情上的"陷"。朱熹说:"陷,是身溺在那里。如陷溺于水,只是见水而不见岸。""其人之陷于不正,而莫知省悟也。"② 小敏因爱生恨,酿成悲剧,"你负我,我要你鸡犬不宁";"人太执着,心盲无明,是会杀人的","你妈妈是这样,你外婆也是这样,你太像你外婆了","想劝你放下",放爱一条生路! 但是庄士

---

① 《孟子·公冶长》。
② 《朱子语类》卷五十二,黎靖德编,中华书局1994年版,第1270、1271页。

敦不能化解小敏心中的积恨,自己也差点被小敏所杀,而庄士敦夫妻却负起抚养小敏女儿的责任,无怨无悔,没有仇恨,平复从外婆到妈妈到小敏三代人之间的"执着",回归正常的人性,这才是大爱。

其次,和谐的人际关系。先秦儒家把复杂的芸芸众生的人际关系逐层进行简约,用类似逆向溯源追寻人类起源的方法,极度简约到夫妻两个人的关系,父子、君臣的关系都是以夫妻关系为起点。如:"刑于寡妻,至于兄弟,以御于家邦。"①"老吾老,以及人之老;幼吾幼,以及人之幼,天下可运于掌。诗云:'刑于寡妻,至于兄弟,以御于家邦。'言举斯心加诸彼而已。故推恩足以保四海,不推恩无以保妻子;古之人所以大过人者,无他焉,善推其所为而已矣。"②按照汉代经师对《诗经》的理解,"刑于寡妻",指的是周文王实行仪礼,给自己的嫡妻做出榜样,夫妇关系和睦,再推广到兄弟之间,逐层扩展,每两人之间均以类似于夫妻关系的模式,"举斯心加诸彼",人同此心,处理复杂的人际关系,治理好国家。处理好人际关系是一难事。我们观察到明代王守仁心学创立之后,直至明朝灭亡,王学后人之间,门户壁立,彼此之间讲学纠纷不断,结成党派,无休止地争斗,最为典型的例子是李贽与麻城耿定力、耿定向、耿定理兄弟最初订交、最终交恶的事件。这一事件影响到双方的师友圈子:李贽与耿定向、耿定力交恶的同时,却在耿氏最小的兄弟耿定理家中做西席,教育耿家子弟;李贽还要求好友,又是耿定向的门人、状元及第的金陵人焦竑跟着他攻击、揭发其师伪君子的面目。这些明代学者、官员的关系实在太复杂了,彼此嵌入,犬牙差互,跟"和谐"二字根本不搭边。

改革开放30余年,中国日益与世界接轨,我们之于世界各国,是要成为一个有着自身独特价值观的强大国家?还是成为一个只会复制西方国家价值观的土偶国家?和谐价值观作为一种被归纳为国家层面的价值尺度,融合了国家和公民个人的利益需求,凝聚

---

① 《诗经·大雅·思齐》。
② 《孟子·梁惠王上》。

全体中国人的力量,整合中华民族的共同利益,提供了弥合日益尖锐的个体利益冲突的解决方案。青年学者周濂在《你永远都无法叫醒一个装睡的人》中引用崔卫平的话说:"体制的梦想不等于每个人的梦想,体制的路径更不等于每个人的路径……社会进步不可能是某一单方面梦想或理想的结果,而是各种梦想、诉求、利益互相之间平行四边形的合力。其中每一方力量都只是一个组成部分,而不是全部。"①周濂概括了独立电影评论人崔卫平关于"主旋律电影"和"主流电影"的观点:"如果说主旋律电影扮演的角色主要是'宣传片',那么'主流电影'则'不是某一社会力量单方面颁发的结果,而是社会的多个阶层多种力量经过多重磨合,所达成的某种平衡和共识。'主流电影所包含的'主流意识形态',之所以能够具有支配和主导的地位,恰恰因为它是'无数个平行四边形的合力'。"②作为一个新锐学者,作者可能未必赞同"平行四边形的合力"之说法,但他仍然说:"在那些'逢体制必反之'的人看来,不突出强调任何力量的天然正当性而是主张'平行四边形的合力',这样的论调多少有些痴心妄想——就像老虎是用来打的,高墙是用来推的,哪里存在什么和谐共存的发展之道呢?"在 80 年代激烈动荡的思想浪潮,应当痛定思痛,"痛"在何处?观察国际上不断上演的、波谲云诡的和平演变事件,应当心生警惕。当代的任何一个中国公民都应当理性、冷静地思考国家和民族的方向,若无个人的政治野心,不愿意充当国际反华势力的急先锋和走狗,忠于国家和民族的利益,应当在众多利益之"平行四边形"的拉扯中寻找到利益的"合力",形成国家和民族的"中国梦",舍弃"逢体制必反"的思维定势,放弃激进制造暴力流血的暴恐言行,寻求逐渐、逐步通过改革和改良,实现国家和民族的梦想,这是一条可以"和谐共存"的发展之道。

从当今东亚国家和地区的政治生活的实际情况来看,除了日

---

① 周濂:《你永远都无法叫醒一个装睡的人》,中国人民大学出版社 2012 年版,第 186 页。
② 同上。

本的国会议员比较文明之外,韩国、中国台湾地区和中国香港地区实行所谓的"民主"制度似乎都有点水土不服,韩国与我国台湾地区的民意代表常常爆粗口,甚至大打出手,无所不用其极,阻挡议事日程。台湾地区的民进党与国民党只论对方党派,不考虑施政利好,凡是国民党的提案,民进党不分青红皂白,全部杯葛拦下,而陈水扁当政时期,国民党也玩过同样的阴招;2014年3月台湾地区爆发太阳花学运,阻挠《海峡两岸服务贸易协议》;2014年6月13—14日,香港特别行政区立法会大楼受到示威者严重破坏,政党之间严重对立;缺乏理性精神,不问事理是非曲直;专注感情用事,只问利益博弈得失,跟孔子所称的"君子和而不同,小人同而不和"的原则大相径庭,而这正是东亚国家民主化进程中颇受诟病的地方。

第三,和谐的民族关系。新中国成立迄今,我们党和政府提出民族平等、民族团结和各民族共同繁荣的基本原则,中华民族内部56个民族之间形成了平等、团结、互助、和谐的新型民族关系。

中国历史上历代政权对于处理民族关系,有所谓的华夷之辨,或称"夷夏之辨""夷夏之防",严格区分"夏""夷",但对于如何看待"夷",民族理论和实践都在不断发展和变动,即使在中国史上民族斗争、民族压迫最为激烈的"五胡乱华"及南北朝时期,汉族遭逢最黑暗的历史暗夜,整个民族整体性地被迫向南迁移,是为"永嘉南渡",留在故土的汉族人遭遇烧杀抢掠的命运,但是也正是在这一时期,民族之间急剧融合,北魏的统治者鲜卑族在极短的时间内主动完成汉化,从草原游牧民族进化到农耕社会,历史上的鲜卑民族曾经作为一个单一民族建立统治中国北方的政权,现在只是一个标记和历史记忆,但它并不是消亡,而是融入以汉族为主的各民族中去,这是中国史上民族融合的典型。元朝疆域广袤,虽然元朝实行民族歧视政策,对汉族进行奴役,但就在元朝统治中国的100年左右(按:1206年,成吉思汗建立大蒙古国;1260年,忽必烈继承汗位;1271年忽必烈改国号为"大元",1276年元军攻占临安,1279年消灭南宋残余政权;1368年朱元璋建立明朝,同年攻占大都,元顺帝退居漠北,结束元朝在中国的统治,但仍与明朝对抗)时间里,大大促进了民族之间的融合,甚至是外来民族与中国固有民族之间的融合。元朝的民族融合到底达到哪种程度？陈垣(1880—1971)先生所著《元西域华化考》(上海古籍出版社2000年版)，有力地说明政治地位低下的汉族文明"无远弗届"的影响力，文化上对"西域人"(按："西域人"主要指色目人。色目人，陶宗仪《南村辍耕录》以为有31种民族，清代钱大昕以为有33种民族，所指不同，但均以今维吾尔族为主)产生的感化力量。我们看到中国史中"华夷之辨"的总趋势是民族之间越来越开放、包容，中华民族中的主体汉族善于吸收世界民族、种族的优秀文化，平等对待所有民族，促进各民族交融和发展。世界所有民族从没停过迁徙的脚步，只不过没有像吉卜赛民族那样漫步全球；民族与任何一个个体一样，都是地球上的过客，没有永久固定的"原住"之所，民族之间只有在融合之中才能壮大，而不是被孤立和隔绝起来保持民族特征。

华夏、夷、蛮、胡、虏这些汉字被用来区分华夏族与周边的民族，逐渐使本无意义的汉字符号具有感情色彩。古代华夏族居中原大地，产生了以华夏礼义为标准区别族群的观念，但凡合于华夏礼俗者并与诸夏亲昵者为华夏、中国人，不合者则为蛮夷、化外之民，华夏族群并不完全排斥化外的民族与国家。如楚国虽自称蛮夷，但楚国与中原的接触非常紧密，版图与中原诸侯国接壤，则不复以蛮夷视之；而郑国本为姬姓诸侯之一，行为不合礼、义，则被视为夷狄。韩愈在《原道》中总结说："孔子之作《春秋》也，诸侯用夷礼则夷之，进于中国则中国之。"①中国史上若干朝代，如北魏、辽、金、元、清的统治者都是少数民族，隋、唐两个朝代的皇帝也具有少数民族的血统，其习性沾染了不少胡风。对于少数民族入主中原的问题，唐代学者以文化心理认同来决定华夷归属，程晏《内夷檄》说："四夷之民长有重译而至，慕中华之仁义忠信，虽身出异域，能驰心于华，吾不谓之夷矣。中国之民长有倔强王化，忘弃仁义忠信，虽身出于华，反窜心于夷，吾不谓之华矣。岂止华其名谓之华，夷其名谓之夷邪？华其名有夷其心者，夷其名有华其心者，

---

① 韩愈：《原道》，《韩愈集》卷十一，凤凰出版社2006年版。

是知弃仁义忠信于中国者,即为中国之夷矣,不待四夷之侵我也,有悖命中国,专倨不王,弃彼仁义忠信,则不可与人伦齿,岂不为中国之夷乎？四夷内向,乐我仁义忠信,愿为人伦齿者,岂不为四夷之华乎？记吾言者,夷其名尚不为夷矣,华其名反不如夷其名者也。"[1]到了两宋以后,"华夷之辨"发展为"夷而进于中国则中国之","夷狄而中国也,则中国之"的大胆突破,金、元之际汉族的学者郝经(1223—1275)就提倡这种思想,更以为蒙元的统治者"今日能用士,而能行中国之道,则中国之主也"的主张,我们则不能说郝经是汉奸——在更加宽阔的历史背景上观察郝经的思想,我们能看到汉文化对周边少数民族政权的巨大影响力和渗透力,同时少数民族也往汉族文化中输入了新的血液。明末清初大部分思想家都把亡国与亡种区别开来,明朝之亡仅为一姓统治之结束,非汉文化的终结。清朝是以明朝属下的一个边疆少数民族政权的身份崛起而入主中原,推行满汉并重的政策,对汉文化进行保存,并且主动融入汉文化中,这是居人口绝大比重的汉人可以接受的,因此在明清之际产生了对华夷之辨的绝大认识转变。20世纪日本对中国的侵略战争与清朝入主中原不具有任何一点可比性,日本对中华文化采取的是必欲灭绝而后快的政策,1273年起元朝忽必烈两次征讨日本失利,日本对中国渐渐产生轻视、傲慢的心理,不断挑衅中国,至20世纪30年代发动大规模的侵华战争,在长达650年以上的时间中,日本对中国领土虎视眈眈,真所谓"苦心孤诣",一直怀有以蛇吞象、巧夺豪取、殖民的贪婪心理,充分暴露日本欲全面灭绝中国国家、以继承中华文明某些传统的日本文化欲取代中华文明、沐猴而冠的面目。

1729年,清世宗雍正皇帝在一部书中自剖心迹,对华夷之辨有他自己的看法:"且自古中国一统之世,幅员不能广远,其中有不向化者,则斥之为夷狄。如三代以上之有苗、荆楚、狁,即今湖南、湖北、山西之地也。在今日而目为夷狄可乎？至于汉、唐、宋全盛之时,北狄、西戎世为边患,从未能臣服而有其地。是以有此疆

---

[1] 程晏:《内夷檄》,《全唐文》卷八百二十一。

彼界之分……中国而夷狄也,则夷狄之;夷狄而中国也,则中国之。"①雍正在"华夷一家"的思想下论民族关系,其胸襟如此开阔,当代中国境内的任何一个民族,对待民族关系问题的眼光都不应当比雍正皇帝还要落后,开历史的倒车,都不应当发展其特定民族的"民族主义",而应当在统一的国家之中,成为平等的、和谐共处的公民,进一步融合在中华民族之中。

第四,和谐的中国。进入21世纪,我国改革攻坚进入新的历史阶段,面临前所未有的发展机遇和严峻的挑战:或者进入黄金发展时期,经济社会协调发展;或者遭遇"矛盾凸现时期",经济社会徘徊不前,引发社会严重的动荡,甚至倒退,国际上通常称之为"中等国家陷阱"。2004年,中国共产党在党的十六届四中全会第一次提出,中国共产党作为执政党,要"坚持最广泛最充分地调动一切积极因素,不断提高构建社会主义和谐社会的能力",明确提出了构建社会主义和谐社会的重大战略任务,把和谐社会建设提升到与经济建设、政治建设、文化建设并列的突出位置,从而使我们党关于全面建设小康社会、开创中国特色社会主义新局面的奋斗目标,由发展社会主义市场经济、社会主义民主政治和社会主义先进文化三位一体的总体布局,拓展为包括社会主义和谐社会在内四位一体的总体布局。

和谐成为中国战略机遇期的主调,"和谐中国"成为中国共产党和政府开出的破解"中等国家陷阱"的良方。国际社会新的发展机遇和国内纵深的市场因素表明,中国具有打破一个国家以10%的平均经济增长率基本不超过20年这一"定律"的可能性,进入新一轮的经济高速增长周期。目前国际社会认为"中国经济正处在第四个发展阶段"②。在未来的15年,只要我们能够保证社会秩序和政治体制的稳定与不断完善,不出大的波折,中国就会取得令世界瞩目的新成就,为国际发展经验作出特殊的贡献。

---

① 雍正:《大义觉迷录》。
② 《美媒:专家称中国经济正处在第四个发展阶段》。http://finance.cankaoxiaoxi.com/2014/0620/403440.shtml。

2005年2月19日,中共中央举办的省部级主要领导干部提高构建社会主义和谐社会能力专题研讨班在中央党校开班。在这次研讨班上,胡锦涛同志发表了重要讲话,他指出:构建社会主义和谐社会,实现社会和谐,建设美好社会,始终是人类孜孜以求的一个社会理想,也是包括中国共产党在内的马克思主义政党不懈追求的一个社会理想。根据马克思主义基本原理和中国社会主义建设的实践经验,根据新世纪新阶段中国经济社会发展的新要求和中国社会出现的新趋势新特点,我们所要建设的社会主义和谐社会,应该是民主法治、公平正义、诚信友爱、充满活力、安定有序、人与自然和谐相处的社会。民主法治,就是社会主义民主得到充分发扬,依法治国基本方略得到切实落实,各方面的积极因素得到广泛调动;公平正义,就是社会各方面的利益关系得到妥善协调,人民内部矛盾和其他社会矛盾得到正确处理,社会公平和正义得到切实维护和实现;诚信友爱,就是全社会互帮互助、诚实守信,全体人民平等友爱、融洽相处;充满活力,就是能够使一切有利于社会进步的创造愿望得到尊重,创造活动得到支持,创造才能得到发挥,创造成果得到肯定;安定有序,就是社会组织机制健全,社会管理完善,社会秩序良好,人民群众安居乐业,社会保持安定团结;人与自然和谐相处,就是生产发展,生活富裕,生态良好。这些基本特征是相互联系、相互作用的,需要在全面建设小康社会的进程中全面把握和体现。①

　　构建和谐中国关键在于解决改革开放以来暴露出来的深层次矛盾:社会管理体制与经济发展不相适应;社会不同利益主体所代表的多元化利益格局逐步形成,引发不同的政治诉求和利益矛盾;各种政治和社会问题易发多发,亟待解决就业问题、腐败问题、分配不公问题、社会治安问题等热点问题;解决区域发展平衡;处理效率与公平的关系;解决城乡二元社会结构;有效应对来自国家内

---

　　① 中国共产党新闻:《省部级主要领导干部提高构建社会主义和谐社会能力专题研讨班(2005年2月19日)》。http://dangshi.people.com.cn/GB/151935/176588/176941/177536/10682309.html。

部和外部的安全挑战,扫除和平崛起的中国梦之路上的障碍。坚持以人为本,要高度重视和落实人民群众最现实、最关心、最直接的利益,特别要关心经济社会地位下降明显的群体,始终把最广大人民的根本利益作为党和国家工作的根本出发点和落脚点;要建立以利益调节为核心的社会整合机制,建立规范的对话和协商机制,引导不同利益群体以理性、合法的形式表达利益诉求,妥善处理各种社会利益关系。

第五,和谐的世界。历史上的中国曾经雄踞世界东方,她的文明长时间领先于世界绝大部分国家,更重要的是中国在人类历史上是一个爱好和平的国家,对外扩张和侵略的野心逊于所有资本主义发展各个阶段的国家和当今世界发达国家,也逊于中世纪发动"十字军"东征的欧洲国家,甚至在两宋时还被越南这样的国家屠城侵略,同时在中国浩如烟海的记载中,如汉武帝还击匈奴、唐玄宗穷兵黩武等对外军事行动还受到大臣的谏阻,此类奏章和诗文是中国人爱好和平的记录。

明朝郑和下西洋是"耀威异域",还是"耀兵异域"呢?两个问号的答案其性质截然不同。1405年,明朝的郑和首次下西洋,这是一次震惊中外的航海壮举,但中外学术界基本认定郑和下西洋是明朝对东南亚有计划的侵略,动用武力迫使海外诸国臣服,以谋求建立藩国对明朝的朝贡体系。《南京日报》发表李冀《"郑和侵略说"不攻自破》一文,文章以严谨的考证反驳了史学界的错误认识:"600年前郑和下西洋对所到国家进行过侵略吗?长期以来,国外一些学者根据《明史·郑和传》中使用的'耀兵异域'这四个字,一直坚持着'郑和侵略说'。不过,近日在南京图书馆古籍部发现的一卷清初史学家万斯同编修'明史'时私留的草稿抄本,却清楚地写着'耀威异域',一字之差,让'郑和侵略说'不攻自破。……南图古籍部的《明史稿》抄本是最早成书的明史列传稿本……(草稿抄本)记载,郑和下西洋的目的是'耀威异域',其后还写有'宣扬中国文教,俾天子声灵旁达于天外'的注释,这与现存静海寺的《御制弘仁普济天妃宫之碑》中,明成祖亲自书写的郑和下西洋是为了'遣使敷宣教化于海外诸番国,导以礼仪,变其夷习'互为印证。"①

无独有偶,明朝在宣宗之时居然让已经复归中国版图,成为明朝交趾布政使司(省)的安南(今越南别称)恢复为独立国家。建文元年(1399),安南国内黎氏发动政变,推翻陈氏政权;1406—1407年,明成祖发兵平定安南之乱,设交趾布政使司,进行直接统治;到了成祖之孙宣宗宣德三年(1428),明朝恢复安南政权,于1431年册封黎氏安南。与汉、唐、元这些朝代相比,明朝的版图实在缩小了很多,但它愿意与臣服的藩属国和睦相处,属国来行朝贡之仪,朝廷还要还赠比贡品更丰厚的礼物,实在是很不合算的生意;说他们结盟更不像结盟,因为明朝不需要这些藩属国一起去扛起什么共同的责任,比起美国主导的北大西洋公约组织和美日菲澳军事同盟松散多了。

在郑和下西洋600年之际,中外专家纵论郑和下西洋深远意义:"中国科学院海洋研究所研究员郑一钧在主题为《人类历史转轨时期伟大的和平实践》报告中提出,1405年,郑和首次下西洋,揭开了世界性大航海活动的序幕。郑一钧说,由于世界性大航海时代的到来,东西方交通为之大变,促进了世界各国之间的往来,逐渐打破了全球东西方之间、各大洲不同地区之间相对封闭隔绝的状态。这对人类社会与国际关系,产生了极为深刻的影响,导致人类社会日益具有世界性,从此进入一个带根本性的历史转轨时期","专家们认为,与同时代的西方大航海不同,以郑和为代表的中国人大航海,推动大批中国人以空前的规模走向海洋,是为了以中国人传统的政治道德理念,尝试建立和平与和谐的国际社会秩序"②。

2014年5月28日,美国总统奥巴马在西点军校发表演说,嚣张地宣称美国还要领导世界100年,对此,中国外交部发言人秦刚回答记者的提问时说:"中国在历史上也曾经做过世界老大,并且还不只100年。……今天,我们在不断告诫自己,要顺应和平、发

---

① 李冀:《"郑和侵略说"不攻自破》,载《南京日报》2005年4月7日。
② 《中外专家纵论郑和下西洋深远意义》,载《南京日报》2005年7月5日。

展、合作的历史潮流,不断与时俱进,只有这样才能够保证国家的和平发展,长治久安。"美国等西方发达国家极力提倡市场经济,动辄以非市场经济体制为借口对其他国家的计划经济体制横加指责,而这么一个在经济上主张市场至上的国家在政治上却对世界各国下指导棋,以民主、自由价值观为借口干涉别国内政,霸道横行,谋求世界高度同质化的"民主",为何不能容忍世界各国国家形态的多样性?不能在意识形态上行市场经济之自由?与美国相反,市场经济不如美国发达的中国却是奉行和平外交政策,不谋求霸权,不干涉各国内政,不搞和平演变和意识形态渗透,"吾道一以贯之"①,无疑中国占领了道德高地。

中华人民共和国自成立之日起即奉行和平外交政策,与世界各国建立起独立自主的新型外交关系;1955年,中国政府提出互相尊重主权和领土完整、互不侵犯、互不干涉内政、平等互利、和平共处五项原则是中国外交政策发展的里程碑;和平共处五项原则超越意识形态的界限和不同的社会制度,具有法律性和道义性,主张世界各国在交往相处中地位平等,尊重各国根据历史和现实环境选择的国家和发展道路,超越意识形态分歧,发展经济,实现共赢合作。独立自主、和平外交政策的理论和实践不断得到丰富和发展,不仅成为中国对外政策的基石,逐渐被国际社会普遍认同和接受,成为处理国际关系的准则。

在新的历史时期,中国成为国际社会中越来越重要的一极力量。"高举和平、发展、合作的旗帜,坚持独立自主的和平外交政策,走和平发展的道路,永远不称霸",这是中国面向世界所作的庄严承诺。

思考题

1. "和谐"的人格具有哪些品质?
2. 据你所知,在儒家的思想体系之外,中国传统文化中还有哪些哲学家提倡"中和"?

---

① 《论语·里仁》。

3. "中庸""中和"学说如何广泛适用于生活的方方面面?

4. 全球不同国家之间、不同民族之间"文明的冲突"是必然的、不可调和的吗?

5. 在国力强盛的今天,中国在外交上是否应该放弃和平共处五项原则?

参考文献

[1]《中共中央关于构建社会主义和谐社会若干重大问题的决定》,人民出版社2006年版。

[2] 李约瑟:《中国科学技术史》,科学出版社1990—2013年陆续出版。

[3] 塞缪尔·亨廷顿:《文明的冲突与世界秩序的重建》,新华出版社2010年版。

[4] 马克斯·韦伯:《新教伦理与资本主义精神》,广西师范大学出版社2010年版。

[5] 马克斯·韦伯:《中国的宗教儒教与道教》,广西师范大学出版社2010年版。

[6]《史记》,中华书局1982年版。

[7]《尚书》,十三经注疏本。

[8]《礼记》,戴圣编,十三经注疏本。

[9] 张廷玉:《明史》,中华书局1974年版。

[10]《论语译注》,杨伯峻译注,中华书局1980年版。

[11] 胡锦涛:《论构建社会主义和谐社会》,中共中央文献研究室2013年编。

[12]《孟子译注》,杨伯峻译注,中华书局2009年版。

[13]《朱子语类》,黎靖德编,中华书局1994年版。

[14] 周濂:《你永远都无法叫醒一个装睡的人》,中国人民大学出版社2012年版。

[15] 陈垣:《元西域人华化考》,上海古籍出版社2000年版。

[16]《韩愈集》,凤凰出版社2006年版。

第六章
自由

提要

　　自由是自我实现的根本条件,二者成正相关变化:一个人越自由,他的个性发挥得便越充分,他的创造潜能便越能得到实现,他的自我实现的程度便越高。自由是每个人自我实现、发挥创造潜能的根本条件,同时也是社会繁荣进步的根本条件。因为社会进步的一切要素,都不过是人的活动的产物,都不过是人的能力发挥之结果,因而说到底,无不以自由为根本条件。因此,自由是人道的根本原则,是社会治理的最高原则,是社会主义核心价值标准之一。

一、没有钱买面包就是没有买面包的自由吗

　　西方对于自由概念的理解有一个重要的传统。它的代表人物就有苏格拉底、柏拉图、斯宾诺莎、伏尔泰、康德、费希特、黑格尔以及格林和柏林等等。我们可以将这个传统叫做"两种自由概念"。因为按照这个传统,自由固然是实行自我意志的障碍之消除,但实行自我意志的外在障碍之消除是"消极自由";而实行自我意志的内在障碍之消除则是"积极自由"。照此说来,如果我穷困潦倒以

致没有钱买面包,那么,我就没有了买面包的自由;没有买面包的积极自由。因为无钱是实行买面包意志的内在障碍,它使我不能够实行我的买面包的意志。如果我患病不能爬山,那么,我就没有了爬山的自由;没有爬山的积极自由。因为患病是实行爬山意志的内在障碍,它使我不能够实行我的爬山意志。如果我意志薄弱而不能戒酒,那么,我就没有了戒酒的自由;没有戒酒的积极自由。因为意志薄弱是实行戒酒意志的内在障碍,它使我不能够实行我的戒酒意志。这种自由概念的传统能成立吗?

谁都知道,非生物界无所谓自由,我们不能说一座山或者一条河是自由的还是不自由的。植物界也无所谓自由,我们不能说一棵树是自由的还是不自由的。自由显然仅仅存在于动物界:动物是能够自由运动的生物。不过,动物的一切运动并非皆为自由。心脏跳动是自由的还是不自由的?血液循环是自由的还是不自由的?显然都无所谓自由不自由。那么,自由究竟存在于动物的什么领域?无疑存在于受心理、意识、意志支配的活动领域。自由是一种受心理、意识或意志支配的活动:自由就是能够按照自己的意识进行的行为,亦即按照自己的知、情、意进行的行为;不自由则是不能按照自己的意识进行的行为,亦即不能按照自己的知、情、意进行的行为。

更确切些说,自由是能够按照自己的意志进行的行为,而不是能够按照自己的思想或愿望进行的行为。因为自由必与意志相关,而未必与知、情相关。试想,一个人即使没有能力做某件事,也会极想望、愿望做某事。因此,他若不能按照自己的思想、愿望做某事,便可能不是因为他不自由,而是因为他无能力。比如说,我的腿跌断了。但是,看见别人踢球,我便也极想望去踢;可我却不能按照我想望的去踢:由此显然不能说我无踢球自由,而只能说我无踢球能力。反之,一个人只有在他认为有能力做某事时,才会有去做某事的意志。因此,他若不能按照自己的意志去做某事,一般说来,便不是因为他无能力,而是因为他无自由。试想,我的腿摔断了,我便只会有踢足球的想望,而决不会有去踢足球的意志。只有在我的腿痊愈而能踢足球时,我才会产生踢足球的意志。此时我若不能按照我的意志去踢足球,便不能说我无踢足球的能力,而只能说我无踢足球的自由。所以说自由是能够按照自己的理解和愿望进行的行为,固然不错。但是,说自由是能够按照自己的意志进行的行为,就更加精确了。这就是为什么我们常说"自由是能够按照自己的意志——而不是自己的想望——进行的行为"的缘故。

然而,细究起来,"自由是能够按照自己的意志进行的行为"的定义,仍然需要进一步精确化。一个人的行为之所以能够按照自己的意志进行,显然是因为不存在按照自己意志进行的障碍。于是,自由也就是因强制或障碍的不存在而能够按照自己的意志进行的行为。问题在于,按照自己的愿望或意志进行的行为之障碍,既可能存在于自己身外,是外在障碍或限制,如他人、法律、舆论和社会的压力等等;也可能存在于自身之内,是内在障碍或限制,如贫困、无知、身体不佳和自己不能驾驭的感情等等。那么,这两种障碍的存在是否都意味着不自由?

如果使一个人不能按照自己的意志进行的障碍或强制存在于自己身内,是内在限制,那么,我们不能说他不自由,而只能说他无能力:没有利用自由的能力。只有当一个人不能按照自己的意志进行的障碍或强制存在于自己身外,是外在限制,我们才可以说他不是无能力,而是不自由。举例说,在一个可以随意出国旅行的自由的国家,一个公民不能按照自己的意志出国旅行的障碍,不是存在于自身之外,不是因为国家不准出国旅行;而是存在于自身,是因为自己无钱。那么,我们便不能说他没有出国旅行的自由,而只能说他没有出国旅行的能力:他完全有出国旅行的自由,而只是没有利用出国旅行的自由的能力。反之,一个公民不能按照自己的意志出国旅行的障碍,不是存在于自身(他很有钱、很健康,也有闲暇和兴趣),而只是存在于自身之外。比如说,是因为国家不准出国旅行。那么,他便不是没有出国的能力,而是没有出国的自由。因此,一个人自由与否,与他实行自己意志的自身的、内在的障碍无关,而只与他自身之外的外在障碍有关:自由亦即不存在实行自己意志的外在障碍;而不存在内在障碍并不是自由,而是利用自由的能力或条件。然而,西方的"两种自由概念"传统,却将实行自我意志的自身内在障碍之消除(亦即利用自由的能力或条件)当作一种自由,而名之为"积极自由",于是便将实行自我意志的自身之外的外在障碍之消除(亦即自由本身),叫做"消极自由",因而由人们因为穷困等内在障碍而没有"利用自由的条件",便断言他们是不自由的:他们只有消极自由而没有积极自由。[①]显然,这是根本不能成立的。

诚然,对于因自身内在障碍的存在而没有"利用自由的能力或条件"的人来说,自由是毫无价值毫无意义的。但是,这并不等于不自由。如果南京的某山开放了,每个人都可以随意去爬这座山了。但是,不幸的是,我此时却患上严重的关节炎,它是我爬山的内在障碍,使我不能按照我的渴望去爬该山了。这样,我便并不是没有爬该山的自由,而是没有利用爬该山的自由之能力、条件。当然,事实上,对于我来说,这与没有爬该山的自由是一样的。但是,由此并不能说我没有爬该山的自由,而只能说爬该山的自由对我毫无用处:没有自由和有自由而毫无用处是根本不同的。试想,我有一台电脑,因为无知我不会使用它,它对我毫无用处;有没有它对于我来说事实上是完全一样的。但是,我不能因此就说我没有它。同样,对于那些穷困潦倒而无钱买面包的人来说,买面包的自由是毫无价值、毫无意义的:拥有这些自由与没有这些自由实际上是一样的。但是,我们不能因此就说他们没有买面包的自由。

可见,"两种自由概念"传统的错误,就在于将自由与实行自我意志的障碍之消除等同起来,将利用自由的能力或条件与自由等同起来。自由与实行自我意志的障碍之消除,并不完全相同:自由仅仅是实行自我意志的自身之外的外在障碍之消除;实行自我意志的自身内在障碍之消除,并不是自由,而是利用自由的能力或条件。换言之,自由与否,乃是一个人的身外之事,而不是他身内之事;若是他的身内之事,则属于他的利用自由的能力范畴而无所谓自由不自由。这一"自由与利用自由的能力或条件"之辩,不仅

---

① 参见 Isaiah Berlin, *Four Essay on Liberty*, Oxford University Press,1969,p.122.

具有极大的理论意义,而且具有莫大的现实意义。因为一个社会,如果那里的群众因为贫困和无知等自身内在障碍而没有利用自由的能力和条件,因而自由对于他们毫无用处。那么,我们当然应该努力为群众获得物质财富和教育而奋斗,应该努力实现公正与平等。但是,我们决不可以将这些使自由从无用变得有用的能力和条件,当作自由本身;更不可顾此失彼,将自由弃置一旁。因为自由乃是达成自我创造性潜能之实现和社会进步的最为根本的必要条件,从而是社会繁荣兴盛的最为根本的必要条件。这样,长久说来,人们只有生活在一个自由的社会,才能真正摆脱贫困与无知:公正与平等是个如何分配蛋糕的问题,而自由则是如何将蛋糕做大的问题。然而,即使是西方,多年来,许多政党、改革家与革命家,所考虑的也只是如何使人民摆脱贫困与无知;并且将这些使自由从无用变得有用的能力和条件,当作自由本身,从而将自由弃置一旁。①

二、若为自由故

"生命诚可贵,爱情价更高。若为自由故,二者皆可抛。"谁人不晓得这首诗?哪首诗能比这首流传得更广?从古到今,几乎无人不热爱、追求和颂扬自由。可是——柏林问得好——"自由有什么价值?它是不是人类的一种基本需要的反应?或只是达成其他一些基本需求的先决条件?"②

自由确是人类的一种基本需要。因为任何形态的物质之所以能够保持自身的存在,都同样有赖于自身内部诸因素之间及其复合体与外界环境之间的平衡。而物质形态越高级复杂,它内外平衡的保持便越困难,它保持平衡的条件也就越复杂高级。石头的平衡几乎在任何条件下都可以保持。植物则需要阳光、水分、营养。动物比植物更高级,那么,它所特有的保持平衡、维持生存的

---

① 参见 Isaiah Berlin, *Four Essay on Liberty*, Oxford University Press, 1969, P. liv.
② Isaiah Berlin, *Four Essay on Liberty*, Oxford University Press, 1969, P. lix.

根本条件是什么呢？是自由运动能力：动物是能自由运动的生物；植物是不能自由运动的生物。植物不具有自由能力，是因为没有自由能力，它们也可以生存：植物不需要自由。反之，动物若不具有自由能力，便不可能维持生存。就拿那笨猪来说吧。若是它真笨得完全丧失自由能力，而像一棵树那样，固定在某个地方不动，任凭风吹日晒雨淋，它还能生存吗？所以动物的生存需要自由：自由是动物生存的根本条件、根本需要。

动物所固有的，人无不具有。自由是动物的基本需要，也就不能不是人类的基本需要。而且人类对自由的需要程度，远比其他动物更为基本、更为重要。因为低级物质形态没有自由的需要和自由的能力；自由是物质形态发展到动物阶段才产生的高级需要、高级能力。推此可知，在动物进化的阶梯上，越是低级的动物，对自由的需要就越少、越不重要、越不基本；越是高级的动物，对自由的需要就越多、越重要、越基本。人是最高级的动物，所以人对自由的需要便最多、最重要、最基本：自由是最深刻的人性需要。

自由是人类的一种基本需要。而有什么需要，便会有什么欲望；有什么欲望，便会有什么目的；欲望是对需要的觉知；目的是为了实现的欲望，所以全面地看，应该说：自由是人类的一种基本需要、基本欲望、基本目的。换言之，人类活动的基本目的之一，便是为了满足自由需要、实现自由欲望、达成自由目的。这就是为什么在人类历史上，会有那么多自由的斗士，他们不惜从事生死搏斗，为的只是自由。这就是为什么即使自由带来灾难和痛苦，这种自由本身也是让人快乐的好事情；纵令奴役带来幸福和快乐，这奴役本身也是令人痛苦的坏东西。一句话，人们往往是为自由而求自由：自由是目的而不是手段。当然，自由不可能是人的一切活动的根本目的，因为人类还有其他基本需要。但是，自由确是人类活动的基本目的之一。因此，自由有价值，根本说来，并不是因为它是达成其他有价值的、可欲的事物之手段；而是因为自由本身就是有价值的、可欲的。或者说，自由内在地就是宝贵的，自由具有内在价值。但是，由此不能说自由的价值仅仅是内在的、内有的。内在价值只是自由价值的一方面。自由还有另一方面价值，那就是，它还具有外在价值:自由还是达成其他有价值的事物的一种手段。

自由所能达成的有价值事物,不胜枚举;其中最重要者,就是自我实现,亦即实现自己的创造潜能。因为所谓创造性,也就是独创性:创造都是独创的、独特的;否则便不是创造,而是模仿了。这样,一个人的创造潜能的实现,实际上便以其独特个性的发挥为必要条件,二者成正相关变化:一个人的个性发挥得越充分,他的创造潜能便越能得到实现,他的自我实现的程度便越大;他的个性越是被束缚,他的创造潜能便越难以实现,他的自我实现的程度便越低。这就是为什么古今中外那些大学者、大发明家、大艺术家、大文豪们,大都是些特行独立的怪物;而越是不能容忍个性的社会,就越缺乏首创精神,所以穆勒大声疾呼:"一个社会中的独立特行的数量,一般来说,总是和该社会中所拥有的天才、精神力量以及道德勇气的数量成正比!"[1]

那么,一个人的个性究竟如何才能得到充分发挥呢?不难看出,一个人个性的发挥和实现程度,取决于他所得到的自由的程度。因为,正如存在主义所说,一个人的个性如何、他究竟成为什么人,不过是他自己的行为之结果;"人从事什么,人就是什么。"[2]于是,一个人只有拥有自由,能够按照自己的意志去行动,他所造成的自我,才能是具有自己独特个性的自我;反之,他若丧失自由、听任别人摆布,按照别人的意志去行动,那么,他所造就的便是别人替自己选择的、因而也就不可能具有自己独特个性的自我。

这样,自我实现的根本条件是个性的发挥;个性发挥的根本条件是自由。于是,说到底,自由便是自我实现的根本条件,二者成正相关变化:一个人越自由,他的个性发挥得便越充分,他的创造潜能便越能得到实现,他的自我实现的程度便越高;一个人越不自由,他的个性发挥便越不充分,他的创造潜能便越得不到实现,他的自我实现程度便越低。

---

[1] Robert Maynard Hutchins, *Great Books of The Western World*, Volume. 43. *On Liberty*, by John StuartMill, Encyclopedia Britannica, Inc., 1980, p.299.
[2] 海德格尔:《存在与时间》,生活·读书·新知三联书店1987年版,第288页。

然而,有些人,如柏林,却怀疑自由是每个人充分发挥潜能的必要条件。因为他们看到,在不自由社会里,并不乏才华横溢之士:"如果这一点是事实,那么穆勒认为人的创造能力的发展是以自由为必要条件的观点,就站不住脚了。"①确实,不自由的社会也可见到不少才华横溢之士。但是,这些人之所以能够发挥自己的才能,决不是因为他们听任他人摆布而失去自由;恰恰相反,乃是因为他们勇于反抗而争得自由。因此,柏林以不自由社会常有才华充分发挥者为根据,否定每个人才能充分发挥系以自由为必要条件,是不能成立的。任何社会,都存在才华横溢者,只是因为任何社会人们都有可能得到自由。只不过,在自由社会,人们得到自由无须反抗和牺牲,因而人人都有自由,于是也就人人都有可能发挥自己的创造潜能而自我实现。反之,在不自由社会,人们要得到自由,便必须反抗和牺牲,如牺牲健康、幸福、人格、爱情乃至生命。因而在这种社会,也就只有极少数人才可能争得自由而自我实现——这极少数人便是那可歌可泣的裴多菲式的自由斗士,他们能以自己的行动证明:生命诚可贵,爱情价更高,若为自由故,二者皆可抛。

自由是每个人自我实现、发挥创造潜能的根本条件,同时也是社会繁荣进步的根本条件。因为社会不过是每个人之总和。每个人的创造潜能实现得越多,社会岂不就越富有创造性?每个人的能力发挥得越充分,社会岂不就越繁荣昌盛?每个人的自我实现越完善,社会岂不就越进步?诚然,自由不是社会进步的唯一要素。科学的发展、技术的发明、生产工具的改进、政治的民主化、道德的优良化等等都是社会进步的要素。但是,所有社会进步的要素,统统不过是人的活动的产物,不过是人的能力发挥之结果,因而说到底,无不以自由——潜能发挥的根本条件——为根本条件。因此,自由虽不是社会进步的唯一要素,却是社会进步的最根本的要素、最根本的条件,所以穆勒把自由精神叫做"前进精神"或"进

---

① Isaiah Berlin, *Four Essay on Liberty*, Oxford University Press, 1969, p. 128.

步精神"而一再说:"进步的唯一无穷而永久的源泉就是自由。"①这样,若要社会进步,根本说来,便应该给人以自由;若是压抑自由,便从根本上阻碍了社会进步。换言之,自由的社会,必定繁荣进步;不自由的社会,必定停滞不前——若是它还能进步,那并不是因为它不自由,恰恰相反,乃是因为在这不自由的社会里,存在着勇于反抗而不畏牺牲的自由的斗士们。

综观自由价值可知,一方面,自由是可欲的,因为它本身就是可欲的,它是人类的一种基本需要、基本欲望、基本目的,这是自由的内在价值;另一方面,自由是可欲的,因为它是达成自我实现和社会进步的根本条件,这是自由的外在价值。由此可以理解,为什么裴多菲会写道:"生命诚可贵,爱情价更高,若为自由故,二者皆可抛。"由此可以理解,为什么自由是社会主义核心价值标准之一。

自由的这种价值,特别是其外在价值,使其成为人道的根本原则。因为自由是使人自我实现的根本条件显然意味着:使人自由是使人自我实现的根本原则。而使人自我实现,如前所述,乃是人道深层总原则。于是可以得出结论说:自由是人道根本原则。人道主义大师但丁已经发现了伦理学这个至关重要的原理,他一再说:"好的国家是以自由为宗旨的。"②"这一个关于我们所有人的自由的原则,乃是上帝赐给人类的最伟大的恩惠:只要依靠它,我们就能享受到人间的快乐;只要依靠它,我们就享受到像天堂那样的快乐。如果事情确实如此,那么,当人们能够充分利用这个原则的时候,谁还会说人类并没有处在它最好的境况之中呢?"③"当人类最自由的时候,就是它被安排得最好的时候。"④

---

① Robert Maynard Hutchins, *Great Books of The Western World*, Volume.43. *On Liberty*, by John StuartMill,Encyclopedia Britannica,Inc. ,1980,p.300.

② 周辅成编:《从文艺复兴到十九世纪资产阶级哲学家政治思想家有关人道主义人性论言论选辑》,商务印书馆1973年版,第21页。

③ 《从文艺复兴到十九世纪资产阶级哲学家政治思想家有关人道主义人性论言论选辑》,第20页。

④ 《从文艺复兴到十九世纪资产阶级哲学家政治思想家有关人道主义人性论言论选辑》,第19页。

可是,究竟怎样才能使人自由从而使自由原则——亦即人道根本原则和社会治理的最高原则——得到实现呢?人是个社会动物;他所过的生活,乃是一种社会的生活。因此,每个人能否得到自由,便完全取决于他们所生活于其中的社会,究竟是个什么样的社会:只有当每个人所生活于其中的社会是个自由的社会,每个人才能真正获得自由,从而使自由原则得到实现。然而,究竟何谓自由社会?可能有自由社会吗?

三、自由原则

任何社会都不可能没有强制而完全自由。那么,究竟怎样的社会才是自由的社会?社会不过是由无数人组成的大集体,所以自由集体的特征也就是自由社会的特征。然而,怎样的集体才是自由的集体?不难看出,自由的集体乃是这样的集体,在这个集体中,所有的强制都是全体成员一致同意服从的。这样,该集体虽有强制,但每个人对它的服从,便既是在服从他人的意志,同时也是在服从自己的意志,因而也就是自由的。举例说,打扑克、下象棋,都有种种必须服从的强制规则。可是,每个人都不感到不自由。为什么?岂不就是因为,这些强制规则是每个人都同意服从的?社会也是如此。如果一个社会的所有强制都符合该社会全体成员一致同意或认可的行为规范,那么,每个人对该社会强制的服从,同时也是在服从自己的意志,因而也就是自由的。

不过,一个国家的全体成员往往数以亿计,怎样才能取得一致同意或认可?无疑只有实行民主政治,从而通过代议制和多数裁定原则而间接地取得一致同意。这样,代表们所制定的行为规范可能是很多公民不同意的;但代表既然是他们自己选举的,那么,这些他们直接不同意的规范,也就间接地得到了他们的同意。多数代表所确定的规范,可能是少数代表不同意的;但他们既然同意少数服从多数的原则,那么,这些他们直接不同意的规范,也就间接地得到了他们的同意。这种直接或间接得到全社会每个成员同意的行为规范——法和道德——便是所谓的"公共意志",所以只要实行民主政治,那么,不管一个社会有多少成员,该社会的法和道德都可以直接或间接得到每个成员的同意而成为"公共意志";从而每个人对它的服从,也就是在服从既属于别人也属于自己的意志,因而也就都是自由的。

可见,所谓自由社会,特别是社会主义的自由社会,须具备两个条件。第一个条件是,该社会必须是法治而不能是人治。也就是说,统治者必须按照法律和道德进行管理,而不能违背法律和道德而任意管理。第二个条件是,该社会的法律和道德必须由全体成员或其代表制定或认可,从而是公共意志的体现;而不能是个别人物意志的体现。合而言之,一个自由-人道社会的任何强制,都必须符合该社会的法律和道德;该社会的所有法律和道德,都必须直接或间接得到全体成员的同意。这就是自由的法治原则,这就是衡量一个社会是否自由、是否人道的法治标准。

如果一个社会所有的强制都符合其法律和道德,并且所有的法律和道德都是公共意志的体现,那么,该社会就是个自由的、人道的社会吗?还不够。自由的、人道的社会还须具备另一个条件,那就是:人人都必须同样地、平等地享有自由,同样地、平等地服从强制、法和道德。否则,如果一些人必须服从强制、法和道德,另一些人却不必服从强制、法和道德;一些人能够享有自由,另一些人却不能够享有自由,那么,这种社会显然不是个自由社会。所以霍布豪斯说:"在假定法治保证全社会享有自由时,我们是假定法治是不偏不倚、大公无私的。如果一条法律是对政府的,另一条是对百姓的,一条是对贵族的,另一条是对平民的,一条是对富人的,另一条是对穷人的,那么,法律就不能保证所有的人都享有自由。就这一点来说,自由意味着平等。"①

可见,人人应该平等地享有自由:在自由面前人人平等;人人应该平等地服从强制、法和道德:在强制、法和道德面前人人平等。这就是自由的平等原则,这就是衡量一个社会是否自由、是否人道的平等标准。

---

① 霍布豪斯:《自由主义》,商务印书馆1996年版,第10页。

一个社会,如果实现了自由的法治标准和平等标准,就是个自由的、人道的社会吗?为了弄清这个问题,让我们假设有这样一个社会,该社会全体成员都愿意像军人一样生活,从而一致同意制定并且完全平等地服从最严格的法律。如是,这个社会确实实现了自由的法治标准和平等标准,但它显然不是个自由的、人道的社会:它的强制的限度过大,而自由的限度过小,所以自由、人道社会之为自由、人道社会,还含有一个要素:强制和自由的限度。

　　毫无疑义,若是没有一定的强制,任何社会都不可能维持其存在。不过,强制有两种。一种是坏的、恶的,如杀人越货;另一种则是好的、善的、必要的,如枪杀凶手、惩罚罪犯。然而,若从自由的价值来看,所谓好的、善的、必要的强制,仅仅是就其结果来说的;若就强制自身性质来说,则同样因其使人失去自由而不能不是恶,只不过是必要的恶罢了。

　　必要的恶之必要性,无非有二。一是可以防止更大的恶。如阑尾炎手术,割开肚子,是害、是恶。但这种恶是必要的,因为它可以防止更大的恶:死亡。二是可以求得更大的善。如冬泳寒水刺骨,苦不堪言,是害、是恶。但这种恶是必要的,因为它可以求得更大的善:健康长寿。那么,社会必要的强制之必要性,究竟在于防止更大的恶,还是在于求得更大的善,抑或兼而有之?

　　社会强制这种恶的必要性,只在于防止更大的恶,而不在于求得更大的善。因为自由价值的研究表明:自由是每个人创造性潜能的实现和全社会发展进步的最为根本的必要条件;强制、不自由是每个人创造性潜能的实现和全社会发展进步的根本障碍。因此,长久地看,强制只能防止社会灭亡而保障社会的存在,却不能促进社会发展;而只有自由才能促进社会的发展:只能防止更大的恶而不能求得更大的善。

　　这样,在社会能够存在的前提下,社会的强制越多、自由越少,则每个人的创造性潜能的实现便越不充分;而社会的发展进步,长久地看,便越慢;因而人们也就越加不幸。反之,社会的强制越少、自由越多,则每个人的创造性潜能的实现便越充分;而社会的发展进步,长久地看,便越快;因而人们也就越加幸福。一句话,只要社会能够存在,社会的强制便应该等于零而完全自由。换言之,一个社会的强制,应该保持在这个社会的存在所必需的最低限度;一个社会的自由,应该广泛到这个社会的存在所能容许的最大限度。这就是自由的限度原则,这就是衡量一个社会是否自由、是否人道的自由限度之标准。

综上可知,自由的法治、平等与限度三大原则,乃是自由——人道社会的普遍原则,是衡量任何社会是不是自由社会、是不是人道社会的普遍标准:符合三者的社会便是自由的、人道的社会;只要违背其一,便不配享有自由、人道社会的美名。

思考题

1. 霍布斯说:"自由的含义,精确讲来,是指不存在障碍。所谓障碍,我指的是动作的外部阻碍。……但是,当动作的阻碍存在于事物本身的构成之中时,我们通常不说它缺乏自由,而只说它缺乏动作的能力,如静止的石头或卧床的病人。"(Thomas Hobbes, Leviathan, Simon & Schuster Inc. ,1997, p. 159)然而,今日学者,无论中西,几乎都将霍布斯关于自由的这一定义,看作是"消极自由"的定义。这种看法正确吗?

2. 斯宾诺莎认为,真正的自由,亦即自主,也就是理智自主,是理智支配情欲从而能做明知当做之事而不做明知不当做之事;真正的不自由则不自主,是理智不自主,是情欲支配理智从而去做明知不当做之事而不做明知当做之事。他写道:"受情感或意见支配的人,与为理性指导的人……我称前者为奴隶,称后者为自由人。"(斯宾诺莎:《伦理学》,商务印书馆1962年版,第205页)这种关于自由和不自由的定义能成立吗?

3. 柏林说:"有一种似乎很有理的说法:如果一个人穷得负担不起法律并不禁止他的东西——如一片面包、环球旅游或诉诸法院——他也就和法律禁止他获得这些东西一样的不自由。"(Isaiah Berlin, *Four Essay on Liberty*, Oxford University Press, 1969, p. 122)这种说法到底有没有道理?

4. 按照流行的观点,存在着两个自由概念。一个是哲学的自由概念:按照自己的意志利用必然性来改变偶然性从而选择实现某种可能性的行为,亦即任意选择可能性的行为;另一个是伦理学、政治学或社会科学的自由概念:没有外在障碍因而能够按照自己意志进行的行为。这种两个自由概念的观点能成立吗?

5. 哈耶克说:"自由民族,就其本义来说,未必是一个由自由人构成的民族;而个人自由也并不必须享有这种集体自由。"(Friedrich A. Hayek, *The Constitution of Liberty*, The University of Chicago Press, 1978, p.13)"因为对民族自由的追求并不总是增进个人自由:它有时会使人们宁可选择一个自己民族的专制君主,而不要异族多数构成的自由政府。"(Friedrich A. Hayek, *The Constitution of Liberty*, The University of Chicago Press, 1978, p.15)这种观点能成立吗?

6. 道家主张"无为而治",自由主义则认为"管得越少的政府,就是最好的政府"。试就此比较二者自由观之异同。

7. 柏林看到,民主社会不但仍然可能是个不自由的社会,而且还可能比君主社会更不自由;人们在懒散无能、同情自由的、仁慈的专制君主国所享有的个人自由可能多于不尚宽容的民主国家。柏林由此进而断言:"个人自由和民主统治之间,并没有什么必需的联系。'谁统治我'和'政府干涉我多少'从逻辑上看,是截然不同的两个问题。"(Isaiah Berlin, *Four Essay on Liberty*, Oxford University Press, 1969, p.130)柏林说得对吗?

参考文献

[1]《马克思恩格斯全集》第1卷,人民出版社1956年版。
[2] 阿克顿:《自由与权力》,商务印书馆2001年版。
[3] 斯宾诺莎:《伦理学》,商务印书馆1962年版。
[4] 洪堡:《论国家的作用》,中国社会科学出版社1998年版。
[5] 霍布豪斯:《自由主义》,商务印书馆1996年版。
[6] 霍布斯:《利维坦》,商务印书馆1987年版。
[7] 科恩:《论民主》,商务印书馆1988年版。

[8] Adam Smith, *An Inquiry into the Nature And Causes of the Wealth of Nations*, Clarendon Press, 1979.

[9] Giovanni Sartori, *The Theory Democracy Revisited*, Chatham House Publisher Inc., 1987.

[10] Isaiah Berlin, *Four Essay on Liberty*, Oxford University Press, 1969.

[11] Friedrich A. Hayek, *The Constitution of Liberty*, The University of Chicago Press, 1978.

第七章
平等

提要

一方面,每个人因其最基本的贡献完全平等——每个人一生下来便都同样是缔结、创建社会的一个股东——而应该完全平等地享有基本权利、完全平等地享有人权,可以名之为完全平等原则;另一方面,每个人因其具体贡献的不平等而应享有相应不平等的非基本权利,也就是说,人们所享有的非基本权利的不平等与自己所做出的具体贡献的不平等比例应该完全平等,可以名之为比例平等原则。这些平等原则构成了最根本、最重要的社会公正——分配制度公正——因而也就是最根本、最重要的公正原则:平等是最根本、最重要的公正,是社会主义核心价值标准之一。

一、人性是人权的依据吗

按照今日西方主流意识形态的观点,人性是人权的依据,人权是每个人作为人所具有的共同人性赋予的:"人权是所有的人因为他们是人就平等地具有的权利。"①这种观点能否成立,是极其复杂的问题。因为所谓人权的依据,不是别的,乃是人类最重要的道德原则——亦即平等原则——的核心,所以解析这个难题的起点是:究竟何谓平等?

平等无疑是人们相互间的相同性。但是,人们相互间的相同性并非都是平等。两个人手上有个相同的黑痣,便不能说他们有平等的黑痣。他们有相同的姓氏,也不能说有平等的姓氏。那么,平等究竟是人们相互间的哪一种相同性呢?是人们相互间与利益获得有关的相同性。这种相同性或者是所获得的利益之本身相同,或者是所获得的利益之来源相同;非此即彼。就拿天资与性别来说:二者并不直接就是利益,但可以带来利益,从而是利益的来源。因此,两人在天资与性别方面相同,便属于所获利益来源相同。反之,人的工资与职务本身直接就是利益。因此,两人若是工资与职务相同,便属于所获利益本身相同。人们之间的相同性只有关涉以上二者——或者是利益或者是利益来源——才能叫做平等。试想,为什么不能说两人有平等的黑痣和姓氏,却可以说有平等的性别与职务?岂不就是因为有没有什么黑痣姓氏无关利害,而性别职务却与利害相关吗?

可见,人们相互间的相同或差别未必都与利害相关;而人们相互间的平等或不平等却都必定关涉利害:平等是人们相互间与利益获得有关的相同性;而不平等则是人们相互间与利益获得有关的差别。

因此,平等与不平等,一方面起因于自然,是自然造成的,因而是不可选择、不能进行道德评价、无所谓善恶应该不应该的,如性别、肤色、人种、相貌、身材、天赋能力等方面的平等与不平等。这是自然平等与不平等。平等与不平等,另一方面则起因于人的自由活动,是人的自由活动造成的,因而是可以选择、可以进行道德评价、有善恶应该不应该之别的,如贫与富以及均贫富、贵与贱以

---

① 沈宗灵、黄楠森主编:《西方人权学说》,四川人民出版社1994年版,下册,第116页。

及等贵贱、按贡献分配以及收入均等化等等。这是人为平等与不平等。

这样，自然平等与人为平等虽然都与利益相关，都是人与人的利益关系问题，但是，自然平等仅仅是个利益问题，而不是个应该不应该的权利问题。反之，人为平等则不仅是个利益问题，而且是个应该不应该的权利问题：人为平等，说到底，实乃权利平等。这就是为什么我们可以说有权利得到什么工资、职务、地位，却不能说有权利得到什么肤色、性别、天赋的缘故。

既然自然平等无所谓应该不应该，而只有人为平等才有所谓应该不应该，那么，平等作为一种应该如何的道德原则，也就只能是人为平等，说到底，只能是权利平等：平等原则实乃权利平等原则，所以法国《人权宣言》说："平等就是人人能够享有相同的权利。"这是否意味着，一切人所享有的一切权利都应该完全平等呢？是否主席总统与平民百姓所享有的一切权利都应该完全平等呢？显然不是。总统与平民所享有的一切权利既不可能也不应该完全平等。那么，这是否又意味着人权宣言是错误的：人人不应该享有平等权利？也不是。然而，人人应该享有平等权利是正确的；总统与平民不应该享有平等权利也是正确的：岂非悖论？并非悖论。因为权利平等原则有两层含义：应该完全平等的仅仅是基本权利；而非基本权利则不应该完全平等。

所谓基本权利，也就是人们生存和发展的必要的、起码的、最低的权利，是满足人们政治、经济、思想等方面的基本的、起码的、最低的需要的权利；而非基本权利则是人们生存和发展的比较高级的权利，是满足人的政治、经济、思想等方面的比较高级需要的权利。举例说，一个人能否享有选举权与被选举权，就是个能否享有最低的、起码的、基本的政治权利问题；至于他能否当选或担任何种官职，则是个能否享有比较高级的、非基本的政治权利问题。吃饱穿暖是最低的、起码的、基本的经济权利；而精食美服则是比较高级的、非基本的经济权利。言论出版自由是最低的、起码的、基本的思想权利；但究竟能否在某学术会议上发言，或在某出版社出书以及高稿酬还是低稿酬等等，则都是比较高级的、非基本的思想权利了。

可见,基本权利与非基本权利的分类非常简单。然而,这两种权利的源泉和依据问题却极为复杂难解;以致从亚里士多德到罗尔斯2000年来,思想家们一直努力探寻:究竟为什么每个人应该享有基本权利和非基本权利?每个人享有基本权利与非基本权利的源泉或依据究竟是什么?这个难题至今没有得到可以自圆其说的解析。我们解决这个问题的困难首先在于:一切权利,如前所述,都只应依据于贡献而按贡献分配。于是,每个人所享有的基本权利也就只应依据每个人对社会的贡献而按贡献分配。可是,如果说基本权利应该完全平等地分配,那岂不意味着:每个人不论贡献如何都应该完全平等地分有基本权利?这岂不自相矛盾?

原来,每个人都应该完全平等地享有基本权利的依据乃在于:每个人都是缔结、创建社会的一个成员。因为,正如无数先哲所论,人是社会动物。脱离社会,人便无法生存,所以每个人的一切利益,说到底,便都是社会给予的:社会对于每个人具有最高效用、最大价值。而社会又不过是每个人的结合,不过是每个人所结成的大集体。因此,每个人不论如何,只要他生活在社会中,便为他人做了一大贡献:缔结、创建社会。任何人的其他一切贡献皆基于此!因为若没有社会,任何人连生存都无法维持,又谈何贡献?没有社会,贝多芬能贡献命运交响曲、曹雪芹能写出红楼梦、瓦特能发明蒸汽机吗?

所以缔结社会在每个人所做出的一切贡献中是最基本、最重要的贡献。不仅如此,须知每个人的这一贡献还是以自己蒙受相应的损失、牺牲为代价的。因为人们结成任何一个集体,都会有得有失。比如结婚就会失去单身汉的自由,但能生儿育女,得到家庭的温馨。人类社会也是由一个个人所结成的集体,只不过这个集体并不是每个人自愿结成,而是生来就有、不可选择的罢了。也就是说,从历史上看,人类并不是先有脱离社会的自然状态,尔后这些自然状态的个人通过契约而结成社会。但是,历史上不存在的东西,并不妨碍其在逻辑上存在。从逻辑上看,每个人脱离自然状态而结成社会,也同样有得有失,如失去自然自由等等。这一点,社会契约论者已经说得很清楚了。那么,每个人在社会中能得到什么呢?显然,每个人不论贡献如何,最低都应该得到作为人类社会的一员、一分子、一个人所应该得到的东西。可是,作为人类社会的一员、一个人究竟应该得到什么呢?无疑至少应该得到生存和发展的必要的、起码的、最低的权利,即享有所谓基本权利。

每个人不仅应该享有基本权利,而且应该完全平等地享有基本权利。因为虽然人的才能有大小、品德有高低、贡献有多少,但在缔结、创建社会这一最基本最重要的贡献和因其所蒙受的损失上却完全相同——因为每个人并不是在成为总统或平民、文豪或文盲之后才来缔结、创建社会的,而是一生下来就自然地、不可选择地参加了社会的缔结、创建。而每个人一生下来显然完全同样地是结成社会的一分子、一股东,完全同样地参加了社会的缔结、创建。每个人之所以不论具体贡献如何都应该完全平等地分有基本权利,就是因为并且仅仅是因为每个人参与缔结社会这一最基本、最重要的贡献和因此所蒙受的损失是完全相同的,所以分配给那目不识丁的老百姓与那名震寰宇的大总统同样多的基本权利,就决不是什么恩赐,而是必须偿还的债务:"社会并未白送给他什么。每个人都是社会的一个股东,从而有权支取股本。"①

可见,基本权利平等分配不但未违背而且恰恰是依据按贡献分配权利的原则:基本权利是每个人因其同样是缔结社会的一股东而应平等享有的权利;是每个人因其同样是结成人类社会的一个人而应平等享有的权利。因此,基本权利便被叫做"人权":人权是每个人因其同样是结成人类社会的一个人而应平等享有的基本权利。但是,结成人类社会与结成其他集体有所不同:每个人只要一生下来,就自然地、不可选择地参加了社会的缔结、创建而成为人类社会一股东,所以人权或基本权利是人人与生俱来、自然赋予的:天赋人权。一句话,基本权利、人权、天赋权利三者是同一概念。

不过,所谓天赋人权,只是说人权乃每个人天生的贡献——亦

---

① 《潘恩选集》,商务印书馆1963年版,第143页。

即缔结社会——所赋予的。然而,遗憾的是,几乎所有天赋人权论者——亦即西方主流意识形态思想家——却以为人权是每个人作为人所具有的共同人性天然赋予的。① 这是错误的。因为照此说来,一个人,只要还活着,只要还是人,他便应该享有人权。这样,一个人不管做了多大坏事,不论他给社会和他人造成多大损害,他的人权也不应该被剥夺,他也应该与好人一样享有人权。因为他再坏,也与最好的人一样地是人,一样地具有那普遍的完全相同的人性。

可是,面对现实,这些天赋人权论者又不得不承认,并非一切人都应享有人权:一个杀人犯,夺去了他人性命,他自己的生命权也就应该被剥夺了。这当然是非常正确的。可是,这样一来,这些天赋论者便自相矛盾了:既说凡是人都应该享有人权,又说坏人不应该享有人权。摆脱之法显然只有否定其一。而凡是人都应该享有人权否定不得,于是只好否定坏人是人了。一位天赋人权论者便这样写道:"坏人只有坏到不是人的时候,才可以剥夺其人权。"②坏人难道会坏到不是人的程度吗?坏人再坏,不也是坏人,不也是人吗?不也与好人共有同样的人性吗?

究其实,杀人犯等坏人之所以不应享有人权,并非因为他们不再是人,而是因为他们对他人和社会的损害已超过了他们参与缔结创建社会的贡献。任何人,只要他给社会和他人的损害大于或等于其贡献,以至净余额是损害或零,那么,他就不应该再享有人权——他至多只应享有人道待遇,享有他作为人所应享有的利益而非权利。假设有一人,生下来便孤零零生活于深山老林而与世完全隔绝,因而对社会对他人毫无贡献,其净余额是零。那么,我们若是在深山与他相遇,难道我们竟会负有义务而必须使他享有政治经济思想等方面的基本权利、必须使他享有人权吗?显然,我们不应该负有这种义务;他也不应该享有这种权利。我们应该负

---

① Mortimer J. Adler, *Six Great Ideas*, A Touchstone Book, Simon & Schuster, New York, 1997, p.166.
② 邱本:《无偿人权和凡人主义》,载《哲学研究》1997年第2期。

有的只是一种对同类的博爱之心,出于这种爱心,我们只应该而非必须为他谋取利益,所以每个人作为人,只应享有利益而不应享有权利;每个人作为缔结人类社会的一个人,才不仅应该享有利益而且应该享有权利,即享有人权。

因此,人权虽是天赋的,应该人人平等享有,但每个人享有人权,也如同享有其他权利一样,是以负有一定的义务或贡献为前提的。这种义务或贡献,一方面是积极的,即每个人必须与他人一起共同做出缔结社会的贡献,这是人人平等享有人权的源泉、依据;另一方面是消极的,即每个人不得损害他人人权,这是人人平等享有人权的保障、条件。野人逃避了前者、坏人违反了后者,所以都不应该享有人权。

于是,我们可以得出结论说:每个人因其最基本的贡献完全平等——每个人一生下来便都同样是缔结、创建社会的一个股东——而应完全平等地享有基本权利、完全平等地享有人权。这就是人权、基本权利完全平等原则,也就是所谓的"人权原则"。

因此,"人权原则"不过是解决"人作为人类社会的一个人应该得到什么"问题的贡献原则或社会公正原则。进言之,人权原则是最重要的公正。因为公正是给每个人以其所应得。每个人所应得的一切东西,不外两个方面。一方面是他作为与其他人所共同的人、人类社会一员所应得的东西;一方面是他作为与其他人所不同的自己所应得的东西。于是,公正便不外两大类型。一类叫做人权原则,是给予每个人作为人所应得的行为;另一类是给予每个人作为他自己所应得的行为:前一类型的公正显然重要于后一类型的公正。因此,人权原则,给予每个人作为人所应得的行为,便是最重要的公正。而公正是人类社会最重要的道德,是社会治理的最重要道德原则,是社会主义核心价值,所以人权原则便因其是最重要的公正,而是人类社会最最重要的道德,是社会治理的最最重要道德原则,是最重要的社会主义核心价值标准之一。

二、获得补偿是弱势群体的权利

每个人应该完全平等享有人权、基本权利,显然意味着:人们应该不平等地享有非人权权利、非基本权利或比较高级的权利。但是,在这种权利不平等的分配中,那些获利较多的强势群体应该给获利较少的弱势群体以补偿。人们往往以为,这种补偿是强势群体的仁慈和恩赐。其实不然。这种补偿乃是强势群体的义务;而获得这种补偿则是弱势群体的权利。这是非基本权利不平等分配原则——亦即比例平等原则——之为公正原则的根本特征。

"比例平等"首创于亚里士多德。对于这个概念,他曾这样解释说:"既然公正是平等,基于比例的平等就应是公正的。这种比例至少需要有四个因素,因为'正如 A 对 B,所以 C 对 D。'例如拥有量多的付税多,拥有量少的付税少,这就是比例;再有,劳作多的所得多,劳作少的所得少,这也是比例。"①

观此可知,所谓非基本权利比例平等,不过是说,谁的贡献较大,谁便应该享有较大的非基本权利;谁的贡献较小,谁便应该享有较小的非基本权利;每个人因其贡献不平等而应享有相应不平等的非基本权利。这样,人们所享有的权利虽是不平等的,但每个人所享有的权利的大小之比例与每个人所做出的贡献的大小之比例却应该完全平等;或者说,每个人所享有的权利的大小与自己所做出的贡献的大小之比例应该完全平等。这就是非基本权利比例平等原则。举例说,张三做出一份贡献,应享有一份权利;李四做出三份贡献,便应享有三份权利。这样,张三与李四所享有的权利是不平等的。但是,张三与李四所享有的权利之比例与他们所做出的贡献之比例却是完全平等的;换言之,他们所享有的权利与自己所做出的贡献的比例是完全平等的:

$$\frac{张三一份权利}{一份贡献} = \frac{李四三份权利}{三份贡献} \quad 或者 \quad \frac{张三一份权利}{李四三份权利} = \frac{张三一份贡献}{李四三份贡献}$$

---

① 《亚里士多德全集》第 8 卷,中国人民大学出版社 1992 年版,第 279 页。

非基本权利应该比例平等原则表明,社会应该不平等地分配每个人的非基本权利。但是这种权利不平等的分配应该完全依据贡献的不平等,从而使人们所享有的权利与自己所做出的贡献的比例达到平等。为了做到这一点,在这种权利不平等的分配中,正如罗尔斯的补偿原则所主张的,获利较多的强势群体还必须给较少的弱势群体以相应的补偿权利:"社会和经济的不平等,如财富和权力的不平等,只要其结果能给每个人——特别是那些最少受益的社会成员——带来补偿利益,它们就是正义的。"①

那么,为什么获利较多的强势群体必须给获利较少的弱势群体以补偿权利?因为获利多的强势群体比获利少的弱势群体较多地利用了双方共同创造的资源:"社会""社会合作"。并且,获利越少的弱势群体对共同资源"社会合作"的利用往往便越少,因而所得的补偿权利便应该越多;获利最少的弱势群体对"社会合作"的利用便最少,因而便应该得到最多的补偿权利。举例说,那些大歌星、大商贾、大作家,是获利较多的强势群体。他们显然比工人农民们等获利较少的弱势群体较多地使用了双方共同创造的资源:"社会""社会合作"。若是没有社会、社会合作,这些大歌星大商贾大作家们统统都会一事无成;若非较多地使用了社会合作,他们也绝不可能做出那些巨大贡献。这些获利较多的强势群体的贡献之中既然包含着对共同资源的较多使用,因而也就间接地包含着获利较少的弱势群体的贡献。于是,他们因这些巨大贡献所取得的权利,便含有获利较少的弱势群体的权利,所以便应该通过个人所得税等方式从获利较多的强势群体的权利中,拿出相应的部分补偿、归还给获利较少的弱势群体:这些补偿是弱势群体的权利。否则,获利多的强势群体便侵吞了获利少的弱势群体的权利,是不公平的。

然而,诺齐克反对补偿原则,认为恰恰是它侵犯了个人权利。他举例说:"假设威尔特·张伯伦有巨大的票房价值而为篮球队

---

① John Rawls, *A Theory of Justice*, Revised Edition, Harvard University Press, 2000, p.13.

急需。他和一个球队签订了如下契约:在家乡的每场比赛中,从每张门票的票价里抽出 25 美分给他。适逢旺季,人们欢天喜地来看他的球队的比赛。他们买票时,每次都把从门票分出来的 25 美分投进一个写有张伯伦名字的专门箱子里。他们观赏他的表演而兴奋激动;花这些钱对他们来说是值得的。假设一个旺季有 100 万人观看了他的比赛,张伯伦得到了 25 万美元,这是一个比平均收入大得多的数字,甚至多于任何人。他有权利享有这笔收入吗?"[1]诺齐克的回答是肯定的。既然张伯伦有权拥有这 25 万美元,那么,补偿原则却要通过个人所得税而从张伯伦这 25 万美元收入中拿出一定部分进行再分配,岂不侵犯了张伯伦的权利?

诺齐克的反对是不能成立的。因为体现补偿原则的个人所得税并没有侵犯张伯伦的权利。张伯伦 25 万美元的巨额个人收入,固然源于其巨额贡献。可是,若没有社会,张伯伦能做什么呢? 恐怕不如一个目不识丁的农民,甚至连自己的命都保不住。他之所以能做出巨大贡献,显然是因为他与农民等人共同创造了社会,特别是因为他比那些农民等人较多地使用了"社会"这个共同的资源。因而,在他那巨额贡献中,也就间接地包含了农民等人的贡献;在他那 25 万美元巨额收入中也就间接含有农民等人的收入,所以通过个人所得税而从张伯伦 25 万美元收入中拿出相应的部分归还给农民等人,并没有侵犯张伯伦的权利;相反地,如果不这样做,而让张伯伦独享 25 万美元,恰恰是侵犯了农民等人的权利。

这就是非人权权利比例平等原则。那么,它与人权完全平等原则是何关系? 当我们进一步考察这两个原则的关系时,便不难发现:人权神圣不可侵犯原来只是处理完二者关系的一个道德原则。因为人权、基本权利的分配无疑优先于非人权权利、非基本权利的分配:当二者发生冲突时,应当牺牲后者以保全前者;人权神圣不可侵犯! 举例说,当一个社会的物质财富极度匮乏时,如果人人吃饱从而平等享有基本权利,那么,就几乎不会有人吃好而享有

---

[1] Robert Nozick, *Anarchy, State And Utopia*, China Sciences Publishing House Chengcheng Books Ltd, Beijing, 1999, p.161.

非基本权利。这样,每个人就几乎完全平等享有经济权利,因而便违反了比例平等原则,侵犯了有大贡献者在经济上所应该享有的非基本权利。反之,如果一些有大贡献者吃好而享有非基本权利,那么,就会有人饿死而享受不到基本权利。这样,基本权利便不是人人平等享有的,因而便违反了完全平等原则,侵犯了一些人的基本权利。在这种情况下,应该怎么办?显然应该违反比例平等原则而侵犯某些有大贡献者的非基本权利"吃好",以便遵循完全平等原则而保全每个人的基本权利"吃饱":人权是神圣、优先、不可侵犯、不可剥夺的。严格说来,任何一个社会,如果它是公平的、正义的,那么,在这种社会里,只要有一个人不能吃饱、没有享受到人权,那么,任何人,不管他的贡献有多大,便都不应该吃好、不应该享有非基本权利。

然而,为什么一个人不论多么渺小,他的人权也优先于另一个人——不管他多么伟大——的非基本权利?这是因为,社会不过是"一个目的在于增进每个成员利益的合作体系"①。每个人都是这个合作体系、合作集体的一个股东。在这个大集体中,毫无疑义,贡献多者所享有的权利应该多;贡献少者所享有的权利应该少。但是,一个人的贡献再少,也与贡献最多者同是缔结社会的一个股东,因而至少也应该享有最低的、起码的、基本的权利,即人权。反之,那些有大贡献者的贡献再大,也完全是以社会的存在为前提,因而也就完全是以每个人缔结社会这一最基本的贡献为前提,所以有大贡献者究竟应否享有非基本权利,也就完全应该以每个人是否已享有基本权利为前提。一句话,每个人的人权、基本权利之所以是优先的、神圣不可侵犯的,就是因为赋予这一权利的每个人参加缔结社会的这一基本贡献,优先于、重要于任何其他贡献。不过,人权的神圣性、优先性、不可侵犯性、不可剥夺性并不是绝对的、无条件的,而是相对的、有条件的。因为,一个人如果完全逃离社会或侵犯了他人的人权,那么,他也就不应该享有相应的人

---

① John Rawls, *A Theory of Justice*, Revised Edition, Harvard University Press, 2000, p.4.

权了。他的人权只有相对于其他人的非基本权利来说,只有在与其他人的非基本权利发生冲突的条件下,才是优先的、神圣的、不可侵犯、不可剥夺的。

人权完全平等与非人权权利比例平等,不过是权利平等原则的两个侧面。合而言之,可以得出结论说:一方面,每个人因其最基本的贡献完全平等——每个人一生下来便都同样是缔结、创建社会的一个股东——而应该完全平等地享有基本权利、完全平等地享有人权,这是完全平等原则,亦即所谓人权原则;另一方面,每个人因其具体贡献的不平等而应享有相应不平等的非基本权利,也就是说,每个人所享有的非基本权利的不平等,与自己所做出的具体贡献的不平等的比例应该完全平等,这是比例平等原则,是非人权权利分配原则。这就是权利平等总原则的两个方面,这就是平等总原则。这一原则是否足以解决我们在现实生活中所遭遇的平等问题呢?答案是否定的。因为平等问题,正如萨托利所说,是个"戈尔地雅斯难结":"平等的复杂程度——我称之为迷宫——其程度比自由的复杂程度更大。"①这样,要真正解决平等问题,仅有平等总原则是不够的;还须以平等总原则为指导,根据平等的具体类型,从中推导出相应具体的平等原则。这些具体原则可以归结为三大平等:政治平等、经济平等、机会平等。

三、每个人只顶一个

"每个人只顶一个,不准一个人顶几个!"边沁的这句名言,说出了政治平等原则之真谛。因为所谓政治平等原则,亦即政治权利平等原则。政治权利无疑是掌握政治权力进行政治统治的权利。这种权利,细究起来,分为两大类型:直接统治权利与间接统治权利。直接统治权利是担任政治职务的权利;担任政治职务而成为统治者,也就能够对被统治者进行直接统治了。间接统治权

---

① Giovanni Sartori, *The Theory Democracy Revisited*, Chatham House Publisher Inc., 1987, p. 352.

利则是所谓的参政权,主要包括选举、罢免、创制、复决四种权利。这是通过管理统治者而间接统治被统治者的权利;说到底,也就是被统治者反过来对统治者进行管理,从而使统治者按照被统治者自己的意志进行统治的权利。因此,这种权利也就是所谓的"政治自由":政治自由是公民使国家政治按照自己意志进行的权利,是被统治者使统治者按照自己意志进行统治的权利。

政治自由乃是全体公民使国家政治按照自己的意志来进行的自由,因而也就只有执掌国家最高权力才能办到;享有政治自由的权利也就是决定国家政治命运的权利,也就是执掌国家最高权力的权利。由此观之,政治自由岂不是最高级的政治权利?非也!因为政治自由并不是一个人独享最高权力,而是全体公民共享最高权力。而正如马起华先生所说,权力的大小与同一权力享有者的人数成反比:"就同一权力行使的人数言,人数愈少,每人权力愈大;人数愈多,每人权力愈小,所以独任制首长的权力大于合议制首长的权力。"[①]因此,享有政治自由的全体公民共同享有的,固然是最高最大的权力;但分散到每个公民自己所享有的,却并非最高最大权力,而是最低最小的权力了。它比最低等的官吏所拥有的权力还小:它不过是亿万张选票中的一张选票的权力罢了,所以每个人所享有的政治自由权利,是最低最小的权利,是基本权利,是人权;反之,一个人所享有的担任政治职务的权利,则是较高较大的权利,是非基本权利而不是人权。

政治自由是人权,所以根据人权应该完全平等原则,每个人都应该完全平等地享有政治自由。换言之,每个人都应该完全平等地共同决定国家政治命运。说到底,每个人都应该完全平等地共同执掌国家最高权力:"每个人只顶一个,不准一个人顶几个。"[②]这就是政治权利完全平等原则,这就是政治人权原则,这也就是所谓的人民主权原则,因而也就是民主政治的基本依据之一,特别是社会主义民主政治的基本依据。

---

① 马起华:《政治理论》,台湾商务印书馆1977年版,第二册,第163页。
② 《潘恩选集》,商务印书馆1963年版,第145页。

根据这个原则,纵使真像专制论者所说的那样:民主有多少多少缺憾而专制有多少多少优点,我们也应该民主而不应该专制。因为民主乃是每个人的人权,是每个人因完全平等地作为缔结社会的一个股东而应完全平等地拥有的神圣不可侵犯的政治人权,所以科恩一再说:"如果为民主的辩护完全无需估价它的后果,那这种辩护必须以无可怀疑的原则为基础。在目前这种辩护的情况下所依据的,是人人平等以及政治社会中人皆享有平等权的主张。"①"平等是民主合理性的关键。"②"平等是最接近民主的理论核心的。如果不允许或不承认成员享有基本平等,所有人平等参与管理的精神就会荡然无存。……只有在平等的情况下,才有理由相信应该实行民主,相信那是组织社会公共事务的正确的与适当的方式。"③

　　不难看出,一方面,这一原则所规定的平等或民主,乃是实现人与人相互间一切平等的根本保障。因为,如果实行民主,从而每个人都完全平等地共同执掌国家最高权力,那么,每个人的其他平等,如经济平等和机会平等,能否实现,便完全取决于自己的意志,因而是有保障的。反之,如果不实现民主,国家最高权力不是完全平等地掌握在每个人手中,而是仅仅掌握在一个人或一些人手中,那么,每个人的其他平等能否实现,便完全取决于握有最高权力的那一个人或那一些人的意志,而不是取决于自己的意志,因而是无保障的,所以民主或最高权力的平等,决定其他一切平等,是实现一切其他平等的根本保障。

　　另一方面,这一原则所规定的平等或民主,无疑是人与人之间的最重要最根本的平等。因为,按照这一原则从而实行民主,每个人便完全平等地共同执掌国家最高权力,每个人便完全平等地是国家的最高权力的掌握者,每个人便完全平等地是国家的最高统治者,每个人便是完全平等地握有最高权力的国家的主人。这样

---

① 科恩:《论民主》,商务印书馆 1988 年版,第 271 页。
② 《论民主》,第 278 页。
③ 《论民主》,第 279 页。

一来,人们相互间便真正达到了平等;即使他们相互间的贫富贵贱相当悬殊,毕竟没有主奴之分,而同样是握有最高权力的国家的主人,因而根本说来是完全平等的。反之,如果违背这一原则而不实行民主,从而国家最高权力掌握在一个人或一些人手中,那么,便只有最高权力的执掌者才是主人,而其他人则都是最高权力执掌者的奴隶,因而不论如何,人们相互间毕竟是一种主奴关系,因而根本说来是极不平等的。

那么,每个公民完全平等握有国家最高权力的平等原则,是否就是所谓的政治平等原则?否。每个公民都应该完全平等握有国家最高权力,还不是政治平等原则的全部内容。它仅仅是政治平等原则的一部分,亦即政治自由、政治人权之平等原则;而不是其另一部分,亦即不是政治职务平等原则:政治平等原则分而为政治自由平等原则与政治职务平等原则。如上所述,与政治自由恰恰相反:政治职务不是人权而是非基本权利,所以根据非基本权利比例平等原则,人们应该按其政治贡献大小而比例平等地享有担任政治职务的权利。也就是说,谁的政治贡献大,谁便应该担任较高的政治职务;谁的政治贡献小,谁便应该担任较低的政治职务:每个人因其政治贡献不平等而应担任相应不平等的政治职务。这样,人们所享有的担任政治职务的权利虽是不平等的,但每个人所享有的担任政治职务的权利与自己的政治贡献之比例却是平等的。如图:

$$张三\frac{较高政治职务}{较高政治贡献}=李四\frac{较低政治职务}{较低政治贡献}$$

推此可知,一方面,不应该仅仅按照政治才能分配政治职务,即"任人唯才"。因为如果一个人有才无德,政治才能高而道德品质坏,那么,他不但不会为社会和他人做出政治贡献,反而会严重危害社会和他人。另一方面,也不应该仅仅按照道德品质分配政治职务,即"任人唯德"。因为如果一个人有德无才,道德品质好而政治才能低,那么,他不但不可能为社会和他人做出较大政治贡献,反而往往会好心办坏事,同样严重危害社会和他人。于是,也就只应该兼顾德才分配政治职务,即"任人唯贤":一个人只有德才兼备,只有政治才能高又道德品质好,才能为社会和他人做出较大政治贡献。

综观政治权利平等原则,可以得出结论说:一方面,每个人不论具体政治贡献如何,都应该完全平等地享有政治自由,亦即完全平等地共同执掌国家最高权力从而完全平等地共同决定国家政治命运;另一方面,每个人又因其具体政治贡献(政治才能+道德品质)的不平等而应该担任相应不平等的政治职务,从而使每个人所担任的政治职务的不平等与自己的政治贡献(政治才能+道德品质)的不平等的比例完全平等。这就是政治平等总原则,亦即社会主义核心价值标准之一。

四、两种经济平等:按劳分配与按需分配

不难看出,每个人在经济上所享有的权利与其在经济上所做出的贡献或义务,说到底,实为同一事物,即都是劳动产品:我的经济贡献,说到底,是我给予社会和他人的产品;而我的经济权利,说到底,则是社会和他人给予我的产品,所以社会对于每个人经济权利的分配过程,说到底,无非是每个人所创获的产品的互相交换的过程。准此观之,便应该按照每个人所创获的产品的交换价值,而分配给他含有同量交换价值的经济权利:等价交换。

经济学成果表明:产品的交换价值是产品中所凝结的一般人类劳动对于人们交换需要的效用;产品的交换价值实体是产品中所凝结的一般人类劳动;产品的交换价值量决定于产品的创获所需要的社会必要劳动时间。于是,最终说来,便应该按照每个人所提供的产品的社会必要劳动时间,分配给他含有同量社会必要劳动时间的经济权利:按劳分配。这就是经济权利的按劳分配原则。

可见,按劳分配原则也就是比例平等原则。因为按劳分配,每个人所享有的经济权利虽因各自劳动量不平等而是不平等的;但每个人所享有的经济权利与自己所贡献的劳动量的比例却是完全平等的。如图:

$$张三\frac{三份经济权利}{三份劳动量}=李四\frac{一份经济权利}{一份劳动量}$$

然而,比例平等仅仅是非基本权利分配原则,所以按劳分配也就仅仅是非基本经济权利分配原则。那么,基本经济权利、经济人权的分配原则是什么?是按需分配。因为根据"基本权利应该完全平等"的平等总原则可以推知:每个人不论劳动多少贡献如何,都应该完全平等享有基本经济权利、完全平等享有经济人权。而完全平等分配基本经济权利,也就是按人类基本物质需要分配基本经济权利。这一方面是因为基本经济权利就是满足每个人基本物质需要的权利;另一方面则是因为人们物质需要的不平等仅仅存在于非基本的、比较高级的领域,而基本的、最低的、起码的物质需要则是完全平等的。① 进而言之,按基本物质需要分配基本经济权利,实际上又等于按需要分配基本经济权利:按需分配。诚然,按基本需要分配经济权利与按需要分配经济权利根本不同。但是,基本经济权利与经济权利不同:基本经济权利仅仅能满足人的基本物质需要,而不可能满足人的非基本物质需要。因此,按需分配基本经济权利与按基本物质需要分配基本经济权利便是同一概念,正如按需分配食品与按生理需要分配食品是同一概念一样。

总之,按需分配是基本经济权利、经济人权的完全平等分配原则;按劳分配则是非基本经济权利、非人权经济权利的比例平等分配原则。于是,根据人权优先原理可知,按需分配优先于按劳分配:当二者发生冲突时应该牺牲后者以保全前者。举例说,原始社会生产力低下、物质财富匮乏。如果按需分配(即按每个人基本物质需要平均分配)从而人人平等享有基本经济权利,那么,多劳者便不可能多得而享有非基本经济权利。这就违背了按劳分配原则。反之,如果按劳分配从而多劳者多得而享有非基本经济权利,那么就会有人饿死而享受不到基本经济权利。这就违背了按需分配原则。怎么办?原始社会是牺牲按劳分配而实行按需分配。这

---

① 参阅 Mortimer J. Adler, *Six Great Ideas*, Published by Simon & Schuster, 1997, p. 180.

样做显然是公正的、正确的。

可见,按需分配优先于按劳分配,而按劳分配则以按需分配为前提,所以按劳分配,固然应该多劳多得、少劳少得;但是,一些人所劳再少,他们的所得也不能少于满足其最低的、起码的、基本的物质需要而妨碍按需分配。反之,一些人的所劳再多,他们的所得也不能多到影响他人最低的、起码的、基本的物质需要的满足而冲击按需分配。①

合观按需分配与按劳分配,可以得出结论说:一方面,每个人不论劳动多少、贡献如何,都应该按人类基本物质需要完全平等地分配基本经济权利(即按需分配);另一方面,则应按每个人所贡献的社会必要劳动时间,而分配给他含有同量社会必要劳动时间的非基本经济权利,以便使每个人所享有的非基本经济权利的不平等与自己所贡献的社会必要劳动时间的不平等的比例,完全平等(即按劳分配)。这就是经济平等总原则,亦即社会主义核心价值标准之一。

五、机会是否应该完全平等

罗尔斯认为,家庭、天资、运气等自己无法负责的因素所提供的机会不平等是不应得的、不应该的、不公平的:"自然赋予我们所固有的那些不同的天资不是我们所应得的,正如我们在社会中最初的不同的出发点并不是我们所应得的一样。"②为什么家庭、天资等自己无法负责的因素所提供的机会不平等是不应得、不公平的?原来,在罗尔斯看来:"'公平机会原则'可以归结为:谁都不应该因其无法负责的因素而获得社会利益;换言之,谁都不应该

---

① 参阅 Mortimer J. Adler, *Six Great Ideas*, Published by Simon & Schuster, 1997, p.181.

② John Rawls, *A Theory of Justice* (Revised Edition), Harvard University Press Cambridge, 2000, p.89.

因其无法负责的因素而被剥夺社会利益。"①这就是说,每个人只应该因自己能够负责的自由的选择和努力获得权利,而决不应该因自己无法负责的因素——家庭、天资、运气等等——获得权利。这就是罗尔斯所谓的"机会公平平等"或"公平机会原则"。这显然是一种机会应该完全平等的主张,因而无疑是美好的、完美的、理想的;然而却是不现实、不公平的。现实地看,机会不但不可能完全平等,而且家庭、天资、运气等自己无法负责的因素所提供的机会不平等是应得的、公平的,而使其平等却是不公平的。

首先,出生于不同的家庭,则所享有的竞争非基本权利的机会是不平等的。萨谬尔森曾就此写道:"到了一周岁时,出身富有家庭并经双亲精心照料的孩子在经济和事业地位的竞争中已经略占上风。到了进小学一年级时,城市近郊的六岁儿童比贫民窟或农村同龄儿童具有更大的领先地位。在以后的12到20年中,已经领先的人越来越走在前面。"②家庭所提供的这种机会不平等,不但罗尔斯,而且许多人,如奥肯,都认为是不公平的。因为"当一些人面前障碍重重时,另一些竞争者已经率先起跑了。各种家庭的社会地位与经济地位不同,使得这场赛跑并不公平"③。

奥肯等人不懂得,人生的赛跑乃是一场世代相沿的无休止的接力赛。每个人的起点不在一条起跑线上并非不公,因为他们的最初祖先们的起点是在同一条起跑线上的。更确切些说,家庭提供的竞争非基本权利的机会,无非是家庭成员之间的一种权利转让。子女所享有的机会,是父母转让的权利,因而也就转化为子女自己的权利。诺齐克的"转让正义原则"谈的就是这个道理:"符合转让的公正原则,而从对所有享有权利的所有者那里,获得一种所有的人,对这一所有是有权利的。"④家庭提供的机会,既然是机

---

① Tom L. Beauchamp, *Philosophical Ethics*, McGraw-Hill Book Company, 1982, p.252.
② 萨谬尔森:《经济学》,商务印书馆1982年版,下册第232页。
③ 阿瑟·奥肯:《平等与效率》,华夏出版社1987年版,第38页。
④ Robert Nozick, *Anarchy, State And Utopia*, China Sciences Publishing House Chengcheng Books Ltd, Beijing,1999,p.151.

会享有者的权利,那么,这种机会不平等便是应得的、公平的;而使其平等,便侵犯了机会所有者的权利,便是不公平不应该的。我们不妨拿诺齐克的例子来说。一个富翁的儿子,自幼便享有在自己家里的游泳池训练跳水的机会;而一个穷人的儿子却无此机会。这种机会不平等来自家庭成员之间的权利转让,因而是公平的。反之,若关闭游泳池或令富翁给穷人的儿子也修一座同样的游泳池,从而使他们的机会平等,便侵犯了富翁及其儿子的权利,因而是不公平的。

其次,天资不同的人,竞争职务和地位、权力和财富等非基本权利的起点和获胜的机会显然也是不平等的。这种机会不平等也是应得的、公平的。因为社会,说到底,不过是每个人相互利益的合作形式。每个人的天资、努力等等便是其入股社会的股本。因此,正如诺齐克所说,每个人对其股本"天资和努力"及其收益"职务和地位、机会和财富"等都是有权利的:"人们有权拥有其自然资产,并且也有权拥有来自其自然资产的东西。"①这样,每个人因其天资不平等所带来的机会不平等,便是他应得的权利;若使其平等,便侵犯了他的权利,而这是不公平不应该的。

最后,人们竞争非基本权利的机会不平等,往往是个人的运气所致。布坎南对此曾有十分生动的论述:"耕种家庭农田的农民以标准的方式务农,并没有选择别人在他农田下面会发现石油,他完全靠运气。另外一些人由于运气不好,眼看他们的产业遭洪水、火灾或遭疫病而化为乌有。……我的论点是认为:运气在一定程度上是已有定论的偶然影响因素,它在比赛中为所有人提供'本来可能'的机会。"②那么,运气所提供的机会不平等是否公平?布坎南的回答是:"运气并不破坏基本公正的准则。"③这个回答很对。因为社会公平的根本原则是:按照贡献分配权利。而任何人

---

① Robert Nozick, *Anarchy, State And Utopia*, China Sciences Publishing House Chengcheng Books Ltd, Beijing,1999,p. 226.
② 詹姆斯·M. 布坎南:《自由、市场和国家》,北京经济学院出版社1989年版,第130页。
③ 《自由、市场和国家》,第130页。

的贡献、成就无疑都含有运气因素,都是天资、努力、运气诸因素配合的结果。因此,运气也就与天资、努力一样,可以通过产生贡献而带来权利;运气所带来的收益,也就与天资和努力所带来的收益一样,乃是受益者的权利。农民有权利拥有运气带给他的收成,岂不正如他有权利拥有灾年的收成?所以运气所提供的收益、所提供的机会不平等,确是幸运者的权利;若剥夺幸运者的机会而使其平等,便侵犯了幸运者的权利,便是不公平、不应该的。

家庭、天资、运气等非社会提供的机会,总而言之,是幸运者的个人权利,因而无论如何不平等,社会和他人都无权干涉。但是,幸运者在利用较多机会去做贡献、获权利的过程中,必定较多地使用了与机会较少者共同创造的资源:社会、社会合作。反之,机会较少者对社会合作的利用自然较少。机会较多者的贡献之中既然包含着对共同资源的较多使用,因而也就间接地包含着机会较少者的贡献。于是他们因这些较大贡献所取得的权利,便含有机会较少者的权利,所以便应该通过高额累进税、遗产税、社会福利措施等方式从他们的权利中,拿取相应部分补偿、归还给机会较少者。这样,机会较多者的权利与其义务才是相等的、公平的;否则,机会较多者便侵吞了机会较少者的权利,是不公平的。

但是,社会——主要通过各种管理组织——提供的机会,与家庭、天资、运气提供的机会根本不同。家庭、天资、运气所提供的机会,如前所述,皆属私人权利,都是机会享有者的个人权利。反之,社会、政府、各种管理组织提供的机会,则属于公共权利,是全社会每个人的权利。更确切说,则正如杰弗逊所指出的:社会提供的机会乃是全社会每个人的基本权利,是每个人的人权。[①] 因为机会平等原则所说的"机会",并不是竞争基本权利的机会——基本权利不需竞争而为人人完全平等享有——而是竞争非基本权利的机会。而社会所提供的竞争非基本权利的机会,显然不是非基本权利,而是基本权利、是人权。这样,根据基本权利、人权应该完全平等的原则,社会所提供的竞争非基本权利的机会,也就应该为人人

[①] 艾德勒、范多伦编:《西方思想宝库》,吉林人民出版社1988年版,第1047页。

完全平等享有;人人应该完全平等享有社会所提供的发展自己潜能的受教育机会;人人应该完全平等享有社会所提供的做出贡献的机会;人人应该完全平等享有社会所提供的竞争权力和财富、职务和地位等非基本权利的机会。

综上可知,社会所提供的发展才德、做出贡献、竞争职务和地位以及权力和财富等非基本权利的机会,是全社会每个人的基本权利,是全社会每个人的人权,应该人人完全平等。反之,家庭、天赋、运气等非社会所提供的机会,则是幸运者的个人权利,无论如何不平等,他人都无权干涉;但幸运者利用较多机会所创获的较多权利,却因较多地利用了共同资源"社会合作"而应补偿给机会较少者以相应权利。这就是机会平等原则,亦即社会主义核心价值标准之一。

总观平等总原则和平等具体原则可知,平等原则所解决的乃是每个人的人权、基本权利和非人权权利、非基本权利以及每个人的政治权利、经济权利和机会权利的公正分配问题;这些在一切公正问题中无疑具有最重要的意义。因此,平等原则是最重要的公正原则;而公正原则又是人类最重要的道德原则,是社会治理的最重要道德原则,所以平等原则便是人类最最重要的道德原则,是社会治理的最最重要道德原则,是社会主义核心价值标准。

思考题

1. 赵汀阳以为人权依据于"不做坏人""做道德人":"在道德上是人的人拥有人权,在道德上不是人的人不拥有人权。"(赵汀阳:《有偿人权和做人主义》,载《哲学研究》1996年第9期,第21页)邱本认为人权依据于"合法人":"一个合法的人就应该享有人权,只有依法认为不是人而必须剥夺其人权的人,才不应享有人权。"(邱本:《无偿人权和凡人主义》,载《哲学研究》1997年第2期,第41页)谁是谁非?

2. 亚里士多德最早阐明了由两个原则所构成的平等总原则:"平等有两种:数目上的平等与以价值或才德而定的平等。我所说的数目上的平等是指在数量或大小方面与人相同或相等;依据价值或才德的平等则指在比例上的平等。……既应该在某些方面实行数目上的平等,又应该在另一些方面实行依据价值或才德的平等。"(《亚里士多德全集》第9卷,中国人民大学出版社1994年版,第163页)罗尔斯将这两个平等原则修改如下:"处在最初状态中的人们将选择两个相当不同的原则:第一个原则要求平等地分配基本的权利和义务;相反地,第二个原则主张社会和经济的不平等,如财富和权力的不平等,只要其结果能给每个人——特别是那些最少受益的社会成员——带来补偿利益,它们就是正义的。"①罗尔斯对亚里士多德的修正主要有两点:① 将第二个原则叫做不平等原则,而不叫做比例平等原则;② 因此,罗尔斯背离两个原则——基本权利完全平等和非基本权利比例平等——历来被名为"平等原则"的传统,而称其为"两个正义原则"。罗尔斯是向前推进了亚里士多德的理论吗?

3. 一种原则的自由性,是指该原则是不是个自由的原则;而一种原则的正义性,则是指该原则是不是个正义的原则。那么,怎样证明一种原则是不是自由的原则?只能看该原则是否被人人一致同意:人人一致同意的,就是自由的原则;并非人人一致同意的,就是不自由的原则。罗尔斯由正义原则的自由性的证明是人人一致同意而得出结论说,正义原则的正义性的证明是人人一致同意:"正义原则被证明,是因为它们在一种平等的原初状态中能够得到一致同意。"②请回答:罗尔斯对正义原则正义性的这种证明方法能否成立?

参考文献

[1]《马克思恩格斯全集》第1卷,人民出版社1956年版。

[2]《亚里士多德全集》第8卷,中国人民大学出版社1992年版。

---

① John Rawls, *A Theory of Justice* (Revised Edition), The Belknap Press of Harvard University, 2000, p.13.

② Ibid., p.19.

[3] 罗尔斯:《正义论》,中国社会科学出版社1988年版。

[4] 诺齐克:《无政府、国家和乌托邦》,中国社会科学出版社1990年版。

[5] 王海明:《国家学》(全3册),中国社会科学出版社2012年版。

[6] Louis P. Pojman, *Ethical Theory: Classical and Contemporary Readings*, Wadsworth Publishing Company, 1995.

[7] Douglas W. Rae, *Equalities*, Harvard University Press, 1981.

[8] Thomas Nagel, *Equality and Partiality*, Oxford University Press, 1991.

[9] Frank S. Lucash, *Justice and Equality: here and now*, Cornell University Press, 1986.

[10] D. D. Raphael, *Justice and Liberty*, London: The Athlone.

第八章
公正

提要

"等利害交换",如善有善报、恶有恶报,便是所谓的公正,便是衡量一切行为是否公正的公正总原则;"恶的不等利害交换",如受恩不报乃至恩将仇报,便是不公正,是衡量一切行为是否不公正的不公正总原则。"善的不等利害交换",如滴水之恩涌泉相报和以德报怨,则无所谓公正不公正,而是超越公正、高于公正的分外善行:仁爱和宽恕。等害交换和等利交换无疑是保障社会和利益共同体的存在发展、最终增进每个人利益的最重要最有效的原则。因此,公正是实现道德目的的最重要最有效的原则,具有最重要的道德价值,是最重要的道德原则,是社会主义核心价值标准。

公正、正义、公平和公道是同一概念。只不过,正义一般用在庄严、重大的场合。例如就战争来讲,大都说正义战争,而不说公道战争、公平战争或公正战争。但是,说公道战争、公平战争或公正战争也不算错:它们与正义战争无疑是一回事。公平与公道,一般用于社会生活的各种日常领域。例如我们常说公平与效率、公平分配、待人公道,而不说正义与效率、正义分配、待人正义。但是,说正义与效率、正义分配、待人正义也不算错:这两种说辞显然也是一回事。公正则介于正义与公平或公道之间:它比公平和公道更郑重一些,比正义更平常一些,因而适用于任何场合,所以公正是最一般的称谓,可以代表正义、公平和公道。那么,究竟何谓公正?

一、勇救溺水者无所谓公正不公正

2004年的一个夏日,我在颐和园团城湖游泳之后,照例坐在湖边大树下,欣然撰写已经写了20余载的《新伦理学》。不觉已是夕阳西下,余晖射入岸边树林,一片片的金黄。更有那翠柳依依、鸟语蝉鸣,顿觉俗肠扫尽,思如泉涌。忽听北大的泳友吴老师大喊:救人!快救人哪!只见一个人正在湖中挣扎,科学院的李老师一下子跳入水中,我们几个人也像离弦的箭一样纷纷跳下去,奋力向溺水者游去,很快就将那个溺水者救上岸来。溺水者原来是个河南的民工,和我们都不认识。

试问,我们救这个溺水者是一种公正的行为吗?不是。是一种不公正的行为吗?当然更不是。它无所谓公正不公正,而只是一种善的、应该的、道德的行为。一般说来,救人出水火,或者扶困济贫、助人为乐、滴水之恩涌泉相报等等,都是应该的、道德的、善的、正当的,却不能说它们是公正的,更不能说它们是不公正的:它们无所谓公正不公正。反之,杀人越货、坑蒙拐骗、偷盗抢劫等等,都是恶的、不应该的、不正当的、不道德的,却不能说它们是不公正的,更不能说它们是公正的:它们也无所谓公正不公正。因此,固然公正都是应该的、道德的、善的、正当的行为;不公正都是不应该的、不正当的、不道德的、恶的行为。但是,反过来,善的、应该的、道德的、正当的,却不都是公正的;恶的、不应该的、不正当的、不道德的,也不都是不公正的。[①]

那么,公正究竟是一种怎样善的、应该的行为?是"给人应得":公正是给人应得。这是公正的经典定义。按照这个定义,公正是行为对象应得的行为,是给予人应得而不给人不应得的行为;

---

① William K. Frankena, *Ethics*, Prentice-Hall, Inc., 1973, p.46.

不公正是行为对象不应得的行为,是给人不应得而不给人应得的行为。恶人得了恶报和善人得了善报,都是公正的,因为恶人应得恶报、善人应得善报。反之,恶人若得了善报而善人却得了恶报,则都是不公正的,因为恶人不该得善报、善人不该得恶报。显然,公正的这个经典定义是不错的。但是,这个定义不够明确。因为"应得"并不是一个简单明了的概念:究竟什么叫给人应得?

给人应得就是对人做应做的事吗?柏拉图的回答是肯定的:"公正就是做应该做的事。"①但这个定义是不能成立的。试想,张三对李四做了李四应得之事和张三对李四做了应做之事果真没有区别吗?粗略地看,似无区别。但细究起来,大不相同。因为张三对李四做了李四应得之事,必与李四此前的行为相关:张三所为乃李四此前所为之回报或交换,所以是李四应得的。反之,张三对李四做了应做之事,则不必与李四此前行为相关,不必是李四此前行为的回报,所以不必是李四应得的,而只是张三应做的。比如说,李四卧病在床,张三以钱财相助。我们能否说张三做了李四应得之事?这要看李四此前的行为。如果此前李四曾帮助过张三,便可以说张三做了李四应得之事;否则只能说张三对李四做了应做之事。可见,所谓应得,必与应得者此前的行为相关:应得乃是一种回报或交换,是应得者此前行为之回报或交换。因此,公正是给人应得经典定义,原本意味着:公正是一种回报或交换。可是,滴水之恩涌泉相报也是一种回报或交换:这种行为是公正吗?是给人应得吗?显然不是。那么,公正、给人应得,究竟是一种怎样的回报或交换行为?

亚里士多德回答道:公正就是具有均等、相等、平等、比例性质的那种回报或交换行为。更正确些说,公正是平等(相等、同等)的利害相交换的善的行为,是等利交换和等害交换的善行,是等利(害)交换的善行;不公正则是不平等(不相等、不同等)的利害相交换的恶行,是不等利交换和不等害交换的恶行,是不等利(害)交换的恶行。救人和杀人,无所谓公正不公正。但是,若出于报

---

① 伯恩·魏德士:《法理学》,法律出版社2003年版,第159页。

恩,救的是自己昔日的救命恩人,便是等利交换,便是公正的行为;若是为父报仇,杀的是曾杀死自己父亲的恶棍,便是等害交换,因而也是一种公正的行为;若是忘恩负义,见昔日恩人有难而坐视不救,便是不等利交换的恶行,便是不公正的行为;若是因对方辱骂自己而竟然杀死对方,便是不等害交换的恶行,因而也是一种不公正的行为。

这一定义可以从影响深远的休谟关于"公正起源和前提"的理论得到印证。因为休谟将公正的起源和前提归结为两个必要条件:一个是客观条件,亦即财富的相对匮乏;另一个是主观条件,亦即人性的自爱利己。① 为什么财富的匮乏是公正的起源和前提呢?岂不就是因为,公正的要义就是等利交换,而财富的匮乏必然要求等利交换?如果财富不是匮乏而是极大丰富,每个人需要什么就能够拥有什么,那么,人们就不需要斤斤计较的等利交换,就不需要公正了,所以财富的匮乏是公正的客观的起源和前提意味着:公正的要义就是斤斤计较的等利交换。那么,为什么自利和有限的慷慨又是公正的起源和前提呢?岂不也是因为,公正的要义就是等利交换,而自利和有限的慷慨必然要求斤斤计较的等利交换?如果每个人都爱他人胜过爱自己、为他人胜过为自己,那么,人们显然就不需要斤斤计较的等利交换,就不需要公正原则了,所以自利和有限的慷慨是公正的主观的起源和前提意味着:公正的要义就是斤斤计较的等利交换。

公正是等利害交换,显然意味着,公正有正反两面:等利交换是正面的、肯定的、积极的公正;而等害交换则是反面的、否定的、消极的公正。然而,任何类型的公正,都是一种善行,都属于道德善范畴。可是,等害交换却属于复仇、报复、目的害人的行为境界:它怎么能是一种道德善呢?如果它不是善而是恶,它也就不属于公正范畴,因而也就不可能是公正的一种类型了。确实,等害交换,就其自身来说,不是善而是恶:"报复感情,就其本身来说,并

---

① David Hume, *A Treatise of Human Nature*, The Clarendon Press, 1949, p.199.

不是道德的。"①但是,等害交换,就其结果来说,却是一种极其巨大的善。因为等害交换意味着:一个人损害社会和别人,他也会受到同等的损害。这样,他便不会轻易损害社会和别人了,所以等害交换能够使人们避免相互损害,赋予社会和人们以安全,因而极为有利社会发展和人际交往,极其符合道德目的,是一种极其重要的善。

这样,等害交换就其自身恶与结果善的净余额来说,无疑是善的、道德的,而不是恶的不道德的。这就是等害交换或同等报复之为一种极其重要的道德原则——亦即公正之一大类型——的依据。但是,由此不能说一切报复都是公正的、道德的、善的。只有同等报复、等害交换才是公正的、道德的、善的;而过火的、以大害报复小害的行为,其净余额为害,无异于纯粹害人,因而是恶的、不道德的,所以报复、复仇一般不可由受害者私下进行,而必须由社会司法和行政等有关部门执行。否则,极易过火、漫无节制而冤冤相报,使社会和人们蒙受巨大损害,因而便是恶的、不道德的行为了。

如果说等害交换是一种极为重要的道德原则,是一种极为重要的公正原则,那么,它是否比公正的另一类型——等利交换——更为重要呢?等害交换的价值和意义在于避免互害。反之,等利交换的价值和意义,则无疑在于达成互利。这样,等害交换与等利交换原则究竟何者更为根本和重要,说到底,便在于:避免互害与达成互利何者更为根本和重要?吉尔波特·哈曼认为前者更为根本和重要:"在我们的道德中,避免损害他人比帮助那些需要帮助的人更为重要。"②

这种观点是不能成立的。因为一方面,从质上看,人们结成社会和建立联系,显然完全是为了互利从而增进各自的利益,而决不是为了互害从而减少各自的利益;完全是为了"我为人人、人人为

---

① Robert Maynard Hutchins, *Great Books of The Western World*, Volume. 43. *Utilitarianism*, by John Stuart Mill, Encyclopedia Britannica Inc., 1980, p.470.

② Louis P. Pojman, *Ethical Theory:Classical and Contemporary Readings*, Wadsworth Publishing Company,1995, p.43.

我",而决不是为了"我害人人、人人害我";互相损害不过是社会合作与人际联系所具有的一种不可避免的副作用罢了。另一方面,从量上看,就全社会的行为总和来说,互害的行为必然少于互利的行为。否则,每个人从社会合作与人际联系中所受到的损害,便多于所得到的利益;那么,社会合作与人际联系便必然崩溃而不可能存在了。可见,不论从质上看,还是从量上看,互利都远远比互害更为根本和重要。既然如此,那么,达成互利的公正原则"等利交换",也就比避免互害的公正原则"等害交换"更为根本和重要了:等利交换是更为根本和重要的公正类型。

综上可知,所谓公正,就是给人应得,就是一种应该的回报或交换,说到底,就是等利害交换的善行;等利交换和等害交换的善行是公正的正反两面;所谓不公正,就是给人不应得,就是一种不应该的回报或交换,说到底,就是不等利害交换的恶行:不等利交换与不等害交换的恶行是不公正的正反两面。这就是公正的精确定义,这就是勇救溺水者以及滴水之恩涌泉相报为什么无所谓公正不公正的缘故。那么,涌泉之恩滴水相报是否也无所谓公正不公正?

二、涌泉之恩滴水相报无所谓公正不公正吗

如果说滴水之恩涌泉相报无所谓公正不公正而只是一种善,那么倒过来,涌泉之恩滴水相报是否也无所谓公正不公正而只是一种恶?这是一个难题。破解这一难题的钥匙,不是公正定义而是公正原则。诚然,一般说来,一种道德原则与其定义是同一的:定义就是原则。举例说,勇敢是不畏惧可怕事物的行为,是勇敢的定义。这个勇敢的定义——不畏惧可怕事物的行为——显然就是衡量一切行为是不是勇敢的原则:勇敢定义就是勇敢原则。同理,公正的定义也就是公正的原则。但是,公正极为复杂纷纭,它并不是一个单一的原则,而是一系列分原则和一个总原则所构成的原则体系。因此,仅凭公正定义,还不足以确立衡量一切行为是否公正的公正总原则。

试想,"公正是等利害交换的善行",是公正的定义。从这个定义出发,还不足以判定:等利害交换的一切伦理行为是否都是善的行为从而是否都是公正? 同样,不公正是不等利害交换的恶行,是不公正的定义。从这个定义出发,同样不能判定:不等利害交换的一切伦理行为是否都是恶的行为从而是否都是不公正? 要科学地确立衡量一切伦理行为是否公正的公正总原则,显然还必须从公正的定义和类型出发,辨析人类一切伦理行为:哪些是公正的行为? 哪些是不公正的行为? 哪些是既非公正亦非不公正的行为?

伦理行为亦即受利害人己意识支配的行为,因而无非两类:利害自己与利害他人。利害自己显然无所谓公正不公正;公正和不公正必定完全存在于利害他人的伦理行为之中,所以亚里士多德一再说:"公正并不是自己对自己的关系……公正是相关于他人的。"①那么,公正和不公正究竟是一种怎样的利害他人的行为呢?

所谓利害他人行为,亦即人际利害行为,说到底,亦即人际利害相交换的行为,因而也无非为两类:等利(害)交换和不等利(害)交换。等利(害)交换的行为与公正的行为实为同一概念。因为等利交换和等害交换是公正的两大类型,因而都是道德的、善的:"等利害交换的行为"与"等利害交换的善行"是同一概念。因此,公正的定义"公正是等利(害)交换的善行"也就全等于"公正是等利(害)交换的行为"。这样,"等利(害)交换"便是衡量一切行为是否公正的总原则:凡是等利(害)交换的行为都是公正的;凡是公正的行为都是等利(害)交换的。

然而,不等利害交换的行为与不公正的行为却不是同一概念。因为不等利(害)交换行为并不都是恶的,而可以分为四种类型。第一种是"无偿给予"和"得小利而报答以大利的不等利交换";后者如滴水之恩涌泉相报,其净余额也是无偿给予;二者显然都有利社会存在发展,符合道德目的,因而都是道德的、应该的、善的:这就是所谓的仁爱。第二种类型,是在一定的条件下遭受损害而不报复乃至以德报怨;或者遭受大害而报复以小害,如只是要求对方

---

① 《亚里士多德全集》第8卷,中国人民大学出版社1992年版,第97页。

道歉,其净余额无异于遭受损害而不报复。这些不等害交换显然也有利社会存在发展,符合道德目的,因而也是道德的、应该的、善的:这就是所谓的宽恕。第三种类型是受恩不报乃至恩将仇报和得大利而回报以小利的不等利交换;后者如涌泉之恩滴水相报,其净余额无异于受恩不报,二者显然都有害社会的存在发展、不符合道德目的,因而是不道德的、不应该的、恶的。第四种类型是遭受小害而报复以大害的不等害交换,其净余额是纯粹害人,因而有害社会存在发展、不符合道德目的,也是不道德的、不应该的、恶的。这两种恶——第三和第四种——就是所谓的不公正。

这样,不等利(害)交换的行为便可以归结为两大种类。一类是善的、道德的、应该的不等利(害)交换的行为:这就是所谓的仁爱和宽恕。另一类是恶的、不道德的、不应该的不等利(害)交换的行为:这就是所谓的不公正。因此,不公正的定义"不公正是不等利(害)交换的恶行"与"不公正是不等利(害)交换的行为"根本不同。"不公正是不等利(害)交换的恶行"只可代换为"不公正是恶的不等利(害)交换的行为"。于是,"恶的不等利(害)交换"便是衡量一切行为是否不公正的总原则:凡是恶的不等利(害)交换的行为都是不公正的;凡是不公正的行为都是恶的不等利(害)交换。由此可见,滴水之恩涌泉相报与涌泉之恩滴水相报虽然都是不等利交换,但是,滴水之恩涌泉相报是善的不等利交换,因而无所谓公正不公正,而是超越公正、高于公正的善:仁爱。反之,涌泉之恩滴水相报则是恶的不等利交换,因而不仅仅是恶,而且是不公正。这就是滴水之恩涌泉相报无所谓公正不公正,而涌泉之恩滴水相报有所谓公正不公正的缘故。

总而言之,公正不公正与利害自己的行为无关,而完全存在于——却不能完全涵盖——利害他人或人际利害相交换的伦理行为之中:"等利害交换"是公正,是衡量一切行为是否公正的公正总原则;"恶的不等利害交换"是不公正,是衡量一切行为是否不公正的不公正总原则;"善的不等利害交换"无所谓公正不公正,而是超越公正、高于公正的分外善行——仁爱和宽恕。举例说:

我无论是自杀害己还是求生利己,对我自己来说,都无所谓公正不公正。但是,我有难时,张三给过我300元。现在他有难了,我也给他300元,是等利交换,是公正。我若一毛不拔或只给他10元,是不道德的不等利交换,是不公正。我若滴水之恩涌泉相报,竟给了他10000元;或者张三从未给过我利益,我只是出于同情心而无偿为他谋利益,那么,我的这种行为便是善的不等利交换,它无所谓公正不公正,而是超越公正、高于公正的"仁爱":仁爱是无私奉献,是积极的无偿给予。反之,如果张三昔日害我三分,现在我通过一定的法纪程序也害他三分,是等害交换,是公正。我若变本加厉,害他九分,则是恶的不等害交换,是不公正。我若在无害社会和他人的前提下,放弃了害他的权利,那么,我的这种行为便是善的不等害交换,它无所谓公正不公正,而是超越公正、高于公正的宽恕:宽恕是放弃债权,是消极的无偿给予。

这就是我们依据公正的定义与类型来衡量人类一切伦理行为的结论,这就是公正总原则的确立过程,可以将其表示如图:

$$
伦理行为 \begin{cases} 利害他人 = 人际利害相交换 \begin{cases} 等利害交换 = 公正总原则 \\ 不等利害交换 \begin{cases} 恶的不等利(害)交换的行为 = 不公正总原则 \\ 善的不等利(害)交换 = 仁爱和宽恕原则 \end{cases} \end{cases} \\ 利害自己:无所谓公正不公正 \end{cases}
$$

显然,就道德境界的高低来说,公正总原则远远低于仁爱和宽恕原则;仁爱和宽恕属于无私利他境界,是道德的最高境界,是善的最高境界;而公正则与无私无缘,不属于无私利他境界,不属于最高的道德境界、善的最高境界。那么,公正究竟属于怎样的道德境界?善分为三大境界:无私利他是善的最高境界,是至善;为己利他是善的基本境界,是基本善;单纯利己是最低善,是善的最低境界。显然,公正既不属于善的最高境界"无私利他",也不属于善的最低境界"单纯利己",而属于善的基本境界:"为己利他"。

因为一方面,就公正之为等利交换来说,当然不是无偿给予,而是一种利益的有偿交换,是通过给予对方利益,来换取或回报对方的同等利益;给予对方利益完全以对方给予自己同等的利益为条件。因此,公正行为的目的是利己,行为手段是利他,属于为己利他的道德境界,所以休谟一再说:"自爱是公正原则的真正起源。"①

另一方面,就公正之为等害交换来说,虽然是一种目的害人的行为,却因其能够使人们避免相互损害,从而极为有利于社会的存在发展,符合道德目的,属于道德的、应该的、善的行为范畴。那么,等害交换究竟属于善的何等境界呢?当然既不会相当于无私利他,也不会相当于单纯利己,因而只能相当于为己利他。确实,等害交换与等利交换的关系,跟宽恕与仁爱的关系一样——仁爱是积极的无偿给予,宽恕是消极的无偿给予——等利交换是积极的为己利他,等害交换则是消极的为己利他。换言之,等害交换与等利交换是同一枚硬币的正反面,二者的道德价值和道德境界大体相当,都属于为己利他的道德境界。

公正属于为己利他范畴,因而就其道德境界高低来说,远远低于仁爱和宽恕,远远低于无私利他,是一种基本的、根本的道德原则,是社会主义核心价值标准之一。但是,就公正的道德价值——亦即公正对于道德目的的效用——的大小轻重来说,却远远大于、重要于仁爱和宽恕,远远大于、重要于无私利他,也大于、重要于其他一切道德:公正是最重要最根本的道德。因为道德目的是为了保障社会存在发展和增进每个人利益。要达此目的,一方面,必须避免人们相互间的伤害。因为,正如斯密所言:"社会不可能存在于那些总是准备相互破坏和伤害的人们中间。当那种伤害开始的时候,当相互间的愤恨和敌意发生的时候,社会就将土崩瓦解。"②另一方面,要达到保障社会存在发展和增进每个人利益的目的,还必须使每个人努力增进社会和他人利益。因为所谓社会,说到底,不过是一种"我为人人、人人为我"的利益合作形式。如果每个人不努力增进社会和他人利益,势必如休谟所言:"社会必定立即解体,而每个人必定陷入野蛮和孤立的状态,这种状态比起我们所能

---

① David Hume, *A Treatise of Human Nature*, The Clarendon Press Oxford, 1949, p.199, p.230.

② Adam Smith, *The Theory Of Moral Sentiments*, China Sciences Publishing House Chengcheng Books Ltd., 1999, p.86.

设想的最坏的社会生活要坏过千万倍。"①

避免人们相互间的伤害的最重要、最有效的原则,无疑是等害交换的公正原则。因为等害交换意味着:你损害社会和他人,就等于损害自己;你损害社会和他人多少,就等于损害自己多少。这样,每个人要自己不受损害,就必须不损害社会和他人;每个人要自己不受丝毫损害,就必须丝毫不损害社会和他人。另一方面,增进社会和他人利益的最重要、最有效的原则,无疑是等利交换的公正原则。因为等利交换意味着:你增进社会和他人利益,就等于增进自己利益;你为社会和他人增进多少利益,就等于你为自己增进多少利益。这样,每个人要增进自己利益,就必须增进他人利益;每个人要使自己利益最大化,就必须使社会和他人利益最大化。

等害交换和等利交换是保障社会和利益共同体的存在发展、最终增进每个人利益的最重要最有效的原则,显然意味着:公正是实现道德目的的最重要最有效的原则,因而具有最重要的道德价值,是最重要的道德原则,是社会主义核心价值标准。因此,仁爱和宽恕是最崇高的善,却不是最大的善,不是最重要的善,不是最重要的善原则,不是最重要的道德原则。反之,公正虽然并不崇高而有斤斤计较之嫌,却是最大的善,是最重要的善,是最重要的善原则,是最重要的道德原则,所以亚里士多德说:"在各种德性中,人们认为公正是最重要的。"②斯密说:"社会存在的基础与其说是仁慈,毋宁说是公正。没有仁慈,社会固然处于一种令人不快的状态,却仍然能够存在;但是,不公正的盛行则必定使社会完全崩溃。……仁慈是美化建筑物的装饰品而不是支撑它的地基,因而只要劝告就已足够而没有强制的必要。反之,公正是支撑整个大厦的主要支柱。如果去掉了这根柱子,人类社会这个巨大而广阔的建筑物必定会在一瞬间分崩离析。"③

---

① David Hume, *A Treatise of Human Nature*, The Clarendon Press Oxford, 1949, p.199, p.202.
② 《亚里士多德全集》第8卷,中国人民大学出版社1992年版,第96页。
③ Adam Smith, *The Theory Of Moral Sentiments*, China Sciences Publishing House Chengcheng Books Ltd., 1999, p.86.

不过,仅仅看到公正是最根本最重要的道德,还没有真正揭示公正与仁爱等道德原则的根本区别。因为根本的和主要的公正,无疑是社会公正而不是个人公正;是社会治理活动的公正,而不是被治理活动的公正;是社会制度的公正,而不是个人行为的公正。因此,公正与仁爱、宽恕和善等道德原则根本不同:仁爱、宽恕和善是约束一切人的道德,是每个人的行为所当遵循的道德原则;而公正则主要是约束统治者、领导者、管理者的道德,是社会治理的道德原则,是社会制度的道德原则。这样,"公正是最根本最重要的道德",不但蕴涵着"公正是社会治理的最根本最重要道德";而且"社会治理的最根本最重要道德"乃是公正的本质的、根本的、主要的内容和特征:所谓公正,根本地和主要地讲,便是社会治理的最根本最重要的道德原则,便是社会制度的最根本最重要的道德原则,便是社会主义核心价值标准。

但公正并不是一个单一的原则,而是一系列分原则和一个总原则所构成的原则体系。那么,在其众多的分原则中,哪一种是公正的根本原则?我们知道,公正具有正反两大原则:等利交换比等害交换更为根本和重要。那么,是否可以说:等利交换都是最根本、最重要的公正?否。因为众多的等利交换,如"投之以李报之以桃"或"你给我穿靴我给你搔痒"等等,显然无关紧要。等利交换比等害交换更为根本和重要,不过意味着:最根本、最重要的公正只能存在于等利交换之中,而不能存在于等害交换之中;只能是一种等利交换,而不能是一种等害交换:等害交换都属于非根本、非重要的公正范畴。那么,最根本、最重要的公正究竟是哪一种等利交换?无疑是权利与义务的交换:权利与义务的交换或分配是公正的根本问题。那么,权利与义务究竟应怎样交换或分配才是公正的?或者说,权利与义务交换的公正原则是怎样的?说到底,公正的根本原则是什么?这是个极其复杂的问题。研究这一问题的当代焦点是:动物是否享有权利并负有义务?狗享有权利负有义务吗?

三、狗享有权利和负有义务吗

传统道德哲学告诉我们,权利与义务仅仅存在于人与人之间,而在人与动植物等非人类存在物之间是没有权利与义务可言的:动物是没有权利的。可是,早在1789年,边沁就已经写道:"或许有一天,动物可以取得原本属于它们但只因为人的残暴之力而遭到剥夺的权利。"[①]1790年,劳伦斯(John Lawrence)则宣告:"我建议国家正式承认兽类的权利,并根据这种原则制定一种法律,以谨防和保护它们免遭那些不可容忍的任意虐待。"[②]1867年,缪尔(John Muir)更加愤愤不平地写道:"我们这种自私和自负的动物:同情心是多么狭隘,对于其他动物的权利是何等愚昧无知!"[③] 1873年,赫尔普斯(Arthur Helps)也写道:"每个生物都拥有权利,而且最高形式的公正也适用于它。"[④]1892年,塞尔特出版了他的学术专著《动物权利与社会进步》。到了20世纪,西方思想界则兴起了动物权利论和动物解放运动。那么,动植物等非人类存在物究竟有没有权利?究竟有没有义务?这不但是生态伦理学的划时代难题,也是伦理学原理的划时代难题。解析这一难题的起点显然是:究竟何谓权利与义务?

权利与义务,真正讲来,是应该受到权力保障的东西。因为权力无疑是一种保障社会存在发展的根本手段;而社会,正如罗尔斯所言,不过是人们对于各自利益的合作形式。这种利益合作,一方面是我为人人:我为社会和他人谋取利益,也就是所谓的"贡献"或"付出";另一方面则是人人为我:我从社会和他人那里得到利益,也就是所谓的"索取"或"要求"。因此,所谓权力,说到底,也就是保障人们利益合作的根本手段,也就是保障或强制人们相互

[①] 彼得·辛格:《动物解放》,光明日报出版社1999年版,第9页。
[②] Roderrick Frazier Nash, *The Rights of Nature: A History of Environmental Ethics*, The University of Wisconsin Press, 1989, p.24.
[③] Ibid., p.1.
[④] Ibid., p.26.

贡献与索取、付出与要求的根本手段。应该受到权力保障的利益、索取或要求,正是所谓的权利:我从社会和他人那里得到的应该受到权力保障的利益、索取或要求,岂不就是我的权利?反之,应该受到权力保障或强制的服务、贡献或付出,正是所谓的义务:我给予社会和他人的应受权力保障的服务、贡献或付出,岂不就是我的义务?但是,权力显然并不保障所有的利益合作,并不保障所有的贡献与索取或付出与要求。细究起来,每个人的索取或要求、每个人从社会和他人那里得到的利益,共有三种类型:

第一种仅仅具有必须性而不具有应该性,是社会和他人必须而非应该给我的利益,是社会和他人必须而非应该满足我的要求和索取:它是必须的,因为否则便会受到强制力量的惩罚;它是不应该的,因为它违反道德。例如我持枪抢劫银行,银行职员明知不应该将钱给我,但必须给我,不给我便会遭到我的强制力量的惩罚:枪杀。我的这种类型的利益、索取或要求,显然不应为权力所保障,因而不是我的权利:我没有权利抢劫银行。

第二种类型仅仅具有应该性而不具有必须性,是社会和他人应该而非必须给予我的利益,是社会和他人应该而非必须满足我的要求和索取:它符合道德因而是应该的;但它不具有或被认为不具有重大的社会效用,因而不是必须的,不服从也不会受到强制力量的惩罚。例如我有难时,朋友帮我渡过难关;或者他人出于对我的爱而赠我财物等等。我的这种类型的利益、索取或要求,都符合道德,因而都是应该的。但是,它们却不是必须的,因为我的朋友和他人即使不帮助、不馈赠我,也不会受到暴力惩罚或行政惩罚。我的这种类型的利益、索取或要求,显然也不应为权力所保障,因而也不是我的权利:我没有权利要求他人馈赠和朋友帮忙。

第三种类型则既具有应该性又具有必须性,是社会和他人必须且应该给予我的利益,是社会和他人必须且应该满足我的要求和索取:它符合道德因而是应该的;同时,它又具有或被认为具有重大的社会效用,因而是必须的,不服从便会受到强制力量的惩罚。例如儿时父母对我的养育、工作时单位付给我工资、年迈时儿女对我的赡养等等。我的这种类型的利益、索取或要求,都符合道德，因而是应该的；同时也是必需的，因为否则便会受到强制力量的惩罚。显然，我的这种类型的利益、索取或要求应该受到权力保障，因而便是我的权利：我在儿时有权利要求父母的养育，我工作时有权利要求单位付给我工资，我年迈时有权利要求儿女的赡养。

可见，权利是一种具有或被认为具有重大社会效用的必须且应该的索取或要求，是一种具有或被认为具有重大社会效用的必须且应该得到的利益，是一种具有或被认为具有重大的社会效用的必当得到的利益，因而也就是应该受到权力保障的利益，是应该受到权力保障的索取或要求，也就是应该受到社会管理者依靠权力加以保护的利益、索取或要求，说到底，也就是应该受到政治和法律保障的利益。

权利概念的解析使与其恰相对立的义务概念迎刃而解。因为不难看出，与我的索取或要求分为三种类型一样，我的贡献或付出相应地也分为三种类型：

第一种仅仅具有必须性而不具有应该性，是我必须而非应该的贡献或付出，是我必须而非应该给社会和他人的利益：它是必须的，因为否则便会受到强制力量的惩罚；它是不应该的，因其违反道德。例如强盗持枪抢劫我，我不应该把我的钱给他，却必须给他。因为否则我便会受到他的暴力惩罚：被枪杀。我的这种必须而非应该的付出或贡献，显然不应该受到权力和法律的强迫或保障，因而正如哈特所言，并不是我的义务："很明显，在持枪抢劫的情境中是找不到义务的。"①

第二种类型仅仅具有应该性而不具有必须性，是我应该而非必须的贡献或付出，是我应该而非必须给予社会和他人的利益：它符合道德因而是应该的；但它不具有——或被认为不具有——重大的、基本的社会效用，因而不是必须的，不服从也不会受到强制力量的惩罚。例如我慷慨解囊帮助朋友、见义勇为自我牺牲等等，虽然极为高尚，却不具有重大的、基本的社会效用，因而都是我应该而非必须的贡献或付出。我的此类付出或贡献，显然不应该受

---

① 哈特：《法律的概念》，中国大百科全书出版社1996年版，第87页。

到权力和法律的保障,因而也不是我的义务;而是——正如罗尔斯所言——分外善行:"引人入胜的分外善行也属于允许的行为。这些行为有仁爱和怜悯、英勇的壮举和自我牺牲等等。这些行为是善的,但它并非一个人的义务或责任。"①

第三种类型则既具有必须性又具有应该性,是我必须且应该的贡献或付出,是我必须且应该给予社会和他人的利益:它符合道德因而是应该的;同时,它又具有——或被认为不具有——重大的社会效用,因而是必须的,不服从便会受到强制力量的惩罚。例如我服兵役、纳税、赡养父母、做好工作等等,虽然不如我的慷慨解囊帮助朋友、见义勇为自我牺牲等等高尚,却具有重大的、基本的社会效用,因而不但是应该的,而且是必须的:如果我不服兵役、不纳税、不赡养父母、不做好工作便会受到惩罚。我的这类付出或贡献显然应该受权力和法律的保障,因而便是我的义务:我有义务服兵役、有义务纳税、有义务赡养父母、有义务做好工作。

可见,义务概念不过是颠倒过来的权利概念:义务是具有重大或基本社会效用的必须且应该的服务;是具有重大或基本社会效用的必须且应该的贡献或付出;是具有重大或基本社会效用的必须且应该给予社会和他人的利益;是重大或基本社会效用的必当付出的利益;是一种具有重大或基本社会效用的必须且应该的服务、贡献付出,因而也就是应该受到权力、法律和政治保障的服务、贡献付出;是应该受到社会管理者依靠权力和法律加以保障的服务、贡献或付出;是不服从便会受到权力和法律惩罚的必须且应该服从的服务、付出或贡献。

权利义务的界说——权利是应该受到法律保障的利益、索取或要求;义务是应该受到法律保障的服务、贡献或付出——表明,"权利"与"义务"分别属于"索取"与"贡献"范畴,因而不过是同一种利益对于不同对象的不同称谓:它对于获得者或权利主体是权利,对于付出者或义务主体则是义务。因此,所谓权利也就是权

---

① John Rawls, *A Theory of Justice* (Revised Edition), The Belknap Press of Harvard University Press, 2000, p.100.

利主体从义务主体那里得到的应该受到法律保障的利益;而义务则是义务主体付给权利主体的应该受到法律保障的利益:权利与义务是相对权利主体和义务主体而言的同一种利益,是处于不同人际关系中的同一种利益。举例说,雇工的权利与雇主的义务其实是同一种利益"雇工工资":它对于雇工是权利,对于雇主则是义务。儿女的权利与父母的义务也是同一种利益"儿女的抚养":它对于儿女叫作权利,对于父母则叫作义务。张三的权利与他人的义务是同一种利益"张三的自由":它对于张三叫作权利,对于他人则叫作义务。

因此,一方的权利必赋予对方以同样的义务,因而一方有什么权利,对方必有什么义务;反之,一方的义务必赋予对方以同样的权利,因而一方有什么义务,对方必有什么权利。雇工有得到工资的权利,必定赋予雇主以同样的义务:雇主必有付给工资的义务。父母有抚养儿女的义务,必定赋予儿女以同样的权利:儿女必有被父母抚养的权利。张三有自由权利,必定赋予他人以同样的义务:他人必有不妨碍张三自由的义务。张三有不损害他人生命财产的义务,必定赋予他人以同样的权利:他人必有生命财产不受损害的权利,所以马克思说:"没有无义务的权利,也没有无权利的义务。"①

这样,权利的规范便可以转换为义务的规范,或者说,权利的语言可以转译为义务的语言;反之亦然。举例说,"雇工有得到工资的权利"的权利规范,可以转换为义务规范:"雇主有付给工资的义务。""任何人都有不损害他人生命财产的义务"的义务规范,可以转换为权利规范:"每个人都有生命财产不受损害的权利。""公民有纳税的义务"的义务规范,可以转换为权利规范:"国家享有税收的权利。""每个人都平等拥有人权"的权利规范,可以转换为义务规范:"社会治理者负有保障每个人平等享有人权的义务。"

一个人的权利,必然是他人的义务,因而权利的规范可以转换

---

① 《马克思恩格斯选集》第2卷,人民出版社1972年版,第137页。

为义务的规范。这就是一个人的权利与他人的义务的必然的、客观的、事实如何的关系。这种关系,通常被叫做"权利与义务的逻辑相关性"①。不过,这种逻辑相关性能否成立仍然是个问题。因为它遭遇两方面的致命挑战:一方面,所谓不完全强制性义务并不赋予权利,因而存在着没有权利的义务;另一方面,我们对动物的权利也不可能使动物对我们有什么义务,因为"它们不是理性的生物,因此它们就没有承担义务的能力"②。这两方面的挑战是如此严重,以致今日绝大多数学者竟然都不敢坚持权利与义务的逻辑相关性原理。那么,这两方面的挑战果真能够成立吗?

确实,所谓不完全强制性义务,如康德所说的"仁爱"和穆勒所说的"慈善"或"仁恩"等等,并不赋予他人权利,是没有权利的义务,与权利没有必然联系。③ 因为我们无疑应该仁爱而无私奉献,应该慈善而施舍和捐赠。但是,谁能说他有权利得到我们的慈善、施舍和捐赠呢?问题是,仁爱、慈善、仁恩等所谓不完全强制性义务,实际上并非义务。因为义务固然是应该的、善的、道德的服务;但应该的、善的、道德的服务却不都是义务。义务只是同时具有必须性的那些应该的、善的、道德的服务,是不履行就应受到法律惩罚的必须且应该的服务,因而也就是颠倒了的权利:权利是一种应该受到法律保障的必须且应该的索取;义务则是一种应该受到法律保障的必须且应该的服务。仁爱、慈善、仁恩等所谓不完全强制性义务,无疑都是只应受道德保障而不应受法律保障的服务,只具有应然性而不具有必须性,是应该而非必需的服务,是不履行也不会受到法律惩罚的应该而非必需的服务。这样,仁爱、慈善、仁恩等所谓不完全强制性义务,便正如罗尔斯所指出,并不是什么义务,而是分外善行。因此,以所谓不完全强制性义务不赋予他人

---

① Tom L. Beauchamp, *Philosophical Ethics*, McGraw-HillBook Company, 1982, p.202.
② Ibid., p.88.
③ 参阅康德:《法的形而上学原理》,商务印书馆1997年版,第35页。Robert Maynard Hutchins, *Great Books of The Western World*, Volume.43. *Utilitarianism*, by John StuartMill, Encyclopedia Britannica Inc., 1980, p.468.

权利的事实,来否定"一切义务必赋予他人权利"的逻辑相关性原理,是不能成立的。

同样,以动物的权利义务问题,来否定权利义务相关性原理,也是不能成立的。因为权利与义务的界说表明:人类只有与有利于自己的动植物等非人类存在物之间,才存在权利义务关系,并且这种权利义务必定具有逻辑相关性:动植物等非人类存在物的权利,就是它从人类那里应该且必须得到的利益,就是它从人类那里得到的应该受到法律保障的利益,说到底,也就是人类对于动植物等非人类存在物所负有的义务;动植物等非人类存在物的义务,就是它应该且必须给予人类的利益,就是它给予人类的应该受到法律保障的利益,说到底,也就是人类对于动植物等非人类存在物所享有的权利。举例说:

一方面,如果一条老狗长期忠诚地服务于它的主人,给了它主人以巨大利益,那么,主人便不但应该回报狗以利益,而且狗从主人那里得到的这种利益还应该受到法律的保障。早在1641年英国殖民地的《自由法典》就有这样保障动物利益的法律条例:"任何人都不可以虐待那些通常对人有用的动物。""必须使那些拉车或耕地的家畜定期得到休息、恢复体力。"[1]这样,狗和家畜等动物的利益便不但应该受到而且实际上已经受到法律的保障。狗和家畜等动物拥有应该受到法律保障的利益,因而也就拥有了权利:权利就是应该受到法律保障的利益。

另一方面,狗和家畜为它们的主人服务,给它的主人带来利益,是它们拥有被主人供养的权利的依据。狗给予主人的这种利益、贡献或服务,是应该的,因为狗从主人那里得到了相应的利益和权利。狗给予主人的这种利益、贡献或服务也是必需的,因为狗如果不这样做,而是见人就咬,甚至咬它的主人,那么,它就将失去从主人那里所得到的利益和权利,甚至可能被法庭判为死刑。[2]

---

[1] Roderrick Frazier Nash, *The Rights of Nature: A History of Environmental Ethics*, The University of Wisconsin Press, 1989, p.19.
[2] Ibid., p.21.

狗给予主人的这种应该受到法律保障的服务,就是对于主人的义务:义务就是应该受到法律保障的服务、贡献或付出。

所以狗等非人类存在物不仅享有权利和负有义务,而且它们的权利与义务同样具有逻辑相关性:狗的权利,就是它从主人那里得到的应该受到法律保障的利益,因而也就是主人对于狗所负有的义务;狗的义务,就是它给予主人的应该受到法律保障的利益,因而也就是主人对于狗所享有的权利。然而,有人认为只有具有自我意识的人类,才可能对自己的行为负责,从而才可能负有义务;没有自我意识的非人类存在物,如阿猫阿狗,不可能对自己的行为负责,因而不可能负有义务。① 这是不能成立的。因为,正如动物权利拥护者们所指出的:婴儿、精神病患者和痴呆症患者等不能对自己行为负责的人,同样享有权利和负有义务;只不过他们的权利与义务是由其代理人帮助行使和履行罢了。举例说,精神病患者不能对自己的行为负责,却同样享有自由和生命等权利,也同样负有不剥夺他人的生命和自由的义务。因为,如果一个精神病患者动不动就打人甚至杀人而不履行自己的义务,他也会遭到惩罚:他的自由权会遭到剥夺而被看管起来。因此,根据动植物等非人类存在物没有自我意识、不能对自己的行为、反应或效用负责,便断言它们不可能负有义务,是不能成立的。它们同样享有权利和负有义务,只不过它们的权利与义务是由其代理者"人类"帮助其来行使和履行罢了。

可见,所谓不完全义务和动物义务的难题,并不能否定权利与义务的逻辑相关性原理。任何否认权利与义务逻辑相关性的理论注定都是一种迷误,因为权利与义务的本性——权利是应该受到法律保障的索取,是权利主体必须且应该从义务主体那里得到的利益;义务是应该受到法律保障的贡献,是义务主体必须且应该付给权利主体的利益——显然决定了一个人的权利,必然是他人或非人类存在物的义务;反之亦然:二者必然具有所谓的逻辑相关

---

① 参见 John Passmore, *Man'Responsibility for Nature*, London Duckworth Press, 1974, p. 29.

性。从此出发,便不难解析一个人的权利与他自己的义务的关系,进而确立公正的根本原则了。

四、一个人所享有的权利应该少于他所负有的义务吗

一个人享有什么权利,对方便必定有什么义务;一个人有什么义务,对方便必定享有什么权利。这是权利与义务的逻辑相关性,是事实,是必然;而不是应该,不是应然。那么,一个人为什么应该享有权利而使对方承担义务?显然只能是因为他负有义务而使对方享有权利。因此,一个人所享有的权利只应该是对他所负有的义务的交换:他从对方那里得到的权利只应该是用他从对方那里承担的义务换来的。反过来,一个人为什么应该负有义务而使对方享有权利?显然也只能是因为他享有权利而使对方承担义务。因此,一个人所负有的义务只应该是对他所享有的权利的交换:他从对方那里承担的义务只应该是用他从对方那里得到的权利换来的。试想,父母年迈时,为什么应该享有被儿女赡养的权利,而使儿女承担赡养自己的义务?岂不只是因为,自己曾负有养育儿女的义务,而使儿女享有了被自己养育的权利?因此,父母所享有的被儿女赡养的权利,只应该是对他们曾经负有的养育儿女的义务的交换。反之,儿女所负有的赡养父母的义务,也只应该是对他们曾经享有被父母养育的权利的交换。

可见,由于一方的权利就是对方的义务,所以一方应该享有权利而使对方承担义务,只能是因为他负有义务而使对方享有权利。因此,一方的权利只应该是用他的义务所赋予对方的权利换来的:他的权利,直接说来,只应该是对他所负有的义务的交换;根本说来,则只应该是对他赋予对方的权利的交换。反过来,由于一方的义务就是对方的权利,所以一方应该负有义务而使对方享有权利,只能是因为他享有权利而使对方负有义务。因此,他的义务只应该是用他的权利所赋予对方的义务换来的:他的义务,直接说来,只应该是对他所享有的权利的交换;根本说来,则只应该是对他赋

予对方的义务的交换。如图：

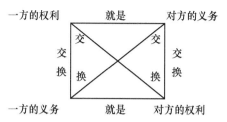

显然，一个人所享有的权利与他所负有的义务只应该是一种交换关系，完全基于和推导于权利与义务的逻辑相关性原理。因为，只是由于一个人的权利就是别人的义务，只是由于他要享有权利便必定使别人承担义务，所以相应地，他才应该负有义务而使别人享有权利：他的权利（亦即他加于别人的义务）应该是用他的义务（亦即他给予别人的权利）换来的。否则，如果权利与义务不具有逻辑相关性，如果他享有的权利可以不使别人承担义务，那么，他享有的权利就不是他应该承担义务而使别人享有权利的理由，因而他的权利和他的义务就不应该是一种交换关系。如果权利与义务不具有逻辑相关性，如果他负有的义务并不会使别人享有权利，那么，他负有的义务就不是他应该享有权利而使别人承担义务的理由，因而他的义务和他的权利就不应该是一种交换关系。

试想，假如施舍等所谓不完全义务，果真如康德所言，确实是义务，那么，施予者所负有的这种义务确实不会使受惠者享有获得施舍的权利：谁能说受惠者有权利获得慈善家的施舍捐赠呢？同样，慈善家所负有的这种施舍的义务，也不应该给他换来任何权利，也就不是他应该享有权利而使受惠者承担义务的理由，因而他施舍的义务和他的任何权利便都不应该是一种交换关系，所以如果一个人的义务并不是他人的权利，与他人的权利不具有逻辑相关性，那么，他所负有的义务与他所享有的权利也就不应该是一种交换关系。

因此，只有"一个人的权利必定是他人的义务"的必然的、事实的相关性，才能产生和决定"一个人所享有的权利与他所负有的义务应该是一种交换关系"的应然的、道德的相关性。这样，权利与义务的关系便可以归结为两种相关性:一种是"一个人的权利必然是他人的义务"的必然的、事实的相关性,叫作"权利义务的逻辑相关性";另一种是在这种相关性基础上产生的"一个人的权利应该是对他的义务的交换"的应然的、应该的相关性,因而可以称之为"权利义务的道德相关性"。那么,权利与义务的道德相关性的具体内容究竟如何?也就是说,一个人的权利与他自己的义务究竟应该是一种怎样的交换关系?应该权利多于义务还是义务多于权利抑或权利义务平等?这是个相当复杂的问题。因为一个人的权利与他的义务,细究起来,具有双重关系:一方面是他所享有的权利与他所负有的义务的关系;另一方面则是他所行使的权利与他所履行的义务的关系。

一个人所享有的权利与他所负有的义务,显然不是他自己能够自由选择的,而是社会分配给他的,所以"一个人所享有的权利与义务"和"社会分配给一个人的权利与义务"是同一概念。那么,社会应该如何分配呢?黑格尔答道:"一个人负有多少义务,就享有多少权利;他享有多少权利,也就负有多少义务。"[1]确实,社会分配给一个人的权利与义务只有相等才是公正的、应该的;如果不相等,则不论权利多于义务还是义务多于权利,都是不公正、不应该的。这可以从两方面来看:

一方面,权利义务的界说表明:权利是应该受到法律保障的利益、索取或要求;义务是应该受到法律保障的服务、贡献或付出。这样,如果社会分配给一个人的权利多于其义务,那么,他受法律保障的索取就多于其付出,那就等于强迫别人向他无偿贡献这些多出部分的利益,是对别人利益的一种强行剥夺,因而违背了等利交换的公正原则,是不公正的。反之,如果社会分配给一个人的义务多于其权利,那么,他受法律保障的付出就多于其索取,那就等于强迫他向别人无偿贡献这些多出部分的利益,是对他的利益的一种强制剥夺,因而同样违背了等利交换的公正原则,是不公正的。于是,社会只有分配给一个人的义务与权利相等,他受法律保

---

[1] 黑格尔:《法哲学原理》,商务印书馆1962年版,第652页。

障的索取才等于其付出,才既没有强行剥夺别人利益,也没有强行剥夺他的利益,因而是公正的。

另一方面,权利义务的逻辑相关性表明:一个人的权利就是对方的义务;一个人的义务就是对方的权利。这样,如果社会分配给一个人的权利多于其义务,那么,对方的义务所赋予他的权利就多于他的义务赋予对方的权利,他从对方获得的权利就多于他给予对方的权利,他就侵占了对方的权利,因而是不公正的。反之,如果社会分配给一个人的义务多于其权利,那么,他的义务赋予对方的权利就多于对方的义务赋予他的权利,他赋予对方的权利就多于对方赋予他的权利,他的权利就被对方侵占了,因而同样是不公正的。于是,社会只有分配给一个人的义务与权利相等,他的义务赋予对方的权利才等于对方的义务赋予他的权利,他赋予对方的权利才等于对方赋予他的权利,因而才是公正的:公正就是等利(害)交换。

如图:

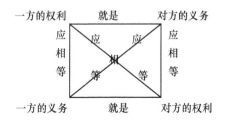

总之,每个人所享有的权利与所负有的义务相等,乃是社会对于每个人的权利与义务进行分配的公正原则,是社会主义社会对于每个人的权利与义务进行分配的公正原则;反之,每个人所享有的权利与所负有的义务不相等,则是社会对于每个人的权利与义务进行分配的不公正原则。社会对于权利与义务的分配,乃是社会公正的根本问题,所以社会分配给一个人的权利与义务相等——亦即一个人所享有的权利与所负有的义务相等——不但是一种社会公正,而且是根本的社会公正,是社会公正的根本原则,是社会主义核心价值标准之一。反之,社会分配给一个人的权利与义务不相等——亦即一个人所享有的权利与负有的义务不相等——不但是一种社会不公正,而且是根本的社会不公正,是社会不公正的根本原则。

五、一个人所行使的权利应该少于他所履行的义务吗

一个人所享有的权利不应该少于他所负有的义务,是否意味着,一个人所行使的权利也不应该少于他履行的义务?否。因为一个人所享有的权利与所负有的义务,是社会分配给他的,因而不是他自己能够自由选择的。反之,一个人所行使的权利和履行的义务,是他自己能够自由选择的。因为每个人都能够放弃他所享有的一些权利,从而使所行使的权利小于所享有的权利;也能够不履行所负有的一些义务,从而使所履行的义务小于所负有的义务。举例说,一个父亲享有的被儿女抚养的权利和负有的养育儿女的义务,显然不是他能够自由选择的,而是社会分配给他的。但是,他却能够自食其力,放弃所享有的某些被儿女抚养的权利,从而使所行使的权利小于所享有的权利;也可能只顾自己玩乐而不顾儿女死活,不履行所负有的某些养育儿女的义务,从而使所履行的义务小于所负有的义务。

一目了然,对于行使权利和履行义务,一个人可能有三种选择:① 所行使的权利多于所履行的义务;② 所行使的权利少于所履行的义务;③ 所行使的权利等于所履行的义务。首先,一个人行使的权利多于所履行的义务,可能有两种情形。一种是,他行使的权利多于其履行的义务,固然是他的自由选择,但也因为他享有的权利多于负有的义务,因而也是社会分配的结果。这种情形的典型,无疑是特权和等级制度社会。因为在这种社会中,正如恩格斯所言:"几乎把一切权利赋予一个阶级,另一方面又几乎把一切义务推给另一个阶级。"[①] 这样,一个剥削者所行使的权利多于其履行的义务,固然是他的自由选择,同时也是由于他享有的权利多

---

① 《马克思恩格斯全集》第21卷,人民出版社1971年版,第202页。

于负有的义务,因而也是社会分配的结果。反之,另一种情形则是,一个人行使的权利多于其履行的义务,并非因为他享有的权利多于负有的义务,而是他滥用和僭越权力或不履行一些义务所致。这种情形的典型,就是那些挂着民主招牌的专制君主。因为他滥用、僭越了宪法和法律赋予他作为民主政体首脑的权力和权利,不履行宪法和法律赋予他作为民主政体首脑的义务,从而使他所行使的权利远远大于和多于所履行的义务。不难看出,不论何种情形,如果一个人行使的权利多于他所履行的义务,那么,一方面,他受法律保障的索取就多于其付出,就等于强迫别人向他无偿贡献这些多出部分的利益,就是对别人利益的一种强行剥夺,因而是不公正的。另一方面,一个人所行使的权利如果多于他所履行的义务,那就意味着:别人的义务所赋予他的权利多于他的义务赋予别人的权利,他从别人那里获得的权利就多于他给予别人的权利,他就侵占了别人的权利,因而是不公正的。只不过,如果他行使的权利多于履行的义务,是因为他享有的权利多于负有的义务,因而是社会分配的结果,那么,他的行为虽然是不公正的,却是合法的。反之,如果他行使的权利多于履行的义务,是他滥用权力或不履行一些义务所致,他的行为便不但是不公正的,而且是非法的。

其次,一个人所行使的权利少于所履行的义务,也无非两种情形:一种是他自愿放弃所享有的权利所致;另一种则是因为他享有的权利少于负有的义务和他人滥用权力或不履行义务,因而是社会的分配和他人滥用权力或不履行义务的结果。一个人所行使的权利少于所履行的义务,如果是他自愿放弃所享有的权利所致,那么,他应该享有的一部分权利便是他自愿转让于对方,而不是被对方侵占。因此,这种行使的权利少于所履行的义务的行为,就属于无偿奉献范畴,因而无所谓公正不公正,而是高于公正的分外善行。但是,一个人所行使的权利少于所履行的义务,如果是因为他享有的权利少于负有的义务或他人滥用权力和不履行义务所致,因而是社会分配和他人滥用权力或不履行义务的结果,那么,他应该享有的一部分权利便是被对方侵占,而不是自愿转让于对方。因此,这种行使的权利少于所履行的义务的行为,就属于权利被侵犯的行为,就是一种遭受不公正对待的行为,因而属于不公正范畴。

最后,一个人所行使的权利等于所履行的义务,也无非两种情形:一种是因为他享有的权利等于负有的义务,因而是社会分配的结果;另一种则是他自愿放弃所享有的一些权利所致。显然,只有一个人所行使的权利等于所履行的义务,他的义务赋予对方的权利才等于对方的义务赋予他的权利,他赋予对方的权利才等于对方赋予他的权利,因而才是公正的。只不过,如果一个人行使的权利等于履行的义务,是因为他享有的权利等于负有的义务,因而是社会分配的结果,那么,他的行为虽然是公正的,却是一种被动的、消极的公正。反之,如果他所行使的权利等于所履行的义务,是他自愿放弃所享有的一些权利所致,那么,他的行为便不但是公正的,而且纠正了法律不公正和社会不公正,因而是一种积极的、主动的公正,无疑是一种更为高尚的行为。

可见,一个人所行使的权利等于所履行的义务,不论是社会分配的还是自己选择的,都是公正的。一个人行使的权利多于所履行的义务,不论是社会分配的还是自己选择的,都是不公正的。一个人行使的权利少于所履行的义务,如果是他自由放弃权利所致,就无所谓公正不公正,而是高于公正的分外善行;如果不是他的自由选择——而是社会分配或他人滥用权力和不履行义务所致——就是不公正的。这种"一个人行使的权利少于所履行的义务"的不公正,与"一个人行使的权利多于所履行的义务"的不公正,显然是同一不公正行为:只不过前者的行为主体是这种不公正行为的承受者;后者的行为主体则是这种不公正行为的行使者罢了。这样,一个人所行使的权利与所履行的义务的公正不公正,便可以归结为两种行为:一种是"一个人所行使的权利等于所履行的义务",是公正的;另一种是"一个人行使的权利多于所履行的义务",是不公正的。至于"一个人行使的权利少于所履行的义务",则或者与"一个人行使的权利多于所履行的义务"的不公正是同一行为,因而可以归类于后者;或者无所谓公正不公正,而是高于公正的分外善行。

于是,每个人行使权利与履行义务的道德原则便可以归结为一句话:每个人行使的权利至多应该等于——亦即应该少于或等于而不应该多于——他所履行的义务。每个人行使权利与履行义务乃是个人公正的根本问题,所以一个人行使的权利等于所履行的义务,便不但是一种个人公正,而且是根本的个人公正,是个人公正的根本原则,特别是社会主义社会个人公正的根本原则;反之,一个人所行使的权利大于所履行的义务,便不但是一种个人不公正,而且是根本的个人不公正,是个人不公正的根本原则,特别是社会主义社会个人不公正的根本原则。

综观权利与义务关系可知,社会主义社会权利与义务的关系可以归结为两种相关性。一种是一个人的权利与他人的义务的关系:一个人的权利,必然是他人的义务;反之亦然。这是一个人的权利与他人的义务的必然的、客观的、事实如何的关系,亦即所谓"权利与义务的逻辑相关性"。另一种则是基于这种逻辑相关性的"权利义务道德相关性":一个人的权利应该是对他自己的义务的交换。这种交换的道德原则可以归结为一个总原则和6个分原则。权利义务交换的道德总原则是:一个人所享有的权利应该等于他所负有的义务;而他所行使的权利则应该至多等于他所履行的义务。6个分原则是:① 社会公正根本原则:一个人所享有的权利与他所负有的义务相等;② 个人公正根本原则:一个人所行使的权利与他所履行的义务相等;③ 公正的根本原则:权利与义务相等;④ 社会不公正的根本原则:一个人所享有的权利与所负有的义务不相等;⑤ 个人不公正的根本原则:一个人所行使的权利多于他所履行的义务(个人所行使的权利少于他所履行的义务,无所谓公正不公正,而是超越公正不公正的分外善行);⑥ 不公正的根本原则:权利与义务不相等的恶行。

但是,社会公正根本原则"社会分配给每个人的权利与义务应该相等"是不完善的:它显然是对公正根本原则"权利与义务应该相等"的直接推演、演绎,而没有与其不同的新东西。因此,与其说它是社会公正根本原则,不如说它是公正根本原则;若把它作为社会公正根本原则,便是简单化的、有缺欠的、不完善的、不可操作的。试想,如果社会分配给每个人完全相同的权利和完全相同的义务,便符合这个社会公正的根本原则,然而无疑是不应该的:每个人所负有的义务和所享有的权利必然且应该有所不同。因此,这个社会公正根本原则的缺陷在于:它只告诉我们分配给每个人的权利与义务应该相等,却没有告诉我们应该给每个人分配多少权利与义务,没有告诉我们应该给每个人分配不同的权利与义务的根据是什么?没有告诉我们应该赋予一些人较多较大较重要的权利与义务——而赋予另一些人较少较小较不重要的权利义务——的根据是什么?这就是权利与义务分配的源泉和根据问题。因此,"社会分配给每个人的权利与义务应该相等"之为社会公正根本原则的缺陷在于:没有确定权利与义务分配的源泉和依据。那么,社会对于每个人的权利与义务进行分配的源泉和依据究竟是什么?或者说,完善的、真正的社会公正根本原则是什么?完善的、真正的社会公正根本原则,特别是社会主义社会完善的社会公正原则,可以归结为中国传统文化所凝结的两个成语:"论功行赏"和"用人如器"。

六、论功行赏

论功行赏堪称真正的社会公正根本原则,因为中国的这句老话,说到底,也就是按照贡献分配权利:贡献原则是真正的社会公正根本原则。圣西门曾将贡献原则概括为一句话:"使每个社会成员按其贡献的大小,各自得到最大的富裕和福利。"[1]艾德勒论及这一原则时也这样写道:"根据每个人对大家合作生产的全部财富所做出的贡献进行分配。"[2]显然,所谓贡献原则,就是按照贡献分配权利,按照权利分配义务。这一原则之为社会公正原则,近乎不言而喻的公理;尽管人们提出那么多不同的社会公正理论,却几乎无人反驳这一原则。然而,究竟为何只有按贡献分配权利才

---

[1] 《圣西门选集》第 2 卷,商务印书馆 1982 年版,第 293 页。
[2] Mortimer J. Adler, *Six Great Ideas*, Published by Simon & Schuster, 1997, p. 178.

是公正的？为何这一原则是社会公正根本原则？

原来，权利与义务，如前所述，分属"索取"与"贡献"概念而同属"利益"范畴：权利是应受权力或法律保障的应该且必须得到的利益，是应该且必须的索取或要求；义务则是应受权力或法律保障的应该且必须付出的利益，是应该且必须的贡献或付出。不言而喻，贡献在先，索取在后：贡献是索取的源泉。因为所谓社会，正如罗尔斯所言，不过是"一个目的在于增进每个成员利益的合作体系"①。这样，每个人只有先为社会贡献利益（贡献），尔后社会才有利益分配给每个人（索取）：社会分配给每个人的利益，无非是每个人所贡献的利益，无非是每个人所贡献的利益之交换而已。因此，社会分配给每个人多少利益，也就只应该依据每个人贡献了多少利益：贡献是索取的依据，所以哈耶克说："每个人所享有的利益应当与其他人从他的活动中获得的利益相称。"②

贡献是索取的源泉和依据，因而也就是"权利"的源泉和依据。因为权利属于索取范畴：权利是一种特殊的索取，是被权力或法律所保障的应该且必须的索取。贡献是权利的源泉和依据，无疑意味着：应该按照贡献分配权利。按照贡献分配权利，显然是指权利与贡献应成正比：贡献越少，权利便应该越少；贡献越多，权利便应该越多。但是，一方面，权利再多，也不应多于和等于而只应少于贡献；另一方面，权利再少，也不应该少于而只应该等于受到法律保障的应该且必须的贡献：权利不应该少于而只应该等于义务。

权利多于贡献显然是不公正的。因为一个人的权利乃是他从别人那里得到的受到法律保障的利益。因此，如果一个人的权利多于其贡献，便等于法律强迫别人向他无偿付出这些多出部分的利益，是对别人利益的一种强行剥夺，因而是不公正的。这种不公正，最为常见。因为自古以来，专制社会的统治者们岂不大都是玩

---

① John Rawls, *A Theory of Justice*, Revised Edition, The Belknap Press of Harvard University Press, 2000, p.4.
② Friedrich A. Hayek, *The Constitution of Liberty*, The University of Chicago Press, 1978, p.94.

弄权术的卑劣小人;他们贡献微乎其微,却享有莫大的权利。

权利等于贡献也是不公正的。因为就社会的分配来说,一个人的索取与贡献以及权利与义务只有相等才是公正的,而索取多于和少于贡献以及权利多于和少于义务都是不公正的:如果一个人的索取多于贡献或权利多于义务,那就等于强迫别人向他无偿贡献这些多出部分的利益,是对别人利益的一种强行剥夺,因而是不公正的;如果一个人的贡献多于索取或义务多于权利,那就等于强迫他向别人无偿贡献这些多出部分的利益,是对他的利益的一种强行剥夺,因而同样是不公正的。

这样,一方面,因为索取并不等于权利,索取必多于权利:权利只是一种特殊的索取,只是受权力保障的应该且必须的索取,所以如果赋予一个人的权利与他的贡献相等,那么,他的索取便因必多于权利从而必多于贡献,那就等于强迫别人向他无偿贡献这些多出部分的利益,是对别人利益的一种强行剥夺,因而是不公正的。

另一方面,因为贡献并不等于义务,贡献必多于义务:义务只是一种特殊的贡献,只是受权力保障的应该且必须的贡献,所以如果赋予一个人的权利与他的贡献相等,他的权利便因与其贡献相等而多于其义务,那么,他受法律保障的索取就多于其付出,他从别人那里获得的权利就多于他给予别人的权利,他就侵占了别人的权利,因而是不公正的。

这两个方面可以归结为两个三段式:

因为贡献必多于义务	因为索取必多于权利
如果权利与贡献相等	如果权利与贡献相等
那么权利便多于义务	那么索取便多于贡献

可见,如果权利与贡献相等,那么,索取便多于贡献、权利便多于义务,因而是不公正的。一个人的索取与其贡献相等虽然是公正的,但是,他的受权力保障的索取(权利)与其贡献相等则是不公正的。他的受权力保障的索取(权利)显然只有与他的同样受权力所保障的贡献(义务)相等才是公正的;权利只有与义务相等才是公正的,而与贡献相等则是不公正的。那么,权利与贡献究竟应该是何关系?

权利既不应该多于又不应该等于贡献,显然意味着:权利应该少于贡献。确实,一个人的权利只应该少于其贡献,或者说,他的贡献只应该多于其权利。因为就社会的分配来说,权利与义务应该相等、索取与贡献应该相等。而义务是一种特殊的贡献,是受权力保障的应该且必须的贡献;贡献必多于义务。反之,权利则是一种特殊的索取,是受权力保障的应该且必须的索取;索取必多于权利。于是,合而言之,可以得出结论说:贡献应该多于权利。这个道理也可以归结为两个三段式:

贡献必多于义务　　　　索取必多于权利
义务与权利应该相等　　贡献与索取应该相等
贡献应该多于权利　　　贡献应该多于权利

这就是说,每个人的权利既不应等于更不应多于而仅仅应少于其贡献。那么,这是否意味着,一个人的权利越加少于其贡献,就越加应该? 毫无疑问,就一个人自己的自由选择来说,他行使的权利越少而做出的贡献越多,他的品德便越加高尚。但是,我们这里研究的,不是个人公正,因而不是个人的自由选择;而是社会公正,因而是社会的分配,是社会对于一个人的权利与义务的分配。不难看出,就社会的分配来说,一个人的权利少于其贡献,只是在一定的限度内才是应该的、公正的;超过这个限度,就是不公正、不应该的。这个限度就是义务,就是受到法律保障的应该且必须的贡献:一个人所享有的权利再少,也不应该少于而只应该等于他所负有的受到法律保障的应该且必须的贡献,亦即不应该少于他所负有的义务。

因为一个人所享有的权利与他所负有的义务只有相等才是公正的。如果一个人享有的权利少于他所负有的义务,少于他所负有的受到法律保障的应该且必须的贡献,那么,他的义务赋予对方的权利就多于对方的义务赋予他的权利,他赋予对方的权利就多于对方赋予他的权利,他的权利就被对方侵占了,因而是不公正的。这种不公正,与权利多于义务或贡献的不公正,显然是同一种行为:一方的权利多于其义务或贡献,对方的权利就少于其义务或贡献;一方的权利多于其义务或贡献多少,对方的权利就少于其义务或贡献多少,所以这种权利少于其义务的不公正,与权利多于其义务的不公正,同样是历史和现实最常见的不公正现象:前者是被剥削被压迫者所遭受的不公正;后者则是剥削者压迫者所施加的不公正。

可见,权利固然不应多于和等于而只应少于贡献;但不应少于而只应等于受到法律保障的应该且必须的贡献;权利只应等于义务。因此,按照贡献分配权利,既不是指权利应该多于和少于贡献,也不是指权利与贡献应该相等,而是指权利与贡献应该成正比:贡献越多,权利便应该越多;贡献越少,权利便应该越少。但是,权利再多,也不应该多于和等于贡献;权利再少,也不应该少于而只应等于法律所规定的贡献或义务。如图:

总之,贡献是权利的源泉和依据;换言之,社会应该按照贡献分配权利,按照权利分配义务;说到底,社会分配给每个人的权利应该与他的贡献成正比而与他的义务相等。这就是论功行赏之真谛,这就是社会公正的"贡献原则",这就是完善的、真正的社会公正根本原则,这就是社会主义社会完善的、真正的社会公正根本原则。不过,这一原则并非贡献原则的全部,而只是贡献原则的一个侧面:实在贡献原则。贡献原则还有另一个侧面:潜在贡献原则。社会根本公正的潜在贡献原则可以归结为四个字:用人如器。

七、用人如器

用人如器原本是唐太宗的用人原则。《资治通鉴》卷192曾就此写道:"太宗令封德彝举贤,久无所举。上诘之,对曰:'非不尽心,但于今未有奇才耳。'上曰:'君子用人如器,各取所长,古之致治者,岂借才于异代乎?正患己不能知,安可诬一世之人!'德彝惭而退。"那么,为什么可以将用人如器叫做社会根本公正的潜在贡献原则?

原来,贡献是权利的源泉和依据意味着:贡献在先、权利在后。然而,实际上很多极为重要的权利,如职务、地位、权力等等的分配,却往往应该先于贡献。孙武、韩信、诸葛亮等等岂不都是先为将军、军师,尔后方有功勋、贡献?这岂不否定了按贡献分配权利原则?并未否定。因为贡献有实在与潜在之分。诸葛亮等职务权利之分配,真正讲来,也依据于他们的贡献而先有贡献、后有权利;只不过这种在先的贡献乃是潜在的而非实在的罢了。

所谓潜在贡献,也就是才能品德等自身的、内在的贡献因素和运气出身等非自身的、外在的贡献因素,也就是导致贡献的因素、原因,是尚未做出但行将做出的贡献,是可能状态的贡献。反之,实在贡献则是德才、运气、出身诸贡献因素相结合的产物,是已经做出来的贡献,是现实状态的贡献。职务、地位、权力等权利的分配,往往应该依据每个人的潜在贡献;但并非应该依据任何潜在贡献:不应该依据运气、出身等外在贡献因素;只应该依据品德和才能两大内在贡献因素。

诚然,运气和出身等外在贡献因素是决定贡献大小的重要因素:运气和出身较好,贡献便可能较大;运气和出身较差,贡献则可能较小。但这只是偶然的、可能的,而不是必然的、注定的。因为我们到处都能看到:运气和出身好的人,往往因自己不努力而错过好机遇,终生一事无成;运气和出身不好者,却因自己刻苦奋斗而功勋昭著,所以运气、出身等外在贡献因素乃是一种偶然性的潜在贡献,是可能变成也可能变不成实在贡献的潜在贡献,是偶然导致而不可预测、不可指望的贡献,是贡献的偶然因素。这样,如果按照运气和出身等贡献的外在因素分配权利,便可能导致不做贡献而享有权利,因而也就背离了按贡献分配权利的原则,所以任何权利的分配都不应依据运气、出身等贡献的外在因素。

反之,品德和才能是每个人自身内在的贡献因素,只要二者结合起来,便是决定贡献大小的充分条件:德才较高的人,贡献必较大;德才较低的人,贡献必较小,所以德才乃是必然性的潜在贡献,是必将成为实在贡献的潜在贡献,是尚未做出但必将做出的贡献,是必然导致因而可以准确预测的贡献,是贡献的必然因素。这样,按照德才分配权利也就是按照必将做出的贡献分配权利,因而不过是按照贡献分配权利的一种特殊的、潜在的形式:德才是权利分配的潜在依据;贡献是权利分配的实在依据。

不过,按照德才分配权利并不是把德与才当作两个分离独立的依据来分别地、单独地分配权利;而是按照德与才相结合而成的一个依据来分配权利。因为只有德与才结合起来,才是贡献的充分条件,才是必然导致贡献的因素;二者若分离独立,便都不再是贡献的充分条件,不再是必然导致贡献的因素。因为,一个人如果有德无才,那么他虽有做贡献而利人的良好动机,却未必会有做贡献而利人的良好效果,甚至可能好心办坏事而有害于人。反之,如果有才无德,那么他便既可能做大贡献而利人,也可能造大灾祸而害人:"自古昔以来,国之乱臣、家之败子,才有余而德不足,以至于颠覆者多矣。"①

可见,一个人不论是有德无才还是有才无德,都同样既可能做出也可能做不出贡献,所以德与才若分离独立,也就与运气、出身一样,是偶然导致贡献的因素。这样,如果把德与才分离开来,单独作为权利分配的依据,便可能导致不做贡献而享权利,因而也就背离了按贡献分配权利的公正原则。因此,社会公正的根本原则既不是任人唯才,单单按照才能分配权利;也不是任人唯德,单单按照品德分配权利;而是任人唯贤:兼顾德才分配权利。这就是为什么按贡献分配权利原则与按德才分配权利原则是公正的,而涵盖于它们的按品德分配权利原则与按才能分配权利原则却是不公正的缘故。

然而,人的才能多种多样而决无全才之人;人的品德也是多种

---

① 《资治通鉴·周纪一》,四部丛刊本。

多样而决无全德之人。所谓才智之士,必定只是在某些方面有才能而在其他方面则无才能;所谓有德之士,也必定只是在某些方面有德而在其他方面则无德。一个人很勇敢,却可能不谨慎;很勤奋,却可能不节制;很自尊,却可能不谦虚;很仁慈,却可能不公正。因此,所谓任人唯贤、兼顾德才,便决非求全责备;而是如唐太宗所言,应该"用人如器":应该像使用器具只用其长那样,根据一个人所具有的品德和才能的性质、类型,而分配与其相应的职务等权利。举例说,如果按照用人如器原则分配军事统帅职务,那么,一方面,从才能上看,可无诗才、辩才,也可无治国之术,却不可无用兵之术;另一方面,从品德上看,可以不仁不孝、贪而好利,却不可鲁莽或怯懦,不可背弃重用自己的国家、国君。

　　由此观之,曹操的用人原则,真正讲来,并非任人唯才,而正是用人如器:"士有偏短,庸可废乎?"①他所谓的"唯才是举"并非不看品德,而是不看那些将相可有可无的正统美德:仁、孝、廉洁;却十分看重那些将相必备的品德:是否反复无常、背弃恩主。否则,他就不会杀掉反复无常、有才无德的吕布了。他用来标榜其唯才是举原则的吴起、陈平、韩信,也都只是缺乏那些将相可有可无的流行美德:"韩信、陈平负污辱之名,有见笑之耻……吴起贪将,杀妻自信,散金求官,母死不归。"②然而,三人均不乏将相必备的品德:忠于重用自己的君主。吴起弃鲁投魏,又弃魏投楚,并非反复无常、忘恩负义,而都是因为鲁、魏国君"疑之而弗信也"。③ 韩信对还在重用自己的汉王刘邦,可谓忠心耿耿,以至当项羽派武涉劝韩信背叛汉王与楚三分天下而称王时,"韩信谢曰:'臣事项王,官不过郎中,位不过执戟,言不听,画不用,故背楚而归汉。汉王授我上将军印,予我数万众,解衣衣我,推食食我,言听计用,故吾得以至于此。夫人深亲信我,我倍之不祥,虽死不易。'"④陈平盗嫂受

---

① 曹操:《敕有司取士勿废偏短令》,《曹操集译注》,中华书局1979年版,第160页。
② 曹操:《举贤勿拘品行令》,《曹操集译注》,中华书局1979年版,第170页。
③ 《史记·孙子吴起列传》。
④ 《史记·淮阴候列传》。

金,但并非"反复乱臣",否则,他纵有管仲之才,刘邦也不会重用他。因为当周勃、灌婴谗陈平为"反复乱臣"时,刘邦大疑,遂"召让陈平曰:'先生事魏不中,遂事楚而去,今又从吾游,信者固多心乎?'平曰:'臣事魏王,魏王不能用臣说,故去事项王。项王不能信人,其所任爱,非诸项即妻之昆弟,虽有奇士不能用,平乃去楚。闻汉王之能用人,故归大王。臣裸身而来,不受金无以为资。诚臣计画有可采者,愿大王用之;使无可用者,金俱在,请封输官,得请骸骨。'汉王乃谢,厚赐,拜为护军中尉,尽护诸将。"①

可见,分配职务等权利,必须任人唯贤、德才兼顾;只不过可以不顾特定职务等权利的非必备品德,正如可以不顾特定职务等权利的非必备才能一样。这就是任人唯贤之真谛;用人如器。

总而言之,德与才是职务等权利的潜在的源泉和依据;换言之,社会应该任人唯贤,按照每个人的德与才分配职务等权利;说到底,社会应该用人如器,根据每个人所具有的品德与才能的性质而分配与其相应的职务等权利。这就是社会根本公正的德才原则,亦即潜在贡献原则,说到底,亦即社会主义社会任人唯贤原则。

可是,同为社会公正根本原则的"德才原则"与"贡献原则"是何关系?德才是潜在贡献,是权利分配的潜在依据;而贡献则是德才的实在结果,是权利分配的实在依据。因此,德才原则无非是潜在的贡献原则,是社会根本公正的潜在原则;而贡献原则则是社会根本公正的实在原则。于是,说到底,德才原则不过是贡献原则的推演、引申,因而完全从属于、依据于、决定于贡献原则;而贡献原则则高于德才原则:当二者发生冲突时,应该保全贡献原则而牺牲德才原则。举例说,一个德才兼备而担任要职的人,不幸某次未能成功做出贡献,反倒失败而带来祸害。那么,按照德才原则,他仍应该担任要职;按照贡献原则,他则应该降职受罚。怎么办?显然应该牺牲德才原则而服从贡献原则:降职受罚。不但社会主义社会应该如此,任何社会也都应该如此。诸葛亮的德才在重用马谡而失街亭之前后并未变化。但失街亭前他是丞相,而失街亭后却

---

① 《史记·陈丞相世家》。

降职三级而为右将军。为什么同样的德才却因贡献不同而不应享有同样的权利?岂不就是因为贡献原则高于德才原则而后者应该服从前者?

思考题

1. 罗尔斯所谓"作为公平的正义(Justice as Fairness)"是否意味着:公平与正义是两个概念? 是否意味着:存在着不是公平的正义? 他的"作为公平的正当(Rightness as Fairness)"是什么意思(参阅 John Rawls, *A Theory of Justice* (Revised Edition), The Belknap Press of Harvard University Press, 2000, p. 11—15)?

2. 关于公正的起源和前提,休谟曾这样写道:"正义起源于人类契约;这些契约的目的在于解决人类心灵的某些性质和外界物品的情况相结合所产生的某些困难。心灵的这些性质就是自利和有限的慷慨;而外界物品的情况则是它们的易于交换,并且对于人类的需要和欲望是供不应求的。""如果每个人对他人都充满仁爱之心,或者自然供应的物品能够丰富到满足我们的一切需要和欲望,那么,利益计较——它是公正原则存在的前提——便不存在了;现在人们之间通行的有关财产及所有权的那些区别和限制也就不需要了。因此,人类的仁爱或自然的恩赐如果能够增进到足够的程度,就可以使公正原则毫无用处而代之以更崇高的美德和更有益的祝福。"(David Hume, *A Treatise of Human Nature*, The Clarendon Press, 1949, p. 199) 为什么,如果人们相互间充满仁爱之心,或者物品能够丰富到满足我们的一切需要,就不会有公正原则了?

3. 完全义务(Duties of Perfect)与不完全义务(Imperfect Obligation)之分肇始于康德。他这样写道:"仁爱和尊重人类权利两者都是义务。"(康德:《历史理性批判文集》,商务印书馆 1996 年版,第 143 页)不过,后者是法律上的义务,而前者是伦理上的义务:"一切义务,或者是权利的义务,即法律上的义务;或者是善德的义务,即伦理上的义务。"接着,他在义务分类的图表中,又进一步将"权利的义务"或"法律上的义务"叫作"完全义务",而把"善德的义务"或"伦理上的义务"叫作"不完全义务"。(康德:《法的形而上学原理》,商务印书馆1997年版,第35页)穆勒进一步总结道:"如所周知,伦理学家把道德义务分为两类:完全义务与不完全义务。后者是指那些行为,这些行为是义务,但履行它们的特定场合可以选择,如慈善或仁爱,确实是我们应该做的,但并不是明确针对哪个人,也不是一定得在哪个规定的时间。用法哲学家们更准确的语言来说,完全义务是别人有与它相关的权利的义务;不完全义务,是不赋予任何权利的道德义务。"(Robert Maynard Hutchins, *Great Books of The Western World*, Volume. 43. *Utilitarianism*, by John StuartMill, Encyclopedia Britannica Inc., 1980, p. 468)请问义务的这种分类能成立吗?

4. 否定动物拥有权利的理论家主要是康德。对于康德的这一理论,雷根曾这样总结道:"可以将这种理论叫作'间接义务论'。不妨这样来解读它:假设你的邻人踢你的狗。那么,你的邻人就做了一种错误的事情。但这不是对你的狗的错误;而是对你的错误。毕竟,使人难过是错误的,而邻人踢你的狗使你难过,所以被伤害的是你,而不是你的狗。换句话说,邻人通过踢你的狗而损害了你的财产。既然损害他人的财产是错误的,那么你的邻人就做错了事情——当然是对你而不是对你的狗。就像你的轿车的挡风玻璃弄破了,你的轿车并没有受到伤害一样,邻人并没有使你的狗受到伤害。你的邻居所牵涉到你的狗的义务,不过是对你的间接义务。广而言之,我们对于动物的所有义务,都是我们人类彼此相待的间接义务。"(Stevn M. Cahnand Peter Markie, *Ethics, History, Theory and Contemporary Issues*, Oxford Univertasity Press, 1998, p. 822)这种间接义务论是真理吗?

5. 在一次体育竞赛中,甲夺得冠军,乙屈居亚军。如果乙在甲夺冠之后,努力锻炼,终于在下一次比赛中击败甲,报了上一次的一箭之仇而夺得冠军。那么,乙对甲是一种等害交换,因而是一种公正吗?反之,如果乙在下一次比赛中,通过投毒来击败甲而夺得冠军,那么,乙对甲是等害交换,因而是一种公正吗?如果乙出于妒嫉而杀死了甲,甲的哥哥杀死了乙而为甲报仇。甲的哥哥对乙是等害交换,因而是一种公正吗?

参考文献

[1]《亚里士多德全集》第8卷,中国人民大学出版社1992年版。

[2] 休谟:《人性论》下册,商务印书馆1983年版。

[3] 穆勒:《功用主义》,商务印书馆1957年版。

[4] 罗尔斯:《正义论》,中国社会科学出版社1988年版。

[5] 王海明:《新伦理学》(全三册),商务印书馆2008年版。

[6] Roderrick Frazier Nash, *The Rights of Nature: A History of Environmental Ethics*, The University of Wisconsin Press, 1989.

[7] Louis P. Pojman, *Ethical Theory:Classical and Contemporary Readings*, Wadsworth Publishing Company, 1995.

[8] Mortimer J. Adler, *Six Great Ideas*, Published by Simon & Schuster, 1997.

第九章
法治

提要

"法治"是一种治国理念或治国方略,强调法律的权威性和普遍适用性,其基本内涵在于,将法律作为治理国家和社会的最高准则。依法治国,建设法治社会是共产党人在长期执政实践中探索形成的宝贵精神财富。法治是现代社会治国理政的基本方式,是实现自由平等、公平正义的可靠保障。将法治作为社会主义核心价值观的重要内容,体现了社会主义制度的本质要求,明确了全面推进依法治国的方略目标,展示了执政为民、以人为本的执政宗旨,构建了衡量每个团体、组织和个人社会行为的基本价值尺度。党的十八大报告提出要全面推进依法治国,加快建设社会主义法治国家,推进法治建设对发展中国特色社会主义事业有重要的保障意义。

党的十八届四中全会作出了《中共中央关于全面推进依法治国若干重大问题的决定》,制定了依法治国的总目标是"建设中国特色社会主义法治体系,建设社会主义法治国家",提出了建设法治国家的各项任务,构筑起依法治国的总体框架。

然而,摆在我们面前的路依然十分漫长,一起发生于18年前的司法案件——"呼格吉勒图案"雪冤的路程显得异常沉重:

1996年4月9日，呼和浩特卷烟厂工人呼格吉勒图向警方报案，在烟厂附近的公厕内发现一下身赤裸的女尸。48小时后，当时负责该案件的呼和浩特市公安局新城分局副局长冯志明和办案人员认定呼格吉勒图是在女厕对死者进行流氓猥亵时，用手掐住死者的脖子导致其死亡的，而唯一的、"有力"的证据就是呼格吉勒图指甲里的被害人血迹。1996年5月23日，呼和浩特市中级人民法院认定呼格吉勒图犯流氓罪、故意杀人罪，判处死刑。尽管呼格吉勒图家人多次起诉，认为这是一起天大的冤案，但同年6月5日内蒙古自治区高级人民法院仍"维持二审原判"，核准死刑，并立即执行。冤案由此而起。这起案件在当时被列为内蒙古"严打"期间的成功案例，专案组组长冯志明及相关办案人都得到相应的表彰奖励和提拔重用。

　　然而，过了漫长的18年，事情却发生了颠覆性转变。2005年10月23日，系列强奸、抢劫、杀人案的犯罪嫌疑人赵志红落网后，主动交代了其1996年犯下的第一起强奸杀人案。赵志红带着干警在呼和浩特邻近卷烟厂的公厕里，准确指认了早就被拆除重建的案发地点，甚至说出了诸如"南北朝向，女厕在南"的厕所方位、内部结构、被害人身高、年龄、当时扼颈杀死被害人的方式、尸体摆放位置等其他作案细节。赵志红对案件表述的准确程度远远超过了呼格吉勒图当时的刑讯审问记录，但呼和浩特市警方认为，赵志红的一面之词缺乏有力的证据支持。这一情况立刻在全国引起震动，法律界及社会各界人士对当年呼格吉勒图被判死刑的证据支持提出质疑，认为从"疑罪从无"的角度，对赵志红的供认如果不能认定，当年对呼格吉勒图的指控和审判同样存在严重的问题。

　　从这时起，这起冤案的调查认定和重审程序的启动走上了漫漫长路。新华社内蒙古分社政文采访部主任、高级记者汤计知道此事后，先后写了5篇内参给中央领导和最高法院，党中央、最高法、最高检都对案子的重审有过重要的指示，自治区委、区政府也有明确的态度，但有一股力量阻碍冤案的调查认定和重审程序的启动，耐人寻味。原因有二：一是当年的办案人，几乎都得到了提拔，在公检法各条战线上成为把关人，这个案件一旦被翻转过来，问责机制将涉及现在许多重要的办事人员;二是涉及国家巨额赔偿,而国家赔偿是需要自治区法院赔付的。

党的十八届四中全会以来,司法战线贯彻实行办案质量终身负责制和错案责任倒查问责制,最终推动了这件沉积18年冤案的重审。2014年11月20日,内蒙古自治区高级人民法院启动再审程序;12月15日作出再审判决,撤销内蒙古高院1996年作出的关于呼格吉勒图案的二审刑事裁定和呼和浩特市中级人民法院1996年对呼格吉勒图案作出的一审刑事判决,宣判原审被告人呼格吉勒图无罪,并向其父母送达了再审判决书,作出国家赔偿的决定。

据新华社2014年12月15日报道,呼格吉勒图案的专案组组长、呼和浩特市现公安局副局长冯志明,因涉嫌职务犯罪,已于17日下午被检察机关蒙头铐手带走,同时接受调查的还有当年的全体办案人员。

这起冤案虽然经过漫长的18年已经得到昭雪,但仍令人深感沉重,它引发出人们对我国"法治"问题的思考:任何政体的社会,都免不了有冤案发生,但把冤案率降至最低,甚至零冤案,是执政党治理国家的重要职责之一。法律是保护公民合法权益的底线,如果连这条底线也出问题,那公民还指望谁来保护呢?现在,我们的法律出了什么问题呢?究竟应该怎样来建设法治国家呢?这里,我们首先不妨对我国的"法治"传统作个历史回顾。

一、"法"的起源及传统文化中的"法"

关于我国古代的"法"的起源,可以追溯到最早的奴隶制国家——夏朝。据史书《左传》记载:"夏有乱政,而作禹刑。"[1]远古时期的"刑"就是刑法,比如商朝制有汤刑,周朝则有九刑,这里的刑,都是"法"的意思。这一法的形式经过周朝"分封制"的"亲亲、尊尊"的礼治,到了春秋战国开始实行郡县制,王权旁落,以"亲

---

[1] 翦伯赞主编:《中国史纲要》,人民出版社1989年版,第15页。

亲、尊尊"为主要内容的礼治制度日趋衰落,法治逐渐取代礼治,在春秋中叶出现了我国最早的法。其中郑国子产"铸刑书于鼎,以为国之常法"①,是我国第一部公开颁布的成文法典。之后,又有晋国的《被庐法》、楚国的《仆区法》《茆门法》等一批成文法问世。

战国时期,随着社会生产力的提高,封建生产关系进一步发展,各诸侯国先后进行了旨在巩固封建生产关系、建立封建政治体制的变法运动,又一批法规被制定出来,其中最有影响力的当数魏国李悝的《法经》,它是我国历史上最早初具体系的法典,以及商鞅为秦孝公制定的《秦律》(这是我国改法为律的开端)和一系列变法图强的法令,其中开始有了民事立法。

汉承秦制,刘邦命丞相萧何重新制订律令,萧何采撷秦法,酌加新律,制定了著名的《九章律》;汉武帝、汉文帝时期又陆续制定了许多新法律。隋朝有《新律》《开皇律》《大业律》等,唐朝有《武德律》《贞观律》《永徽律疏》,以及我国封建社会最早的一部综合性行政法典《唐六典》,这部法典不仅为以后的封建王朝行政立法提供了样本,在中国法制史上居重要地位,而且唐代法律作为中华法系的典型代表,在中国古代法制史上大放异彩,对亚洲许多国家封建法律的发展,也有重要的示范作用。

明代法律最重要的是洪武七年(1374)完成的《大明律》,其终有明一代通行不改。清康熙年间初撰、历经雍正、乾隆、嘉庆、光绪四朝修订的《清会典》不仅是我国封建时代最完备的行政法规,而且是我国封建社会行政立法的总汇。而完成于清乾隆五年(1740)的《大清律例》则成为中国历史上最后一部封建法典。②

宗法社会是古代宗法制度框架所构筑而成的一种社会形态,它是以族群为基础的社会形态,以血缘为纽带的组织结构,这种社会组织结构,是王公贵族按血缘关系分配国家权力,建立世袭统治的一种制度。宗法制度确立于夏朝,发展于商朝,完备于周朝,影

---

① 《左传》昭公6年,杜预注。
② 蒲坚主编:《中国法制史》,光明日报出版社1998年版,第201、204页。

响于后来的各封建王朝,在这一社会中建立起由政权、族权、神权、夫权综合而成的封建宗法制。其特点是宗族组织和国家组织合而为一,宗法等级和政治等级完全一致。

宗法社会导致我国出现"家国同构"。家与国同一结构是宗法社会最鲜明的结构特征,这种宗法制度结构的明显特点,在我国封建社会被长期保留下来。何谓"家国同构"？即家庭或家族与国家在组织结构方面具有共同性,也就是说不论国家或家族、家庭,他们的组织系统和权力结构都是严格的父权家长制。"家国同构"的共同性具体表现为"家是小国,国是大家"。在家庭或家族内,父亲地位尊,权力最大;在国内,君主的地位至尊,权力至大,所以家长在家庭中就像君主一样,即"家人有尊严之君,父母之谓也"①。而君主就是全国的严父,各级行政长官也被百姓视为父母官,所谓"夫君者,民众父母也"②。对此,马克思也说:"就像皇帝通常被尊为全国的君父一样,皇帝的各个官吏也都在他所管辖的地区内被看作是这种父权的代表。"③所以"家国同构"可以看作父亲为一家之君,君为国父,君与父互为表里,国与家彼此沟通。因此,中国古语有"欲治其国,必先齐其家"④的说法。这种结构表明宗法关系渗透到社会各个方面,它掩盖了阶级关系、等级关系,"家国同构"直接导致了家庭或家庭成员和国家子民品质的统一,这就是忠、孝同义,也即所谓的"求忠臣于孝子之门"之说。忠的内容和孝一样都是对权力的绝对顺从,所不同的仅仅在于他们所服从的对象不一样而已。

宗法社会的宗法制度是一个等级森严的制度,其主要核心是"嫡长子继承制",这是一种以父系血缘关系亲疏为准绳的遗产(包括统治权力、财富、封地)继承法。在宗法社会中,国法与族规相互支撑,相互补充,交融一体。族规在唐以前是一家一户家长教

---

① 《周易大传今注》卷三《家人》,高亨注,齐鲁书社1979年版,第329页。
② 《新唐书·礼三本》。
③ 《马克思恩格斯选集》第2卷,"中国革命和欧洲革命",人民出版社1972年版,第2页。
④ 《礼记·杂记》。

养子孙的仪礼与规矩。最早的家规是三国时魏人田畴为其家族制定的。宋代宗族组织普遍，家规由一家一户的家训，转变成专门约束家庭成员的规章，家法、族规成为封建国法的重要补充。族规的作用也体现了它的内容：首先是强制性的尊祖；第二是维护等级制度，严格区分嫡庶、房分、辈分、年龄、地位的不同；第三强制实行儒家伦理道德，必须尊礼奉孝。

宋明以后，宗族制得到统治阶级的支持，族权布满农村社会各个角落的众多宗族，成为仅次于政权的权力体系。族权对中国历史影响颇深，它与政权互补互用，是中国的封建社会得以长期延续的重要原因，也成为套在中国人民脖子上的精神枷锁。

封建社会的宗法观念至今仍在顽强地影响着现代中国（包括社会、政治、文化等）的诸多层面，影响着我们的生活。正如邓小平同志所告诫我们的："社会关系中残存的宗法观念、等级观念；上下级关系和干部关系中在身份上的某些不平等现象；公民权利义务观念薄弱；经济领域中的某些'官工'、'官商'、'官农'式的体制和作风；文化领域的专制主义作风；一人当官，鸡犬升天；甚至现在，任人唯亲的恶劣作风在有些地区、有些部门、有些单位还没有得到纠正。一些干部利用职权非法安排家属、亲友进城、就业、提干等现象还很不少。可见宗法观念的余毒决不能轻视。"①邓小平同志这段话是在"文革"结束后的1980年中共中央政治局扩大会议上作《党和国家领导制度的改革》说的，如今又过去了35年，我们依然不难找到35年前邓公所批评的这种种社会现象，比如宪法和党章都规定人人平等，但层级观念依然牢固，甚至已渗透到社会生活的方方面面，有时还能够在一些政策上看到其踪影。

宗法观念对现代社会的影响还表现于公民权利意识的淡薄。权利意识是公民意识的核心，但在古代中国，民众的权利意识极其淡薄。这主要是由于：自然经济、宗法家族和集权专制三位一体的社会存在形式，与之相联系的权利、自由、平等等观念根本就无法正常发育与成长。

---

① 《邓小平文选》第2卷，人民出版社1983年版，第334—335页。

《礼记·曲礼》云:"刑不上大夫,刑人不在君侧。"这便是"刑不上大夫"一语的出处。要解决其本质思想是什么,就要先解决"刑不上大夫"的含义,有什么作用,以及为什么要施行。

对于"刑不上大夫",《中华大词典》的解释是:"我国古代大夫以上的贵族享受的特权之一。"具体地说,对大夫以上的贵族罪犯,"不执缚系引,不使人颈盠,不捽抑",处死刑不"于市"。大意是说,对大夫以上的贵族罪犯,不予以捆绑牵系,不带枷锁,不加以拳脚、扭打按压;对其死刑犯的处决,不公诸于市。

"刑不上大夫"是整个封建社会的立法原则,"大夫"是封建社会的法治"特区"。一般情况下,"大夫"是可以享受法律特权的,只是在涉及"谋反"等损害封建国家利益底线时也会受刑,即使如此,受刑的轻重有分,刑名也有分,所以"刑不上大夫"说的是不同等级之间在涉法时的不同待遇。宗法社会是一个以血缘亲疏关系为基础的宗族统治体系,如何维护其有差别的等级结构,是统治者最为关注的问题。"刑不上大夫"一开始就是奴隶制社会的立法原则,至秦汉时期又有所发展,到曹魏正式上升为法律制度,到隋朝的《开皇律》已规定得比较完备,唐朝沿袭其制,规定得更为详细,充分体现在唐律的"八议"条文之中。所谓"八议"就是对朝廷8种重要人物(皇亲国戚、皇帝近侍、皇帝宰辅、乡绅名流、建国元勋、三品以上官员、为国家勤劳工作的高级文武官员、前朝贵族后代)如果犯死罪,一般司法机关无权审判,必须奏请皇帝裁决,由皇帝根据其身份及具体情况减免刑罚。定罪后,不使用残害肢体的刑法,而是首先选择或劝其自裁,以砺臣节;其次"戮于朝"(在朝堂上处死)。同姓贵族有罪,则由甸师执行,秘密杀于郊野。犯"流刑"(流放)以下的官员,可依规定减刑一等,还可以"官当""赎刑",就是用官员的品级抵罪,可以拿钱赎罪。唐大学者孔颖达注疏的《礼记正义》云:"刑不上大夫者,制五刑三千之科条,不设大夫犯罪之目也,所以然者,大夫必用有德,若逆设其刑,则是君不知贤也。"[1]

---

[1] 《礼记·曲礼上》,《十三经注疏》本,郑玄注,孔颖达疏。

由此可见,封建贵族、官僚犯了罪,总可以找到各种办法来逃避审判与刑罚,所以在封建时代,官僚贵族可以无法无天,凌驾于法律之上,法律的镇压锋芒只是指向广大劳动人民,这是赤裸裸的法律上的不平等。

我们可以下这样一个结论,"刑不上大夫"为的是维护严格的封建等级制度。

在整个封建社会,法律上的不平等必然导致社会矛盾的激化,这当然威胁到封建大厦的巩固和政权的安危,因此每个朝代都会产生几个能够"为民申冤"的"清官",他们使民众在黑暗的封建社会中看到些微的希望,是民众与政权矛盾的调和匠,是腐朽政权大厦的维修匠,诸如北宋包拯、明代海瑞以及明代漳州府龙溪县令徐胡等为民一代代称颂的"清官":

包拯,北宋庐州合肥(今安徽合肥)人。仁宗朝进士,累官龙图阁直学士、开封府尹、枢密副使。包拯为人刚强坚毅,做事严峻刚正,京城里的人说:"暗中行贿无法疏通关系的人,只有阎罗王和包老头",贵戚宦官为之敛手。在开封府尹任上,包拯打开官署大门,使告状的人能够直接到跟前来陈述是非,办事小吏因此不敢欺瞒;他深入调查取证,处理了无数冤狱,伸张了正义良知,被老百姓誉为"包青天"。

海瑞,明代广东琼山(今属海南)人。举人出身,谒选出任知县,累官右佥都御史等职。为政清廉,洁身自爱,一生清贫。为人正直刚毅,忠心耿耿,直言敢谏,曾经买好棺材,告别妻子,冒死上疏。海瑞所到之处,惩治贪官,打击豪强,疏浚河道,修筑水利工程,推行一条鞭法,强令贪官污吏退田还民。屡平冤假错案,安抚穷困百姓,深得民众爱戴,有"海青天"之誉,是嘉靖、万历年间腐朽官场上难得的清官。他的生平事迹在民间广泛流传。

徐胡,万历年间任福建漳州府龙溪县知县,断案神奇,在其任上侦破了不少疑难案件,是一位廉洁奉公、勤政爱民的清官,被誉为"漳州小包公"。最为后人称颂的是"徐胡审石狮"的智慧:

> 有一天,龙溪知县徐胡到漳州东门外赤岭社关帝庙行香。东门外十八社,男女老少,都来争看徐县令拜关夫子。漳州东

门岳口社,有个叫吴春的年轻后生,他以卖油为生,此时他也争着上前去看。他把挑着的一担生油放在关帝庙口的石狮前面,要石狮替他照看一下油担,便去看徐大人行香。

等吴春看完徐胡进香,回到石狮旁边,油担没了。吴春急得满头大汗。他想油担被偷,财本全无,以后怎么度日呢?于是向准备打道回县衙的徐胡喊冤报案。徐胡令将喊冤的人带来。吴春便将油担寄给石狮而后失踪的事说了一遍。

徐胡用扇指着石狮骂道:"你这石狮如此无信无义,既然受人委托,胆敢通贼偷去油担,你应该当何罪!"

衙役与百姓都吃了一惊,又都暗暗发笑县老爷疯癫了。徐胡命令左右把石狮用车载回衙门审问,让吴春也一齐前去作证。一路上人们奔走相告,衙门口人山人海。

徐胡命令衙役,将衙门入口封紧,大门旁边放置一只大水桶,盛满清水,谁要进来观审,要抛二文钱到水桶里,才能进去。门前门后四周,都派衙役看守。徐胡升堂审问,吴春从头把事情经过说了一遍。

徐胡听罢,愤怒地指着石狮:"石狮啊石狮!为何一担油寄托你,你不认真看管,反而串通贼子把油担偷走?"他走近石狮,将耳朵靠近狮口,听了一会儿,才说:"嗯,知道了。"

徐胡重新坐在案桌上,大声宣布:"审石狮盗油案到此结束,吴春到门口签发处将今天门钱收入领去三千文做卖油本钱,余下的钱清点留库,等候审处。"台下万民欢呼,有的赞扬徐胡办事廉明,以小聚多,帮助穷人百姓。可是石狮盗油案没有结束,真正的偷油贼在哪里呢?

审石狮没有结束,侦查还在暗中悄悄继续着。徐胡的衙门入口处那一只盛满清水的水桶,就是检验用的。谁的钱带有油珠,丢进水里,水面便会浮起一层油。入衙观审的百姓中,一共有15个人投的钱带油珠。根据衙役查询,得知其中10位是卖油条的小贩,2个是油行老板,2个是卖油郎,只有一个职业与油无关的人,就是漳州岳口社赌棍吴纹。他一生不务正业,为什么他的钱也带着油呢?这就值得怀疑。徐胡叫两个衙役化装追踪，找了三天，在漳州最大一间酒家彩云楼，当场把他拘留了。原来，吴纹和几位赌友，在彩云楼喝得大醉，有一人说道："前天，徐胡审石狮，太好笑了！"吴纹胸膛一拍："你知道油担是谁偷的吗？"他酒后失言："是老子。可疯老爷已结案了！"在旁边化装的衙役听见，就把吴纹和几位赌友抓走了。

徐胡升堂提审吴纹，吴强辩说他酒后的话不算数。这时师爷万智君回衙门，说："老爷，查了几家油铺，终于查到了，油行老板王阿二说，他买了一担油，是岳口社的吴纹卖给他的，王阿二给他一千五百文钱。"吴纹一听，只好承认油是他挑走的。

原来，那天徐胡在关帝庙进香，吴纹正在赌场输得一身精光，还欠人家三千多文钱。他走出东门，想偷点本钱还债，来到关帝庙口，忽见一担油放在石狮旁。走近一认，是他堂弟吴春的油担。看看周围没人注意，就挑去卖给王阿二。

到此，审石狮案宣告结束。徐胡出告示，告知城乡父老，罪犯吴纹已被抓到。

徐胡任龙溪县令时间不长，爱民如子，连破诸多大案奇案，民众有口皆碑。[①]

即使有许多令人称道的清官，但改变不了封建社会"权法一体"的总体格局。

二、依法治国的提出及实施

新中国成立之后，老一辈革命家就十分注意用法制取信于民，强调在法律面前人人平等，强调对待法律没有双重标准，强调党员及党员领导干部不能有凌驾于法律之上的特权。最能反映这一治国思想的是新中国成立之初严办的一件大案——刘青山、张子善

[①] 《徐胡断案系列民间故事》，卢奕醒整理，大龙树（厦门）文化传媒有限公司2014年版，第10页。

贪污案:

刘青山,1914年生,河北安国人,雇工出身。1931年6月加入中国共产党,曾任中共天津地委书记,被捕前任中共石家庄市委副书记。张子善,1914年生,河北深县人,学生出身。1933年10月加入中国共产党,曾任中共天津地委副书记、天津专区专员,被捕前任中共天津地委书记。他们都为党为人民做过很多有益的工作,无论是在抗日战争还是在解放战争中,都曾进行过英勇的斗争,建立过功绩,但在和平环境中,经不起资产阶级的腐朽思想和生活方式的侵蚀,逐渐腐化堕落,成为人民的罪人。

1950年至1951年他们在担任天津地区领导期间,经调查,刘青山贪污达1.84亿元(当时1万元在币制改革后等于今天1元),张子善贪污达1.94亿元(同前)。在获非法暴利、大量贪污钱财之后,刘、张二犯任意挥霍,过着极度腐化的生活。

1951年11月,中共河北省第三次代表会议揭露了刘、张的罪行。同年12月4日,中共河北省委作出决议,经中央华北局批准,将刘青山、张子善开除出党。1952年2月10日,河北省人民政府举行公审大会,随后河北省人民法院报请最高人民法院批准,毛泽东主席亲作严惩指示,判处刘青山、张子善死刑,经公审后马上被执行枪决。

这一案件的处置,向全国人民昭示了我们党对法律的严肃态度,枪决两个高级贪官的枪声宣告了对延续2000多年封建社会的"刑不上大夫"法律特权的响亮否定。

此后,中国在法治如何与中国特色社会主义相结合的道路上继续进行探索,并不断完善立法和执法的程序与措施。1997年9月,党的十五大在北京召开,大会政治报告第一次把"依法治国,建设社会主义法治国家"作为治理国家的基本方略;1998年3月5日,九届全国人大一次会议关于《政府工作报告》的决议中,首次提出了"依法治国""依法行政"的施政目标;1999年3月15日,九届全国人民代表大会通过了《中华人民共和国宪法修正案》,该法案第13条规定:"中华人民共和国实行依法治国,建设社会主义法治国家。"从这一天起,"依法治国"正式载入国家的根本大法。

2014年7月30日,中央公布了中央政治局常委周永康涉嫌严重违纪被立案调查的新闻,这是新中国成立以来被查处的最高级别的官员。流传多年的"刑不上常委"的潜规则就此终结。2014年12月22日,中央公布:第十二届全国政协副主席、中共中央统战部部长令计划涉嫌严重违纪,目前正接受组织调查。这是党的十八大以来第68个落马的副部级以上高官,第3个国级领导人。

2014年7月29日召开的中央政治局会议指出:"依法治国,是坚持和发展中国特色社会主义的本质要求和重要保障,是实现国家治理体系和治理能力现代化的必然要求,事关我们党执政兴国、事关人民幸福安康、事关党和国家长治久安。"《人民日报》传递中央的声音说:"不管涉及什么人,不论权力大小、职位高低,只要触犯党纪国法,都要严惩不贷。"媒体评论说,周永康案成为十八届四中全会之后全面推进依法治国进程中的重要标志性案件。

2013年3月,国家主席习近平在第十二届全国人民代表大会第一次会议闭幕式上表示,要建设服务政府、责任政府、法治政府、廉洁政府。会后,李克强总理对记者表示:"我们要用法治精神来建设现代经济、现代社会、现代政府。"

2014年1月,习近平同志在中央政法工作会议上强调:各级领导干部要带头依法办事,带头遵守法律,牢固确立法律红线不能触碰、法律底线不能逾越的观念,不要去行使依法不该由自己行使的权力,更不能以言代法、以权压法、徇私枉法。要建立健全违反法定程序干预司法的登记备案通报制度和责任追究制度。

当年10月20日召开的党的十八届四中全会在通过的《中共中央关于全面推进依法治国若干重大问题的决定》文件中提出依法治国6项重大任务是:"完善以宪法为核心的中国特色社会主义法律体系;加快建设法治政府;公正司法提高司法公信力;增强全民法治观念;加强法治工作队伍建设;加强和改进党对全面推进

依法治国的领导。"这6项任务系统地阐述了建设中国特色法治国家的主要内容和任务。为实现这些任务,十八届四中全会部署了"建设六大体系"——中国特色社会主义法治体系、形成完备的法律规范体系、高效的法治实施体系、严密的法治监督体系、有力的法治保障体系、完善的党内法规体系。提出了"坚持依法治国、依法执政、依法行政共同推进,坚持法治国家、法治政府、法治社会一体建设,实现科学立法、严格执法、公正司法、全民守法,促进国家治理体系和治理能力现代化"的治国理念。通过这些设计,勾画出了一个可以使广大人民群众满意的依法治国的总体框架。

依法治国,就是广大人民群众在党的领导下,依照宪法和法律规定,通过各种途径和形式管理国家事务,管理经济文化事业,管理社会事务,保证国家各项工作都依法进行,逐步实现社会主义民主的制度化、法制化,使这种制度和法律不因领导人的改变而改变,不因领导人看法和注意力的改变而改变。它深刻地揭示了依法治国的内涵:

依法治国的主体,是党领导下的广大人民群众,它表现为国体和政体的统一。宪法明确规定,国家一切权力属于人民,人民通过人民代表大会等形式和途径,依法管理国家事务和社会事务。任何机构和个人不得未经人民授权或者超越人民授权成为人民之外或者人民之上的治理国家的主体,更不允许少数国家公职人员以言代法,以权压法。

依法治国的客体,是国家事务、经济文化事业和社会事务。凡属涉及这些事务、事业的单位和人员一律都应遵循法律的规范。任何国家机关和公职人员在行使权力时,都必须受到法律制度的约束和监督,并且承担相应的责任。因此,必须重视以法治官、以法治权,防止滥用权力现象的发生。

依法治国所依据的母法是宪法。任何人、任何组织都没有超越宪法的特权。行政法规、地方法规和部门规章都不得同宪法相抵触,不允许搞部门和地方保护主义。

依法治国和党的领导关系,二者是统一和相互依存的。四中全会明确地阐述了二者的关系:"党的领导和社会主义法治是一致的,社会主义法治必须坚持党的领导,党的领导必须依靠社会主义法治。只有在党的领导下依法治国、厉行法治,人民当家作主才能充分实现,国家和社会生活法治化才能有序推进。依法执政,既要求党依据宪法法律治国理政,也要求党依据党内法规管党治党。"

党是依法治国的倡导者,又自觉地在宪法和法律范围内活动,带头遵守和实施法律,四中全会强调"绝不允许法外开恩,绝不允许办关系案、人情案、金钱案"。强调要努力"提高党员干部法治思维和依法办事能力,把法治建设成效作为衡量各级领导班子和领导干部工作实绩重要内容、纳入政绩考核指标体系,把能不能遵守法律、依法办事作为考察干部重要内容"。

这些规定既体现和维护了法律的权威,又有利于在市场经济条件下加强和改善执政党的领导。

依法治国还必须和以德治国相结合。总结中西历史,不难发现,法治与德治从来都是相互蕴涵和包容的一个整体,二者在调整方向上有很多重叠之处。只有双管齐下,法律与道德才能既保持外在张力,又相互契合;既保持各自独立,又相互关联。一方面,法律的产生以道德为基础,也始终以正义和善为价值依托和最终归宿。因此,厉行法治,必须辅以德治。另一方面,德治同样需要法律的支持。法制则以其明确性、制度性和威严性弥补了道德手段的不足。可见,法律与道德相辅相成,德法并重,珠联璧合。依法治国需要同时进行道德建设,而厉行法治又是道德建设的必由之路。

依法治国和以德治国相结合的蓝图已经绘就,但在实施中却阻力不小。究其原因,最主要有如下三点:

一是现代社会多元化观念的影响。近年来,我国的改革开放取得了举世瞩目的成就。但是,伴随工业化、商品化、市场化、网络化而来的不仅有文明与进步,也有退化与落后。有如"潘多拉魔盒"一旦打开,走私、寻租、贪污、腐败等社会丑恶现象纷至沓来,封建遗毒沉渣泛起。在享受物质生活的同时,人们愈来愈感受到精神之空虚、情感之冷漠、心灵之漂泊。因道德失范和法律观念淡薄所造成的社会责任感缺失,导致市场经济秩序混乱、食品安全问题严重、违法犯罪率上升等负面现象泛滥。

二是公民法律意识淡薄。当前,许多公民的法律意识仍然淡薄,与法治不相符合的旧思维仍然存在。2011年末发生的"民工盗车"案件见微知著,教训深刻:

> 被告人周某,湖北人,于2011年12月23日,窜至陕西某一煤矿,用随身携带的螺丝刀将李某停放在该煤矿的一辆北京牌农用车盗走。2012年1月16日,公安局民警将周某抓获,经价格认证中心鉴定,被盗车辆鉴定价格为人民币40600元。法院依照《中华人民共和国刑法》判决被告人周某犯盗窃罪,判处有期徒刑10年,并处罚人民币10000元。周某对公诉机关的指控无异议,并当庭认罪,但认为量刑过重,他认为自己盗窃的动机不是要非法占有他人财产,是因为他自己出来打工,老板欠他工资,想把老板的车偷来要挟老板,只是当晚在老板常使用的停车位上停了本案失主的车,他才误盗了失主的车。可是,法律不会因为他的出发点而给他减刑。

想想本案中的周某,本来是因一个老板拖欠工资而生活困难的受害者,只因法律意识淡薄,没有经过合法渠道,没有用法律来维权,走上了一条犯罪的道路,因自己的不法行为导致10年的牢狱生活。该案让人心痛、叹息,纯粹就是一个法盲的行为,这就是公民法律意识淡薄所付出的代价。

三是腐败因素渗入了司法部门,严重损害了司法机关公信力。今天的中国,正处于从传统到现代的艰难爬坡中,法治观念必须"跟得上"权利意识的步伐。司法机关本应是法律公正和正义的化身,是维护平民百姓正当权益的最后防线。但在当前拜金主义、享乐主义泛滥,腐败现象屡禁不止的严峻形势下,一些司法机关也不免受到污染,于是司法效率低下,甚至是腐败,让很多人没办法通过正常渠道"讨说法"。我们看到媒体不断披露的司法机关有违法理和良知的判决,看到一些司法人员违法违纪的报道,如南京彭宇扶助老人案:

2006年11月20日,彭宇在南京市某公共汽车站好心扶一名跌倒在地的老人起来,并送其去医院检查。不想,受伤的徐老太及家人得知胫骨骨折,要花费数万元医药费时,一口咬定是彭宇撞了人,要其承担数万元医疗费。被拒绝后,徐家人向南京市鼓楼区法院起诉,要求彭宇赔偿各项损失13万多元。此案的目击证人陈先生法庭陈述他看到的情况是:老太太手里拎着保温瓶,向第三辆公交车跑去。她跑到第二辆车的车尾时,不知为什么就跌倒了。这时,他看到从第二辆车后门下车的彭宇上前帮忙扶起,然后自己也上前帮忙,并打电话叫老人的儿女过来。但是徐老太在法庭上居然昧着良心称不认识陈先生,当时并不是他帮助的自己。陈先生非常气愤,提出事发当时曾用自己的手机帮徐老太打电话,手机里有通话记录可以证明。

这个本来就有监控录像和目击证人作证的简单民事纠纷案件,南京鼓楼区法院却作出了极为荒唐的判决,称"彭宇自认,其是第一个下车的人,从常理分析,他与老太太相撞的可能性比较大",裁定彭宇补偿原告40%的损失,即45876元,要求10日内给付。主审法官最著名的一句问话是:"不是你撞的,你为什么要送她去医院?"

后来人们知道,这位徐老太太的儿子是当地的警察,干预了案件。这份判决书是对法律的公然强暴和亵渎!这种凭借想象力和推理判案的做法,是司法史上一次前所未有的倒退,是对人类良知和道德底线的公然蚕食和破坏!人们获悉了判决后这样说:以后谁还敢做好事!许多媒体认为这份判决书是社会主义法律的奇耻大辱,对社会道德的滑坡起了极为恶劣的影响!

三、建设法治社会需要全社会的努力

法治是党的十八大报告提出的社会主义核心价值观倡导的社会层面的建设目标。不同社会的法治理念具有不同内容。社会主义法治理念包括依法治国、执法为民、公平正义、服务大局、党的领导五项内容。依法治国是社会主义法治的核心内容,执法为民是社会主义法治的本质要求,公平正义是社会主义法治的价值追求,服务大局是社会主义法治的重要使命,党的领导是社会主义法治的根本保证。这五大内容相互支持、相互补充,体现了党的领导、人民当家作主和依法治国的有机统一。

社会主义法治理念是在以马克思主义为指导,充分吸收和借鉴古今中外法治思想精髓和人类法治文明的优秀成果,并深刻总结我国社会主义法治实践经验及充分考虑我国基本国情的基础上提出来的,各方面内容相辅相成,构成科学的有机整体,因而具有充分的开放性和系统的科学性。社会主义法治建设的根本目的在于实现好、维护好、发展好最广大人民的利益。社会主义法治理念将执法为民作为社会主义法治的本质属性,既体现了人民群众的主体地位,又体现了全心全意为人民服务的执政理念,因而具有彻底的人民性。社会主义法治理念还具有鲜明的政治性。社会主义法治建立在社会主义民主政治的基础之上,要求民主立法、人民监督,将服务大局作为社会主义法治的重要使命,要求社会主义法治全面服务社会主义政治、经济、文化、社会及生态文明建设,并将党的领导作为社会主义法治的根本保证,不断增强党的科学执政、民主执政与依法执政能力,实现法治与民主政治的统一。综而论之,社会主义法治理念以公平正义为价值导向,以执法为民为本质要求,将法治与民主政治统一起来,目的在于真正实现运用人民赋予的权力来为人民谋利益。因此,社会主义法治理念具有其他社会的法治理念无法比拟的优越性。

社会主义法治的价值追求是公平正义,体现在政治公平、市场公平、社会公平、教育公平、立法公平、司法公平等多个方面,是国家长治久安、人民安居乐业的重要保障。公平正义是人们在社会交往中利益相称的正当关系,也可以说,公平正义是对正当利益的维护。公平正义不是抽象的,就是要保证各种所有制经济依法平等使用生产要素、公平参与市场竞争、同等受到法律保护。要积极推进司法体制和工作机制改革,坚持和完善中国特色社会主义司法制度,确保审判机关、检察机关依法独立公正行使审判权、检察权;实行司法公开,让权力在阳光下运行;优化司法权力的配置,保证司法权力高效运转,做到司法公正与司法效率并重;加强对司法权力的监督,防范司法腐败;加强司法能力建设,最大限度减少冤案错案的发生。

目前,中国特色社会主义法律体系已经形成,国家各项事业都已基本纳入法治轨道,不断推进社会公平正义成为执政的重要目标。党的十八大报告中提出要"提高领导干部运用法治思维和法治方式深化改革、推动发展、化解矛盾、维护稳定能力"。强调法治思维就是尊重法律权威、遵循法治原则、体现法律理性。强调法治方式,就是按照法律规则处理问题、解决纠纷,使执政行为合法合理、公开公正。社会管理必须在法律的框架下、法治的轨道中运行,只有用法律手段解决纠纷、平衡利益,才能建立符合法治价值的公正正义的社会秩序。

"法治"是一种治国理念或治国方略,法治社会强调的是法律的权威性和普遍适用性,其基本内涵在于,将法律作为治理国家和社会的最高准则,任何人和机构都不得凌驾于法律之上。"法治"与"人治"相对。"人治"是指依人而治,依靠的是掌权者的智慧和权威,强调掌权者的绝对权力,而"法治"是指依法而治,依靠的是法律的理性和权威,强调法律在国家和社会治理中的至上地位。现代国家普遍承认,法治是优于人治的治理方式,是一个社会政治文明发展到一定历史阶段的重要标志。最早对"人治"和"法治"的优劣进行比较的思想家是亚里士多德。他指出,人治容易偏离公正,再伟大的贤人也难以完全摒除个人好恶,而法治则体现理性精神,更能确保公正;法律由众人审慎考虑后制定,比一个人或少数人意见具有更多正确性,而且法律具有稳定性,人则容易朝令夕改,故而"法律是最优良的统治者"①。战国末期,赵国思想家荀子提出"有治人,无治法"②,意即再好的法律也不能自动发挥功用,需要有"治人"(较高法律素质的人才)来执行它——在精神上尊

---

① 亚里士多德:《政治学》,商务印书馆1981年版,第171页。
② 《荀子·君道》。

重,在广度上普及,在深度上贯彻——它的启示作用非常明显:法律的执行人是法治系统的重要构成。

中国共产党领导全国人民在建设社会主义法治国家的道路上不断摸索,进行了长期不懈的奋斗。新中国成立以来,特别是改革开放30年来,中国的法治建设取得了显著成就:

首先,确立了依法治国的基本方略。依法治国,建设社会主义法治国家已成为国家基本方略和全社会共识。社会主义法治理念逐步形成。全社会法律意识和法治观念普遍增强,自觉学法守法用法的社会氛围正在形成。第二,中国共产党依法执政能力显著增强。中国共产党已经探索出了一条具有中国特色的科学执政、民主执政和依法执政相结合的道路。在法治建设中,中国共产党通过领导立法、带头守法和保证执法,依法执政的能力不断增强。第三,以宪法为核心的中国特色社会主义法律体系基本形成。在现行宪法基础上,制定并完善了一大批法律、行政法规、地方性法规、自治条例和单行条例,法律体系日趋完备,国家经济、政治、文化和社会生活的各个方面基本实现了有法可依。法律在促进经济发展、维护社会公平正义、保障人民各项权利、确保国家权力正确行使等方面的作用不断增强。第四,人权得到可靠的法制保障。通过宪法和法律保障公民的基本权利和自由。依法保证全体社会成员平等参与、平等发展的权利。随着法律规定、司法体制、维护权益机制的不断完善,人权在立法、执法、司法等各个环节得到了更加充分的保障。第五,形成促进经济发展和社会和谐的法制环境。建立健全了一系列促进经济发展、维护市场秩序、实现社会公平正义的法律和制度,初步建立了社会主义市场经济的法律制度。第六,依法行政和公正司法水平不断提高。通过建立健全行政执法和司法的组织法制和工作机制,保证了行政和司法机关按照法定权限和程序行使权力、履行职责。行政立法和制度建设进一步加强,各类公开办事制度不断完善,法治政府建设不断推进。公安机关依法履行职责,维护国家安全和社会治安秩序,保障人民安居乐业。审判机关和检察机关依法独立行使审判权、检察权,坚持以事实为依据、以法律为准绳,坚持公民在法律面前一律平等,维护和实现司法公正和权威。第七,权力制约和监督机制不断加强。建立健全了既相互制约又相互协调的权力结构和运行机制,已建立起比较完善的监督体系和监督制度,监督合力和实效不断增强。①

当然,目前我国仍处于社会主义初级阶段,进行社会主义法治建设的时间还不长,这一实际情况决定了中国法治建设还不够完善。我国当前法治建设面临的具体问题如前已述,包括:法律体系和法律结构有待进一步健全和完善;有法不依、执法不严、违法不究的现象在一些地方和部门依然存在;地方保护主义、部门保护主义和执行难的问题时有发生;存在公职人员贪赃枉法、执法犯法、以言代法、以权压法的现象;全社会的法律意识和法治观念有待进一步提高,等等。

对于我国这样一个数千年来深受宗法制度影响的国家,建设社会主义法治国家是一件非常不容易的事情,注定是一个长期的、循序渐进的过程。全面推进社会主义法治建设必须遵循以下"四个坚持"的原则:坚持中国共产党的领导、人民当家作主、依法治国的有机统一,保证中国共产党在法治建设中始终发挥总揽全局、协调各方的领导核心作用,保障广大人民群众依照宪法和法律的规定实现当家作主的权利,保证国家各项工作都依法进行;坚持一手抓建设、一手抓法治,紧密结合经济社会发展的客观需要,不断健全和完善法律制度,使法治建设为经济社会发展和构建和谐社会服务;坚持把法治建设植根于中国社会的实际,既注意借鉴国外的有益经验,又立足于中国国情,不照搬别国的法律制度和政治体制;坚持把法治建设的基础放在制度建设和增强全社会的法治观念上,不断提高全社会法治文明水平。

党的十八大报告强调:"依法治国是党领导人民治理国家的基本方略,法治是治国理政的基本方式,要更加注重发挥法治在国家治理和社会管理中的重要作用,全面推进依法治国,加快建设社会主义法治国家。"要实现这个目标,必须全面贯彻实施宪法。习

---

① 国务院新闻办公室2008年2月28日发表的《中国的法治建设》白皮书。

近平总书记指出:"全面贯彻实施宪法,是建设社会主义法治国家的首要任务和基础性工作。"具体要按照四中全会提出的任务要求,从以下四方面着手:

其一,必须坚持党的领导、人民当家作主、依法治国的有机统一。一要坚持国家一切权力属于人民的宪法理念,完善我国基本政治制度——人民代表大会制度,加强各级人民代表大会常务委员会的立法、监督预算和宪法实施的职能,提高人大专门委员会委员的专业水平和履职能力,建立人大代表联络工作机构,密切人大代表与选民的联系,真正让人民成为国家、社会和自己命运的主人。二要切实保证各级党的机关依照宪法、法律领导各项事业,保证各级国家机关依法行使职权、履行职责。三要根据宪法正确处理中央和地方的关系、民族关系、各方面利益关系;四要积极稳妥地推进政治体制改革,尊重人民群众的首创精神,加强改革的顶层设计,发展更加广泛、更加充分、更加健全的人民民主。四要带头遵守法律,依法治党,建设法治政府。以习近平同志为首的新一届领导集体上任后高压反腐,坚持法律面前人人平等,用制度限制公权力,实现权力入笼,受到世人的高度肯定。党的十八大之后,在国务院设有法制办、全国人大设有法工委的情况下,中央办公厅新成立了法规局,这是我们党依法执政在机构上的重要体现。

其二,必须全面推进科学立法、严格执法、公正司法、全民守法。一要继续完善以宪法为统帅的中国特色社会主义法律体系,实行有法可依、有法必依、执法必严、违法必究,实现国家和社会生活法制化。二要制定良法,四中全会指出:"良法是善治之前提",要抓住提高立法质量这个关键,要恪守以民为本、立法为民的理念,贯彻社会主义核心价值观,使每一项立法都符合宪法精神、反映人民意志、得到人民拥护。三要坚持依法行政、独立司法、公正司法,在维护社会秩序的同时,切实依法保障公民、法人的合法权益,尽量防止和减少渎职、徇私舞弊行为和工作失误;四要加强各级人大对宪法和法律实施情况的监督检查,健全监督机制和程序,坚决纠正一切违宪违法行为。

其三,必须坚持人民主体地位,切实保障公民享有权利和履行义务。一要依法保障公民、法人的各项权利,保障公民、法人的人身权、财产权、基本政治权利不受侵犯,保证公民的经济、文化、社会等各方面权利得到落实,保障各类法人平等参与经济、文化、社会发展,共享发展机遇,平等分享改革开放的成果。二要依法公正对待人民群众的诉求,保证每个司法案件实现公平正义,不使无罪的人受到法律追究。三要在全社会形成学法尊法守法用法良好氛围,牢固树立宪法和法律的权威。

其四,必须改进党的领导方式和执政方式。依法治国,首先是依宪治国;依法执政,关键是依宪执政。一是各级党组织和党的机关,必须依据宪法治国理政,领导立法、保证执法、带头守法。二是各级党组织要支持国家权力机关、行政机关、审判机关、检察机关依照宪法和法律赋予的职权,独立负责、协调一致地开展工作,防止和避免超越法律职权和程序进行干预。三是各级党组织和党员领导干部要带头厉行法治,提高依法执政能力和水平,各级领导干部要提高运用法治思维和法治方式深化改革、推动发展、化解矛盾、维护稳定能力。四是各级党组织要健全权力制约和监督体系,做到有权必有责、用权受监督、失职要问责、违法要追究。

作为执政党,我们各级领导必须带头遵纪守法,任何人不得凌驾于法律之上,要作遵纪守法的楷模。实践表明,没有领导干部以身作则、率先垂范,依法治国就不可能实现。习近平同志清楚看到了这一点,2015年2月2日,他在中央党校举办的省部级学习四中全会研讨班开班式上作了重要讲话,指出:"各级领导干部在推进依法治国方面肩负着重要责任,全面依法治国必须抓住领导干部这个'关键少数'。领导干部要做尊法学法守法用法的模范,带动全党全国一起努力,为建设社会主义法治国家作出贡献","领导干部心中要高悬法律的明镜,手中要紧握法律的戒尺,要知晓为官做事的尺度。要做尊法的模范,做学法的模范,做守法的模范,做用法的模范。"他强调今后要把法治素养作为考核干部的重要内容:"法治素养是干部德才的重要内容。要把能不能遵守法律、依法办事作为考察干部重要内容。要抓紧对领导干部推进法治建设实绩的考核制度进行设计,对考核结果运用作出规定。"

四、大学生法治思想的培养

1. 大学生法律意识的现状

大学生法律意识是一个多要素、多层次的复杂系统,要精确全面地概括大学生的法律意识的现状并非易事,所以本专题只能结合我市司法系统的调查资料,对当前大学生的法律意识所存在的问题作一个粗浅的概括:

(1) 从总体上看,大学生缺乏准确理解和把握现代法治的基本精神。

现代法治是以民主为基础,以保障人权为核心,与传统的法制有着本质的区别,它视法为工具与目的的统一,并更加强调法的目的价值,而我们在调查中发现大学生对法的民主基础尚未有明确的意识,仍然存在着一种传统意义上将法作为统治工具的法律观。譬如,他们也认可"法治"反对"人治",但受到传统人治观念和现实中一些"权大于法"现象的影响,往往认为法律只具有工具价值而非目的价值;他们也认可民主反对专制,但受到中国现实国情的制约,往往认为法制只存在于民主制度而专制制度下就没有法制,没有认识到法制既可以与专制相结合,也可以与民主相结合,而只有以民主为社会基础的法制模式,才能称之为真正的法治。

(2) 大学生普遍具有感性法律意识,但缺乏理性法律意识。

法律本身是一门学理性极强的学科,不掌握一定的法律基础理论,就难以用理论解决现实存在的法律问题。大多数大学生对法律的认识还只处于初级的感性阶段,正是因为缺乏系统的法学理论学习,使得大学生的法律意识仍处于对法律本质认知的启蒙状态。比如,多数学生都知道宪法是国家的根本大法,但对宪法的基本精神和基本内容却知之甚少,现代法治国家普遍都是实行宪政的国家,若不能将宪法提到宪政的高度加以认识,在论及宪法内容时不能立即想到公民的权利以及公民权利与国家权力的关系等诸如此类的关键问题,则是缺乏现代法治意识和宪政意识的表现。

(3) 大学生具有被动法律意识,缺乏主动法律意识。

由于传统法律意识的思维惯性,以及教育与宣传舆论的局限,大多数大学生的法律意识处于一种被动的守法状态,认为守法就是遵守刑法。这种被动的法律意识更多的是一种守法教育下的结果。譬如,现在一些高校内的法制宣传栏中的内容都以描述违法犯罪的案例及其所受的惩罚居多,往往使得大学生感受更多的是法律的铁面无私和无情,甚至有个别大学生得出了只要自己不违法,就无须学法的错误结论。守法教育固然是法制教育的重要内容之一,但如果将守法教育代替整个法制教育,以守法为法制教育的初衷和归宿,则不仅不利于培养出具有现代民主意识和现代法律意识的人才,而且在一定程度上是对现代法的基本理念和基本价值取向的悖逆。只有彻底转变法律观念,以培养人们的法律信仰和权利的积极行使为出发点,才能在更深层面上对提高大学生法律意识和建设法治国家做出回应。

(4) 大学生违法案件呈现增多的趋势。

近几年,青少年犯罪占到了社会刑事犯罪的70%至80%,其中大学生犯罪约为17%,而且犯罪类型向智能化、多样化发展,同社会犯罪比,其涉罪范围、性质及危害没有质的区别。数据显示:"象牙塔"并不平静,大学生们的法律素养包括法律信仰、法律意识状况令人忧虑。

法律信仰缺乏。法律信仰是指基于社会主体通过对法律现象的感受而形成的内心对法律价值的认同,对法律的坚定信念和尊重,是公众自觉守法的升华。部分大学生崇尚权力,迷恋金钱和财富,对法律在社会发展中的作用和认识没有准确的把握,对法治缺乏信心,甚至认为法律是实现目的的手段和工具,受权力和金钱的支配,有了权力和金钱,就可以为所欲为。

法制意识淡薄。人之为人,最首要的就是其言行举止受到各种规范的约束,如校规、道德、法律,以及各种社会礼仪习惯等。其中,最基本的规范应当是道德和法律,大学生更应如此。然而,部分大学生法律意识淡薄,他们或者动辄恶言相向,互相看不起对方;或者漠视对方权益,无事生非,造谣中伤,恶意攻击他人;或者不知如何保护自己的合法权益,在受到侵犯时忍气吞声;更有甚

者,根本无视法律的存在,最终不得不受到法律的制裁。例如轰动全国的马加爵恶性杀人案:

> 云南大学学生马加爵杀害4名同学的刑事案件,发生于2004年寒假期间。杀人事件的起因仅仅是因为同学之间打牌时的争执,马加爵用铁锤先后杀死4名同学,潜逃到海南省三亚市,被举报捕获。同年4月24日,昆明市中级人民法院判处马加爵死刑。6月17日,云南省高级人民法院裁定核准马加爵死刑的刑事判决,立即执行。

又如发生在北京动物园的清华大学生刘海洋的"泼熊事件":

> 为了验证"笨狗熊"的说法能否成立,清华大学电机系大四学生刘海洋,于2002年1、2月间,先后两次把掺有火碱、硫酸的饮料,倒在北京动物园饲养的5只狗熊的身上或嘴里,导致这5只熊有的嘴被烧坏,进食困难;有的四肢被烧,无法行走;有的前胸、背部、臀部被烧坏,失去了正常生活的能力——其中有只黑熊被硫酸烧得双目失明,舌面整个被灼伤,黏膜脱落,口腔、上腭、喉部和气管被烧坏。这就是"泼熊事件"。
>
> 刘海洋的行为触犯了《刑法》中的"故意毁坏财物罪"。北京市公安局西城分局依法将刘海洋刑事拘留。4月30日,北京市西城区人民法院开庭审理,判决被告人刘海洋犯故意毁坏财物罪。鉴于刘海洋在学校表现良好,免予刑事处罚,给予留校察看处分。
>
> 刘海洋平时学习刻苦,成绩在班上一直名列前茅,年年都拿奖学金,曾是班上的团支书,在全国性的数学竞赛上拿过奖项。案发后,刘海洋对记者说:"我知道这样做是违法。我在大学也学过刑法,但没能想到我做的事后果会这么严重。我非常后悔,我感到对不起母亲、对不起学校、更对不起社会,我要主动认罪,争取得到宽大处理。"

法律知识不足。当代大学生由于长期受"应试教育"的影响,法律素质普遍不高,他们所知道的一些法律知识,也仅限于课堂上的灌输所得。他们始终认为"只要不违法犯罪,学习法律便一无是处",从不会积极主动地学习法律法规。殊不知,大学生法律素质的高低,不仅关系到大学生自身的命运和前途,而且关系到民族的振兴、经济的发展和社会的全面进步。

强调权利而忽视义务。权利和义务是整个法律体系的核心内容。权利与义务是相对应的,从利益分配上讲,就是索取和付出的关系,两者之间具有统一性、平衡性的关系。没有无义务的权利,也没有无权利的义务。尊重他人的权利是主张自己权利的前提,不尊重他人的权利,其实就是践踏自己的权利。然而,现实生活中,相当一部分大学生片面强调自己的权利,只知道索取利益,不懂得履行相应的义务。总之,当前由于受各种因素的干扰,法律的权威还没有在大学生的头脑中完全彻底地树立起来,但可以肯定的是,仍然有不少的学生具有浓烈的忧患意识,对法律的渴求尤为强烈。他们深知在法治社会里,法律无所不在,是规范社会生活的底线。无论是在目前的生活和学习阶段,还是在将来参加工作后,无一例外地都要受到来自法律的各方面的调整和约束,所以作为合格的大学生,就应具备良好的法律素质,使自己养成遵纪守法、依法办事的好习惯,在学习、工作以及将来的家庭生活等方面,都能成为全社会的楷模。

2. 影响大学生法律意识淡薄的原因

(1) 自身心理因素的影响。大学生正处在人生成长的关键时期,正在迅速走向成熟又未完全成熟,其心理上具有明显的成长特征,对情绪、情感的自控力较差,喜欢用批判的、怀疑的眼光看待周围事物,极力想摆脱来自外界的干涉和约束,面对着经济压力、学习压力、就业压力等众多人生考验,他们感到无所适从。部分学生功利性、自我性、短期性、随意性等心理症状混合交织,客观上会对法律和制度产生心理抵触。

(2) 外界价值观念的影响。大学生因拥有更多信息来源渠道,有更多的机会接触和了解世界的政治经济和社会文化状态,这有利于他们学习知识,开阔视野,但真假难辨的各种信息也会对他们的价值观造成冲击和影响;有的在主流与支流、精华与糟粕、真善美与假恶丑等问题上分辨不清;有的只顾搞所谓的"自我设计"

"自我完善",从而陷入个人主义的泥潭;有的把追求物质享受作为人生的精神支柱,追捧"金钱万能、享乐至上"的生活方式。这种错位的价值观一旦受外界不良因素诱导,就容易走上违法犯罪的道路。

(3)大学生法律教育薄弱。一是当前学校对学生法制教育的定位不准确,重义务轻权利。忽视对公民享有权利的宣传教育,使学生产生"法律就是要求公民尽义务"的错觉,有碍大学生健康法律心理的形成。二是要求学生理解和背诵法律条文导致教育重点错位。忽视了对法律观点、法律理念、法律精神的宣传和培育,致使大学生头脑意识中缺乏现代法律意识,行为上被动、屈从地遵纪守法。三是灌输式的知识传输方式收效甚微。法制教育缺乏应有的互动交流和案例讨论,引起大学生的普遍厌倦和反感,使他们失去了学习的兴趣。

3. 依法治国,大学生责无旁贷

法治是社会主义核心价值观的基础和保障。习近平同志说:"法律是治国之重器",党的十八届四中全会作出"建设法治国家"决定,是新中国成立以来法制史上具有里程碑意义的标志性大事。建设法治社会,不仅需要执政党的全体党员带头身体力行,而且需要各级党组织尤其是领导者的以身作则,还需要全社会公民法律意识的加强。作为社会成员和共和国法治社会未来建设者的青年大学生,更是责无旁贷,需要着力掌握法律知识,努力提高法律意识,为建设共和国的法治社会尽责尽力。笔者认为,大学生法律意识的培养,只能在学校党组织的领导下,在学习生活和社会实践中进行有意识的灌输和培养,以唤起大学生对权利、义务、秩序以及法律的憧憬和期待,进而增强其法律意识。

培养积极的法律信仰。只有在法律信仰的基础上,人们才能形成良好的法律意识和法治观念,若社会公众缺乏对法律的信仰,法律规范就不能内化为一种信念,也无法落实到自发的行为之中。法律虽然是一些规则和条文,但法律规则和条文背后深深隐藏着道德关切,蕴含着道德信仰,当人们在对法律产生认同并建立了法律信仰之后,遵守法律规则和条文就会外化为一种自觉行动。在法治社会中，法律之所以能成为至高无上的权威，并为每一个公民所信奉，根本在于法律体现、保障并实现着社会的公平正义。当前，大学生与社会各界一样，都要认真学习党的十八届四中全会精神，作为学校，应该按照四中全会要求的那样，"把法治教育纳入国民教育体系和精神文明创建内容"，组织学生认真学习领会四中全会关于建设法治国家、法治社会的内容任务，对大学生进行法治教育时还应根据其思想特点引导其用现代理念来评判与思考法律条文所体现的价值观，它是否充分体现了现代社会生活各个方面的内在法律要求，是否充分满足现代正义观的要求。只有这样，才能使学生对法律的感情和内心对正义的信仰实现与心灵的契合，大学生才会从自身的利益出发自觉地去遵守法律、尊重法律。同时要注意培养健康的心理，不要随波逐流，不要放弃道德和法律原则去适应社会的负面因素，而要树起"改变社会，从我做起"的健康理念。

创造良好的法治环境。一方面政府要健全法律运行机制，只有做到立法的民主化、科学化，执法的程序化，守法的自觉化以及法律监督的制度化，才能实现建设法治社会的价值目标。大学生思想开放，其观念具有激进性和时代性的特点，主观上期望有良好的法治环境，也关心国家法制建设。因此，要培养大学生的现代法律意识，就必须健全法律运行机制，创造良好的法制社会环境。另一方面政法机关、宣传部门有责任创建有利于强化大学生现代法律意识的社会舆论、道德环境。大众传播媒体和各种社会力量在大学生现代法律意识的塑造方面起着不可替代的特殊作用。大众传播媒体和各种社会力量应利用典型案例，进行生动的法治宣传，在全社会形成"守法光荣、违法可耻"的社会舆论环境，营造良好的法治氛围。

创造良好的校园法治氛围。一方面高校应该严格遵守和执行教育法及相关的法律法规，依法开展学生工作，建立健全各项规章制度，按照规章条例办事，尤其是在学生普遍关注的德智体量化考核、奖学评优、贫困生资助、学生干部的管理等问题上，按规定办事，公平公正，不因人而异，对违法违纪行为严肃处理。只有这样，才能在广大学生面前树立起良好的依法办事的榜样。另一方面要创建法治校园文化,开展法制教育活动。可以通过举办法律知识竞赛、学法守法演讲比赛,或组织学生旁听法庭审判、模拟法庭、参观考察监狱、开展法律心理咨询和法律社会调查,法律援助志愿者在行动,等等法律实践,形成浓厚的法制教育氛围,促进大学生现代法律意识的形成。

提高法治教育教学质量。一是提高教师的法律修养。打铁先得自身硬,教育者应先受教育。完善教师的知识结构,提高教师的法律素质和修养,是增强大学生现代法律意识的先决条件。这就要求从事法制教育的教师应加强学习,不断给自己"充电",及时了解和掌握我国立法的最新成果,法律界的最新动态,具备较高的法律意识和法律修养。二是注重加深大学生对法学理论的理解和现代法律意识的提高。教学内容选择上应充分考虑学生的特点与需要,有针对性地突出重点,在"少而精"和通俗化、普及化方面做文章,重点讲授与学生有一定联系的部门法,如《教育法》《民法典》《消费者权益保护法》《劳动法》等。三是采用多种方法展开教学。教学方法上要利用多种教学手段,尤其要注意法律实践教育,以提高学生兴趣、课堂教学质量和教学效果。比如课堂讨论、案例教学、多媒体教学、法庭旁听等,提高学生学习的积极性,增强教育效果,从而使学生通过法制教育进一步了解法律与自己,与生活息息相关,并懂得运用法律手段保护自己的合法权益。

充分利用网络开展法治教育。现代网络的发展,为高校法治教育工作提供了现代化的手段,拓展了空间和渠道。我们必须充分利用网络形象生动、图文并茂的特点,推动法治教育由封闭的、被动的模式,向开放的、主动的、全社会参与的模式转变,使法治教育体现出新颖性、直观性、参与性、系统性。通过网络将典型的法律案例介绍出去,在网上进行法律和道德教育,有目的地向他们灌输符合网络时代的信息伦理意识,强化版权法、著作权法、专利法、商标法以及与知识产权相关的法治观念,逐步培养大学生的法律意识视野。

每一个青年大学生,要积极发扬中国知识分子坚守社会道德良知的优秀传统,知行合一,以身作则,从细小的守法事情做起,从日常生活、身边小事做起,"勿以恶小而为之,勿以善小而不为",不遗余力地培育和传播社会主义核心价值观,善于辨析并坚决抵制、摒弃形形色色的道德观念谬误和违法行为,"坚持依法治国、依法执政、依法行政共同推进,坚持法治国家、法治政府、法治社会一体建设",为全面建成社会主义法治国家,贡献自己的智慧和力量!

思考题

1. 呼格吉勒图为什么会从报案人变成犯罪嫌疑人?a. 指甲中的被害人血迹,让警方错判;b. 那时是在严打时期,警方办案需要从快从重;c. 有作案时间。

2. 说说我国封建宗法社会法律的特点及其对今天建设法治社会的影响。

3. 谈谈新中国成立之后我们党对依法治国的探索和实践。

4. 党的十八届四中全会提出建设"法治国家"的目标内容是什么?

5. 青年学生应该怎样为建设法治中国贡献力量。

参考文献

[1]翦伯赞主编:《中国史纲要》,人民出版社1989年版。
[2]《春秋左传集解》,杜预集解,中华书局1977年版。
[3]蒲坚主编:《中国法制史》,光明日报出版社2000年版。
[4]《周易古经今注》,高亨注,中华书局1984年版。
[5]《周易大传今注》,高亨注,清华大学出版社2012年版。
[6]《新唐书》,欧阳修等纂,中华书局1975年版。
[7]《马克思恩格斯选集》第2卷,人民出版社1972年版。
[8]《礼记》,《十三经注疏》本。
[9]《邓小平文选》第2卷,人民出版社1994年版。
[10]亚里士多德:《政治学》,商务印书馆1981年版。
[11]《荀子集解》,王先谦集解,中华书局1988年版。

[12]《中国的法治建设白皮书》,国务院新闻办2008年2月28日。

[13] 石国亮、莫忧主编:《社会主义核心价值观青少年读本》(大学生版),人民出版社2014年版。

第十章
爱国

提要

爱国是基于个人对自己祖国依赖关系的深厚情感,是调节个人与祖国关系的行为准则。它同社会主义紧密结合在一起,要求人们以振兴中华为己任,促进民族团结、维护祖国统一、自觉报效祖国。爱国是古今中外千百年传承下来的对自己祖国的一种热烈的爱的情感,世界上许多民族和国家都把爱国作为核心价值观。帮助当代大学生理解爱国主义的内涵和基本要求,理解爱国主义是中华民族的优良传统,是中华民族生生不息、自立于世界民族之林的强大精神动力,也是大学生实现人生价值的力量源泉,从而激发大学生的民族自尊心、自豪感和爱国热情,使大学生能够从自身做起,爱国、敬业、诚信、友善,做一个新时期忠诚理性的爱国者。

一、爱国的基本内涵

党的十八大报告指出:在中国特色社会主义道路上实现中华民族的伟大复兴,寄托着无数仁人志士、革命先烈的理想和夙愿。在长期艰苦卓绝的奋斗中,我们党紧紧依靠人民,付出了最大牺牲,书写了感天动地的壮丽史诗,不可逆转地结束了近代以后中国内忧外患、积贫积弱的悲惨命运,不可逆转地开启了中华民族不断发展壮大、走向伟大复兴的历史进军,使具有5000多年文明历史的中华民族以崭新的姿态屹立于世界民族之林。

在当代,《善意的谎言》这个故事满满地装载了朱欣月对祖国赤诚的热爱:

> 曾经有这样一个真实而又感人的故事。在吉林长春,有一个名叫朱欣月、生活在贫困家庭而且身患重病的小女孩,由于脑肿瘤压迫视觉神经,先是致使她双目失明,最后导致她全身瘫痪。病床上的小欣月有个单纯的心愿——到天安门看升国旗。如此小小的一个心愿,对于病情急剧恶化的她根本就是一种奢望。为了圆欣月这么一个纯真的梦想,2000多名互不相识的志愿者在长春公关学校的操场上举行了一次虚构的天安门升旗仪式,以"善意的谎言"实现了小欣月的愿望。虽然病魔让她不能看到五星红旗冉冉升起的场面,但是朱欣月用心感受到了那个神圣的时刻。正是这2000多人用爱心编织的美丽谎言,让一个身患绝症、但心中却藏着最阳光愿望的小女孩实现了自己的夙愿。
>
> 作曲家姜延辉为小欣月的纯真与执着而感动,为她那份对祖国的热爱之心感动,用自己最真挚的情怀、最细腻的笔触、最深情的旋律谱写了一曲感人至深、情真意切、回味无穷的好歌——《五星红旗我爱你》。这首歌写出了孩子们最清纯、最真切的心声,抒发了少年儿童最真挚、最美好的情怀。小欣月曾经感动了整个中国,这首歌也震撼了每一个人的心灵,也伴随着每一个少年儿童在祖国的怀抱里幸福快乐地成长。
>
> "在小小的摇篮里,妈妈教我认识你。在温暖的教室里,老师教我描绘你。在电视里看到你,我每次都向你敬礼。在天安门广场上,你与太阳一同升起。啊五星红旗我爱你,你永远在我的心里。啊五星红旗我爱你,我一定会努力好好学习。//在爷爷的故事里,烈士鲜血染红你。在美丽的校园里,我每天都注视你。在梦中的节日里,我亲手把你升起。在欢

乐的日子里,我们同声歌唱你。啊五星红旗我爱你,长大我要为你争光争气。啊五星红旗我爱你,你永远在我的心里。//五星红旗五星红旗,我永远爱你!"

"爱国,语出《汉纪·惠帝纪》(本书按:"爱国",语出《前汉纪》卷五《孝惠一》。作者荀悦曰:"封建诸侯,各世其位,欲使亲民如子,爱国如家。"),指个人或集体对祖国的一种积极和支持的态度,是一个民族赖以生存和发展的精神支柱,是对自己祖国的一种最深厚的感情。"① 人一出生,就属于某个具体的国家,因而他理所当然应该热爱自己的祖国,应该对自己的国家尽一种责任和义务,这是做人和为人的根本。由此可见,爱国是国家公民或者社会成员对于祖国朴素而真挚的热爱情感,而这种情感是天然的。党的十八大把"爱国"作为社会主义核心价值观倡导,这是公民最基本的价值准则,是社会主义核心价值观的基础。由爱国而沉淀、凝结、传承的爱国主义,则是社会主义核心价值观中公民道德的旗帜,是中华民族文化和精神的精髓。

何谓"爱"?对人类来说,"爱"可以用生物学解释其起因。爱是一种发自内心的情感,通常多见于人与人、人与动物之间。现今科学解析浪漫的爱是一种生物程序,有关爱的行为都是由进化的力量主导,通过激素起作用,所有疯狂的行为只为了把基因传递给后代。爱这个字在字典里有着许多意义,如由某种事物给予人以满足,甚至为了爱某些东西而愿意去死;可以用来形容爱慕的强烈情感、情绪或心理状态。爱是动物和人的一种本能,一种生理和心理的驱动力。既包括主体对于事物的需要和依赖,也包括主体对于事物的一种正面有利的态度和情感。在生物体之间是一种有利的作用和反作用,有时是双向动态平衡的,有时是单向不平衡的。

何谓"国"?国是古代所指的诸侯所受封的地域,国是现代有土地、人民、主权的政体——国家。从广义的角度,国家是指拥有共同的语言、文化、种族、血统、领土、政府或者历史的社会群体。

---

① 《"24字关键词"传递梦想 社会主义核心价值观解读(三)》。上海文明网 http://sh.wenming.cn/ywl/201407/t20140707_2045851.htm。

从狭义的角度,国家是一定范围内的人群所形成的共同体形式。在社会科学和人文地理范畴,国家是指被人民、文化、语言、地理区别出来的领土,被政治自治权区别出来的一块领地,一个领地或者邦国的人民,跟特定的人有关联的地区。一般国家行政管理当局是国家的象征,是拥有治理一个社会的权力的国家机构,在一定的领土内拥有外部和内部的主权。

国家不是从来就有的,而是人类历史发展到阶级社会的必然产物。国家作为一种阶级统治的工具,其主要职能之一就是把阶级矛盾和冲突控制在统治阶级所需要的秩序和稳定的范围内,给人们的生产、生活提供必需的社会政治环境,否则人类社会一天也难以生存下去。同样不可忽视的另一个铁的事实是,国家在执行统治阶级统治工具职能的同时,还必须执行组织社会生产和生活,维护社会公共利益的社会管理职能,包括对本国的自然环境和资源、生产技术设备、历史文化遗产及国计民生的物质和精神财富,尽可能地开发、利用和保护,并组织国民抵御来自内部的自然灾害、暴力行为和来自外部的外族入侵的破坏、挑战。国家所具有的这种管理社会经济、文化、维护国家主权的职能必不可少,并且与本国人民的利益休戚相关。国家稳定、发达、团结、兴旺,生活于其中的民族、家庭、个人就会安居乐业、幸福健康;国家动乱、分裂、衰败、危亡,人民就会颠沛流离、民不聊生。

爱国就是对祖国的忠诚和热爱。爱国是人们长期以来形成和积累的对自己祖国的一种积极的、依存的社会性情感,这种情感源于关系之中,即血缘关系、地缘关系、业缘关系、人缘关系、神缘关系等,是在自然关系基础上引申出的一种个人与国家之间的关系。

爱国的"国"首先是一个文化、地理概念,即祖国;爱国的"国"还是一个政治概念,即国家。综合来看,爱国的"国",主要包括三个要素,即自然要素、社会要素和政治要素。

第一,自然要素,即本民族赖以生存的特定区域内的土地、海洋、山川等自然风貌和矿产、森林、物产等自然资源所构成的国土;

第二,社会要素,即由共同的经济生活、风俗习惯、社会心理、语言文化和历史传统等纵横交织的社会关系紧密连成一体的国民或者人民；

第三，政治要素，即为了维护社会共同体的秩序、主权、安全和稳定而建立起来的实施阶级统治的政治机构—国家。

可见，祖国是一个集自然、政治、经济、文化、历史为一体的综合体，是由一定社会历史阶段上的、一定区域内的国土、国民和国家机器等基本要素构成的人类生存的社会共同体。

为什么要爱国？爱国的理由是什么？从国家的角度来看，爱国是社会政治稳定和统一的需要，也是维护国家主权与独立的需要。从个人的角度来看，爱国是社会经济文化生活健康发展、人民生活幸福的需要，这是无可非议，不容置疑的。

但是，爱国的理由在现实生活中也会出现某种质疑的声音。人为什么要爱国？是祖国需要我们来爱，还是我们需要爱祖国？已经逝去的陆幼青在他生命的最后时段，给我们留下了一本《生命的留言——死亡日记》，并向我们这些活着的人提出了一个严肃的话题："人的爱国到底是为自己，还是为国家？"我们还有一个很严重的误区，那就是常常弄错了一个重要的关系：到底是祖国需要我们来爱，还是我们需要爱祖国？一个头枕世界之巅，脚踏浩瀚海洋的中国巨人他不会在乎几十亿的子民当中多一个不肖子孙的，所以你爱不爱国，对国家而言无足轻重，但是有没有母国之爱，有没有一个伟大的祖国去让你爱，对你而言就可能意义非常。翻翻犹太人这几千年的历史吧，看看他们被欧洲各国驱逐、惶惶不可终日流浪奔走的生存状态，直到今天，这种奔走已经成为犹太人一种根深蒂固的恐惧感，为什么？因为他们的祖国没有山一样稳如磐石的根基，能够屹立在地球之上。

爱国究竟爱的是什么？我们究竟为什么要爱国？根本的原因在于，它是我们自己的，而我们也是属于它的。这是一种不可分割的关系，这种关系决定了我们爱国的理由。中国有一句俗语："儿不嫌母丑。"中国人也经常说"祖国母亲"，因为在我们的潜意识里是把祖国与母亲联系在一起的。在英文里，祖国是用 motherland 来表示，直译即"母亲的土地"，有"故土""家园"之意。无论母亲美还是丑，儿女都会深爱她，因为她养育了我们，我们感激她、需要她,故乡、祖国也是这样。他乡虽好,但不属于我。一个人可能会在异国生活得很舒适,但不会感到亲切。从更根本上说,祖国已经融化在了我们的血液里,我们一生下来不仅在外貌上而且在心灵深处打上了祖国的烙印。正是这种与祖国休戚与共、连为一体的感觉才使得人们自发地产生了爱国的感情。

中华民族有着深厚的爱国传统。从陆游的"位卑未敢忘忧国"到顾炎武的"天下兴亡,匹夫有责",从文天祥的"人生自古谁无死,留取丹心照汗青"到鲁迅的"寄意寒星荃不察,我以我血荐轩辕"的诗句,都是强烈爱国情怀的体现。打开中华民族5000年的文明史册,每一页无不闪烁着爱国主义的灿烂光辉。中华民族的爱国志士,不畏强权压迫,不畏虎豹豺狼,为了国家的独立和昌盛,为了民族的自由,为了人民的幸福,谱写了一曲曲响彻云霄的爱国主义壮歌。爱国人物群星灿烂:战国时期的伟大爱国诗人屈原,宋代的民族英雄岳飞、文天祥,明代的爱国将领戚继光,清代焚烧鸦片的民族英雄林则徐……他们忠于祖国、热爱人民,不畏贬谪,不怕牺牲,忠烈千秋,永垂青史,这正是爱国主义力量的集中表现。历朝历代,许多仁人志士都具有强烈的忧国忧民思想,以国事为己任,前仆后继,临难不屈,保卫祖国,关怀民生,这种可贵的精神,使中华民族历经劫难而不衰。

二、爱国主义的历史渊源

爱国主义是关于爱国的集观点、情感和行动为一体的复合体。"爱国主义"同"爱国"不一样,爱国是人的一种自然的感情,而爱国主义则需要注入理性的成分,需要一定的理论观点指导,进而形成一种理念。爱国这个概念在我国"古已有之",而"爱国主义"一词,则是20世纪初期由外国传入我国的。"爱国主义"与"爱国"这一概念相比,其内容更加广泛,它是一个阶级关于热爱自己祖国问题的系统的思想和观点。在中外伦理道德遗产中,爱国主义的内容是最丰富的,爱国主义指的是人们对自己祖国忠诚和热爱的一种情感、一种信念、一种操守。

为了进一步理解爱国主义,我们首先来看一下爱国主义中的"国"的含义。《辞海》解释说:"古代诸侯称国,大夫称家。"①《孟子》:"人有恒言,皆曰天下国家。天下之本在国,国之本在家,家之本在身。"②意思是说,人们有句老话,都说的是"天下国家",天下的基础在于国,国的基础在于家,家的基础在于个人。列宁说:"国家是阶级统治的机关,是一个阶级压迫另一个阶级的机关。"③因此,爱国主义必然要体现在三个层面:

第一个层面,热爱故土山河。祖国,从来都不是一个抽象的概念。祖国,就是我们脚下这块世世代代劳动、生息、繁衍、依存的辽阔大地,就是我们生于斯、长于斯的故土家园,我们对祖国的爱最早是从这片哺育自己的土地开始的。俗话说,"一方水土养一方人",每个人最初认识和熟悉的都是自己故乡的一山一水、一草一木。随着社会阅历的不断丰富。人们逐渐增加了对祖国广阔土地及其风貌的认识,从而将对故乡的依恋之情扩大为对祖国的热爱和眷恋。

第二个层面,热爱各族人民。我们的祖国之所以可爱,不仅仅因为她拥有幅员辽阔、物产丰富、山河壮丽的国土,更重要的是因为她拥有世世代代生息在这片国土上的勤劳、勇敢、善良、智慧的各族人民。祖国和人民是不可分的,正是各族人们共同创造了祖国悠久的历史、灿烂的文化,使我们的祖国源远流长、繁荣昌盛。古语说:"民惟邦本,本固邦宁。"④各族人民是我们伟大的国家之本,是伟大祖国的创造者。因此,热爱祖国,最根本的是热爱那些创造悠久历史和灿烂文化的各族人民,爱国必爱民,爱民定爱国,这是爱国最基本的内涵和集中表现。

第三个层面,热爱自己的国家。我们在谈论爱国主义时,常常把祖国与国家当作相同的概念使用。实际上,在阶级社会,二者是两个既有联系又有区别的概念。"祖国"更突出民族性和自然属

---

① 《辞海》,上海辞书出版社1979年版,第767页。
② 《孟子·离娄上》。
③ 《列宁选集》第3卷,人民出版社1972年版,第176页。
④ 《尚书·五子之歌》。

性,指居住在一定疆域内的单个或多个民族的人民经过长期共同生活、劳动,进行物质文化交往,形成的集自然、政治、经济、文化、历史和心理关系于一体的社会共同体,主要包括国土、国民和国家机器等基本要素。"国家"则强调政治性和阶级属性,指在阶级社会中,为了维护社会共同体的秩序、安全、主权和稳定,而由占统治地位的阶级为实施阶级统治而建立的政治共同体,主要由立法机关、行政机关和司法军事警察机关等强力政治机构组成。

　　国家是社会在一定发展阶段上的产物。国家是承认:这个社会陷入了不可解决的自我矛盾,分裂为不可调和的对立面而又无力摆脱这些对立面。而为了使这些对立面,这些经济利益相互冲突的阶级,不致在无谓的斗争中把自己和社会消灭,就需要有一种表面上凌驾于社会之上的力量,这种力量应当缓和冲突,把冲突保持在"秩序"的范围以内。这种从社会中产生但又自居于社会之上并且日益同社会相异化的力量,就是国家。

　　在人类的发展史上,有哪一个国家像中国这样从未间断地保持延续了本民族的原生文明？有哪一个民族像中华民族这样尽管经历了如此多的内忧外患,饱受了种种苦难却从来没有被外来的敌人所征服？曾与中国一起被列为世界文明古国的其他国家,无一例外地都衰落在历史的风尘中。早在19世纪,德国哲学家黑格尔比较了各个文明古国发展史之后,他断言:"只有黄河、长江流过的那个中华帝国是世界上唯一持久的国家。"①而100年后英国的另一位著名学者罗素也发出惊叹:"自孔子以来,埃及、巴比伦、波斯、马其顿,包括罗马的帝国,都消亡了,但是中国却以持续的进化生存下来了。"②这其中当然有着非常深刻的、复杂的社会历史原因,有一点是可以肯定的,古老中华民族之所以顽强地走到今天,一个重要的原因就是千百年来的爱国主义传统,从形成到不断延续和发展,已经深深地融入我们的民族意识中。爱国主义唤起

---

　　① 黑格尔:《历史哲学》,上海书店出版社1999年版,第122页。
　　② 转引自罗国杰主编:《思想道德修养》,中国人民大学出版社2002年版,第224页。

了整个中华民族对自己祖国的热爱,并由此激发了强大的民族凝聚力和国家凝聚力,成为动员和鼓舞人民团结奋斗、抗御外侮的一面伟大旗帜。这种伟大的爱国主义精神,推动古老的中华民族自强不息、艰苦奋斗,历经磨难而不衰,屹立于世界民族之林。

中华民族富有爱国主义的光荣传统,这种传统同我们的祖国一样历史悠久,源远流长。在中华民族5000年的发展历程中,中华民族形成了以爱国主义为核心的伟大的民族精神。"捐躯赴国难,视死忽如归"①,正是由于对祖国的深切热爱,勤劳智慧的中华儿女共同开拓了辽阔的疆域,创造了辉煌灿烂的文化。肩负着实现中华民族伟大复兴重任的我们,要热爱祖国的大好河山,积极维护祖国的主权独立和领土完整,祖国的领土寸土不能丢,不能被分裂侵占;要热爱祖国的历史和文化,提高民族自尊心和自信心,为创造更加辉煌的民族文化而尽心尽力。

爱国主义是一个历史范畴,必须把爱国主义放在一定的历史条件下进行考察。中华民族的爱国主义,随着社会历史的不断发展,爱国主义的内容是不断丰富和发展的。在不同的时期、不同的社会制度下,爱国主义具有不同的时代内容和表现形式。中国历史的发展进程大致可以分为古代的爱国主义、近代爱国主义和当代爱国主义。

"臣心一片磁针石,不指南方不肯休。"(文天祥《扬子江》诗)南宋末民族英雄文天祥明知国事不可为而为之,辗转南北,逃窜江海,坚持抗元军事斗争,对民族和国家怀着赤诚的热爱。

> 南宋末年,朝廷偏安江南,国势弱小。北方蒙古族于1271年结束了内部争夺皇位的自相残杀局面,建立了元朝,把侵略矛头直指南宋。公元1274年,元世祖忽必烈发20万元军水陆并进,直取临安。南宋政权一片混乱,度宗薨,仅4岁的赵㬎即位,史称恭帝。谢太后临朝,要各地起兵"勤王"。次年,任赣州(今江西赣州)知州的文天祥,散尽家资,招兵买

---

① 曹植:《白马篇》,《曹植集校注》卷三,赵幼文校注,人民文学出版社1998年版。

马,数月内组织义军3万,以"正义在我,谋无不立;人多势众,自能成功"的信心和勇气,开始了戎马生涯。义军赶往吉州,文天祥受任兵部侍郎,获令屯军隆兴(今江西南昌)待命,几经奋战才得入卫临安。不久,出任平江(今江苏吴县)知府,奉命驰援常州。在常州,义军苦战,淮将张全却率官军先隔岸观火,又临阵脱逃,致义军五百人除四人脱险外皆壮烈殉国。这年冬天,文天祥奉命火速增援临安门户独松关。未到目的地,关已失守。急返临安,准备死战,却见满朝文武纷纷弃官而逃,文班官员仅剩6人。1276年,谢太后执意投降,元将伯颜指定须由丞相出城商议,丞相陈宜中竟连夜遁逃,临时拜文天祥惟右丞相兼枢密使都督,出使议和。谈判中,文天祥不畏元军武力,痛斥伯颜,慨然表示要抗战到底,被扣留押北。文天祥乘间在镇江虎口脱险。由于元军施反间计,诬说文天祥已降元,南返是为元军赚城取地。文天祥屡遭猜疑戒备,两个月间颠沛流离,千难万死,辗转抵达温州。这时,朝廷已奉表投降,恭帝被押往大都(今北京)。陆秀夫等大臣拥立7岁的赵昰(端宗)在福州即位,文天祥奉诏入福州,任枢密使,都督诸路军马,往南剑州(今福建南平)建立督府,派人赴各地募兵筹饷,号召各地起兵杀敌。秋天,元军攻入福建,端宗被拥逃海上,在广东一带海上漂泊。1277年,文天祥率军移驻龙岩、梅州(广东梅县),挺进江西。在雩都(今江西于都)大败元军,攻取兴国,收复赣州10县、吉州4县,人心大振,江西各地响应,全国抗元斗争复起,文天祥号令可达江淮一带,这是他坚持抗元以来最有利的形势。元军主力进攻文天祥兴国大营,文天祥寡不敌众,损失惨重,妻子儿女也被元军掳走,率军南撤,守庐陵、汀州(今福建长汀)。1278年春末,端宗病死,陆秀夫等再拥立6岁的赵昺为帝(史称帝昺),朝廷迁至距广东新会县50多里的海中弹丸之地。冬天,文天祥率军进驻潮州潮阳县,欲凭山海之险屯粮招兵,寻机再起。然而元军水陆并进,发起猛攻。本年底,文天祥在海丰北五坡岭遭元军突然袭击,兵败被俘,服冰片自杀,未果。降元的张弘范劝降,遭严词拒绝。文天祥有诗《过零丁洋》明志:"辛苦遭逢起一经,干戈廖落四周星。山河破碎风飘絮,身世浮沉雨打萍。惶恐滩头说惶恐,零丁洋里叹零丁。人生自古谁无死,留取丹心照汗青。"

这是中国历史上君降而臣不降、伟大的爱国民族英雄文天祥一生最壮观的事业。"人生自古谁无死,留取丹心照汗青"是文天祥对自身命运的一种毫不犹豫的选择,是文天祥慷慨激昂的爱国热情、视死如归的高风亮节以及舍生取义的伟大爱国情怀的高度凝结。

我国古代的爱国主义传统是自古代至1840年鸦片战争以前表现出的爱国主义思想。几千年的中国古代历史,古老的中华民族的爱国主义传统表现为:缔造、维护祖国的统一和民族团结;反抗阶级压迫、民族压迫和外来侵略;推动民族的进步和捍卫祖国领土的完整;开发祖国河山,创造灿烂的中华文明。

中华民族维护祖国统一和民族团结的爱国主义传统,是在祖国的统一和分裂不断交错、民族融合和冲突不断发展的过程中形成的。尽管在中国历史的长河中,存在着分裂的时期,但民族团结和祖国统一始终是我国历史的主流。"天下一家"的民族整体观念已成为中华民族稳定的民族心理和文化传统。历史上无论哪个朝代、哪个时期,全社会从上到下总存在着不同形式的促进民族国家凝聚合一的努力。虽然在中国历史上中华民族内部的民族关系并不总是友好往来,团结与共,而是民族融合和冲突共存,由于各民族内统治阶级和利益上层的驱使,有时也会出现民族间的争夺和压迫。各民族人民在反抗民族压迫的斗争中形成了维护民族独立、团结和尊严,讲风骨、重气节、正气浩然的爱国主义传统,那些反抗民族压迫的民族英雄千百年来一直受到人民的称颂和敬仰。中国各族人民为捍卫祖国领土完整和主权独立,与外国侵略者进行殊死的斗争,显示了中华民族同敌人血战到底的气概和反抗外国侵略的爱国主义传统。

几千年来,勤劳、智慧、勇敢的各族人民创造了适宜的生存环境,开发了祖国的自然资源,改造了祖国的自然环境。正像一些海外游子回国旅游时所感慨的:"不回国看看不知祖国河山之秀丽",中华民族这种改天换地的英雄气概和勇于探索大自然奥秘的拼搏精神已成为中华民族宝贵的精神财富。

宋庆龄女士就是这样一位执着的爱国者。宋庆龄自1913年开始追随革命先驱孙中山先生,致力于中国革命事业,谋求中华民族独立解放。在近70年的漫长岁月里,经过护法运动(1917)、国民大革命(1924—1927)、国共对立10年(1927—1937)、抗日战争(1937—1945)、解放战争(1945—1949),她始终忠贞不渝地坚持孙中山的革命主张,坚定地和中国人民站在一起,为祖国的繁荣富强和人民生活的美满幸福而殚精竭虑,英勇奋斗,在中国现代历史上,谱写了光辉动人的生命篇章,因此被誉为20世纪全世界最伟大的女性之一。没有一颗热忱的爱国之心,宋庆龄能七十年如一日为祖国的解放和富强而殚精竭虑吗?

中华民族近代的爱国主义精神和传统,是自1840年鸦片战争爆发、中国社会进入近代所表现出的爱国主义思想。近代爱国主义传统主要表现在:反对帝国主义侵略,维护民族独立和国家主权;反对封建主义压迫,推翻腐败的封建专制统治。近代以来,帝国主义列强的侵略和清朝政府的腐败使中国沦为半殖民地半封建社会,中国人民承受着帝国主义和封建主义的双重压迫。国家实力的巨大差距和反侵略战争接连失败的严酷现实教育了中国的爱国者,要想从根本上解放中华民族,仅凭不计生死的血肉拼搏是远远不够的,必须探索敌强我弱的原因所在,寻求救亡图存、振兴中华的有效途径。鸦片战争到辛亥革命的近代中国历史,表明地主阶级中的抵抗派、农民阶级、民族资产阶级等社会各阶层的爱国者们为救亡图存、振兴中华进行了艰苦的探索,推动了中华民族爱国主义运动的不断前进,为中华民族爱国主义传统增添了新的内容。但他们受历史和阶级的局限,不可能完成、实现他们的理想。反帝反封建爱国斗争的任务,便历史地落在中国无产阶级的肩上。

三、爱国主义的当代价值

世纪老人冰心(1900—1999)说:"一个人只要热爱自己的祖国,有一颗爱国之心,就什么事情都能解决了,什么苦楚,什么冤屈都受得了。"①

1949年10月1日,新中国的成立使客居美国的钱学森心潮澎湃,10多年的辛勤准备,终于到了报效祖国的时候。他对夫人蒋英说:"祖国已经解放,我们该回去了。"

1950年,钱学森开始争取回归祖国,而当时美国海军次长金布尔声称:"钱学森无论走到哪里,都抵得上5个师的兵力,我宁可把他击毙在美国,也不能让他离开。"钱学森由此受到美国政府迫害,遭到软禁,失去自由。1955年10月,经过周恩来总理在与美国外交谈判桌上的不断努力,甚至不惜以释放15名在朝鲜战争中俘获的美军高级将领作为交换条件,钱学森终于冲破种种阻力回到了祖国。自1958年起,他长期担任我国火箭导弹和航天器研制的技术领导职务,对新中国的国防和航天事业的发展作出了不可磨灭的巨大贡献。

在美国的20年里,钱学森一直保留着中国国籍。他回忆说:"我在美国那么长时间,从来没想过这一辈子要在那里待下去。我这么说是有根据的。因为在美国,一个人参加工作,总要把他的一部分收入存入保险公司,以备晚年之用。我一块美元也不存,许多人感到奇怪。其实没什么奇怪的,因为我是中国人,根本不打算在美国住一辈子。""人民中国才是我永远的家。"

毛泽东同志指出:"爱国主义的具体内容,看在什么样的历史条件之下来决定。有日本侵略者和希特勒的'爱国主义',有我们的爱国主义。"②那么,什么是当代中国的爱国主义呢?

---

① 转引自《中央社会主义学院学报》2012年第6期,第66页。
② 《毛泽东选集》第2卷,人民出版社1991年版,第520页。

当今的中国是世界上人口最多、综合实力最强的发展中国家,在国际上的地位不断提高,在国际事务中的影响力不断增大,成为国际舞台上的一支重要力量。进入21世纪以来,中国的国际地位出现较为显著和重大的变化:

第一,实力与地位显著上升。进入21世纪第一个年头,中国的经济实力在世界排第6位,GDP约1.2万亿美元;21世纪的头8年,中国在世界经济的排位逐年靠前,2008年跃居世界第三大经济体,2010年成为世界第二大经济体,外汇储备跃居世界第一,成为世界第三贸易大国。2008年GDP达到4.5万亿美元,提前12年实现"到2020年经济总量比2000年翻两番"的战略目标,这一实力地位的变化奠定了中国国际地位变化的基础。

第二,除经济实力外,中国的军事、科技、软实力也持续上升。在军事领域,美国国防部认为,20多年来中国的军费每年以两位数的速度增长,这么大的投入,使中国军队的实力比20世纪90年代有显著的提升,军事活动范围扩大。在科技领域,航天活动取得突破性的进展,令全世界华人骄傲,令整个世界刮目相看。在软实力方面,中国的发展模式得到越来越多的发展中国家和发达国家的认可,成为不少国家试图仿效的样板。国际上出现一定程度的汉语热,也说明中国的地位上升了。

第三,金融危机以来,中国的实力没有受到根本的伤害,国际地位不降反升。世界普遍寄希望于中国率先走出危机,带领世界经济复苏。中国2万亿美元外汇储备和银行系统的充足资本,使中国成为世界金融危机和经济危机中屈指可数的中坚力量。中国银行业和大型国有企业的实力和国际地位显著上升,海外收购活动非常活跃。

第四,在中国实力和国际地位持续上升的同时,由于意识形态、社会制度、价值观等因素,西方国家对中国的消极态度仍然没有改变。中国总体的国际形象和国际声誉在西方主流舆论中没有根本性改观,其基本形象仍然是负面的。在奥运会境外火炬传递、拉萨、新疆的打砸抢烧严重暴力犯罪事件、"毒奶粉"和"地沟油"等事件的报道中,西方的政治立场异常呆板、消极、片面、极端,与中国政府的态度严重对立。我们在世界的形象有两个：一个是强国，越来越强；另一个是"坏国"，西方不断诋毁我国的社会制度、意识形态，攻击中国没有民主、没有人权、没有自由、没有法制、没有信用，这是西方世界比较普遍的看法。我们必须保持清醒的头脑，采取相应的应对措施。中国正处于为实现中华民族伟大复兴的一个新时期，爱国主义的新课题就是中华民族的伟大复兴不仅是一个经济强国的复兴，还是一个文明国度的复兴。

今天，我国已步入了一个崭新的历史时期，我们将面临越来越多的新情况、新问题。实现中华民族的伟大复兴，更需要我们不断弘扬爱国主义的优良传统。只有这样，中华民族才能重振雄风，为人类文明与进步做出更大的贡献。我们要适应时代发展的要求，正确认识祖国的历史和现实，增强爱国的情感和振兴祖国的责任感，树立民族自尊心与自信心；弘扬伟大的中华民族精神，高举爱国主义旗帜，锐意进取，自强不息，艰苦奋斗，顽强拼搏，真正把爱国之志变成报国之行。

关于新时期爱国主义的科学内涵，江泽民同志有一段重要的论述："爱国主义是一个历史范畴，在社会发展的不同阶段、不同时期有不同的具体内容。我们所讲的爱国主义，作为一种体现人民群众对自己祖国深厚感情的崇高精神，是同促进历史发展密切联系在一起的，是同维护国家独立和广大人民的根本利益密切联系在一起的。在新民主主义革命时期，爱国主义主要表现为致力于推翻帝国主义、封建主义和官僚资本主义反动统治的斗争，把黑暗的旧中国改造成为光明的新中国。在现阶段，爱国主义主要表现为献身于建设和保卫社会主义现代化的事业，献身于促进祖国统一的事业。"①当代爱国主义要从以下三方面来认识：

第一，爱国主义是一个历史的范畴，在社会发展的不同阶段、不同时期有不同的具体内容。从人类社会发展的历史看，有古代的爱国主义、近代爱国主义和现代爱国主义；从性质上看有奴隶社会、封建社会的爱国主义、资本主义社会的爱国主义和社会主义的

---

① 《十三大以来重要文献选编》，人民出版社1991年版，第1047页。

爱国主义;从我国社会发展的不同时期看,社会主义爱国主义在新民主主义革命时期和现阶段具有不同的内涵,不能混为一谈。

第二,我们当代的爱国主义是社会主义爱国主义,是作为一种体现人民群众对自己祖国深厚感情的崇高精神,是同促进历史发展密切联系在一起的,是同维护国家独立和广大人民的根本利益联系在一起的。这是社会主义爱国主义的基本内涵。

第三,社会主义爱国主义在社会主义社会、共产主义的不同阶段具有不同的内涵,在现阶段主要表现为献身于建设和保卫社会主义现代化事业,献身于促进祖国统一事业,这是我国建设有中国特色社会主义的爱国主义观,也是我国社会主义爱国主义的时代内涵。

中华民族是具有悠久的爱国主义传统的伟大民族,爱国主义与实现中华民族的伟大复兴有着必然的内在联系。几千年来,爱国主义始终是"动员和鼓舞人民团结奋斗的一面旗帜,是推动我国社会历史前进的巨大力量,是全国各族人民共同的精神支柱"[①]。爱国主义是动员和鼓舞中国人民团结奋斗的一面旗帜,是全国各族人民为实现中华民族伟大复兴的精神支柱。

"振兴中华"这个口号,最早是孙中山先生提出来的。他在1894年兴中会成立章程中写道:"本会之设,专为联络中外有志华人,讲求富强之学,以振兴中华,维持团体起见。"[②]中国共产党成立以后,承担起领导人民振兴中华的神圣使命。毛泽东、邓小平、江泽民、胡锦涛等党的领导人都对民族复兴作了大量的论述。改革开放初期,"团结起来,振兴中华"这个口号,是最响亮的一句话。周恩来同志"为中华崛起而读书"的志向为人们所熟知,一直是青年学子奋发向上的励志警句。中华民族的伟大复兴,成为凝聚中国人民、凝聚中华民族的历史必然。

中国在历史上曾经很辉煌,而近代以来又很悲惨,受尽屈辱,

[①] 《建设有中国特色社会主义若干理论问题学习纲要》,学习出版社1998年版,第124页。

[②] 《兴中会宣言》。

这个反差太大了。习近平同志说,每一个中国人想起那段历史都会感到心痛,所以中国人总有那么一股民族复兴的情结和劲头,这是一种强大的精神动力。实现中华民族的伟大复兴必须要有中国精神,一个重要的精神力量就是爱国主义。每个人的命运与国家民族的强盛息息相关,用实现中华民族的伟大复兴来凝聚中国人民、激励中国人民更是历史的必然。

要实现中华民族的伟大复兴,首要的一点就是维系住民族赖以生存的国家形式。世界历史的发展已经证明,某个民族如果发展到以国家形式生存的程度,某种意义上也意味着这个民族的文明已经成熟,从此国家就成为这个民族的生命形式,成为这个民族的外壳与灵魂,国家的兴衰荣辱就成为这个民族的生命轨迹。

20世纪末期,世界上包括苏联在内的一些民族国家出现了分裂,甚至解体,经济衰退、民族对立、内战纷起几乎是这些国家在解体后遇到的共同灾难。虽然每个民族依然存在,但曾经使他们共同辉煌过的国家形式却无可挽回地消逝了。从本质上说,民族的分裂和内乱所侵害的第一个目标就是国家形式,敌对势力通过对国家形式的破坏而消解侵蚀民族的生存能力,从而使整个民族陷入混乱和大难。

事实证明,一个国家只有让爱国主义的思想传统深入每一个公民的灵魂,才能成为有生命力、有前途的国家和民族,诚如胡锦涛同志在纪念中国人民抗日战争暨世界反法西斯战争胜利60周年大会上的讲话所指出的:"中华民族的发展正面临着难得的历史机遇,中华民族伟大复兴的光辉前景已经展现在我们面前。包括大陆同胞、港澳同胞、台湾同胞、海外侨胞在内的全体中华儿女,都应该为自己是中华民族的成员而感到无比自豪,都应该承担起实现中华民族伟大复兴的历史责任,都应该以自己的努力为中华民族发展史续写新的光辉篇章。"[1]

2002年,澳大利亚移民部部长格拉斯比说:"世界将搭着中国

---

[1] 《胡锦涛在抗战胜利纪念大会上发表重要讲话》,2005年9月3日。http://politics.people.com.cn/GB/1026/3665516.html.

的脉搏","多年来,我每次对中国的访问,都发现有进一步的变化和新的发展。我的最近一次访问,就在几个星期以前,中国的变化、发展,以及人们解决新问题、迎接新挑战的高涨精神大大超乎我的想象。大连这座城市,只有悉尼的一半年纪,不仅从工厂和写字楼的角度讲,而且从人民的生活设施和为后代们所做的美化方面讲,都是一座年轻的城市。在一座公园里,有一座猛虎雕塑,显然刚刚醒来,精神焕发,大有崛起之势。我觉得,这就是今天中国的缩影"①。

余光中说:"我以身为中国人自豪,更以能使用中文为幸。""烧我成灰,我的汉魂唐魄仍然萦绕着那片厚土;那无穷无尽的故国,四海漂泊的龙族叫她做大陆,壮士登高叫她做九州,英雄落难叫她做江湖。""这许多年来,我所以在诗中狂呼着、低呓着中国,无非是一念耿耿为自己喊魂。"②女作家徐国静告诉我们,除了壮丽的河山,中国可爱的还有5000年的中华文明和文化。2000年,徐国静在北京国际会议中心向1000名中外听众(美国、俄罗斯两国各300名大学师生,中方400名大学师生)做了一场关于中国爱的哲学、中国家庭爱的哲学的演讲,在听众中引起了强烈反响。12分钟的演讲,被掌声打断10次,其原因既有演讲者的素质和口才的因素,也因为中华文化本身的魅力。徐国静说:"我是一个中国人,作为一个人,我是幸运的,因为滋养我生命的是一片5000年文明的土地。我的生命之河涓涓流淌着一个古老民族的感情。"③古老的中华民族教会了我们以东方文明的方式爱自己的家庭,爱自己的国家。

2012年11月29日,习近平总书记率中央政治局全体常委同志在参观大型展览"复兴之路"时指出:"每个人都有理想和追求,

---

① 《世界将搭着中国的脉搏》,《人民日报》2002年11月2日第五版,驻澳大利亚记者李景卫整理。http://www.people.com.cn/GB/shizheng/19/20021102/856652.html.

② 《"大陆是母亲,台湾是妻子"——余光中的乡愁》。http://blog.sina.com.cn/s/blog_4d30bb090100hunb.html.

③ 徐国静:《中国人爱的哲学》,2002年7月20日在北京国际会议中心的演讲。http://blog.sina.com.cn/jingmo666.

都有自己的梦想。现在,大家都在讨论中国梦,我以为,实现中华民族伟大复兴,就是中华民族近代以来最伟大的梦想。这个梦想,凝聚了几代中国人的夙愿,体现了中华民族和中国人民的整体利益,是每一个中华儿女的共同期盼。历史告诉我们,每个人的前途命运都与国家和民族的前途命运紧密相连。国家好,民族好,大家才会好。实现中华民族伟大复兴是一项光荣而艰巨的事业,需要一代又一代中国人共同为之努力。空谈误国,实干兴邦。我们这一代共产党人一定要承前启后、继往开来,把我们的党建设好,团结全体中华儿女把我们国家建设好,把我们民族发展好,继续朝着中华民族伟大复兴的目标奋勇前进。"①1840年鸦片战争后,中国逐渐沦为半殖民地,开始了屈辱的历史,从此也开始了民族复兴的历史,也就是开始了中国梦的历史。回顾近代以来的历史,可以看得很清楚。孙中山先生提出了"振兴中华"的口号并为之努力,但是没有找到出路。中华民族近代以来最伟大的梦想,是实现中华民族的伟大复兴,是中国共产党成立以后,领导人民经过不懈奋斗,才逐步使这个梦想成为现实。习近平总书记把这个梦想概括为"中国梦",号召全党同志和全国人民为实现这个"中国梦"而努力奋斗。这个过程,可以概括为"两个百年""两重任务"。从新中国成立之日起,我们正在为实现"中国梦"经历着第二个100年。在这第二个100年,我们经历过近30年的建设、探索与曲折,以党的十一届三中全会为起点,走上了中国特色社会主义康庄大道。在我们的前面,还有36年的新征程,将要达到两个100年的奋斗目标,即在中国共产党成立100年时全面建成小康社会,在新中国成立100年时建成富强民主文明和谐的社会主义现代化国家。基于此,在充满希望的未来,我们必将实现中华民族的伟大复兴。

中国梦不仅仅是理想、是目标,也是现实,反映在每个中国人的生活中。实现中国梦,就是实现老百姓的梦。实现中国梦,创造全体人民更加美好的生活,任重而道远,需要坚韧不拔的精神,需

---

① 新华每日电讯,2012年11月30日。http://202.84.17.54/content/20121130/Articel01003BB.htm.

要众志成城的力量,需要我们每一个人的艰苦努力。人世间的一切幸福,都要靠辛勤的劳动来创造。

世界文明的发展经过20世纪的空前繁荣之后,已迈入更加充满希望的21世纪。在这重要的历史时刻,蕴涵着人类发展的难得机遇,关乎世界上的每个国家以什么样的境况进入和享有21世纪,因此各国之间综合国力的竞争,科技、军事各领域的竞争,在和平与发展的大趋势下愈演愈烈。中华民族要想得到更大的发展与进步,要想在新的世纪争得较为有利的国际地位,就必须最大限度地团结和调动全国各族人民,包括一切爱国的海外同胞,万众一心,奋发图强,为建设一个强大的中国而奋斗。也就是说,爱国主义依然是我们奔向新世纪的起跑线。

中华民族有着悠久灿烂的文明,长期居于世界文明发展的先进行列。据有关学者测算,直到18世纪末期,中国仍然拥有世界上最大的经济规模,相当于20世纪末美国经济总量在世界经济总量中的比重。长期以来,中华文明以其独有的特色和辉煌为世界文明进步作出过巨大的贡献。然而,随着资本主义生产方式的兴起,随着近代工业革命脚步的加快,中国很快落伍了。故步自封的封建统治者仍然沉浸在往日的辉煌所造就的梦想之中,等待着"万国来仪"。等来的却是西方列强的船坚炮利和亡国灭顶之灾,在西方船坚炮利的侵略下,中华民族遭受了深重苦难,付出了重大牺牲,辉煌不再,尊严难立,中华儿女也从此开始了百年"中国梦"的辛苦求索、艰难追寻。中国梦经历了近代以来中华人民所受苦难的锤炼,经历了民族沦为半殖民地半封建社会而遭受空前屈辱和磨难的洗礼,经历了无数志士仁人肝脑涂地和舍命抗争的无数次劝谕的启迪,经历了千万次中国向何处去的上下求索和反复。

实现中国梦必须弘扬中国精神,这就是以爱国主义为核心的民族精神,以改革创新为核心的时代精神,这种精神是凝心聚力的兴国之魂、强国之魂。爱国主义始终是把中华民族坚强团结在一起的精神力量,改革创新始终是鞭策我们在改革开放中与时俱进的精神力量。全国各族人民一定要弘扬伟大的民族精神和时代精神,不断增强团结一心的精神纽带、自强不息的精神动力,永远朝气蓬勃,迈向未来。

近年来,经常有人在网络中转载、引用一些名人名言来痛批爱国主义,例如:"国家是为人而设立,而人不是为国家而生存。"(爱因斯坦)"爱国主义是无赖最后的避难所。"(塞缪尔·詹森)"爱国主义就是积极地为了微不足道的原因杀人并被杀。"(勃特兰·罗素)[1]说这些话的都是国际重量级的名人,这些痛批爱国主义的名人名言为当代青年带来了无比的困惑。我们必须清楚,理解这些名人名言是不能断章取义的,一定要理清它的历史背景,政治缘由……

我们来分析一下爱因斯坦吧。爱因斯坦是犹太人,犹太人曾经有过国家,国家灭亡后犹太民族流浪到世界各地,把流入地作为自己的国家,可结果呢?犹太人是聪明的民族,但犹太人的国家意识不强,他们没有自己的国家,他们到处寻找"为人而设立"的国家,可结果是永远没有找到,到了美国后的爱因斯坦找到了"为人而设立的国家"了吗?爱因斯坦的后半生都在忏悔,犹太人不但在世界没有找到"为人而设立的国家",而且受尽凌辱,他们最终明白要建立自己的国家,以色列就是犹太人找不到"为人而设立的国家",在付出惨痛教训后建立的国家。犹太民族终于明白世界上没有"为人而设立的国家",人为国家而生存,人才能生存的道理。

更需要明确的是爱因斯坦的原话是对统治者说的,而不是对人民说的,是要求统治者为了人民而治理国家,国家是为了提高人民的幸福,统治者不能罔顾人民的幸福。"国家是为人而设立,而人不是为国家而生存"是对统治者的忠告和要求,是统治者行使国家权力的出发点,明确国家存在的意义,要求统治者和国家管理者时刻把人民的利益放在第一位。而人民对于国家,应该为了维护国家的正义和利益牺牲自己的一切,这才是爱因斯坦的真正目的和意义。有些别有用心的人,他们往往断章取义,麻痹人民,瓦

---

[1] "生命百草园"的博文《名人名言录:国家与爱国主义》,2011年5月29日。http://blog.sina.com.cn/s/blog_6e0b07190100tlmd.html。

解民族精神,消灭人民的民族凝聚力和斗争反抗精神,其目的是消灭民族的精神和脊梁。爱因斯坦对统治者"国家是为人而设立的,而人不是为国家而生存"的告诫和要求,"被汉奸走狗拿来作为人民的行动指南,其心可诛。他们一遍又一遍的到处引用,误导人民,为汉奸走狗的卖国行为而辩护,他们甚至想消灭人民的民族精神,国家意志,使人民最终失去国家,而沦为资本主义国家的羔羊"①。

更有人肆意曲解"工人没有祖国"这句话的深刻含义。"工人没有祖国"是马克思、恩格斯在《共产党宣言》中提出的一个重要命题②,是一个在特殊社会背景下的命题,是针对资产阶级责备共产党人要取消祖国、取消民族的置疑而作出的正面回应。如何正确认识马克思恩格斯的这种回应,对于正确理解《共产党宣言》乃至正确理解马克思主义的相关观点都有十分重要的现实意义。我们学习马克思主义一定不能脱离历史,断章取义,这完全不是马克思主义理论的真正内涵。马克思所说的"工人没有祖国",是"共产党人坚持整个无产阶级不分民族共同利益"的学说,是他对人类社会发展提出的一种理想和愿望。

由于资本的扩张性与资本家的贪欲,使得工人解放的条件变成了国际性的。"劳动的解放既不是一个地方的问题,也不是一个国家的问题,而是涉及存在现代社会的一切国家的社会问题,它的解决有赖于最先进的国家在实践上和理论上的合作。"③世界无产者为了求得政治解放,就必须走联合斗争的道路。从工人解放的视角来看,这已经不是某一个国家范围内部的事情,而是带有国际色彩的、需要世界无产者联合起来。"工人没有祖国",无产者失去了任何民族性,实现全人类的"大同",走联合斗争的道路,才能胜利。

---

① 《正确理解爱因斯坦的"国家是为人而设立,而人不是为国家而生存"》。http://wenku.baidu.com/link? url = eW7RGRgXUGdMx9CQOHSoTJjuRKpAfgX-tXgqwau-GLSSiDTgexp6TlwEDfUJzAeWje1ij5qlYkV7dIo81Wdto9MQWHDXzzs8Wbo-m9Ip5MV_.
② 《马克思恩格斯选集》第1卷,人民出版社1995年版,第291页。
③ 《马克思恩格斯选集》第2卷,人民出版社1995年版,第609页。

在马克思、恩格斯看来,资产阶级统治的国家是资产阶级的祖国,即资产阶级自己的国家。国家机器作为资产阶级统治的工具,是资产阶级所有的。工人没有祖国,说的是工人不掌握国家机器,工人没有自己的国家,马克思、恩格斯从这个意义上来讲"工人没有祖国"这个观点,是从国家机器掌握在谁的手中、国家主人是谁的角度来谈的历史事实;也正是基于这个实质性问题的深刻认识,马克思、恩格斯才号召没有祖国的工人必须取得政治统治,必须夺取国家政权,真正成为掌握国家机器的"民族阶级",从"工人没有祖国"到"工人需要祖国"到"工人拥有祖国",使工人成为国家的主人。用"工人没有祖国"来反对爱国主义思想,完全是对马克思主义的一种误读。

在经济全球化加速发展的今天,各国的联系不断增强,世界日益变成一个"地球村"。跨国组织日益增多,原先被视为国家之间的界限日益模糊,国与国之间的壁垒不断被打破,考托福、出国留学、移民、到另一个国家去工作和寻求发展……是应该做一爱国者,还是做一个"世界公民"? 新的现象和问题使相当一部分大学生认为,在今天讲爱国主义、进行爱国主义教育有些不合时宜。

在经济全球化背景下,科学技术的发展和利用应当朝着跨国界、无国界的趋势走向融合,商品得以在全世界销售,资本跨国界自由流动,信息得以共享,全球能够共享我们这个时代所创造的财富。各国的公民在世界范围内流动,一个国家的公民可能工作和生活在另一个国家,并对另一个国家产生感情,这种情况使一些人对自己的国家归宿感产生了困惑,对在经济全球化时代弘扬爱国主义的意义产生怀疑,甚至认为在今天讲爱国主义已经过时了。

我们认为,爱国主义在今天不但没有过时,反而比以往任何时候都更为紧迫,原因在于两个方面:

第一,经济全球化条件下,国家仍然是本民族整体利益最具权威的代表者,人们所处的时代仍是经济全球化趋势加剧与民族国家并存的时代。只要国家存在,爱国主义就有坚实的基础。尽管经济全球化使国家的部分职能也处于变革之中,但国家作为民族存在的最高组织形式并未改变,国家是民族整体利益最具权威的唯一代表者，地位和功能未变。在今天的世界，哪个民族削弱了国家的地位和能力，哪个民族就将面临毁灭性的生存危机，这已被当代世界历史所证明。只有继续高举爱国主义旗帜，才能使每个民族国家，乃至整个世界获得共同发展。国家仍然是民族存在的最高组织形式；民族国家仍是国际社会最强大的独立主体。在经济全球化趋势加快发展的情况下，国家是促使经济全球化趋势正常发展的最具实力的制约力量。经济全球化是一种世界发展的客观趋势，但是经济全球化的进程却不可避免地受到大国的影响和制约。经济全球化在为各民族国家提供发展机会的同时，也为超级大国借机控制世界、控制他国，攫取利益创造了机会和条件。目前，超级大国企图控制经济全球化进程，实现本国利益最大化的趋势日益明显。在这种情况下，国家仍然是维护本民族权益，抗衡大国控制掠夺的最具实力的权威力量。这种抗衡大国控制经济全球化进程的权威力量，是任何其他组织所不能完全具备的。

　　第二，经济全球化条件下，国外敌对势力妄图西化和分化我国的战略企图并未改变。世界上某些超级大国认为，冷战结束以后，中国的综合国力发展迅速，中华文明在世界上的地位和影响力上升，已经成为其潜在的竞争对手，所以西方世界和某超级大国企图遏制中国，继续分化和西化中国的战略意图更加明显，手段更加全面，以达到和平演变削弱中国的目的。美国中情局对付中国的《十条诫令》所列手段极其卑劣，令人发指："尽量用物质来引诱和败坏他们的青年，鼓励他们藐视、鄙视、进一步公开反对他们原来所受的思想教育，特别是共产主义教条。替他们制造对色情奔放的兴趣和机会，进而鼓励他们进行性的滥交。让他们不以肤浅、虚荣为羞耻。一定要毁掉他们强调过的刻苦耐劳精神。"（第1条）"一定要把他们青年的注意力，从以政府为中心的传统引开来。让他们的头脑集中于体育表演、色情书籍、享乐、游戏、犯罪性的电影以及宗教迷信。"（第3条）对美国政府决策有着强大影响力的兰德（Rand）公司于1999年6月向美国政府提出建议报告：美国对华战略应该分三步走——第一步是西化、分化中国，使中国的意识形态西方化，从而失去与美国对抗的可能性；第二步是在第一步失效或成效不大时,对中国进行全面的遏制,并形成对中国战略上的合围;第三步就是在前两招都不能得逞时,不惜与中国一战,当然作战的最好形式不是美国的直接参战,而是支持中国内部谋求独立的地区或与中国有重大利益冲突的周边国家。

在生存条件日益严峻的当代世界格局中,在经济全球化趋势加快发展的条件下,为了建设中国特色社会主义现代化,实现中华民族的伟大复兴,并为世界和平、正义与发展做出贡献,我们必须弘扬爱国主义精神,努力使中国强大起来。在参与经济全球化的过程中,必须坚定地捍卫自己国家的利益,这就更需要爱国主义精神的支撑。

四、做忠诚理性的爱国者

爱国主义包含着情感、思想和行为三个层面。情感是基础,思想是灵魂,行为是体现。爱国情感是人们对祖国的一种直接感受和情绪体验;爱国思想是人们对祖国的理性认识;爱国行为是指人们身体力行、报效祖国的实际行动,是爱国主义精神的落脚点和归宿。只有做到爱国的情感、思想、行为一致的人,才是真正的爱国者。爱国主义不仅代表了人们对自己祖国的深厚情感,更体现为现实的义务和责任。脚踏实地,做忠诚的爱国者,应当成为每一个中国人的基本追求。评价一个人是否真正爱国,不是看他的爱国主义理论多么高深,而是看他如何将自己的爱国之情、报国之志和建国之才转化为效国之行。

在以往的爱国主义宣传中提到的理性爱国大都是相对于感性爱国而言的,这一点无可非议。今天我们谈爱国,在非理性的情感因素之上,更重要的是对爱国应具有理性的观念。我们必须理性地认识到:理性的爱国就是要爱中国特色的社会主义新中国,理性的爱国就是要爱中国共产党领导的中华人民共和国。

爱国需要理性,爱国的理性首先要表现在爱一个什么样的中国。当代中国是人类历史发展阶段的特殊形态——中国特色的社会主义的新中国。中国特色社会主义,就是在中国共产党领导下,立足基本国情,以经济建设为中心,坚持四项基本原则,坚持改革开放,解放和发展社会生产力,建设社会主义市场经济、社会主义民主政治、社会主义先进文化、社会主义和谐社会、社会主义生态文明,促进人的全面发展,逐步实现全体人民共同富裕,建设富强民主文明和谐的社会主义现代化国家。建设有中国特色社会主义是由中国改革开放的总设计师邓小平同志提出的。党的十七大报告指出:"改革开放以来我们取得一切成绩和进步的根本原因,归结起来就是:开辟了中国特色社会主义道路,形成了中国特色社会主义理论体系。高举中国特色社会主义伟大旗帜,最根本的就是要坚持这条道路和这个理论体系。"

中国特色社会主义制度是被伟大实践证明了的科学制度。中国特色社会主义制度体现了科学社会主义的基本原则,符合我国社会主义初级阶段的基本国情,吸收借鉴了人类制度文明的优秀成果,具有巨大的优越性和强大的生命力。实践充分证明,这一制度坚持以人为本,坚持党的领导、人民当家作主、依法治国的有机统一,有利于保持党和国家活力,调动广大人民群众和社会各方面的积极性、主动性、创造性;这一制度创造性地把社会主义和市场经济有机结合起来,建立了充满生机和活力的社会主义市场经济体制,有利于解放和发展社会生产力、推动经济社会全面发展;这一制度坚持以人民群众共享改革发展成果为价值取向,有利于维护和促进社会公平正义、实现全体人民共同富裕;这一制度具有社会主义的优势,有利于集中力量办大事、有效应对前进道路上的各种风险挑战;这一制度坚持把实现好、维护好、发展好最广大人民的根本利益作为制度设计的出发点和落脚点,统筹兼顾不同民族、不同阶层、不同群体的利益,有利于维护民族团结、社会稳定、国家统一。

中国究竟应该实行什么样的主义,关键要看这个主义能否解决中国面临的历史性课题。只有社会主义才能救中国,只有中国特色社会主义才能发展中国,对于新中国和中华民族而言,这决不是空喊的口号和盲目的信仰,而是不断解决面临的历史课题的真经法宝。中国共产党人是因为要解决中国的历史课题而选择了科学社会主义,并在历史实践中探索和开拓中国特色社会主义。

新中国成立60多年特别是改革开放30多年来,我国经济社会快速发展,人民生活水平显著提高,国际地位大幅提升,最根本的原因就是中国共产党带领人民在建设什么样的社会主义、怎样建设社会主义这个根本问题上,交出了出色的答卷。

近代以来形成的世界强国版图基本没有改变的事实警示我们,中国如果按照西方的发展模式亦步亦趋地爬行,根本就没有在一个日益被全面垄断的世界中获得发展机遇的可能。中国近代以来的历史表明,中国特色社会主义道路是中国突破西方强国重围、取得发展进步根本的和唯一的正确道路。如果中国能够走出一条西方之外的成功发展新路,那么中国的探索就不仅是中国自身强国富民的功绩,而且是对世界大多数发展中国家的贡献。

中国特色社会主义道路已经成为一个具有完整形态、成就卓著、生机勃发的全新的发展模式,其在实践中的不断深化和发展,对中国人民福祉的贡献,对世界和平发展的贡献,前景未可限量。我们就是要有这样的自信!

理性爱国就是要爱中国共产党领导的中华人民共和国。在中国当代,由共产党执政是历史的选择。无论中国共产党犯过什么错误,无论党的队伍中出现了多少腐败分子,我们作为中国的公民都不要和共产党过不去。不管是什么原因,起码在现在和相当一段时间内,无论是威望和执政能力,我国还没有任何党派和力量能够取代共产党。以习近平为首的新一届中央班子让我们看到了希望,也感受到了正能量。一个政党和一个人一样,他可能犯错误,也可能改正错误,他可能生病,也可能恢复健康。但是,离开了共产党,中国必乱;中国一乱,遭殃的是我们老百姓。面对网络上出现的偏激的全盘否定共产党的文章,这些文章置新中国成立以来尤其是改革开放以来中国的巨大成就而不顾,一味列数共产党的种种错误,极有煽动力与蛊惑力,不能不让人怀疑这背后的政治动机和国际背景。中国的崛起已引起一些国际势力的惶恐,美国和日本等一些国家正挖空心思地对中国实行打压和封堵,其实际目的并非是要推行什么更为普世的先进理念,而完全是出于其国家利益的考量。他们出谋划策,出力出钱培植反共敌对势力,真实目的只有一个,那就是搞乱中国,搞散中国,让中国的发展停滞或倒退。我们是中国人,我们不能眼看着这个国家发生灾难,我们如果有机会为国出力,我们应该尽力;不利于国家稳定的话不说、不传,不利于国家稳定的事不做。

以网络作家身份参加2014年中央文艺工作座谈会的周小平,曾在网上强烈呼吁:"我们今天的中国,千万不能上别人的当,民间舆论阵地的微信,不能任由诋毁先贤、侮辱民族、抹黑中共、贬损政府的段子肆意流行,应该有人站出来,大声为国家民族、为共产党说公道话,有没有共产党,中国大不一样!"[①]他以四个时间点对中国国情做了认证。第一个时间点是1900年,那时候共产党还没诞生。八国联军在北京以杀人为乐。在八国联军占领北京的第三个月,570多名中国妇女不堪凌辱选择了集体上吊。《日本邮报》描述:"联军以杀人取乐竞赛。法军将中国人追进死胡同,用机枪扫射十分钟,直到不留一个活口;英军将中国人赶成一堆,然后用炮轰毙;德军遇到中国人,一律格杀勿论。枪杀、刺死、绞刑、烧死、棍击、勒死、奸杀无所不用其极,街头到处都是砍下的人头,一些房屋里悬有首级和被肢解的尸体。"第二个时间点是1949年,共产党当政,接手一穷二白的中国。人均寿命38岁。那一年,中国一片废墟,如同水洗一般地贫穷。城乡几乎找不到完整的房子,到处是残垣断壁,没有医生、科学家,没有像样的武器,没有汽车、石油和化肥。钢铁产量才几万吨。文盲占绝大多数。整个中国的GDP还不如一个在世界地图上连自己的名字都差一点写不下的小小的比利时。第三个时间点是2009年,共产党执政六十年,中国人均寿命为75岁。那一年,我们的北斗上天,我们的卫星遍布,我们的J20起飞,我们的航母初露峥嵘。虽然比起美国的七大舰队我们还差得太远,但这却是我们的父辈用百年沧桑、屈辱、磨难、牺牲、不屈、桀骜与血性换来的荣耀辉煌。除了我们自己犯傻之外,再没

---

① 《骂共产党的人看完这篇文章都不吭声了》。http://www.360doc.com/content/14/0704/10/7536781_391895913.shtml。

有人能将我们摧毁。只要共产党领导这个国家,任何外国势力都没有办法撼动中国,也不能指望中国摇尾乞怜,成为附庸。第四个时间点是2014年的中国。

回望一个个惊心动魄的历史瞬间,不由得让我们发自内心地感谢共产党。是怎样的精神力量和信仰支撑,才使得他们在如此悲怆的绝境中,牺牲无数先烈,掩埋战友的尸体,前仆后继地战斗,毅然选择了向西方奋起抗争而不是放弃、屈服、随从。那种信仰和力量即使用再华丽的辞藻去形容也丝毫不会过分。只有共产党才能领导中国、发展中国、捍卫中国。中国共产党的诞生,终结了中华民族受外族欺凌的时代。中国共产党一定能够带领我们走向中华民族的伟大复兴。

清华大学的李强以其农村调查的经历,写成《乡村八记》,震撼了温家宝总理。2005年6月16日《人民日报》报道了清华大学学生李强利用寒假回山西太原老家的机会,8天之内对3个村4个乡2个县的农村进行了调查,以札记的方式写成了4万字的调查报告《乡村八记》,清华大学新闻与传播学院院长范敬宜读后,"激动得不得了"。一个大二学生能够利用短短的假期,如此深入地到农村进行实地调查,写出这样客观、深刻地反映当前农村现状的报告,令人振奋。《乡村八记》寄给了温家宝总理。4月28日,温总理复信,对李强同学的农村调查给予了很高评价和热情鼓励:"从事新闻事业,我以为最重要的是有责任心,而责任心之来源在于对国家和人民深切的了解和深深的热爱。"获悉自己的调查报告得到温总理的批示,李强很振奋。他说,自己生活在城里,对农村缺乏了解,关于农村的概念也比较空洞。这次调查,很大程度是受了费孝通的《乡土中国》和曹锦清的《黄河边的中国》的影响。回顾这8天的调查,李强说这次调查的收获是沉甸甸的:"这既是我踏入社会的第一步,也是我为之奋斗的第一步!"

一个有着强烈社会动机的人,必是一个有很强责任感的人。一个大二学生的自觉与求真,引出了共和国总理的赞誉,也表明了当代学子的悠悠爱国之情。我国社会主义现代化建设是民族振兴的重要保证,也是富国强民的重要目标,这样飞速的建设,使中国由原来的农业国家在很短的时间内,大踏步进入信息时代,就出现了两个半小时的车程,其两端联结的分别是工业化社会和农业社会的奇迹。李强以其敏锐的洞察,抓住这个契机,8天写就4万字的调查报告,这是一种优秀素质的体现,也说明当代大学生立志报效祖国是大有可为的。"忧国"是一种高度自觉的责任意识,表现为对国家命运的关切与思考。只有"怀忧国之心",才能做到"立报国之志、增建国之才、走必由之路"。

爱国主义是实现人生价值的力量源泉。一个人对祖国爱得越深,历史责任感就越强烈,人生目标就越明确,人生信念就越坚定。古往今来,彪炳中华民族史册的,无一不是忠诚的爱国者。近一个世纪以来,从爱国主义转变为共产主义的杰出人物,他们虽然出身不同,社会地位和境遇不同,但是他们都从爱国主义开始,走上革命道路。他们的成长经历为我们揭示出一条由爱国主义到社会主义、共产主义的发展道路。这是中国共产党人伴随中国前进的道路,也是青年大学生所应继续的道路。

在人类历史发展的过程中,爱国主义在实质上表现为个人与国家或民族间的一种价值关系,表现为一定民族在对待个人利益同国家或民族整体利益之间关系上所持有的根本观念和态度。爱国主义作为处理个人同国家或民族利益关系的价值准则所提出的价值导向是确定的,这就是把国家或民族利益摆在首要地位,并认定个人的价值只能在为国家或民族利益而奋斗奉献的过程之中实现,只有在这一过程中,人们才能获得关于个人素质、个人能力、个人品格、个人发展完善标准等诸多涉及人的内在需求问题的合理解答和实现途径。

因此,大学生人生价值实现的过程也就是为国家为民族奋斗奉献的过程。在这个过程中,大学生必须做到:

第一,要努力培养和不断升华爱国主义的情感。爱国主义情感,特别是爱国主义情操,是大学生思想道德素质的重要组成部分,是爱国主义行为的基础。大学生应当通过多种途径,努力培养强烈的爱国主义情感,并将这种爱国情感发展为爱国情操。首先,要增强爱国主义直觉的情绪体验。游历祖国的大好山河、考察祖国的建设成就、阅读爱国志士的传记、学习爱国英模的事迹、观看宣传爱国主义的电影戏剧等，都可以引起人们情绪上的强烈共鸣，甚至使人终生难忘。其次，要增强爱国主义理论的学习。爱国主义情感，只有当人们意识到个人与祖国的关系，个人对祖国应尽的义务与责任的时候，才会真正行动起来。

第二，要努力了解历史、了解国情，了解当代中国面临的机遇和挑战。知国才能爱国，知之深才能爱之切。邓小平同志强调要懂得中国历史，特别是要了解中国近代史。他说："我是一个中国人，懂得外国侵略中国的历史。当我听到西方七国首脑会议决定要制裁中国，马上就联想到1900年八国联军侵略中国的历史。七国中除加拿大外，其他六国再加上沙俄和奥地利就是当年组织联军的八个国家。要懂得些中国历史，这是中国发展的一个精神动力。"①难以想象，一个不了解自己民族的历史、不了解自己国家的人能真正爱国。我国正处于并将长期处于社会主义初级阶段，同时还面临着新科技革命的挑战，面临着世界经济全球化的挑战，面临着复杂的国际环境尤其是西方敌对势力"西化""分化"的挑战，这是激发当代大学生历史使命感和社会责任感的基础。大学生一定要了解祖国的过去，认识祖国的现在，自觉地对祖国的未来承担责任，做出奉献甚至牺牲。

第三，要努力学习科学文化知识、加强思想道德修养。当代大学生要树立起对国家的责任感，人们总是在祖国这一特定的社会共同体中生活、学习和工作，国家的存在和发展是个人生存和发展的前提，国家的繁荣也需要每一个热爱祖国的个人去为之奋斗。一个坚定的爱国者，必定是深刻地意识到这种个人与祖国血肉相连、休戚与共的关系，从而牢固树立起对国家的责任感。建设中国特色社会主义，实现中华民族的伟大复兴，迫切需要一大批努力学习、顽强拼搏去掌握科学文化知识，勇攀现代科学高峰的各类人才。这是新时期爱国主义对青年学子的时代要求，也是青年学子对祖国应尽的责任。同时，大学生还应当努力加强自己的思想道

---

① 《邓小平文选》第3卷，人民出版社1993年版，第357页。

德修养。在今天和未来的时代里,一个民族的大多数成员所具有的良好的道德素养和崇高的精神境界乃是一个国家真正现代化的标志,是一个民族之于世界民族之林的形象和旗帜。任何聪明才智的学识之花,只有在良好的思想道德的引领下,才可能结出丰硕的社会文明之果。

第四,当代大学生要在服务祖国人民的事业中实现自身价值。青年知识分子普遍重视自身价值、渴望自身价值的实现。对此,一个健康文明的社会是给予充分保护和尊重的,因为它是个人发展的重要动力,但人的存在首先是一种社会的存在,自身价值的实现及其实现程度,又是以社会为基本背景的,个人只有以社会为依托,才能实现其价值。事实上,对于在一定社会关系中存在的个人而言,个人的自身价值不过是社会价值在个人身上的体现,那种脱离社会价值的孤芳自赏的所谓自身价值是没有任何意义的。当代大学生正处在我国改革开放和现代化建设迅速发展的时代,历史需要一大批勇于奋斗的青年英才。历史也从来没有像今天这样充分鼓励和支持青年的奋斗,只要这种奋斗是和祖国的富强紧密相连,是符合社会进步潮流的,时代将为之提供最为广阔的舞台。作为一名当代大学生,不论今后从事什么职业,都要把个人的奋斗志向同国家的前途命运紧紧联系在一起,把个人今天的成长进步同祖国明天的繁荣昌盛紧紧联系在一起。

建设中国特色社会主义,实现中华民族的伟大复兴,这是当代中国爱国主义给我们提出的历史使命。大学生只有以振兴中华为己任,积极投身到建设中国特色社会主义的伟大事业之中,用扎扎实实的行动去实践报效祖国的远大志向,才能成长为一名真正的爱国者。

"实现中国梦必须凝聚中国力量。这就是中国各族人民大团结的力量。"大学生奋斗的力量是一股巨大的力量,是知识的力量,是创新的力量,是未来的力量。青春只有在为祖国和人民的真诚奉献中才能更加绚丽多彩。人生只有融入国家和民族的伟大事业中才能走向辉煌。

思考题

1. 什么是爱国？什么是爱国主义？
2. 中华民族有哪些优良的爱国主义传统？
3. 为什么说爱国主义是中华民族伟大复兴的精神支柱？
4. 在经济全球化的时代为何要坚持爱国主义？
5. 大学生应如何成为忠诚理性的爱国者？

参考文献

[1]《马克思恩格斯选集》第1卷,人民出版社1995年版。

[2] 恩格斯:《家庭、私有制和国家的起源》,《马克思恩格斯选集》第4卷,人民出版社1995年版。

[3] 中共中央宣传部:《建设有中国特色社会主义若干理论问题学习纲要》,学习出版社1998年版。

[4] 罗国杰主编:《思想道德修养》,中国人民大学出版社2002年版。

[5]《习近平关于实现中华民族伟大复兴的中国梦论述摘编》,中央文献出版社2014年版。

[6]《十三大以来重要文献选编》,人民出版社1991年版。

第十一章
敬业

提要

在人类历史进程中,社会的分工使得人们从事着不同的事业,并共同推动了社会的发展与进步。对所从事事业的态度往往决定了一个人的成败,也是决定一个民族、国家是否挺立潮头的关键。中华民族历来以忠勤、自强、奉献著称于世,古代中国也因此在很长的时期领先于世界。中国共产党人是中国传统文化中敬业精神的集大成者,在90多年的奋斗历程中诠释了伟大的敬业精神,其内涵集中表现为追求真理的献身精神、敢为人先的开拓精神和艰苦奋斗的创业精神等。在实现中华民族伟大复兴中国梦的奋进中,要着力培育弘扬以为人民服务为核心、以集体主义为原则、以竞争创新为动力的社会主义敬业精神。

一、敬业与敬业精神

敬业是一个道德的范畴,是一个人对自己所从事的工作负责不负责的态度,也是一个人成就事业、创造美好未来的基本要求,同时还是一个国家、民族的重要文化资源与精神动力。

"敬业"一词出自《礼记·学记》:"比年入学,中年考校。一年视离经辨志,三年视敬业乐群,五年视博习亲师,七年视论学取友,谓之小成;九年知类通达,强立而不反,谓之大成。"①这段话的意思是,周朝时每年都会派地方官员去考察从学者的学习情况。第一年考核离析经理、断句辨义的能力,第三年考察是否专心致力于学业,有没与学友探讨学问,第五年考视学习是否达到广博程度,是否爱戴为师者,第七年考视能否辨别是非,是否善于交友。七年的时候,学业已初有成效;第九年时当是明理义精,触类旁通,有自己的独立见解而不为外界所左右,这是学业的最高境界。这里的"业"指的是学业,敬业即是专心致力于"学业"的意思。

唐代学者孔颖达对"敬业乐群"的解释是:"敬业,谓艺业长者敬而亲之;乐群,谓群居朋友善者愿而乐之。"②可见,"艺业"不单指"学业",而是人们所从事之业。到了今天,"敬业"既指敬"学业",也指敬所从事的"职业",还包括尽其全力倾注的"事业"。"敬业"最主要的是被作为职业道德所要求的原则之一,指用恭敬严肃的态度对待自己的职业,对职业工作一丝不苟,与职业工作身心一体。

甲骨文中的"敬",与"苟"字实为一字,从羊从人跪。在金文中的意思是手持棍子督责俘虏认真做事,故其本义是认真做事。金文中的另一种含义,说"敬"像一个人在拱手致敬,意为对人尊敬。许慎《说文解字》中是这样解释"敬"字的:"敬,肃也,从攴从苟。"意为严肃认真,不怠慢。其他古籍也多有对"敬"的含义作过解释,其意大致有恭敬、端肃、尊敬、尊重、警戒等项。可见,"敬"是为人们所要推崇的道德规范在某一方面的要求,或为个人修养方面的要求,或对待人和事时所应具备的态度或品性。

"子曰:居处恭,执事敬,与人忠。"③这里的"敬"指的是对"事"的态度,敬事是人们在临事执业时应具有的态度、精神以及应遵守的行为规范,也是为人处世的基本道德品质。孔子认为,无

---

① 《礼记·学记》。
② 《礼记·正义》,郑玄注,孔颖达疏,《十三经注疏》本,北京大学出版社1999年版,第1053页。
③ 《论语·子路》。

论是对生活中的日常琐事,还是对关乎国家的政治要事,只有存恭敬之心,持敬尽责,才能把事情做好。

由此可见,敬业具有两层含义:一方面是指待人处事的态度,另一方面指的是人们专心致力于所从事的工作或事业的精神。

NBA球星科比·布莱恩特研究对手录像成就篮球巨星的成长经历是敬业精神的绝好阐释。这位广为人知的美国篮球巨星,曾将NBA的一连串记录收到自己名下——NBA历史最年轻全明星首发球员,NBA历史最年轻入选最佳新秀阵容,NBA历史最年轻入选防守阵容第一队球员,NBA历史最年轻突破13000、14000、15000、16000、17000、18000、19000、20000、23000分球员……这些记录源于他过人的篮球天赋,也得益于他超人的敬业精神。原来科比除了在训练场上对自己近乎苛刻的要求外,还养成研究对手录像的独特习惯。科比研究对象的习惯是在他很小的时候就养成的:6岁时,科比就随父亲、前NBA球员乔·布莱恩特来到了意大利,那时候科比的祖父经常给儿子乔·布莱恩特寄NBA比赛的录像带,科比就是从那时候开始对篮球录像产生兴趣的。高中毕业后,科比进入NBA洛杉矶湖人队,仍然保持着这个良好的习惯。每当湖人队有比赛的时候,科比要求俱乐部视频工作人员在上午10点前将即将对位的对手录像交给自己,使其能在赛前做例行伸展运动的同时,通过10英寸屏幕研究对手的技术特点。这种习惯,无疑帮助科比在场上更加游刃有余,诚如他自己所言:"知己知彼才能打好比赛,如果不认真观看对手的录像,这将会让你在场上显得非常被动。"

人们所敬之事,在人生不同阶段或不同时期,分别有学业、职业乃至事业,对学业、职业、事业的"敬"都可以概括为"敬业"。要真正体现"敬业",必须做到"爱""勤""钻""精"。

"爱"是敬业的前提条件。朱子曰:"敬者主一无适之谓。"[①]

---

① 《论语·学而》,朱熹集注。

在朱熹看来,所谓"敬",是指凡做一件事,就要忠于一件事,要把全部精力集中做好这件事,心无旁骛。而要做到如此,其前提是对所从事的工作充满热爱。只有对工作的"爱",才会由此产生"敬",从而全身心地投入其中。科比从小热爱篮球,把篮球视为生命的一部分,由"爱"而生"敬",他不仅能在篮球中找到乐趣,而且近乎苛刻地要求自己投身其中,这是他能在 NBA 成就辉煌的重要原因。爱好与兴趣是最好的导师,它是激发人们潜能的重要因素,也是激励人们努力进取的动力。

"勤"是敬业的本质内容。敬业最直观的表现是"勤",就是对事业有极高的专注度与投入。但凡事业有成者,他们都对从事的工作倾注过诸多的汗水与心血。深受当代青年喜欢的励志歌曲《真心英雄》所唱的"没有人能随随便便成功",道出人生奋斗才能成功的真谛。期待不经过奋斗而获得成功,无异于痴人说梦。曾在中国青少年中拥有超高人气的前 NBA 球星麦克格雷迪的经历就是很好的例证。与科比同为从高中生直接进入 NBA 打球的麦克格雷迪,其天赋并不亚于前者,他曾有过在 31 秒时间里狂砍 13 分率领火箭队反败为胜的惊人之举,但因其生性懒散,缺乏"勤"的劲头与韧劲,在 NBA 的职业生涯里除了收获过几次得分王称号外,别无所获。

"钻"是敬业的内在要求。敬业不仅要求人们以"勤"的态度专注于所从事的工作,还内在地要求人们要有"钻"的劲头,也就是要求人们对待事业不能仅仅停留于表面上的"勤",还要有不断改进技术、提高工作效率的"钻"劲。抗日战争时期,毛泽东同志树立的典型人物白求恩医生,就是一个很有"钻"劲的人。尽管在整个八路军医务系统中,白求恩的医术是最高明的,但他并未因此放松对业务的钻研,而是在极端艰苦的抗战条件下不断寻找改进医术的方法,真正做到对工作极端负责任,对技术精益求精。毛泽东同志将他的精神称之为"毫不利己、专门利人的精神",并认为"一个人的能力有大小,但只要有这点精神,就是一个高尚的人,一个纯粹的人,一个有道德的人,一个脱离了低级趣味的人,一个有益于人民的人"①,号召大家要向白求恩学习。

"精"是敬业的终极目标。考察一个人的工作表现,不仅要看他的态度,更重要的是要看他的工作成效,也就是要看他能达到什么样的高度。尽管我们不能以成败论英雄,也不能以拥有财产的多少判定一个人的成功与否,因为世间的职业有千万种,而且职业之间的差别甚大,不同职业创造的价值、对社会的贡献不一样,但只要每个人把自己从事的工作做到极致,便能在自己的岗位为社会做出贡献。刘少奇同志把自己当国家主席与时传祥当淘粪工相提并论,其意便在于此。俗语称:三十六行,行行出状元。任何职业其实并无高下的区别,尽是因为职事的性质不同而已,从学理上剖析起来,职业之间并没有高下之分。评判标准归根到底在于一个人是否在自己的岗位上做到技术精湛、业绩一流,也就是"精"。

敬业精神是一种基于挚爱岗位的基础上对工作对事业全身心忘我投入的精神境界,其本质就是奉献的精神,包括职业理想、立业意识、职业信念、从业态度、职业情感、职业道德等方面内容。职业理想是指人们对所从事的职业和要达到的成就的向往和追求,它是成就事业的前提。立业意识是指确立职业和实现目标的愿望,它是激发从业者奋斗热情并指引其成才方向的要素。职业信念是指从业者对职业的敬重和热爱之心,表现为对事业的迷恋和执著的追求。从业态度是指从业者在较长时间内对所从事工作的稳定态度,是否勤勉工作、笃行不倦、脚踏实地、任劳任怨是它的检验标准。职业情感是人们对所从事职业是否愉悦的情绪体验,具体表现为职业幸福感和职业荣誉感。职业道德则是人们在从业过程中形成的行为规范。概括而言,敬业精神包括以下几方面内容:

强烈的事业责任心。责任心是个人对他人及社会所应承担责任的内心信念与态度,是考察敬业精神状况的基点。但凡有责任心的人,往往表现为办事认真,从不推诿、敷衍,不计较个人利益得失,埋头苦干,扎扎实实,一步一个脚印。有责任心的人,总是能自觉地规范自己的职业行为,严于律己,宽以待人,处处为他人、为社

---

① 《毛泽东选集》第3卷,人民出版社1991年版,第660页。

会着想。

高度的职业荣誉感。即一个人因所从事的职业对他人、社会的奉献和付出而感到无比愉悦与幸福的感受,它是考察敬业精神的重要内容。大抵有事业心的人,总会因对社会做出贡献而受到社会的赞扬与褒奖,其本人尽管不图名利但也会因此收获内心的喜悦,因得到别人的尊重而感到骄傲,并因此增强对职业的荣誉感。职业荣誉感的基础在于对自己职业的历史、现状和发展前途以及在社会中的重要性和必要性的深刻认识,也就是对自己职业意义的充分认识。正是基于对所从事职业的正确认识,进而激发责任心和事业心,产生从业的幸福感和荣誉感。

自觉维护职业尊严。职业尊严是人们对所从事职业的社会价值的肯定。职业没有高下之分,凡是对人民、对社会有益的工作,都应该得到社会的尊重。而要得到别人的尊重,从业者须首先做到自尊、自重、自爱,积极维护职业尊严,做出与自己所从事职业相符的行为。切忌用自己职业的短处,比别人工作的长处;这山看着那山高,不安心本职工作;患得患失等等。职业尊严感出自对事业意义的深刻理解,因而它对职业行为起着重要的制约作用。

不同历史时期的敬业精神具体内容有所不同。由于不同历史时期的社会经济、文化以及生产力发展水平不同,导致人们对工作或事业投入态度的看法不同,因此敬业精神的内容也有所不同。比如中国长达 2000 余年的封建社会时期,由于"溥天之下,莫非王土;率土之滨,莫非王臣"[①]的传统观念,人们认为天下就是君王的私有之物,统治阶级为了维护社会秩序,把"忠"视为敬业的重要考核内容。对于"忠",不仅强调人们对所从事事业的忠诚无私、崇敬热爱,更强调对君王的无限忠诚,甚至发展到"君要臣死,臣不得不死",否则就不可称之为"忠"。而在西方的资本主义社会中,在"自由、平等、博爱"的理念下,他们的敬业观则彰显了中国封建社会所忽视的主体性和个体利益,突出了理性和能力,倡导地位平等和机会均等,提倡人与人之间的友爱互助、团结合作,主张

---

① 《诗经·小雅·北山》第二章。

自由竞争、创造进取等积极的思想。

每个国家、民族的敬业精神具有历史继承性。如前所述，不同历史时期敬业精神的内容有所不同，但在同一国家、民族内部，作为社会的道德要求，敬业精神与其他文化观念一样，同样具有历史继承性。儒家传统敬业精神的另一核心"勤"，要求社会成员对待工作勤勉奋发、尽职尽责，以求业务上更加精熟。这种道德要求不仅适用于封建社会的各个王朝各个行业，即使在社会主义的当下，乃至在西方发达资本主义国家里，它依旧是社会对从业者的一种基本要求，在可以预见的未来，它仍将是人类改造社会、推进社会进步与发展的道德要求。由此可见，作为人类文明的重要组成部分，敬业精神的精华内核不会因时代的变迁而轻易泯灭，但它仍要随着时代的发展不断融入与时代特征相符的新内涵，从而赋予其新的生命。

不同国家、民族的敬业精神内容有所差异。由于历史脉络走向、经济发展程度、地理环境等方面的差异，各个国家、民族形成了形式不一的文化观念。比如同为文明古国的中国与古希腊，自然生产环境的差异催生了东西两大文明古国不同的文化：黄河中下游优越的农耕条件及其相对封闭的地理环境，孕育了中国以父权为尊的"孝"文化，而原始生存环境的相对恶劣，使得古希腊诞生了叛逆的"弑父文化"。在不同的文化背景下，人们演绎出对敬业内涵的不同理解。中国传统敬业精神讲究的"奉献"，既是对君王、对社会的承诺，也是对家族、对长辈的孝敬，中国人不仅要在父亲活着的时候，听从他的支配，永远不忤逆他，即使在父亲去世后，也要不时供奉他，以免他在另一个世界忍饥挨饿，这种文化熏陶下就培育出中国人谦谦君子的性格，而古希腊的"弑父文化"则培育了西方世界崇尚冒险的精神。

二、敬业精神的历史审视

敬业精神是一定社会文化精神在社会职业道德领域的集中反映，它与特定的社会生产力水平、生产关系状况以及文化传统密切相关。

"三顾频烦天下计,两朝开济老臣心。出师未捷身先死,长使英雄泪满襟。"①蜀汉贤相诸葛亮治理国家,鞠躬尽瘁,青史留名。时值魏、蜀、吴鼎立,三国之中蜀国的国力最为弱小。著名的政治家、军事家诸葛亮在刘备死后,倾心辅助后主刘禅。诸葛亮从长远利益着眼,对外建立吴蜀联盟,使蜀国得以全力对付魏国;对内,充实国家力量,安定人民生活,注意选拔人才,任人唯贤,赏罚分明,虚心征求各方面的意见,严格要求各级官吏,惩办贪污不法行为,以树立官员廉洁奉公的风气。诸葛亮一生不辞辛苦,兢兢业业,为国为民,呕心沥血,实现了他在《后出师表》中向后主表白的"鞠躬尽瘁,死而后已"的誓言,成为古代中国敬业精神的典范。

作为中国传统文化的主流,儒家文化孕育了与中国传统社会政治经济结构相适应的传统敬业精神。儒家敬业精神自然成为中国传统美德敬业精神的主体,并对中华文明的创造和发展作出巨大贡献,对现代中国社会发展也有着深远的影响。其主要内容包括②:

忠勤。作为维系中国封建社会秩序的文化根基,儒家文化所倡导的敬业理念适应封建统治阶级维护其统治的政治需求,因此备受统治者推崇。"忠勤"是儒家文化所倡导的敬业精神核心。"忠"是指对所从事事业的忠诚无私、崇敬热爱的程度。子曰:"居之无倦,行之以忠。"③《忠经》云:"忠者,中也,至公无私。"④朱熹云:"竭尽自己之心。"⑤这些经典名言教诲人们对自己的服务对象一定要真心诚意,尽心竭力,毫无保留,它体现了一种内在的道德理性自觉。封建统治者看中其中的奥妙,将"忠"的涵义演化为臣

---

① 杜甫:《蜀相》,仇兆鳌《杜诗详注》卷九。
② 参见张翠萍:《敬业精神的价值及其培育——对当代中国精神的理性思考》,中共中央党校2001年博士学位论文。
③ 《论语·颜渊》。
④ 马融《忠经·天地神明》章。
⑤ 《朱子语类》卷二十一。

子对君王的忠诚,片面强调忠君思想与行为,即要臣子们忠于事业、忠于职守,忠于一姓王朝;对一般百姓来讲,朝廷则要求他们忠于事业、忠于职守,从而为统治者创造足够的物质财富。"勤"是指勤勉奋发、尽职尽责,以求业务上精益求精,即所谓"业精于勤"[1],"勤则不匮"[2],它体现了外在的道德践履行为。儒家文化所强调的"勤"的内容和要求因人而异。对封建官员来讲,必须是勤劳国事,勤于履职;对广大百姓而言,勤就是要勤于耕耘,勤于劳作,为社会创造更多的物质财富。诸葛亮不因后主刘禅的昏庸无能而取而代之,而是肝脑涂地尽心辅佐后主打理朝政大事,不忘光复汉室大业,明知不可为而为之,数次出兵讨伐曹魏,最后累死在五丈原,是封建社会臣子忠勤的杰出代表。

总之,忠勤合一,构成了儒家文化敬业精神的最高境界,也是中华传统美德之一,具有超阶级的内涵,它强调在涉及国家、社会、民族利益重大问题上,要具体表现为真诚而庄重、高尚而热烈的道德义务感和社会责任感,激励人们为事业孜孜不倦、殚精竭虑,进而推动社会的进步与发展。

自强。儒家文化注重倡导敬业主体的内外兼修,从而养成外在风貌和内在品德和谐统一的精神气质。即在外在风貌上,要始终保持一种对事业积极向上、努力拼搏、坚持不懈、持之以恒的态度,诚如孔子所言"发愤忘食,乐以忘忧,不知老之将至"[3]和荀子所提倡的"锲而舍之,朽木不折;锲而不舍,金石可镂"[4]的精神。而在内在修为上,儒家认为,要做到自强,内在品德的修习也很重要,因此要养成"弘毅"的品德,以推动主体的自强。倘若没有内在品德的塑造和修炼,祈求对事业的不懈追求只能是一种奢望。朱熹是这样解释"弘毅"的:"弘乃能胜得重任,毅便是担得远去。弘而不毅,虽胜得任,却恐去前面倒了。"[5]也就是说想成就一番事

---

[1] 韩愈《进学解》,《韩昌黎集》卷一。
[2] 《左传·宣公十二年》。
[3] 《论语·述而》。
[4] 《荀子·劝学》。
[5] 《朱子语类》卷三十五。

业不仅要勇挑重担,而且要持续、勇敢地挑下去;假如缺乏这样的毅力,即使能一时挑起重担而缺乏坚持到底的决心,也不可能收获成功。

儒家所倡导的自强不息思想,历来为中华民族所践行,经千年而日新,它不仅成为中华文明生生不息的强大动力,也凝造了整个民族自力更生、奋发图强、拼搏不已的敬业精神,在历史上产生了深远的影响。

奉献。儒家文化特别重视塑造、培养为社会、国家、群体、公益和事业倾其所能的奉献精神,因为社会的存在和发展要靠全体社会成员共同发扬奉献精神来维系。假如每个人都能在自己的职责范围内尽力尽责,无私奉献,就能形成强大的社会合力,从而战胜前进中的一切困难,进而推动整个社会的发展。奉献是由人的社会性特征所决定,也是个人实现自我价值的需要。中国传统思想体系中,儒家尤其强调以完善自我、提升道德、成就"治国平天下"为人生奋斗目标,把"立德""立功""立言"作为完美人生的境界追求,认为人的一生只要在德、功、言等方面或任一方面为社会所认同,就达到人生的最高境界。而要做到被社会所认同的事业,根本用力的方向在于对百姓、邻里乃至社稷有所贡献。不管是退守山野,从事着日出而作日落而息的底层工作,还是居庙堂之高,从事着为国分忧为民请愿,甚至是为国捐躯的轰轰烈烈事业,只要你尽责尽职,均可视之为奉献。中国人既倡导士大夫"国耳忘家,公而忘私"①"苟利社稷,不求富贵"②"先天下之忧而忧,后天下之乐而乐"③的崇高奉献精神,也传诵尽孝守廉、愚公移山等山野村夫阶层的奉献精神。

由此可见,儒家所提倡的奉献精神存意高远、内涵深邃,其内容有高低之分,而无贵贱之别,可谓既基本又崇高,只要你愿意,人人都能做到。在历代先贤志士的积极倡导与践履下,尽责奉献的

---

① 《汉书》卷四十八《贾谊传》。
② 《礼记·儒行》。
③ 范仲淹《岳阳楼记》,《范文正公集》卷七。

意识已深深溶进民族精神的血液之中,成为中华传统美德永远讴歌的主题,激励着一代又一代的先贤为了国家和民族的利益,鞠躬尽瘁,不息奋斗,建功立业。

中国共产党人是优秀文化传统的坚定传承者与卓著弘扬者,也是中国传统文化中敬业精神的集大成者。共产党人除了兼具传统敬业精神的精髓外,还在革命斗争、国家建设和改革开放的征程中创造了优良的革命传统,其中就蕴含着伟大的敬业精神。这种精神突出表现为追求真理的献身精神、敢为人先的开拓精神和艰苦奋斗的创业精神。

追求真理的献身精神,即为了探索、捍卫心中认定的解救国难的"主义"而孜孜以求,甚至不惜牺牲生命的无畏精神。这种精神是支撑共产党人在民主革命时期坚韧不拔、前赴后继的精神动力。

近代以来,在西方列强不断劫掠我国的历史进程中,中国的有识之士开始了解救民族危亡、探求国家出路的艰辛历程。从"师夷长技以制夷"的主张,到洋务运动的实践,从维新派主张通过改良道路向西方学习政治制度的戊戌变法,到革命派高举革命大旗实现政治制度变革的辛亥革命,每一次的历史变革都给深受苦难的中国人民带来希望,但每一次的结果都让翘首期盼的中国人望天长叹,扼腕叹息,中国共产党诞生之前的各种政治力量始终未能解决民族独立、人民解放的历史问题。在俄国十月革命的影响下,中国的先进分子开始以马克思列宁主义审视国家前途,推动马列主义与中国工人运动的结合,导演了中国近代史上"开天辟地的大事变"。

中国共产党成立后,年轻的共产党人为了追求马克思主义真理,不惜抛头颅,洒热血。据不完全统计,从1927年3月到1928年上半年,遭到国民党反动派屠杀的革命群众和共产党人就有31万人,其中共产党员为2.6万。共产党人夏明翰为了捍卫真理而献出28岁的年轻生命,践行了"砍头不要紧,只要主义真"的誓言。以毛泽东同志为代表的共产党人为了寻求在"四周白色政权的包围中"建立"有一小块或若干小块红色政权的区域"的真理,以"中国革命胜利要靠中国同志了解中国情况"[①]的十足勇气,大胆挑战共产国际的教条权威,冲破了俄国十月革命模式的束缚;为了追求"山沟里的马克思主义"而不惜忍辱负重,坚持符合中国国情的"农村中心"真理,创造性地开辟了农村包围城市、武装夺取政权这一具有中国特色的革命新道路。通过"在国内,唤起民众"和"在国外,联合世界上平等待我的民族和各国人民"[②]的努力,终结了中国半殖民地半封建社会近100年屈辱的历史,实现了民族的完全独立和人民的彻底解放。在28年的奋战岁月里,无数革命烈士为了民主革命的真理而为国捐躯。据不完全统计,有据可查的烈士达到327万人,其中包括了毛泽东同志一家6位亲人。

敢为人先的开拓精神,即开拓创新、革故鼎新、求新求变、趋时更新,是勇敢精神和创新精神的统一。

新中国成立后,在完成新民主主义革命遗留任务,全面恢复国民经济和巩固人民民主专政的基础上,中国共产党人发扬敢为人先的开拓精神,没有重走苏联以无偿剥夺资本家资产方式完成生产资料改造的老路,而是根据中国民族资产阶级的特殊性,选择了以和平赎买的方式完成对私人资本主义经济的改造,创造性地走出以和平赎买方式、从低级到高级逐步过渡的国家资本主义形式的改造道路,从而把资本主义企业改造为社会主义的全民所有制企业,把资产阶级改造成为自食其力的劳动者,实现了生产关系的伟大变革,基本确立了社会主义制度。随后,中国共产党人又在经济文化相对落后于西方发达资本主义国家的客观国情背景制约下,以"摸着石头过河"的探索精神开辟了一条既坚持科学社会主义基本原则又符合时代特征和中国特色的建设道路。

敢为人先的中国人在新中国成立之初"一穷二白"的物质匮乏基础上,勇于创新,特别是在20世纪60、70年代复杂的国际国内环境下,在一无国际援助、二无技术积淀的前提下,在核技术、人造卫星和运载火箭等尖端科学技术领域取得一系列重要的成就,

---

① 《毛泽东选集》第1卷,人民出版社1991年版,第115页。
② 《毛泽东选集》第4卷,第1470页。

如在60年代先后成功爆炸了我国第一颗原子弹、第一颗氢弹,又于1970年成功发射了第一枚中远程导弹和第一颗人造地球卫星,1975年成功试验了可回收的人造地球卫星等等……所有这一切,与广大科技工作者不甘人后、勇登科技高峰的开拓精神是分不开的。

艰苦奋斗的创业精神,即不怕艰难困苦,奋发图强,积极探索,勇于创新,为国家和人民的利益乐于奉献的英勇顽强的斗争精神。

无论是治国兴邦,还是个人成才,艰苦奋斗都是必由之路。历史上的朝代更替和家族衰败,无不与统治者及其后代们沉迷享乐、骄奢淫逸的恶习有关。当年的太平天国,凭着艰苦卓绝的战斗,所向披靡,攻克长江南北600多座城池,但是太平天国的领袖们在南京成立政权后,丧失了劳动人民的本色和斗志,过起了帝王将相骄奢淫逸的生活,坐享荣华富贵,很快便腐化堕落,最终走向灭亡。共产党人在经济文化落后的基础上踏上建设伟大祖国之路,在实践中培育了大寨精神、"铁人"精神、红旗渠精神、大庆精神、北大荒精神、雷锋精神、焦裕禄精神、孔繁森精神、抗震救灾精神、抗洪抢险精神、"两弹一星"精神、航天精神等等,都是艰苦奋斗精神的典范。

南下干部谷文昌在随军解放福建省东山县之后,服从组织安排,留在当地工作,先后担任中共东山县第一区工委书记、中共东山县委组织部长、县长、县委书记等职。为了治理常年祸害东山县百姓的风沙等自然灾害,他亲自带领工作人员,测量荒山沙岗,走遍了东山岛412座山头,摸清"沙老虎"的来龙去脉,实地研究分析,证实木麻黄是制伏风沙的好武器,亲自建立了一个试验苗圃,倡导栽种木麻黄运动,并在实验成功的基础上组织发动全县人民开展了"上战秃头山,下战飞沙滩"的植树造林运动。至1964年,全县造林8.2万亩,400多座小山丘和3万多亩荒沙滩基本绿化,141公里的海岸线筑起"绿色长城",驯服了自然灾害。

当代中国敬业精神的核心是为人民服务,这是由社会主义初级阶段的国情所决定的。党的十四届六中全会通过的《关于加强社会主义精神文明建设若干重要问题的决议》明确指出:"为人民服务是社会主义道德的集中体现。"① 当前，我国正处于并将长期处于社会主义初级阶段，这是大力发展、不断完善社会主义市场经济的阶段，也是实现现代化的重要阶段。市场经济是商品经济发展到发达阶段的产物，它是实现现代化不可逾越的阶段，它既是一种经济现象，同时也是一种文化现象。市场经济发展中尚存在诸如自发性、盲目性、滞后性等缺点，这些缺点和不稳定的因素都可能影响到社会主义的敬业精神，因此更要在全体人民中强调为人民服务的敬业精神。

首先，为人民服务的敬业精神，反映了社会主义经济基础和政治制度的客观要求。社会主义经济是以公有制为主体的经济，最终目的是要消灭剥削、消除两极分化，以实现人民的共同富裕。因此，为人民服务，为广大人民群众，特别是为工人、农民和知识分子服务，是我们的根本目的。从社会政治制度来看，我国是一个人民当家作主的人民民主专政的国家，只有人民才是历史的创造者和推动者，我们的社会道德建设应该同"国家富强、人民幸福"的奋斗目标，紧密地联系起来。由此可见，为人民服务既是我国社会主义道德建设的核心，也是我们道德建设的出发点和根本目的。

其次，为人民服务的敬业精神是社会主义道德所有要求的集中体现。一个人在社会中生活，总要处于一定社会组织或社会团体之中，与其他人发生各种关系。在这其中，必须要懂得设身处地、推己及人、与人为善、服务他人，使他人能够因同自己的相处而得到益处。一个有道德的人在服务他人、献身社会的过程中，自身的道德水平会不断提高，思想境界会不断升华，这是孟子"尚友"精神所提倡的，从而受到社会的尊重，实现自身价值。

此外，为人民服务的敬业精神还贯穿于社会公德、职业道德、家庭美德等社会主义道德建设各个方面的根本要求，并包含着社会主义道德的不同层次要求，引导社会公民不断提升自身的道德水平。

---

① 《中共中央关于加强社会主义精神文明建设若干重要问题的决议》。http://www.people.com.cn/GB/shizheng/252/5089/5106/5182/20010430/456601.html.

坚持为人民服务的敬业精神,要把为人民服务作为各行各业的主导价值目标,要求人们在职业活动中,加强主体意志自律,遏制私欲过度膨胀,提高主体敬业的觉悟修养,一切从群众的需要出发,把满足人民群众的利益放在首要位置,以人民群众的根本利益作为衡量敬业主体价值创造的最高标准。在社会主义初级阶段,由于经济成分、组织形式、就业方式、利益关系和分配方式日趋多样化,社会利益群体也日益多样化,因此在坚持为人民服务敬业精神的同时,还要根据不同的群体,提出不同的行为要求,促使人们在服务他人与社会的过程中,逐步实现自我价值的提升。

坚持集体主义的道德原则。任何一个社会通行的道德原则,都必须与它的经济制度和政治制度相适应,古今中外,概莫能外。集体主义作为社会主义的道德原则,是整个社会的价值导向和道德基本原则,必然也是当下中国敬业精神培育的价值导向与基本原则。人的社会性本质,决定了人既是个体的,又是集体的。一方面,社会是由诸多个体按照一定关系组成的共同体,因而集体应代表社会成员,保护他们正当的个人利益。另一方面,人与人之间以不同方式结成一定的社会关系,依靠集体提供的条件和手段求得生存和发展,因而每个人都应承担对集体的责任和义务,为集体的发展与进步作贡献。个人与社会的辩证关系,必然派生出集体利益综合个人利益,个人利益服从集体利益的集体主义道德原则。

在社会主义初级阶段发展社会主义市场经济,同样需要坚持集体主义的道德原则。在社会主义市场经济条件下,集体主义原则非但不会影响其正常运行,相反地可以保证市场经济的健康发展,同时还是增强社会主义的道路自信、理论自信与制度自信,实现社会主义国家的富强、民主、文明、和谐建设目标的重要保证。

首先,集体主义是社会主义市场经济条件下个人利益得以实现的重要保障。追逐个人利益往往是市场经济运行的驱动力,但只顾个人利益而不管国家、集体和他人的利益,市场就会陷于瘫痪和无序之中,个人利益也就无法实现。在社会主义条件下,集体主义对市场经济中的个人活动具有调节和制约功能,只有在符合国家、集体利益的前提下,个人利益才能获得保障。因此,只有坚持集体主义原则,建立国家、集体和个人相互协调的利益机制,才能保证社会主义市场经济健康有序地发展,进而实现每个敬业主体的利益。

其次,集体主义是社会主义市场经济条件下敬业主体坚定道德信念、提升道德境界的重要支撑。集体主义原则有利于个体道德信念的塑造。在通常情况下,追求个人利益,满足个人需要,是每个敬业主体的普遍诉求。而在市场经济条件下,将个体利益置于国家、集体之上,关心他人胜过自己,则是敬业主体高尚道德情操的表现,需要经过艰苦的磨炼和内在的信念支撑。以集体主义道德原则规范、引导、培育社会成员,有利于敬业主体良好道德行为的养成和道德素质的提升,从而推动敬业主体积极主动地谋求集体事业的发展,为市场经济创造廉洁高效的社会环境。

此外,集体主义还是社会主义市场经济条件下凝聚企业发展力的重要因素。作为市场经济的重要实体,企业是推动经济社会发展进步的动力,而企业只有遵照集体主义原则,才能正确处理整体和个人的关系,激发员工的积极性和以企业为家的凝聚力,形成行动的合力和共同的方向,使企业在市场竞争中脱颖而出。从建立现代企业制度来看,以集体主义道德原则构建向上的企业文化,是建立激励和约束相结合的现代企业经营机制的重要内容。

当然,随着市场经济的发展,多元价值取向的出现,使得集体主义的传统敬业美德受到严重冲击,有些人开始怀疑、动摇甚至否定集体主义。对于这种错误观念,必须予以坚决批判。必须清醒地认识到,搞社会主义市场经济离不开集体主义。在市场经济不断发展的当下,我们要更加注重个体利益与集体利益的辩证统一。一方面,重视个体的自由和全面发展;另一方面,重视全社会成员整体的利益,并把集体利益看作是个体利益的集中表现,在为集体利益的奋斗中显示个人价值。

以竞争创新为动力。当今社会,竞争与创新越来越成为社会发展的主要动力源。竞争以破除阻碍经济发展的封锁和垄断所形成的弊端,促进资源的合理配置,释放主体的积极性的积极作用,促进了社会的进步与发展;创新则是新的技术革命一浪高过一浪的知识经济时代的重要特征,随着新技术的高速发展,产品的更新换代日趋频繁,而依附于新产品的技术创新日益成为占领市场先机、主宰市场的重要手段。在竞争日益激烈、创新日新月异的今天,任何国家、企业乃至个人要想赢得发展,唯有勇立潮头,迎面直前,以竞争创新为动力。

首先,树立竞争意识。竞争是市场经济最基本的运行机制,公平合理的竞争是促进社会进步的动力之一,同时也是促进企业发展、个人完善的动力。改革开放以来,由于引入竞争机制,打破了计划经济时代的指令手段,企业和从业者从原来的安于现状、不为人先、与世无争的惰性中解脱出来,一夜之间激发出无限的创造热情和工作热情,敬业精神也随之被释放出来。竞争把企业和从业者无情地推向市场,使其在激烈的竞争中接受市场的抉择与挑战,犹如逆水行舟,不进则退。这就要求他们既要有敢冒风险的气魄,也要有担当风险的决心,在市场竞争的大潮中破浪前行。改革开放之初,乡镇企业凭借灵活的机制在市场竞争大潮中获得大发展。海尔集团初创时,老总张瑞敏敏锐地意识到,改革如同开弓没有回头箭,唯有树立质量意识方可在激烈的竞争中立足。为此,张瑞敏曾当着全厂职工的面砸烂质量不过关的洗衣机,以破釜沉舟的勇气宣告海尔将以质量参与市场竞争,从而成就了当今中国电器老大的伟业。企业如此,个人也不例外。在激烈的市场竞争中,每个人的劳动岗位不再是"终身制",将面临着经常变换行业和岗位的可能,因此要树立竞争意识,不仅要不断提高自身的素质和技能,以适应不断变化的职业需求,还要自觉加强学习,不断更新业务知识和技能,掌握新本领,以求把握新机遇,寻求新发展。

其次,树立创新意识。美国著名的未来学家托夫勒曾经指出,每一次新技术革命都会带来共同的结果,那就是技术创新和产品更新的速度大大加快了。世界科技发展的历史印证了托夫勒的结论。在近代社会,一个好的构想从发明到实际应用往往要经历一个世纪的时间,英文打字机从发明到实际使用和推广的漫长时间即是例证。到了现代社会,这个过程大大缩短,如20世纪20年代以前,家用电器从产品设计到生产高峰用了34年,到了50年代这个过程已经缩短至8年,而随着计算机技术在当代的广泛运用,这个周期再次被缩短,产品更新换代的步伐加快,技术发展突飞猛进——所有这一切,在很大层面上得益于创新思维的运用。

古代中国曾经是一个创新力极强的国家。据统计,从公元前到15世纪末,世界最重要的298项发明或发现,中国拥有173项,占58%,尤其是公元401年以后600年的45项重大发明,中国就有32项,更是占了71%。西方学者惊叹道:"中国的这些发明和发现,往往远远超过同时代的欧洲","并保持着一个西方所望尘莫及的科学知识水平。"①但到了近代社会,一切"别出心裁""标新立异"的创新思维遭到封建社会的扼杀,明清两代封建王朝的闭关锁国政策更是蒙住了人们放眼世界的开阔视野,缺少创新的中国也被西方资本主义国家一步步地甩在身后,直至屈辱地成为半殖民地半封建社会。

在改革开放的新时代,中国面临更为激烈的国际竞争和日新月异的技术革命,传统的敬业精神也面临严峻的挑战。毋庸置疑,当代社会的敬业主体是否具备创新意识,已成为一个国家能否保持生机和繁荣、增强国际竞争力的重要前提。日本与德国之所以能在二战失败的废墟中迅速崛起,得益于他们民族始终保持惯有的创新思维;美国能在冷战结束后保持一超独强的实力,关键原因之一也在于美国重视创新人才的培养与搜罗。我国改革开放之初,曾在竞争市场中三分天下有其一的乡镇企业由于缺乏技术支撑和创新能力,渐渐退出历史舞台,而中国高铁建设能在世界处于领先地位,关键也在于始终注重技术创新。

经历改革开放大潮洗礼的中国敬业主体,已深深融入当代社会新的敬业精神内涵,那就是树立追求创新意识,冲破旧有观念的束缚;保持知识更新与积累,拓宽创新深度和广度;保持积极进取风貌,不断培育创新主体。创新是一个民族进步的灵魂,是国家兴旺发达的不竭动力。如果自主创新能力上不去,一味靠技术引进,就永远难以摆脱技术落后的局面。一个没有创新能力的民族,难

---

① 李约瑟:《中国科学技术史》第1卷第1分册,科学出版社1975年版,第3页。

以屹立于世界先进民族之林。

三、培育社会主义的敬业精神

社会主义市场经济在极大刺激我国生产力发展的同时,也使人们的观念发生重大变化,其负面影响直接导致人们过度追求经济利益,丧失传统的伦理规范。在人心浮躁、物欲横流的时代,"赚钱"二字已经占据人们的整个头脑,而"敬业"却与我们的生活渐行渐远。

首先,从全球来看,敬业精神的缺失已是世界性问题。敬业精神既是优秀员工的职业基准,也是企业永葆发展的动力,还是员工实现个人价值的基础。当今西方发达的国家,无不经历过普遍重视强烈的职业感、职业精神、创业精神的发展阶段,敬业精神成为它们独步世界的重要秘籍。日本丰田公司之所以引领世界电器行业,其成功经验之一在于它善于不断使公司内部积累的人才、技术、专利、设备、资金、情报等最大限度地发挥作用,促进公司内部对开创新事业的追求,并不断培养一种不怕失败,不断向新事物挑战的企业文化精神。然而,敬业精神在当前社会已成为一个令人担忧的问题。从盖洛普公司(Gallup)公布的 2011—2012 年全球员工对工作投入程度的调查数据来看,全球敬业的员工比例仅为 13%,高达 63% 的员工被认为对工作漠不关心,24% 的员工则属于消极怠工;被判定为敬业率最高的国家巴拿马,其敬业率也只有 37%,哥斯达黎加和美国分别以 33%、30% 紧随其后;被世界公认为勤勉的日本人和韩国人,敬业率分别只有 7% 和 11%;西欧国家的员工还未从经济危机带来的就业压力影响中缓解过来,其敬业率仅有 14%。[1]

其次,敬业精神的缺失在我国尤为突出。中华民族作为一个勇敢和勤劳的民族,素以吃苦耐劳、自强不息而著称于世,正是这

---

[1] 《调查称全球雇员敬业度中国垫底 缺乏对职业认同》。http://www.china.com.cn/info/2013-11/08/content_30533059.htm.

种敬业精神创造了光辉灿烂的中华文明,并使之生生不息,薪火相传。新中国成立以来,在社会主义建设大业中,流传着诸多脍炙人口的敬业精神的优秀典型,如20世纪50—60年代在三尺柜台上发扬"一团火"精神的张秉贵,对同志像春天般温暖的雷锋,优秀淘粪工人时传祥和为我国摘掉"洋油"帽子做出重要贡献的石油工人"铁人"王进喜;又如80—90年代知识分子的楷模蒋筑英,"辛苦我一人,方便千万家"的徐虎,人民公仆孔繁森,"岗位作奉献、真情为他人"的售票员李素丽,以及当下为人们广为称颂的郑培民、任长霞、牛玉儒、孟二冬、华益慰等"时代先锋"等,他们以高尚的奉献精神和突出的业绩诠释了新时代的敬业精神。但在21世纪的今天,这种精神正悄然发生激烈的蜕变,更多的人在工作岗位上,不是脚踏实地,任劳任怨,而是这山望着那山高,身在曹营心在汉,跳槽走穴成风,知而不行,只说不干,缺乏担当,推卸责任,出工不出力,当一天和尚撞一天钟,浅尝辄止,不求深入等现象层出不穷。盖洛普公司的调查数据显示,我国员工的敬业率仅为6%,低于世界平均水平一半多,其中高技术员工和管理者的敬业率约8%左右,被公司用来吸引顾客、增加收入的销售和服务类员工中,敬业率甚至只有4%,文秘和办公室员工的敬业率最低,仅为3%。① 我国的中产阶级虽然生活富足,但择业往往只看收入,缺乏对工作本身的认可和归属感。种种迹象表明,"勤劳""敬业"的美德正慢慢离我们远去。

再者,大学生敬业精神的缺失明显存在。随着改革开放的深入,我国逐步由传统社会向现代社会转型,特别是社会主义市场经济的建立,人们的价值取向呈现出多元并存的局面,这种现象已不可避免地在以"90后"为主体的大学生身上得到印证。大学生是宝贵的人才资源,是民族的希望和祖国的未来。随着高等教育大众化的来临,大学生的身份发生了巨大的变化:从广大青年中的"凤毛麟角""天之骄子"转变为高等教育进入井喷期时的普通社

---

① 《调查称全球雇员敬业度中国垫底 缺乏对职业认同》,2013年11月8日。http://www.china.com.cn/info/2013-11/08/content_30533059.htm.

会一员,将来未必皆成长为精英,但最终必将接过建设中国特色社会主义事业的大旗,成为未来社会的主角。当代大学生明显表现出时代感强、认同感强、参与意识强、主体意识强、个性特征强等与时代相符的特征,但他们还略显稚嫩,身上存在着责任意识弱、践行能力弱、辨别能力弱、集体观念弱、承受能力弱等不足[①],以致被称为"我字当头的一代""依靠父母的一代""自私自利的一代"[②]。多元价值取向的存在有利于大学生增强自主意识、竞争意识、效率意识、平等意识和民主法制意识,但诸如享乐主义、拜金主义、极端个人主义等消极的价值追求也不同程度地影响着青年大学生的价值观,消解了他们在成长年代里应当培育的敬业精神。这些可以从"90后"大学生就业追求的现状得到印证。近年来,大学毕业生出现的考公务员热很能说明问题。尽管"八项规定"和"约法三章"等党的纪律和行政法规强化了对公务员的管理,但统计数据显示,2015年国考报名审核通过总人数仍达129万人,其中工作地点在北京的职位通过人数高达239194人,国家机关事务管理局的"中央国家机关政府采购中心采购三处副主任科员及以下职位"的竞争比例更是达到2624.5∶1。[③] 其实公务员考试热只是"热"在机关和经济发达地区,一些基层或艰苦行业的岗位往往无人问津,有时甚至出现因报名人数不足取消该岗位招考的情形。此外,大学毕业生就业中普遍存在不甘"平凡"、耐不住"寂寞",有业不就、漂在那儿、眼睛向上、缺乏基层意识等现象,也是他们缺乏敬业精神的体现。闽南师范大学2013届毕业生共有3812人在东部和沿海发达地区就业,占该校全部毕业生就业的95.0%;在福建省内就业的有3749人,其中在福州、厦门、泉州、漳州、莆田等地区就业的占了79.8%,毕业生选择在地市级以上城市就业的高达

---

① 宋进、王玲:《提高思想政治理论课教学时效性的教学理念和建设路径》,《思想政治教育研究》2007年第1期。
② 《两名大学生通过新华网公开倡议:做敢于承担的一代》,2008年5月30日。http://news.xinhuanet.com/newscenter/2008-05/30/content_8284903.htm。
③ 《2015年国考竞争比例大降 成近年"最容易"国考》,2014年10月25日。http://news.china.com/domestic/945/20141025/18895388_1.html。

87.4%。这些数据表明,大学生的就业实际情况与党和政府所号召的大学生"到西部去、到基层去、到祖国最需要的地方去"的就业呼吁相去甚远。

因此,在当代中国,倡导敬业精神具有重大的现实意义。首先是实现伟大中国梦的基本保证。党的十八大以来,新一届中央领导集体提出"到中国共产党成立 100 周年时全面建成小康社会,到新中国成立 100 周年时,全面实现中国特色社会主义现代化,在整个 21 世纪一步步实现中华民族伟大复兴"的奋斗目标,"实现中华民族伟大复兴,就是中华民族近代以来最伟大的梦想","中国梦是民族的梦,也是每个中国人的梦","实现中国梦必须走中国道路,实现中国梦必须弘扬中国精神,实现中国梦必须凝聚中国力量"。当今世界,列强争霸,实力称雄。国家之间的较量涉及政治、经济、科技、军事等诸多方面的竞争,归根结底是生产力的竞争。生产力发展的因素中最关键的是人的因素,因此国民素质的高低,已成为国际竞争取胜的关键条件。在国民素质中,敬业精神又是其中一个重要内容。在科技水平、生产力水平与经济实力明显落后于西方发达国家水平的客观事实面前,提升全国人民全心全意树立社会主义现代化建设的敬业精神,显得尤为重要。作为社会主义核心价值观和优秀文化传统的组成部分,敬业精神具有很强的主观能动作用,它能使人们保持旺盛的革命干劲和坚韧的革命意志,激励人们解放思想艰苦奋斗,能有效提升社会的工作效率和工作质量,在既定的物质条件下取得更大的成绩,创造出迫切需要而原先不具备的物质条件,提高综合国力和竞争能力,从而为实现中华民族伟大复兴的中国梦奠定坚实的基础。

其次是构建和谐社会的客观需求。实现社会和谐,是人类美好的追求,构建社会主义和谐社会是党的十六大提出的重大决策。当前我国社会总体上是和谐的,但也存在不少影响制约社会和谐的矛盾和问题,如西方发达国家凭借主导世界的经济、军事、政治、文化优势频频给包括我国在内的发展中国家制造麻烦,各国家内部因多年积累的各种矛盾导致群体性事件甚至是暴恐事件时有发生。就我国而言,社会不公引发的矛盾日益突出,交换领域中发生的腐败现象日趋严重,社会规范失效导致道德滑坡的现象令人担忧,而这些方面都与敬业精神的缺失有着密切的关联,也就是说,敬业精神的缺失已成为影响构建社会主义和谐社会因素之一。敬业精神是中华民族的传统美德,在民主革命和社会主义建设中,敬业精神仍然是我们不断取得胜利的重要法宝。敬业奉献忠于职守,是所有从业者应该坚守的职业信条。公务员要秉公行政,切实履行人民公仆的职责;教师要坚守三尺讲台,切实履行教书育人的职责;工人要扎实务工,切实为社会生产合格产品;农民要安心务农,切实保证舌尖上的安全;科学家要精心搞科研,切实为科技进步呕心沥血;服务员要认真履职,切实为社会各界提供优质服务;学生要刻苦学习,切实为中华之崛起而读书……总之,各行各业的从业者都要遵循为人民服务的宗旨,以对工作极端负责任的敬业精神,在各自岗位上精益求精地工作,消除内部矛盾,为构建社会主义核心社会做出应有贡献。

最后是塑造健康人格的现实需要。毛泽东同志曾说,人是世界上最可宝贵的东西。只要有了人,什么人间奇迹都可创造出来。当然,这里所说的"人"是具有健康人格的人。健康人格是个人综合素质的全面体现,一般说来,具备健康人格的人应能够正视现实和自我,具有良好的人际关系和社会适应能力、乐观向上的生活态度、良好的道德品质和情绪调整能力、具有健康崇高的审美情趣、富有创新能力和奉献精神。随着社会主义市场经济的发展,我国的生产力水平、国家综合实力以及人民生活水平均发生了历史性的变化。但在发展进程中,我国也面临着自然环境的恶化、食品安全的忧虑、道德滑坡的忧思、人际关系的疏远、心态失衡加剧等危机,尤其是社会上权钱交易的腐败现象、分配不公导致的贫富分化以及其他丑恶现象的频繁曝光。同时,过分追求效率忽视公平,追求利润忽视公德,追求个人价值的实现等诱发了个人主义、享乐主义、拜金主义等自私心理的滋生和蔓延。所有这一切,使得一般公民特别是青年人在价值选择上出现彷徨、困惑甚至陷入误区,如到底是贡献还是索取,是奉行集体主义还是奉行个人主义等艰难选择。有些人甚至将市场经济条件下的商品经济法则简单地套用于现实生活,把"等价交换"作为处理问题的准则,影响了健康人格的培养与塑造,从而影响了社会的稳定和中国特色社会主义事业的健康发展,因此,亟待以包括社会主义敬业精神在内的东西去培育、塑造全体公民的健康人格。

如同中华传统美德的敬业精神形成一样,社会主义敬业精神的培育是一项系统工程,需要全社会的共同努力。中共中央办公厅颁发的《关于培育和践行社会主义核心价值观的意见》和教育部颁布的《完善中华优秀传统文化教育指导纲要》,为新时期培育社会主义敬业精神提供了可资借鉴的样板。

第一,构筑敬业精神培育格局。一是构筑政府主导、社会疏导、企业参与的全方位敬业精神践行格局。政府要创新科学有效的诉求表达机制、利益协调机制、矛盾调处机制、权益保障机制,有效促进社会和谐;要创新社会治理,完善激励机制,褒奖善行义举,实现治理效能与道德提升相互促进,形成良好的正向效应。社会要加强积极倡导艰苦创业的简朴生活方式,营造反对享乐主义和奢靡之风的浓厚氛围,让广大干部群众牢固树立勤俭建国、勤俭办一切事业的思想,大力发扬艰苦奋斗、励精图治、知难而进、自强不息的精神。企业要引导员工践行职业理想、坚定从业态度、树立职业情感、塑造职业道德,同时建立强有力的行业行为规范、激励机制和约束机制。二是构筑学校教育、社会教育、家庭教育的网络化敬业精神教育格局。要充分发挥学校在敬业精神教育上的主阵地作用,各级各类学校要将敬业精神纳入相关课程的教育内容,同时发挥教师的高尚人格魅力,使其以过硬的政治素质影响学生,以高大的形象感化学生,以坦荡的正气感染学生,以温暖的情怀感动学生。要引导广大家庭和社会各方面主动配合学校教育,以良好的家庭氛围和社会风气巩固学校教育成果,形成家庭、社会与学校携手育人的强大合力。三是构建理论研究、舆论宣传、经验推广、网络管控的立体式敬业精神传播格局。要把传统的敬业精神研究与时代精神相结合,从理论的高度透视敬业精神,丰富敬业精神,提升敬业精神,赋予敬业精神以新的时代内涵;要把握正确舆论导向,把敬业精神贯穿到日常形势宣传、成就宣传、主题宣传、典型宣传、热点引导和舆论监督中,弘扬主旋律,传播正能量;要加强敬业精神典型提炼、经验总结,通过新闻媒体与网络阵地形成网上网下相结合的传播模式。

第二,讲究敬业精神教育实效。一要优化教育内容。教育内容是教育成效的基础,既要充分挖掘传统敬业精神的内容,积极开展以天下兴亡、匹夫有责为重点的家国情怀教育,以仁爱共济、立己达人为重点的社会关爱教育,以正心笃志、崇德弘毅为重点的人格修养教育;也要从中国特色社会主义建设事业的客观需要出发,有意识地吸收西方优秀的敬业精神,形成开拓进取、主体意识、个性独立、竞争创新等反映时代精神的敬业价值观;更要侧重开展中国共产党在革命、建设和改革过程中所形成的独特的创业精神教育,如革命年代的井冈山精神、长征精神、延安精神、西柏坡精神等,以及在社会主义建设时期形成的以改革创新为核心的时代精神。二要抓住主要群体。教育对象是教育成效的载体,敬业精神教育要紧紧抓住青少年这个群体,做到从小抓起、从早抓起,将敬业精神教育贯穿于基础教育、高等教育、职业技术教育、成人教育各种施教阵地,落实到教育教学和管理服务各环节,覆盖到所有学校和受教育者;要紧扣青少年身心特点和成长规律,深化未成年人思想道德建设和大学生思想政治教育的方式方法,推进敬业精神进教材、进课堂、进青少年头脑。三要讲究教育方法。教育方法是教育成效的关键,敬业精神教育要采用讨论式、专题式、研究式、讲授式、体验式等青少年喜闻乐见的教育方法,增强教育实效。

第三,拓展敬业精神教育路径。一是两个课堂齐头并进,做到第一课堂和第二课堂的有机结合。首先是要发挥第一课堂的主渠道作用。无论是政治理论课还是其他课程的课堂教学都要结合教学环节渗透敬业精神的相关内容,做到所有课程教学既分工合作,有所侧重,又能形成合力,而不是各行其是,增强敬业精神教育实效。其次要发挥第二课堂活动在敬业精神教育上的重要作用。第二课堂活动具有丰富性、开放性、自主性、互动性、灵活性、实践性、创造性等特点,在敬业精神教育上具有形式优势、互动优势、实践优势等,因此要充分挖掘第二课堂活动在敬业精神教育的可利用资源,发挥其应有的作用。二是分学段有序推进。要根据教育对象的年龄、受教育程度,突出教育的层次性,采取分学段教学:小学阶段,以培育学生对敬业精神的敬佩感为重点,开展启蒙教育;初中阶段,以增强学生对敬业精神的理解力为重点,提高对敬业精神的认同度;高中阶段,以增强学生对敬业精神的理性认识为重点,引导学生感悟敬业精神的精神内涵;大学阶段,以提高学生对敬业精神的自主学习和探究能力为重点,培养学生的创新意识,增强学生的责任感和使命感。通过分层递进的教育目标,引导学生从低级向高级,从感性认识到理性认识的逐步升华。三是注重拓展实践渠道。要把敬业精神教育与社会实践相结合,着力构建"三结合"的实践模式,即"课内实践"与"课外实践"相结合,校内与校外相结合,集中组织和学生分散进行相结合。由教师根据课程教学内容精心设计敬业精神实践主题,然后让学生自选题目,自由组合实践团队,在教师的指导下完成实践活动;要加强实践育人基地建设,打造大学生校外实践教育基地、高职实训基地、青少年社会实践活动基地,组织青少年参加力所能及的生产劳动和爱心公益活动、益德益智的科研发明和创新创造活动、形式多样的志愿服务和勤工俭学活动;也可聘请校外专家、实践基地负责人到学校作专题报告,要求学生提交听后感;还可利用周末时间、寒暑假,选派学生到实践基地考察,由学生撰写考察心得。

  王顺友是四川省凉山彝族自治州木里藏族自治县一名普通的邮递员,但是 30 年来他在平凡的邮路上创造非凡的业绩。2005 年 10 月 19 日,在万国邮政联盟总部的会议上,131 年的惯例被中国人打破,王顺友成为自 1874 年万国邮政成立以来第一个被邀请的最基层、最普通的邮递员。

  20 岁,王顺友就开始了"马路邮路"生涯。从 1984 年到 2004 年,在绵延数百公里的木里县雪域高原上,一个人牵着一匹马驮着邮包默默行走的场景,成为当地老百姓心中最温暖的形象。20 年来,王友顺一个人跋山涉水,风餐露宿,按班准时地把一封封信件、一本本杂志、一张张报纸准确无误地送到每个用户手中。20 年来,每年都有 330 天以上独自行走在马班邮路上的邮递员是王友顺。20年来,他每天投递报纸8000多份、杂志700多份、函件1500多份、包裹600多件,投递准确率达到100%,在雪域高原跋涉了26万公里,相当于绕地球赤道走了6圈。

马班邮路沿路的海拔从高近5000米到低近1000米,落差大约4000米,气温在从摄氏零下十几度到近摄氏四十度之间变化无常,沿途经过察尔瓦山、雅砻江河谷等7个大大小小的山峰沟谷,穿过四片野兽出没的原始森林。必经之地察尔瓦山气候异常恶劣,一年中有6个月冰雪覆盖,气温达到摄氏零下十几度,无异寒冬,而一旦走到海拔1000多米的雅砻江河谷时,气温又高达摄氏40多度,酷热难耐。从白碉乡到倮波乡,还要经过当地老百姓都谈之色变的"九十九道拐"。这里拐连拐,弯连弯,山狭路窄,抬头是悬崖峭壁,低头是波涛汹涌的雅砻江,稍有不慎,就会连人带马摔下悬崖,掉进滔滔江水中。这就是王顺友走了20年的邮路!在这条路上,没人能和王顺友比速度,他顽强无比。

每个岗位都是实现人生价值的舞台,只要我们像王顺友那样,用对待事业的态度对待工作,每个人都能在平凡的岗位上做出不平凡的业绩。我们的时代不仅需要攻克科研难题、创新发明的科学家,还需要千千万万怀揣敬业精神、踏实工作、努力耕耘的王顺友们,否则就不可能创业,也不可能兴业,更不可能守业。"天下兴亡,匹夫有责。"伟大的中国特色社会主义现代化建设事业,需要精神的支持,敬业精神是最为关键的精神因子。

思考题

1. 试从中华传统文化的角度解读王顺友的敬业精神,并谈谈当代青年大学生应如何向王顺友学习?

2. 试从王顺友的事迹中谈谈敬业与职业道德、敬业与工作作风、敬业与工作效率、敬业与工作业绩、敬业与创新等的关系。

3. 当代大学生为什么要培育敬业精神?

参考文献

[1] 梁启超:《国性与民德》,《梁启超文选》,上海远东出版社1995年版。

[2] 马斯洛:《动机与人格》,华夏出版社1987年版。

[3] 王勤等:《中国国民素质考察报告》,广西人民出版社1999年版。

[4] 张立夫:《传统学引论:中国传统文化的多维反思》,中国人民大学出版社1989年版。

[5] 傅长盛:《把信送给周恩来》,中共中央党校出版社2012年版。

第十二章
诚信

提要

在现代社会中,诚信是公民的第二身份证。人无信不立,提倡诚信是中华民族的传统美德。对于社会主义核心价值观体系而言,诚信是公民个人层面的价值准则。在我国漫长的文明历史中,从诚、信、忠、恕等道德和哲学范畴中逐渐凝聚成现代汉语中的"诚信"一词。在全世界范围内,经历资本主义生产关系萌芽、发展等各个历史阶段,形成以契约精神为内核的资本主义社会结构,尤其重视"诚信",崇尚契约,借以规避由于人自身的活动而产生的社会风险。

一、"诚以动人"的情感力量

本章讲"诚信"。我们先了解一下汉语中的"诚信"在历史上的含义。从汉语词汇的生成及其演变的规则来看,今天汉语中两个单字构成的某个词汇,在古代中国的使用情况,一般地说,构成词汇的每个单字都是一个词,"诚信"也是两个词合成的,不是连绵词,"诚"有"诚"的含义,"信"有"信"的含义,这两个字即使合成为现代汉语中的一个词,也仍然带有其单字本身的含义。

先说"诚"字。我们先从具体的古典文学中"诚"的力量说起。文学作品若是仅以悲伤、痛苦感动人,这个民族、国家的文学便不是全面的,民族心理和民族精神必不是健全的、健康的;我们观察到,在悲伤、痛苦之上还有"诚","诚"能感人、动人;欢乐的时刻,固然邀请亲朋好友共享,踵事增华,锦上添花;不幸和悲痛、悲伤的时刻,需要宣泄和调适,动人以"诚",更使人难以抑制共鸣的感情。悲伤的情感、痛苦的个体体验通过"诚"获得共鸣,产生效用。

西晋李密上《陈情表》,凭什么打动晋武帝?就是以诚见心、以情动人的表达效果。《陈情表》全文:

"臣密言:臣以险衅,夙遭闵凶,生孩六月,慈父见背,行年四岁,舅夺母志。祖母刘愍臣孤弱,躬亲抚养。臣少多疾病,九岁不行,零丁孤苦,至于成立。既无叔伯,终鲜兄弟,门衰祚薄,晚有儿息。外无期功强近之亲,内无应门五尺之僮,茕茕孑立,形影相吊。而刘夙婴疾病,常在床蓐,臣侍汤药,未曾废离。

逮奉圣朝,沐浴清化。前太守臣逵,察臣孝廉;后刺史臣荣,举臣秀才。臣以供养无主,辞不赴命。诏书特下,拜臣郎中,寻蒙国恩,除臣洗马。猥以微贱,当侍东宫,非臣陨首所能上报。臣具以表闻,辞不就职。诏书切峻,责臣逋慢;郡县逼迫,催臣上道;州司临门,急于星火。臣欲奉诏奔驰,则刘病日笃,欲苟顺私情,则告诉不许。臣之进退,实为狼狈。

伏惟圣朝以孝治天下,凡在故老,犹蒙矜育,况臣孤苦,特为尤甚。且臣少仕伪朝,历职郎署,本图宦达,不矜名节。今臣亡国贱俘,至微至陋,过蒙拔擢,宠命优渥,岂敢盘桓,有所希冀!但以刘日薄西山,气息奄奄,人命危浅,朝不虑夕。臣无祖母,无以至今日,祖母无臣,无以终余年,祖孙二人,更相为命,是以区区不能废远。臣密今年四十有四,祖母刘今年九十有六,是臣尽节于陛下之日长,报刘之日短也。乌鸟私情,愿乞终养。

臣之辛苦,非独蜀之人士及二州牧伯所见明知,皇天后土,实所共鉴。愿陛下矜愍愚诚,听臣微志。庶刘侥幸,保卒余年。臣生当陨首,死当结草。臣不胜犬马怖惧之情,谨拜表以闻。"①南宋文学家赵善政(字与时)在其著作《宾退录》中曾引用安子顺的评价:"读诸葛孔明(按:诸葛亮,字孔明)《出师表》而不堕泪者,其人必不忠;读李令伯(按:李密,字令伯)《陈情表》而不堕泪者,其人必不孝;读韩退之(按:韩愈,字退之)《祭十二郎文》而不堕泪者,其人必不友。"②这三篇文章遂被并称为抒情佳篇而传诵于世。这篇《陈情表》的写作技巧是很高明的,在分析它的写作技巧之时,不免使读者感觉到李密的感情有造作矫饰之嫌,但是若不如此,则不能使武帝动情。

全文共四段:第一段,李密陈述家庭的特殊不幸、与祖母相依为命的现状,感动武帝,化严为慈,化逞威为体恤;第二段,历叙朝廷多次征召,优礼有加,都由于"刘病日笃"而有着"报国恩"和"徇私情"之间不可调和的矛盾,旨在消除晋武帝的疑虑,为下文请求"终养"埋下伏线;第三段,揭出晋朝立国"以孝治天下"这个治国纲领,陈述孤苦处境和他这一生仕宦经历、人生态度以及政治思想,进一步打消晋武帝的疑虑;第四段,明确提出"愿乞终养",表示要先尽孝后尽忠,达到陈情目的。晋武帝读到《陈情表》后,感慨"士之有名,不虚然哉!"③还传旨"赐奴婢二人,使郡县供其祖母奉膳"④。

我们来看《陈情表》中描述的李密身世和祖母刘氏对他的鞠育之情。李密出生六月,父亲弃世("生孩六月,慈父见背");四岁之时,母亲被迫改嫁("行年四岁,舅夺母志");身体孱弱,九岁不能行走;整个家族人丁不旺,"零丁孤苦","形影相吊",其家"夙遭闵凶",不幸之状令人心酸。现在家中只有弱息小儿、年已96岁的祖母和己身三人,回想祖母的恩情,"臣无祖母,无以至今日",

---

① 萧统:《文选》卷三七,中华书局1977年版。
② 赵善政:《宾退录》卷九,《宋元笔记丛书》本,引安子顺语,中华书局1983年版。
③ 房玄龄:《晋书·李密传》,中华书局1974年版。
④ 《文选》卷三七,李善注引《华阳国志》。

应当乌鸟反哺:"祖母无臣,无以终余年,祖孙二人,更相为命,是以区区不能废远",因此感动武帝。这篇文章深知天子之心,如以"愚诚""微志""侥幸""保卒""犬马""怖惧""不胜"等一连串的词语,以最谦恭、最忠诚的口吻,表达作者对武帝的极其忠爱、无比尊崇、十分殷勤的内心,表露自己"本图宦达,不矜名节"的人格,以打消晋武帝对降臣的猜忌。合起来看,李密的陈情有两方面的"诚":对祖母的"诚",是孝道的自然流露,通过多次抗命充分表现李密恪守孝道,新建立的晋朝最需要李密这样的臣子做成"孝治天下"的表率;对晋武帝的"诚",则表现李密对晋朝完全臣服和忠悃之心,愿意为晋朝效"犬马"之劳。越是显现李密对祖母之"诚",越能把抗命之罪转化为坚定的、崇高的道德力量,消除抗命与尽孝之间的对立壁垒,把严重的对立、抗旨的罪过消弭于无形,实现陈情的目的,这就是《陈情表》高超的写作技巧,它是经过精心修饰的言辞。

李密决不是《三国演义》中的徐庶——徐庶听说母亲被拘禁在曹营,立即饮食无味,巴不得立即到曹操那里去解救母亲,徐庶说:"今以老母之故,方寸乱矣。"①不管李密还是徐庶,他们的感情世界中有动人之"诚",而魏晋乃至南北朝近400年时间中,士族一方面标榜"无情","不以世务缨心"②,喜怒哀乐诸种表情不形于色,如谢安得知淝水之战胜利的战报后内心狂喜,却装作若无其事,谢安终究控制不了内心激动,跨过门槛之时,脚没抬高,脚步太快,用力太猛,折断屐齿,这是名士矫情、虚伪的修饰;另一种名士则标榜"钟情",晋人王衍说:"圣人忘情,最下不及于情,然则情之所钟,正在我辈。"③因此《世说新语》中记载了大量名士"钟情"的事迹,包括曹操痛哭郭嘉、司马昭宽待阮籍、刘伶醉酒、顾雍掐掌出血、晋武帝吃人乳喂养的猪肉后的感慨,甚至包括急性子的王述吃不到鸡蛋恨恨不平的神态等等,都被标榜为名士真感情的流露。

---

① 罗贯中:《三国演义》第三十六回。
② 魏收:《魏书·帝纪第七》北魏孝文帝纪,中华书局1974年版。
③ 《晋书·王衍传》。

在整个时代都推崇真情的背景下,"诚"能动人,是最契合时人的表白,取得预期效果。

我们了解一下李密《陈情表》出现的时代背景。

从东汉末年黄巾起义开始,历三国乃至两晋、南北朝这一段历史,无疑是中国历史上最为黑暗、民生凋敝的阶段,前后大约400年有余。朱熹曾对学生说:"'天不生仲尼,万古如长夜!'唐子西尝于一邮亭梁间见此语。"[1]按:唐庚(1069—1120),字子西,眉州(今四川眉山)人。《唐子西文录》记载:"蜀道馆舍壁间题一联云:'天不生仲尼,万古如长夜',不知何人诗也。"此段中国史何啻又一个暗夜!人民饱受战乱、瘟疫等天灾人祸的灾难,大江南北户口从6000万以上骤减为1500万左右,生死祸福无常,每一个人的命运譬如朝露,朝夕不保;士大夫的命运也好不到哪里去,陆机、陆云兄弟汲汲进取,却在八王之乱中死于非命,临刑之前,陆机感叹说:"欲闻华亭鹤唳,可复得乎?"[2]此时后悔为时已晚,陆机死年43岁。陆氏兄弟,本东吴士族陆氏后裔,通俗小说《三国演义》中第83回"守江口书生拜大将",这员大将就是陆逊,陆机的祖父。"陆逊营烧七百里",让刘备"穷奔白帝城"[3]。陆机的父亲陆抗曾官东吴大司马,《三国演义》第120回所写老将羊祜与镇东将军陆抗对峙数年,羊祜称陆抗"足智多谋",晋、吴两军对峙而相安。华亭,在今上海市松江县境,陆机的故乡。在这样的年代中,即使贵为皇室子弟,又能如何?从刘宋以讫陈朝,皇室内部的杀戮相当残忍,曹魏时代首开这个恶习。《太平广记》记载:"魏文帝尝与陈思王植同辇出游,逢见两牛在墙间斗,一牛不如坠井而死。诏令赋死牛诗,不得道是牛,亦不得云是井,不得言其斗,不得言其死,走马百步,令成四十言,步尽不成,加斩刑。子建策马而驰,既揽笔赋曰……赋成,步犹未竟。重作三十言自愍诗云:'煮豆持作羹,漉豉以为汁。萁在釜下然,豆向釜中泣。本自同根生,相煎何太

---

[1] 《朱子语类》卷九十三,黎靖德编,中华书局1994年版。
[2] 刘义庆:《世说新语》下卷下《尤悔》,中华书局2004年版。
[3] 《三国演义》第八十四回。

急。'"①曹丕当上皇帝以后,对自己的兄弟曹植、曹彰等进行残酷的迫害,企图从肉体上消灭皇位竞争者,巩固皇权,结果却导致皇家本根不固,权力屡屡落入权臣手中,从魏代汉开始,直到南北朝终结,不断上演着篡位夺权的闹剧。到了南朝萧齐的时候,皇室内部的杀戮达到了巅峰的状态,可算是中国史上最无人道的一页。齐明帝萧鸾是齐代建立者萧道成的亲侄儿,萧道成视萧鸾为己出,但就是这么个侄儿,在皇权的诱惑之下,篡夺了帝位,把齐高帝萧道成、齐武帝萧赜这一支的子孙基本上诛灭了。《资治通鉴·齐纪七》:"上(指萧鸾)有疾,以近亲寡弱,忌高、武子孙。时高、武子孙犹有十王,每朔望入朝,上还后宫辄叹息曰:'我及司徒诸子皆不长,高、武子孙日益长大!'上欲尽除高、武之族,以微言问陈显达,对曰:'此等岂足介虑!'以问扬州刺史始安王遥光,遥光以为当以次施行。遥光有足疾,上常令乘舆自望贤门入。每与上屏人久语毕。上索香火,呜咽流涕,明日必有所诛。会上疾暴甚,绝而复苏,遥光遂行其策。丁未,杀河东王铉、临贺王子岳、西阳王子文、永阳王子峻、南康王子琳、衡阳王子珉、湘东王子建、南郡王子夏、桂阳王昭粲、巴陵王昭秀,于是太祖(齐高帝)、世祖(齐武帝)及世宗(萧长懋,郁林王萧昭业之父)诸子皆尽矣。铉等已死,乃使公卿奏其罪状,请诛之,下诏不许;再奏,然后许之。南康侍读济阳江泌哭子琳,泪尽,继之以血;亲视殡葬毕,乃去。"②最为虚伪的就是萧鸾杀戮亲人之前还要装模作样"索香火,呜咽流涕",而第二天"必有所诛",难怪《南齐书·本纪六》史臣评论说齐明帝萧鸾"流涕行诛,非云义举,事苟求安,能无内愧?既而自树本根,枝胤孤弱,贻厥不昌,终覆宗社"③。如果这么一个朝代还能延续它的统治,到千万世而不废,天理何在?杭州岳庙的照壁书有岳飞最后绝笔词"天日昭昭",冥冥之中,善与恶的力量会各得其所。

在中国历史上,出仕为官是一种高风险的出路,在威权之下,

---

① 李昉:《太平广记》卷一百七十三,人民文学出版社1959年版。
② 《资治通鉴·齐纪七》,中华书局2013年版。
③ 《南齐书·本纪六》,中华书局1972年版。

士大夫的性命无足轻重,统治者随时可能要了一个人的性命。秦王嬴政就对中山国的使者唐雎说:"公亦尝闻天子之怒乎?"(你也曾听说过天子生气发怒吗)"天子之怒,伏尸百万,流血千里。"①(天子一生气,就会使得百万人死去,流血千里之远)明代开国皇帝朱元璋更是恐吓大臣说:"金杯同汝饮,白刃不相饶。"②李密原是蜀汉后主时期的郎官,官职不详。公元263年,魏国大臣司马昭灭蜀汉,李密成了亡国之臣。仕途已失,便在家供养祖母刘氏。公元265年,西晋代魏,晋武帝司马炎请李密出来做官,先拜郎中,后又拜为洗马(即太子侍从官),就是《陈情表》中说的"诏书特下,拜臣郎中,寻蒙国恩,除臣洗马。"晋武帝为何要重用李密呢?主要有以下两方面原因:第一,当时东吴尚据江左,为了减少灭吴的阻力,收笼东吴民心,晋武帝对亡国之臣实行怀柔政策,显示其宽厚之胸怀;第二,李密当时以孝闻名天下,晋武帝承继汉代以来以孝治天下的策略,察人首重孝道,推行以孝治天下的策略,以掩盖司马氏篡位的"不忠"。正因为如此,李密屡被征召,重重胁迫,情势越来越峻急,可是他要侍奉年事已高的祖母,不能从命。自曹魏代汉的那一天起,司马懿就参加到竞逐角力最高权力的游戏中,数十年中,历司马懿、司马师、司马昭和司马炎三代,司马氏和曹魏统治者反复斗争,制造了六次大规模的血腥屠戮,视生命如同草芥,使曹魏政权中支持皇室的名士减半,最终绞杀了曹魏政权,并取而代之,建立晋朝。这么一个司马氏政权,其残忍、血腥、耐力和政治斗争的技巧等诸方面的程度均已登峰造极,在这样的刽子手面前,士大夫还有什么生命的尊严可言?触怒晋武帝的严重后果,李密承受不了,他绝不敢拿生命当赌注,因此李密陷入了进退维谷的两难处境,但他处理得好。李密写了《陈情表》,达到了他向武帝陈情的目的,使其天威顿霁,转嗔为喜,这篇文章才是李密的成功赌注。

---

① 《战国策·魏策四》,中华书局2009年版。
② 《明史·茹太素传》,中华书局1974年版。

二、"言必信"——道德的高标

再说"信"字。我们以为,先秦儒家对于能够做到"信"的个体持肯定态度。先秦时期,社会各阶层有天子、诸侯、卿大夫、士、平民、奴隶之分,民这个类别中划分成士、农、工、商的小类,社会上各色人等被划分归类到相应的等级,享受相应的权利和义务,形成一个井然有序的封建社会。春秋、战国时期,士这个群体越来越庞大,对政治发挥着重要的作用,举凡政治舞台上的变动,乃至些微的风吹草动,都有着"士"这个阶层的影子。

先秦时代,儒家的代表人物孔子如何理解"士"这个阶层的呢?请看《论语》:"子贡问曰:'何如斯可谓之士矣?'子曰:'行己有耻,使于四方,不辱君命,可谓士矣。'曰:'敢问其次。'曰:'宗族称孝焉,乡党称弟焉。'曰:'敢问其次。'曰:'言必信,行必果,硁硁然小人哉!抑亦可以为次矣。'曰:'今之从政者何如?'子曰:'噫!斗筲之人,何足算也?'"①这段话历来有歧义,主要集中在"硁硁然小人"的理解上。我们可以在今人高尚榘《论语歧解辑录》(中华书局2011年版,第723—728页)中读到两方面的意见:

一种意见把"硁硁然"作贬义解,并和"小人"的含义结合在一起,对"小人"的注释影响到对"硁硁然"及全句的理解。东汉郑玄:"硁硁然,小人之貌也。"(皇侃《论语集解义疏》卷七,第13页)张松辉以为:"这段话的正确翻译应为:说话一定要求别人相信(别人不相信的话就不说),行为一定要求有结果(没有结果的事情就不做),这样的人是一种志向不高的小人。"(《关于〈论语〉中的两条注释》,《孔子研究》2001年第6期)杨朝明的见解与之接近:"说到一定做到,做事一定坚持到底。不问是非固执己见,那是小人啊!"(《论语诠解》第322页)李运益:"硁硁然,同'硁硁乎',识量浅狭、固执而不顾大义的样子。"(《论语词典》第243页)何新:"[注释]硁硁,读如犟犟。[译文]如果又拗又犟,则是小人

---

① 《论语·子路》。

呀!"(《论语新解——思与行》第175页)这些笺注者粘于字面,曲解了孔子的这一番话。

对立的观点有以下诸家:皇侃以为"硁硁然"是"坚正难易之貌也"(皇侃《论语集解义疏》卷七,第13页)。唐代韩愈解释:"硁硁,敢勇貌,非小人也。'小'当为'之'字。古文'小'与'之'相类,传之误也。"(《论语笔解》卷下,第7页)韩愈的解释本来直抵真义:敢勇之人,非小人,但他也拘泥于"小人"这样的字眼,因此别寻途径,从自行传写讹误方面改正原文,把"硁硁然小人"径改为"硁硁然之人",不尊重原文以求通解。朱熹:"硁,小石之坚确貌。"(《四书章句集注》第146页)杨伯峻以为:"孔子道:'言语一定信实,行为一定坚决,这是不问是非黑白而只管自己贯彻言行的小人呀!但也可以说是再次一等的'士'了'。"(《论语译注》第140页)李炳南接着打通"小人"与"士"的鸿沟,解释得更为通达,他认为:"'言必行,行必果',说话,必守信不移,做事,必坚持到底,'硁硁然小人哉,抑可以为其次矣',这是不能变通的小人,硁硁然,像石头那样坚实,然而亦可以为再次一等的士。小人不比大人,大人如《孟子·离娄》所说,'言不必行,行不必果,唯义所在'。……但在春秋时代,世袭的卿大夫,或弑君,或弑父,连这样的小人也比不上。"(《论语讲要》第258页)我们看到把"硁硁然"解释为褒义,用来形容一个人的品质,《汉书·杨恽传》的传主杨恽也使用了"硁硁"这个词来形容自己的性格,可见并无贬义。传文曰:"郎中丘常谓恽曰:'闻君侯讼韩冯翊,当得活乎?'恽曰:'事何容易!胫胫者未必全也。我不能自保,真人所谓鼠不容穴衔窦数者也。'"郁贤晧主编的《中国古代文学作品选》注"胫胫":"通'硁硁',形容正直。"①因此我们以为上古语境中以"硁硁然"形容人品是正面的,积极的,没有负面的因素。历代对"硁硁然"的解释当以此最为接近作者原意,其他的解释成"蹦蹦响""浅陋固执""像石块那样坚硬"等五花八门的意思都不符合文义。

---

① 郁贤晧主编:《中国古代文学作品选》第2卷,高等教育出版社2010年版,第161页。

高尚榘主编的《论语歧解辑录》的辑录者按:"'言必行,行必果'应为善德,孔子缘何视作'小人'?"(第726页)"后世人们皆把'言必行,行必果'作为言行方面的美德,直取其褒义,大加提倡,甩掉了与'小人'的联系。"(第725页)似乎偏向贬义一方。辑录者的见解反倒不如韩愈、杨伯峻和李炳南来得通达。我们统揽这一段话,审思之,它的核心在于讨论什么样的人可算得上"士"?孔子的回答是四个答案:"行己有耻"这种人算得上标准的"士";第二种就是"宗族称孝,乡党称悌"的可称为"士";子路问"又其次呢",孔子回答"言必行,行必果,硁硁然"的"小人"也还是(抑亦)可以算得上"士",最后评价当今的为政者,只算得了"斗筲之人",所以本段的精义不在于讲明"士""小人""斗筲"之人在名义上的区别,而是讨论"士"的标准。"小人""士"属于不同的阶级层次和利益集团,但是"言必信,行必果","硁硁然"之类的"小人"在道德上却跨越自己的阶级属性,上升为"士"这个层次所应有的道德水平,相反"今之从政者",某些肉食者的阶级层次高于"小人",而其道德层次却直线下降,成为孔子所不屑的"斗筲之人"。

三、"信"的力量

商鞅变法是我国历史上一次成功的改革,善于利用"诚信"的力量以达成改革目标。公元前359年,秦孝公重用卫国庶公子商鞅(按:商鞅原名卫鞅,姓公孙氏,与周天子同宗。变法成功后被秦孝公封于商,世称商鞅、商君),决定实行变法。商鞅变法之前,为了取信于秦国的士民,想出一个具有轰动效应的好办法——"徙木立信":"孝公既用卫鞅,鞅欲变法……以卫鞅为左庶长,卒定变法之令。令民为什伍,而相牧司连坐。不告奸者腰斩,告奸者与斩敌首同赏,匿奸者与降敌同罚。民有二男以上不分异者,倍其赋。有军功者,各以率受上爵;为私斗者,各以轻重被刑大小。僇力本业,耕织致粟帛多者复其身。事末利及怠而贫者,举以为收孥。宗室非有军功论,不得为属籍。明尊卑爵秩等级,各以差次名田宅,臣妾衣服以家次。有功者显荣,无功者虽富无所芬华。令既具,未布,恐民之不信,已乃立三丈之木于国都市南门,募民有能徙置北门者予十金。民怪之,莫敢徙。复曰:'能徙者予五十金'。有一人徙之,辄予五十金,以明不欺。卒下令。令行于民。期年,秦民之国都言初令之不便者以千数。于是,太子犯法。卫鞅曰:"法之不行,自上犯之。"将法太子。太子,君嗣也,不可施刑,刑其傅公子虔,黥其师公孙贾。明日,秦人皆趋令。行之十年,秦民大说,道不拾遗,山无盗贼,家给人足。民勇于公战,怯于私斗,乡邑大治。"①这段话的主要意思是商鞅变法的法令已经准备就绪,但还没有公布,商鞅担心百姓不相信自己,就在秦国首都咸阳集市区的南门竖起一根三丈高的木头,发布告示称:"有谁能把这根木头搬到集市北门,就给他十金(按:古时的"金"实为黄铜)。"百姓们对此事感到奇怪,但没有人来应募。商鞅又出布告说:"有能搬动的,给他五十金。"有个人果真把木头搬到了北门,商鞅立刻兑现他五十金(黄铜)。商鞅"徙木立信"的目的在于"以明不欺",表明变法的决心,确立起契约的精神;又通过惩治秦太子之师、傅,树信树威,令行禁止,掀起从上到下的全面改革。经过商鞅变法,十年之间,秦国的旧制度被彻底废除,封建经济得到了长足的发展,秦国逐渐成为战国七雄中实力最强的国家,为后来秦王朝统一天下奠定了坚实的基础。

四、"诚信"——中国近世社会的价值观

我们需要理解中华优秀文化传统中的"诚""信"以及"诚信"的文化特质。程朱理学集大成者、南宋大哲学家朱熹论"诚",把"诚"与先秦儒家"忠""仁""恕"等范畴视作先天的理念,这些范畴"得通言之"。朱熹又以五常、五性配五行,以"信"配土,以求圆合,不免失之牵强。朱熹论"诚""信",有条分缕析、细细辨别诚、信差别之处。如《朱子语类》所载:"问诚、信之别。曰:诚是自然底实,信是人做底实。故曰:'诚者,天之道。'这是圣人之信。若

---

① 《史记·商君列传》,《史记》卷六十八。

众人之信,只可唤作信,未可唤作诚。诚是自然无妄之谓。如水只是水,火只是火,仁彻底是仁,义彻底是义。""叔器问:'诚与信如何分?'曰:'诚是个自然之实,信是个人所为之实。'《中庸》说'诚者,天之道也',便是诚。若'诚之者,人之道也',便是信。信不足以尽诚,犹爱不足以尽仁。上是,下不是。""诚者实有之理,自然如此。忠信以人言之,须是人体出来方见。"①朱熹参照"敬",区分出"诚""敬"之间的细微含义,理解"诚""敬"的细微区别。

朱熹既正面解释其含义,也通过列举它们不同的反义词来显示"诚"与"敬"之间的区别,阐明"诚"优于"敬","诚"在其上的蕴义。如:"先生问诸友:诚、敬二字如何分?"各举程子之说以对。先生曰:'敬是不放肆底意思,诚是不欺妄底意思。'""诚只是一个实,敬只是一个畏。""妄诞欺诈为不诚,怠惰放肆为不敬,此诚敬之别。""问诚、敬。曰:'须逐处理会。诚若是有不欺意处,只做不欺意会;敬若是有谨畏意处,只做谨畏意会。《中庸》说诚,作《中庸》看;《孟子》说诚处,作《孟子》看。将来自相发明耳。'""谨未如敬,敬又未如诚。程子曰:'主一之谓敬,一者之谓诚。'敬尚是着力。"②

"信"则是儒家后起的范畴,《朱子语类》有云:"性是实理,仁义礼智皆具。"③在同书卷六多处即便已经讨论"信",亦在很多场合之中仅论仁义礼智,"浑沦言","义礼智都是仁";"对言","仁与义礼智一般"④;朱熹很严谨地使用仁义礼智"四常"的概念,在这些场合并未言及"信"的范畴,但是在两宋,"信"已然成为"五常"之一。朱子与门人对所谓"五常"之"仁义礼智"与"信"有所探究,如:"或问:'仁义礼智,性之四德,又添"信"字,谓之"五性",如何?'曰:'信是诚实此四者,实有是仁,实有是义,礼智皆然。如五行之有土,非土不足以载四者。'"⑤照朱子看来,"诚"是

---

① 《朱子语类》卷六,第103页。
② 《朱子语类》卷六,第103页。
③ 《朱子语类》卷五,第83页。
④ 《朱子语类》卷六,第107页。
⑤ 《朱子语类》卷六,第104页。

先天的、形而上的"实有之理","天之道","自然如此",圣人可达到此境界;"信"却是"众人"的,有分限,有差别,需要每一个体去"体出来方见",要实践、践行,以及体悟。"诚"中见"信","信"却不能反过来自然与"诚"相等同混一,"诚""信"之间存在高下阶梯、层次之分限。

朱熹的思想中也有将"诚""信"合论之处:"诚忠孚信:一心之谓诚,尽己之谓忠,存于中之谓孚,见于事之谓信。""存之于中谓理,得之于心为德,发见于行事为百行。"①据此,朱熹的意思即行事务必见"信"。"诚,实理也,亦诚悫也。由汉以来,专以诚悫言诚。至程子乃以实理言,后学皆弃诚悫之说不观。《中庸》亦有言实理为诚处,亦有言诚悫为诚处。不可只以实为诚,而以诚悫为非也。"②说明在汉宋之间儒家的思想在阐发"诚"的含义之时发生了区别,汉儒以"诚悫"释"诚",而宋儒以"实理"解释"诚",偏向"实",因此朱熹提醒后学一定要关切到他自己所编辑的《中庸》中所论的"诚"既主"实理",又不弃"诚悫",是最为圆通的理解,宋儒以"实理""实"解释"诚"的这个转变就与以"行事"释"信"契合相通,因此"诚信"成为现代汉语的一个词汇,当是在两宋之后儒家思想发展的必然结果。中国历史上的这个时期属于日本学者沟口雄三划分出来的近世社会③,也就是说"诚信"终于成为汉语的一个复合词是在中国历史进入近世社会以来的语言现象。

我以为中国文学中最早体现"诚"与"信"并有的作品是我们学过的中学课文《曹刿论战》:"十年(按:鲁庄公十年,公元前684年)春,齐师伐我。公将战。曹刿请见。其乡人曰:'肉食者谋之,又何间焉?'刿曰:'肉食者鄙,未能远谋。'乃入见。问:'何以战?'公曰:'衣食所安,弗敢专也,必以分人。'对曰:'小惠未徧,民弗从也。'公曰:'牺牲玉帛,弗敢加也,必以信。'对曰:'小信未孚,神弗福也。'公曰:'小大之狱,虽不能察,必以情。'对曰:'忠之属也,

---

① 《朱子语类》卷六,第101页。
② 《朱子语类》卷六,第102页。
③ 沟口雄三:《中国的历史脉动》,生活·读书·新知三联书店2014年版,第354—355页。

可以一战。战则请从。'公与之乘。"①在东周礼乐崩坏,王室不振,诸侯强大,攻城伐地的春秋时期,诸侯国的国君胆敢不把周天子放在眼中,亡国对他们还是有震慑力的。鲁国国君面对强邻齐国发动的战争,泰山压顶,情急之下,他的内心对"神"的"诚"与"信"那是相当的虔诚,什么人都可以骗,至高无上的"神"是不能欺骗的,若"神"感觉到"见欺",必将殄之;若"神"感觉到"不吾欺",春秋时期的国君相信国家说不定还有救,所以我们看到鲁庄公说"祭祀上天之神所用的祭品和玉帛这些物品,我不敢弄虚作假,以少报多,一定诚实地向神禀报。"春秋时代,中国人逐渐走出蒙昧,对自然和社会现象的认知水平都较上古有所提高,殷商尚鬼,周尚文,孔子说:"周鉴于二代,郁郁乎文哉!吾从周。"②现代读者和研究者阅读《左传》时将有一种共同的认识:按照鲁国隐、桓、庄、闵、僖、文、宣、成、襄、昭、定、哀十二位国君在位的次序编写的这部史书,历史学家在叙述历史事件中间,夹杂着大量的预言性质的判断,以"预言——结果"的固定模式叙述历史事件,年代越早,所预言之历史事件实现的可能性越大;随着年代的推进,越是年代往后,预言的实现则越来越不可能,首尾不能相顾,不能形成圆合的叙述,对此的解释是春秋后期人文精神越来越明显地影响到现实,也算是历史学家在书写之时忠于历史本真面貌的真实状态的反映。

  个体对待世界的方式,依照人的头颅和眼睛向上下转动的幅度,可以分成仰视、平视和俯视三种,仰视和俯视的两个末端分别对应着在上者和在下者,而平视、齐物的方式在中国哲学中的成熟则要等到明代王守仁的心学出现之后,个体方有可能在内心反省、反拨仰视和俯视方式之不足,实现平视的方式,这是王守仁心学对中国哲学最大的贡献,直接引导出来的一个观念就是平等,然而在先秦,在蒙昧的原始社会,万物有灵,人类因为无知,为不知所在的神灵主宰,以为宇宙中必有一股力量掌控人类,产生虔诚的心理,

---

① 《左传》,《十三经注疏》本,庄公十年。
② 《论语·八佾》。

类似后世的宗教,不必问渊源所自,只是固执地信仰;在奴隶社会中,统治者人为制造了神秘的力量,让治下的人民相信,并成为文化和传统;在商代,商王通过巫觋与已故的祖先和天帝通灵,殷商废墟出土的甲骨文中大量的占卜遗存有力地表明商代对祖先和神灵的仰视心理,这种文化遗留到中国的封建社会中,最典型的就是封禅,历代帝王登上泰山绝顶,神神秘秘,在泰山之上与天喝语,并埋金玉其上,臣工概莫能知。在中国历史上,最能鼓舞历代统治者的是相信"天命在我",最能震慑统治者的即是老天对他统治权的剥夺,他们相信上天通过地震、彗星等方式警告皇帝和执政大臣,所以凡有地震等异常天文地理现象,都要责免执政,皇帝也会下罪己诏书,向万民谢罪。中国的文化中很好地保存了对万物敬畏的心理,这距离儒家所提倡的"诚"的境界仅隔一程。

儒家除了提倡"诚""信""诚信",在阐发"信"之时,"信"与"忠"并提。"忠"并非当今从字面的理解,一概斥之为愚。"忠"原本是一个非常值得提倡的范畴,是中华文明中被严重歪曲的一个传统。杜预《春秋左氏传集解》解释《曹刿论战》中"忠之属也"的"忠"为:"上思利民,忠也。"①《论语·里仁》:"曾子曰:夫子之道,忠恕而已。"朱熹注:"尽己之谓忠,推己之谓恕。"②"忠"首先是对自己的要求,己身要"利"对方,先为对方、下级、部属谋利,而不是要求对方、下级、部属对己身输"忠"为先决条件,但既然任何人都怀有"忠"之理念,都先存利他的念头,所以历代统治者割裂己身之"忠",片面要求对方之"忠"也未尝不可;"恕"即"己所不欲,勿施于人"③之意,也是讲己身应当如何如何,不应当如何如何,当然也希望对方不存"不欲"之念,不我欺,不负我,彼此契合,因此"忠"和"恕"是相通的。朱熹对"忠信"的理解是:"忠信者,真实而无虚伪也。无些欠阙,无些间断,朴实头做去,无停住也。敬者,收敛而不放纵也。""忠自里面发出,信是就事上说。忠,是

---

① 杜预:《春秋左传集解》卷七,凤凰出版传媒集团2010年版。
② 朱熹:《晦庵集》卷五十二,文渊阁四库全书本。
③ 《论语·卫灵公》。

要尽自家这个心;信,是要尽自家这个道理。"①

"诚"与"敬"都有忠悃、诚恳、敬畏的含义,基于遭受严厉惩罚的预设前提,这种报应如同西方所谓的达摩克利斯之剑,悬在头顶,时刻都可能掉下。"诚""敬"以"诚"为上,"敬"次之。《中庸》谓"诚者,天之道;诚之者,人之道。"②强调对己要有敬畏之心。"忠信"以"忠"联结"信",主体和客体都兼顾到,所以汉语中的"诚信"一词实际上兼顾主体、客体,有敬畏之心,有真实,去虚伪,体现儒家"忠恕"的道德哲学思想。数千年前,中国人逐渐走出了蒙昧的状态,对上天、神灵和祖先输忠、输诚的观念成为文献遗存,通过文献记录和代际相传的手段,诚、敬、信、忠转而成为人际交往、商业交换的基本行为规范之一,是契约社会必备的一种人文精神。

通俗小说《三国演义》第54回"吴国太佛寺看新郎,刘皇叔洞房续佳偶"讲荆州牧刘表之子刘琦壮年暴毙,刘备原先许下的"公子不在,须将城池还我东吴"的承诺③到了要兑现的时候,鲁肃前往荆州索要,却被诸葛亮抢白一顿,受到恩威并施和恐吓,只得答应刘备一方"若图得西川,那时便还"的一纸文书,鲁肃到柴桑(今江西九江)见周瑜,周瑜分析了刘备诸葛亮"混赖"的计谋和还荆州的严峻形势给鲁肃听,鲁肃"呆了半晌,曰:'恐玄德(刘备,字玄德)不负我。'"周瑜说:"子敬(鲁肃,字子敬)乃诚实人也!刘备枭雄之辈,诸葛亮奸猾之徒,恐不似先生心地。"④这是诚信合约濒于破裂的典型个案,但在东吴与刘备一方交涉的过程中,双方的所有约定仍然遵守"诚信"的原则。

五、诚信价值观与契约精神

社会学家马克斯·韦伯(Max Weber,1864—1920)在《新教伦

---

① 《朱子语类》卷六,第123页。
② 《孟子·离娄上》。
③ 《三国演义》第五十二回。
④ 《三国演义》第五十四回。

理与资本主义精神》中对西方现代资本主义社会中的契约精神、信用、诚实有着深刻的见解：

记住,信用就是金钱。如果有人将钱存放在我这里超过该交还的日期,那么他等于是把利息或在这期间我借着这笔钱所能赚得的都赠送给我。这总计起来会是相当可观的数目,如果一个人的信用既好又大并且善加利用的话。

记住,金钱天生具有孳生繁衍性。钱能生钱,钱子还能生钱孙,如此生而又生。五先令一翻转就是六先令,再一翻转就成七先令三便士,然后一直翻转到一百镑。手头的钱越多,翻转孳生出来的钱就越多,所以获利也就节节高升,越来越快。杀死一头母猪,等于是杀了它所能繁衍的成千上万头猪。毁掉五先令,等于是谋杀了(!)它所能孳生的一切,不知有多少镑。

记住,俗语说,善付款者是他人钱袋的主人。一个大家都知道他会准时依约付款的人,就能够随时借取到他的朋友刚好用不着的所有钱财。

这往往大有好处。除了勤奋与节俭,再没什么比得上任一次交易都守时与公正更有助于年轻人功成名就,所以依约准时偿还欠款,一刻也拖不得,以免朋友生气因而对你永远关紧他的荷包。

足以影响个人信用的任何行为,不管再怎么不足为道,都必须小心留意。无论是早上五点或晚上八点,你的下槌声响传到债权人耳里,都会让他安心个半年;倘若你在理当劳作的时刻,他却看到你在球场的身影或听到你在酒馆里的话声,那么第二天早上他就会来催你还钱,甚至在你还筹措不及时就要你还清。

除此之外,你的槌声还显示出,你对自己的债务并未忘怀,这让你看起来像个既小心又诚实的人,将会提升你的信用。

注意,别把手头所拥有的都当成是自己的财产,并依此顺当过活。许多动用到信用的人都沉陷在这样的迷思里。(第

24—25页)

……

富兰克林(本杰明·富兰克林 Benjamin Franklin,1706—1790)所有的道德劝诫如今全都转向了功利:诚实是**有用的**,因为它带来信用,守时、勤奋、节俭无不如此,**所以都是**美德。(第28页。黑体加粗,为原文版式所有)①

韦伯《新教伦理与资本主义精神》的出版与整理距今大约100年,其中某些章节早期以论文形式发表,最早发表于1904年,距今超过100年。上引这些段落怎么看怎么顺眼,诚实、信用、勤奋,都是美德;所警诫的"别把手头所拥有的都当成自己的财产,并以此顺当过活"仿佛就在身边发生着,所描述的"许多动用到信用的人都沉陷在这样的迷思里",把个体在非法利益、不当利益和巨额他人钱财面前的"迷思"的心态昭然若揭;说出"足以影响个人信用的任何行为,不管再怎么不足为道,都必须小心留意"这番话的韦伯,他的面目亲切得就像一个深刻领会"慎独""戒惧""慎微"等儒家精神核心概念的中国哲人……总之,韦伯所论,就像《孟子·梁惠王上》章孟子所称"于我心有戚戚焉",所以我没有必要发表自己的见解,看看韦伯说的诚实、信用就足够振聋发聩了,也足够让中国人赧颜、汗颜:我们这么一个国家,有着人类历史上最早的关于诚信的论述,史籍中记载着大量的关于诚信的人物及其故事,在今天却丧失诚信,丧失信用!且不说台湾电信诈骗集团实理渗透、影响沿海某些省份,勾结成更大规模的诈骗集团;传销团伙屡除不尽;大陆某些富豪和产业巨头非法集资,卷钱跑路;裸官时刻做好最后抽身外逃的计划;诈骗技巧层出不穷,弄虚作假技术和设备日益更新,形成一张隐形的买卖方市场……这些年,此类负面新闻不断,触目惊心,都关乎"诚实""诚信"和"信用"的人文精神。

我国自周、孔以来的历史超过3000年,自西汉武帝独尊儒术以来的历史超过2000年,儒家思想在2000年中的大部分时间主

---

① 马克斯·韦伯:《新教伦理与资本主义精神》,广西师范大学出版社2010年版,第24—25、28页。

导着中国人的哲学和生活,它深刻地影响了国家和历史的进程,而且其本身历久弥新,与时俱进,不断变革,与时代相结合,产生新的智慧成果。2003年,经济学家林毅夫在讲演中有一番见解:"我们的上层建筑、我们的文化传统,这一套以儒家哲学为基础的上层建筑,能不能与时俱进?中国的文化传统会不会变成经济发展的一个包袱、累赘?……孔子为什么被称为圣人呢?'孔子,圣之时者也。'他是一个很能反映时代精神的圣人,虽然述而不作,但在述的时候是有选择的整理,并不是把远古的东西原原本本照搬过来,而是根据时代的需要来整理过去的东西,从对过去的整理中,来反映时代的精神。他不保守,所以才被称为圣之时者也。他实事求是地分析这个社会需要什么,然后根据时代的需要来提倡能推动社会发展的组织形态与伦理思想。……直到后来宋明时代,儒学发展到理学,理学一方面吸收佛家哲学,一方面适应时代的需要。……儒家哲学这套文化体系在两千多年的发展中,并不是顽固不化的,每个时代的学者不断赋予它新的生命。从孔子开始,其内容随着经济基础的变化而不断充实、吸收、调整它的上层建筑,使上层建筑和经济基础能够协调起来,只有这样儒家文化范畴的东亚经济才会在20世纪下半叶纷纷赶上西方。"①

东亚深受汉文化影响国家的经济在近40年来强劲增长,创造了世界范围内的经济奇迹,尤其是孕育了儒家思想的母国——中国经济快速发展,成为世界经济的引擎,经济发展与儒家文化传统之间的密切关系引起学者的关注,儒家文化及其传统之于经济的意义这是西方经济学理论所不能框得住的崭新驱动力。林毅夫说:"最近则有一股新思潮大力肯定中国文化。在东亚地区出现新兴工业化经济,首先是日本,然后是亚洲四小龙。日本人均收入在1988年超过美国,新加坡人均收入在1996年赶上美国,韩国、中国的台湾和香港的人均收入和发达国家的差距大大缩小。全世

---

① 林毅夫专栏,爱思想网。http://www.aisixiang.com/data/6016.html. 该文收入《经济发展与传统文化》,《走向未来的人类文明:多学科的考察——第二届"北大论坛"论文集》,北京大学出版社2003年版。

界除了西欧、北美、澳大利亚、新西兰以外,就只有这些东亚经济真正赶上或大幅缩小与西方国家的差距。为什么这些国家和地区在全世界200多个国家和地区中脱颖而出,发展这么快?有些学者认为一个共同的因素是这些国家和地区都受到中国儒家文化的影响。而儒家文化强调勤劳、节俭、刻苦、重视知识、重视长幼次序、重视朋友有信。这样,他们又把东亚经济的成功全都归因于儒家文化所带来的这些优点。"(《经济发展与传统文化》)1999年,当代新儒家学者刘述先撰《儒学的理想与实际——近时东亚发展之成就与限制之反省》,开篇大有感慨:"60年代末,李文逊(Joseph R. Levenson)还认为,儒家在将来只会是博物馆里才能找到的东西。哪知由70年代起,亚洲经济起飞,四小龙创造了经济的奇迹。由于日本这条大龙,以及中国香港和台湾、新加坡、韩国四小龙都有儒家的背景,于是引起了对于儒家发生兴趣的热潮。'文革'之后拨乱反正,中国大陆也放弃了锁国的政策,1986年'现代新儒家'竟成为国家的重点研究项目。海内外都在努力探索儒家传统在现代化的过程中究竟扮演了怎样的角色。"[1]2002年,他又在香港的演讲中说:"'民间的儒家'(popular Confucianism)被社会学者认为,乃日本与亚洲四小龙:中国台湾、中国香港、韩国、新加坡,在20世纪70年代造成经济奇迹背后的真正动力所在,还展现着巨大活力。"[2]刘述先对儒家文化经济圈的观察自上个世纪90年代直至今日,迄今有20年以上的时间,目前以中国为首的东亚国家其经济的发展方兴未艾,儒家文化之于经济的关系确实存在,毋庸置疑。

中国历史上,儒家伦理、文化对经济生活的关系一直密切,发展成儒商精神,自"弦高存郑""子贡全鲁"的春秋时期开始,到明代的时候士大夫积极参与到商业活动之中,博取利益;据记载,明代嘉靖、万历年间全国巨富人家22家,其中高官权贵占17家[3],

---

[1] 刘述先:《儒家哲学研究:问题、方法及未来开展》,上海古籍出版社2010年版,第399页。
[2] 《儒家哲学研究:问题、方法及未来开展》,第260页。
[3] 王世贞:《弇州史料后集》卷三十六。

形成"士商契合"的时代风景,"中国古、近代历史上存在着""儒家伦理与商贾精神结合的事实"①。经过历史的浸染、熏陶,儒家的伦理、哲学潜移默化于中国人生活的每一细节,毫不夸张地说,当代中国是一个处于市场经济条件下的儒商社会,也是一个富有诚信传统的现代国家。韦伯以为"在中国、印度、巴比伦,在古代与中世纪,都曾有过'资本主义'。然而,如我们将看到的,它们全都欠缺那种独特的风格"(第28页)。只能算作"前资本主义"。独特的风格包括信用在内,意指古代中国欠缺信用体系,只是"一意以贪财为动力","毫不顾忌、内心不受任何规范约束的营利,历史上无时不有"(第33页)②。而与马克斯·韦伯几乎同时代的社会学家格奥尔格·齐美尔(Simmel Georg,中文或译作西美尔,1858—1918)却开启了现代社会学中的信任理论研究。

在《货币哲学》(1900年版)和《社会学》(1908年版)两部专著中,齐美尔提出信任理论,具有开创性的意义。齐美尔信任理论的出发点是互动,互动形成了人们之间的复杂关系,形成了社会。个人之间的互动是所有社会形成的起点,虽然社会生活真实的历史起源晦暗不明,无法找到确切的证据,但任何一种系统的发生学分析一定要从最简单、最直接的关系出发。现代社会中,交换是创造社会的人们之间内在联结和有机团结的前提条件之一。齐美尔更进一步强调,交换创造了人与人之间内在联系的功能之一,社会只不过替代了单纯的个体集合而已。在现代社会,随着社会分工的充分发达,交换更加普遍,社会关系的形式更加丰富,交换使人们有了更多的接触和联系,也就为发展新的、更多的个人关系和其他形式的社会关系提供了可能,开辟了新的空间。交换最重要的条件是信任。如果人们彼此之间缺乏一般的信任,社会自身将会解体。在《货币哲学》中,齐美尔说:"离开了人们之间的一般性信任,社会自身将变成一盘散沙";在《社会学》中,他认为"信赖是在社会之内的最重要的综合力量之一"。对个体行动者来讲,信任

---

① 陈书录:《儒商及文化与文学》,中华书局2007年版,第4页。
② 马克斯·韦伯:《新教伦理与资本主义精神》,第28、33页。

的功能是"提供一种可靠的假设,这种假设足以作为保障把实际的行为建立在此之上"。无论是在社会层面,还是在个体层面,信任都显示出它的重要性。信任从人格信任(包括特殊主义的信任和普遍主义的信任)拓展到系统信任,齐美尔认为从传统到现代的转变伴随着社会中的信任类型从以人格信任为主转到以系统信任为主。

齐美尔在《货币哲学》中举了一个例子:"如果一个农夫对他的土地将像前一年那样出产粮食没有信心(confidence),他就不会去播种;如果一个商人不相信(belief)公众会需要他的商品,他就不会提供这些商品,等等。这种信赖只是归纳性知识的一种弱形式。"他认为这种弱归纳性知识不是信任,它不能够为信任提供可靠的基础,弱归纳性知识类似于现实生活中的统计规律,与借贷行为中对他人信任应当区别开来。在齐美尔之后,尼古拉斯·卢曼(1927—1998)认为人要处理与世界的关系,世界包括自然和人类两个部分,危险与风险的含义不同;他把自然界的威胁称之为危险,来自人自身行动后果的威胁才是风险;而安东尼·吉登斯(1938—)则关注到信任不同于弱归纳性知识,原因在于"信任意味着是对'承诺'(commitment)的一种跨越,这是不可化约的'信念'(faith)的一种品质"。

我们平常所说的"契约精神",学术界一般以为是西方文明的主流精神,但人同此心,国家虽有东西方之分,但文明和文化却具有共通之处。中国从春秋时代,史籍所传具有悠久的从商历史;所分四民,"商"居末,契约精神同样在中国成为悠久的传统。厦门大学图书馆馆藏大量的地契文件,河北保定市收藏者吴江收藏了明清以来6000多件地契①,这些中华文明中契约精神的重要文化遗存,足以说明在漫长的中国历史上中国人从事商业交易活动之中契约精神丰富的形态和悠久的历史。成语"一诺千金""范张鸡黍",谚语"君子一言,驷马难追""得黄金百斤,不如得季布一诺"

---

① 中国新闻网 2012 年 5 月 18 日报道,网址。http://www.chinanews.com/cul/2012/05-18/3898367.shtml。

等大力张扬中华文明中重然诺的价值观。契约精神促进了个人在封建社会的社会形态中商品交易的发展,现代经济的核心是信用经济,契约精神覆盖人类所有的经济活动;在西方社会,契约精神已经从私人之间的契约关系上升为公法领域,借由公权力的行使,构建国家的法治精神。

改革开放30多年来,中国人善于经商的基因被激活了,有报道说截至2012年年底,中国大陆千万富豪已达105万人①;另一则最近的消息则说,至2013年中国以930万的移民数量,成为全球第四大移民输出国,文章标题是"中国富豪移民都去哪儿?"②追求富裕的生活固是人生的一大乐趣,古语谓:"君子爱财,取之有道。""富与贵,是人之所欲也,不以其道得之,不处也;贫与贱,是人之所恶也,不以其道得之,不去也。"③由于各种各样的原因,国人趋利附势,哪里还把"不义而富且贵于我如浮云"的崇高人格放在心间,不讲诚信和信义的做法越来越多,崇信"笑贫不笑娼"的信条,物欲横流,嘲笑不会赚钱养家者为拙,以为来钱多者为有本事,丧失礼义廉耻,以虚伪价值观、伪命题笑傲社会伦理,对中华民族优秀的传统价值观形成强大的冲击,仿佛明代王守仁心学泛滥之际社会上只讲目的不择手段的时期,已经到了要整个社会齐心协力进行匡正的时候。

马云是当代中国最为成功、最耀眼的商人之一,具有过人的商业战略天赋。《网易科技》转发宋伟发表在《财经》上的文章:"没有人比马云更能代表当代中国的成功学。其在战略上从不讳言,而事实证明他的商业决策往往都是正确的","正如他所代表的中国经济奇迹也有另一面。三年前的支付宝事件爆发之后,他背负着道德争议和诚信问题",难道为了成功可以"背负道德争议和诚信问题"吗?2011年,支付宝事件爆发:马云将支付宝的所有权转

---

① 参考消息网引路透社报道"中国千万和亿万富豪增速连续两年放缓"。http://finance.cankaoxiaoxi.com/2013/0814/255531.shtml.

② 人民网财经专栏,记者魏倩上海报道。http://finance.people.com.cn/n/2014/0607/c1004-25116083.html.

③ 《增广贤文》所收《论语》二则。

让给马云控股的另一家中国内资公司,而阿里巴巴集团的大股东雅虎表示马云并没有事先征得股东同意,主流媒体在这次事件中评论马云是一个不守诚信,缺乏契约精神的人。对此争议,"马云一直强调说,支付宝股权转让是因为'央行明确规定,外资不能协议控制,必须上报。如果还坚持协议控制,就是知法犯法。'所以基于对形势的判断,他决定终止协议控制"①。此事件牵涉的利益极大,据中央电视台2011年6月11日《非常识》第20期专栏文章《马云事件:中国人为何缺乏契约精神》:"艾瑞咨询曾做过统计,2010年中国第三方网上支付行业整体交易规模达到10105亿元。其中,支付宝以50.02%的市场份额,占据网上支付市场的半壁江山。而支付宝对外公布的数据显示,截止到2010年12月,支付宝日交易额超过25亿元人民币。业界对支付宝的估值不一,少则一二百亿多则可能四五百亿,若按500亿计算,马云需支付雅虎和软银的对价或超300亿元,对马云以及雅虎(美资)、软银(日资)而言支付宝的价值不言而喻。"这里面的利益触目惊心,辩论双方各执一词。"《新世纪》周刊'财新观察'栏目发表了(胡舒立署名)社评《马云为什么错了》,指出马云未经股东(雅虎软银等外资股东)授权转移支付宝所有权违背了契约原则。"央视专栏文章支持胡舒立的观点,认为"马云的'偷天换日是将利益放在契约之上'"。"单纯从企业发展的角度,马云的决策是正确的,但是,所有的商业合作都是利益合作,契约是保证各方利益的重要制约手段。为了获利而破坏契约,就是放弃了自己的商业信誉,破坏了商业道德。在这个问题上,马云赢了市场,输了诚信。"央视更是做足了文章,把近年中国人缺乏契约精神的事件归结为三类:企业股东之间不履约、政府不履约、个人不履约,从国美控制权之争到徐工事件再到蔡铭超在佳士得(CHRISTIE'S)拍卖行违约事件,把2003到2010年间缺乏契约精神的典型事件,全部盘点了个遍,以

---

① 宋伟:《神坛上下的马云》,《网易科技·互联网》,2014年6月17日。http://tech.163.com/14/0617/09/9UUCGDA5000915BF.html.

"中国人为何缺乏契约精神"为题警醒世人。①

　　随着中国与世界的交往越来越密切,发扬中华文明中崇尚契约的精神,在商业活动等各领域中奉行诚信,讲求信用是国际社会交往中的名片。我国已经着手建设全国范围内统一的征信体系。"根据理论界的研究成果",征信管控着道德风险,产生四大作用:"减轻逆向选择、减轻对申请借款者的掠夺、产生违约披露的纪律约束和避免过度借贷。"从政府、金融业、电信业、公共事业等部门的服务对象和实践来看,征信发挥着六大作用:"防范信用风险,促进信贷市场发展""服务其他授信市场,提高履约水平""加强金融监管和宏观调控,维护金融稳定""服务其他政府部门,提升执法效率""有效揭示风险,为市场参与各方提供决策依据""提高社会信用意识,维护社会稳定"②。

　　2012年下半年,我国个人征信系统新版信用报告上线运行。个人信用报告主要由中国人民银行(央行)征信中心负责提供,主要记录个人基本信息、贷款信息、信用卡信息和信用报告查询记录等。据央行《征信业管理条例》第三章第十六条规定,个人信用不良记录在个人征信报告中保留5年。这个条例的颁布即是以政府的公权力对公民诚信和信用进行强制性的约束,以提高公民的信用记录。

　　在历史上,我们国家一向倡导个人通过内省的体悟和个人道德操持的修养,达到"诚""信""忠""恕",利他即利己,对他人的诚信来源于个人对自己的虔诚内省,"反身而诚""乐莫大焉",相信优游在道德的境界中所获得的愉悦感受胜过对物质的追求,而在当代,诚信通过征信体系的建立,借助公权力对个体施加无形的压力。张松辉解释"言必信"时说:"说话一定要求别人相信(别人不相信的话就不说)……'信'不是诚实的意思,而是'被相信'的

---

　　① 《马云事件:中国人为何缺乏契约精神》。http://news.cntv.cn/special/uncommon/11/0616/.
　　② 中国人民银行:《征信的作用》。http://www.pbccrc.org.cn/zxzx/zxzs/201401/ed38451ab9864d338176a8b75e01e892.shtml.

意思。"①我们赞同张松辉先生追溯"信"这个词从先秦到汉代使用的语境而做出的谨慎解释。在当今中国,做到品行随时随地"被相信"的人多么难得!倘若如此,举凡教育诚信、营销诚信、政府诚信、体育诚信、学术诚信、科研诚信等引发的问题必将大大降低,建设一个和谐文明的现代化国家,在物质上、精神上实现稳步提升,实现国家复兴的梦想,实现所有国人的中国梦,这一天必将到来。

思考题

1. 《陈情表》中"诚"是如何表现出来的?
2. 如何理解儒家思想体系中的"诚信"价值观?
3. 在利益和契约精神发生冲突的时候,应当做出怎样的选择?

参考文献

[1] 胡锦涛:《坚定不移沿着中国特色社会主义道路前进 为全面建成小康社会而奋斗——在中国共产党第十八次全国代表大会上的报告》,人民出版社2012年版。

[2] 中共中央办公厅:《关于培育和践行社会主义核心价值观的意见》,人民出版社2013年版。

[3] 《朱子语类》,黎靖德编,中华书局1994年版。

[4] 《资治通鉴》,中华书局2013年版。

[5] 《战国策》,中华书局2009年版。

[6] 《昭明文选》,中华书局1977年版。

[7] 赵善政:《宾退录》,《宋元笔记丛书》本,中华书局1983年版。

[8] 魏收:《魏书》,中华书局1974年版。

[9] 房玄龄:《晋书》,中华书局1974年版。

[10] 《论语》,杨伯峻译注,中华书局1980年版。

---

① 《论语歧解辑录》,第724页。

[11] 高尚榘:《论语歧解辑录》,中华书局2011年版。

[12] 左丘明:《春秋左传集解》,杜预集解,凤凰出版传媒集团2010年版。

[13] 《史记》,中华书局1982年版。

[14] 马克斯·韦伯:《新教伦理与资本主义精神》,广西师范大学出版社2010年版。

[15] 刘述先:《儒家哲学研究问题、方法及未来开展》,上海古籍出版社2010年版。

[16] 陈书录:《儒商及文化与文学》,中华书局2007年版。

[17] 沟口雄三:《中国的历史脉动》,生活·读书·新知三联书店2014年版。

第十三章
友善

提要

社会主义核心价值观倡导的友善,是对中华传统友善文化的继承和发展,是社会主义条件下处理人际关系的基本价值准则,是建设和谐社会、实现民族梦想的价值支撑。本专题首先以案例阐述传统文化中关于"友善"的丰富内涵及对人生成长和社会建设的作用;接着探讨了"友善"的现实传承、时代元素及其对今天和谐社会建设的重要意义。又以案例剖析今天"友善"缺失的问题和原因;最后提出了培养和树立"友善"品德的几点思考,并揭示出友善是爱国、敬业、诚信价值观的品德基础和行为表象,它与其他三种品德构成公民层次价值观完整的统一体。

一、友善是什么

"友"与"善"既可以作为两个单词,因为它们有各自的定义与内涵;也可以作为一个单词使用,因为它们的内涵又是那么紧密而且互为补充地交织在一起。

"友"在《辞海》中的解释有这么四项:朋友、兄弟互相敬爱、友好、帮助。在品德层面上,应该理解为人与人关系上互相尊重,友好相处，在别人碰到困难时予以及时的帮助，等等。

"善"在《辞海》中的解释有这么几项：善良、擅长、赞许、容易、熟悉以及作为姓氏等。在品德层面上，应该理解为情操质朴，心地善良，与人相处有宽容的仁爱之心，有容人之短的雅量，有乐于助人的情怀，处理事情稳当妥帖，等等。

"友"与"善"作为两个独立的单词，可以有上面所述的不同定义和内涵，但这两个单词在外延与内涵上却又是互为表里，互相补充，相得益彰的。可以说，"友德"是"善德"的表象化，是"善德"的表征，而"善德"则是"友德"的里象内涵，是"友德"的本质属性。正由于二者如同毛与皮那样紧密相连的关系，以致人们经常地把它们作为一个词语使用。作为一个词语，能够使"友"或"善"的表征和内涵都更为完整，更能升华到单独使用所无法达到的品德境界。

在我国漫长的历史长河中，友善文化成为人际关系优质的润滑剂，演绎出许多感人至深的故事。安徽省桐城县传为美谈的"六尺巷"故事就是邻里友善和睦相处的一个典型：

> 清代康熙年间，文华殿大学士、礼部尚书张英在安徽桐城的老宅与同在京城当官的吴家为邻，两家府邸之间有个空地，供双方及村民来往交通之用，一直相安无事。后来邻居吴家建房，要占用这个通道，张家不同意，双方将官司打到县里衙门。县官考虑到双方官位显赫，不敢轻易了断。这期间，张家人写了一封信，给在北京当大官的张英，要求张英出面，让张英出面打招呼"摆平"吴家。张英收到信件后，认为应该谦让邻里，给家里回信中写了四句话："千里来书只为墙，让他三尺又何妨？万里长城今犹在，不见当年秦始皇。"家人收信，明白张英的意思，主动让出三尺空地。吴家见状，深受感动，也主动让出三尺房基地，这样就形成了一个宽六尺的巷子，"桐城六尺巷"由此得名。张、吴两家礼让之举，尤其是张家不仗势压人的做法在当地传为美谈。

在我国漫漫历史长河中，涌现过无数"桐城六尺巷"那样友善相处的佳话,反映出了"友善"品德已成为中华民族共同追求的传统美德。

二、传统文化中友善的丰富内涵

友善品德是中华优秀传统文化的精华,是优秀传统文化中丰富的和合思想的反映,在我国儒家优秀传统文化中居于领衔地位。

在古代中国,友善文化被广泛应用于治国理政之中。孔子教育他的学生在从政时强调要"仁者爱人",推行仁政。他告诫弟子说:"孝乎唯孝,友于兄弟,施于有政。"意即孝顺父母,友爱兄弟,并把这种风气推衍到治理国家上面去。鲁国正卿季康子问政于孔子说:"使民敬,忠以劝,如之何?"子曰:"临之以庄,则敬;孝慈,则忠;举善而教不能,则劝。"[1]就是说,要使老百姓恭敬,有忠心,并互相勉励做好事,应该怎么做? 孔子答道:你对他们友善庄重,他们就会对你恭敬;你孝顺父母,慈爱百姓,他们就会对你有忠心;你推举好人,教育能力差的人,他们就会互相勉励向善。

这方面,孟子继承孔子的仁政思想,并把其进一步发展。他说:"以不忍人之心,行不忍人之政,天下可运之掌上。"[2]意思是说,用友善仁爱之心去推行友善仁爱的政治,治理天下就像在手掌中运转那么容易。他指出了仁爱友善的品格是一种内在秉性:"仁,内也,非外也。"[3]

孔子的学生樊迟问什么是"仁",孔子答道:"爱人。"意即关爱他人。[4] 孔子认为儿女对待父母不仅要供养,而且要尊敬。学生子游问孝,子曰:"今之孝者,是谓能养。至于犬马,皆能有养,不敬,何以别乎?"[5]孟子又把孔子这种对父母的孝行进一步发挥:

---

[1] 《论语・为政》。
[2] 《孟子・公孙丑上》。
[3] 《孟子・告子上》。
[4] 《论语・颜渊》。
[5] 《论语・为政》。

"仁者无不爱也,急亲贤之为务。"①意思是说有仁爱之心的人首先应当从爱父母和亲近有贤德的人做起。他又说:"亲亲,仁也;敬长,义也,无他,达之天下也。"②意思是说亲爱父母是仁,尊重兄长是义,此外没有别的意思,要把这种美德推广到天下去。这也是孟子一再强调的"老吾老,以及人之老;幼吾幼,以及人之幼"③的含义。

友善的内涵就是仁爱的体现,这就是一种发自内心的善意去对人好。民间有个说法,别看"仁"这个字只有四画,单立人一个二,叫二人成仁。就是说,仁爱,从来不是一个单人状态下的行为。仁爱一定是你旁边还有一个人,两人在一起时,才能看出是否仁爱。因此,仁爱是一种内心修养,孔子就这么认为:仁爱是一种发自内心的态度。其自然外化就是友善。

那么,怎么修身养性,做一个仁爱友善的人呢?孔孟之道将"仁爱"作为"为人之本",这方面儒家学说有许多精辟之见。孔子说:面对弱者时,应怀揣着一分同情,但更重要的应是尊敬;面对错者时,应以宽广的心去包容,但更重要的是去感化。他还说:"君子有九思:视思明,听思聪,色思温,貌思恭,言思忠,事思敏,疑思问,忿思难,得思义。"④意思是说,一个友善的人要有九种考虑,看的时候要想到是否看明白了,听的时候是否听清楚了,待人接物脸色是否温和,态度是否恭敬,说话是否诚恳,办事是否认真,碰到难题是否向别人请教,发怒前要考虑引起的后果,得到的名利是否合乎道。他又说:"躬自厚而薄责于人,则远怨矣。"⑤意思是说,律己以严,待人以宽,就会产生和睦的人际关系。

孟子则从人性本善的角度阐述修身养性的道理,他说:"乃若其情,则可以为善矣,乃所谓善也。"⑥意思是说,从天生的秉性看,

---

① 《孟子·尽心上》。
② 《孟子·尽心上》。
③ 《孟子·梁惠王上》。
④ 《论语·季氏》。
⑤ 《论语·卫灵公》。
⑥ 《孟子·告子上》。

每个人都是可以培养善良的品德,这就是我所说的人性善。因此他劝导知识分子说:"古之人,得志,泽加于民;不得志,修身见于世。"①就是说,得志之时,要友善对待百姓,失意之际要注重品德修养以昭示世人。他强调与人相处要遵循与人为善的原则:"取诸人以为善,是与人为善者也。"意思是要善于汲取别人的长处,做到闻过则喜,闻善则拜,这是与人为善的好品德。②

这方面的内容尤为可贵,它是中华优秀传统友善文化中的重要组成部分。孔子告诉他的学生:"道千乘之国,敬事而信,节用而爱人,使民以时。"③意思是说,治理一个拥有1000辆兵车(约75000人兵力)的大国,要严肃认真处理政制,节约各种开支,爱护民力物力。这种爱护民力爱护自然力的思想到秦代还上升到法律的高度予以体现。秦简《田律》规定:"春二月,毋敢伐材木及壅堤(堵塞)水(渠),不夏月,毋敢焚草为灰,取生荔(未熟的荔枝)、麛(幼鹿),毋毒鱼鳖,到七月而纵之。"这是我国最早的保护环境资源的法律。④⑤ 秦简《田律》的强制规定也是古代中国人把友善的对象从人与人的关系延伸到人与物的关系的最早表述。

北齐著名学者刘昼也在他的文章中呼吁治国理政者要"上顺天时,下养万物,草木昆虫不失其所。獭未祭鱼,不施网罟;豺未祭兽,不修田猎;鹰隼未击,不张罻罗;霜露未沾,不伐草木。"⑥

这些内容,都是古代友善文化从与人为善到与物为善的扩展延伸,值得我们今天汲取和借鉴。

三、友善文化的现实传承

习近平总书记告诉我们:"要继承和弘扬我国人民在长期实

---

① 《孟子·尽心上》。
② 《孟子·公孙丑上》。
③ 《论语·卫灵公》。
④ 蒲坚主编:《中国法制史》,光明日报出版社2000年版,第73页。
⑤ 梁振中等主编:《中国历代治国思想要览》,中共中央党校出版社1998年版,第129页。
⑥ 《论语·学而篇》。

践中培育和形成的传统美德,坚持马克思主义道德观、坚持社会主义道德观,在去粗取精、去伪存真的基础上,坚持古为今用、推陈出新,努力实现中华传统美德的创造性转化、创新性发展,引导人们向往和追求讲道德、尊道德、守道德的生活,让13亿人的每一分子都成为传播中华美德、中华文化的主体。"①社会主义核心价值观倡导的友善,就是对中华民族优秀传统文化中友善品德的继承和发展,是社会主义制度条件下处理人际关系的基本价值准则,它为我们建设和谐社会、实现中华民族伟大复兴中国梦提供了重要精神品德的支撑。

新的时代,新的社会文明需求,赋予了友善新的现实内涵。主要体现在以下几个方面。

首先,友善是社会主义公民道德规范和品质的统一。"友善"源自人们内心对于善价值的追求。善良的友爱是良好人际关系能够维持稳定、持久的根本原因,也是社会能够形成和谐安定局面的重要保证。在这一意义上,"友善"意味着人们对于他人良好道德的肯定和推崇,就此而言,"友善"品德基于人们对美德的追求。前面已述,在我国传统文化中,孔子提出仁者爱人,孟子强调与人为善,其内涵都在于以善为原则帮助和成就他人。因此,"友善"不是建立人际关系的技巧,而是个人对善德的追求和修养水平的自然流露,是一种从爱父母及亲人开始并延及泛爱社会大众,敬老爱幼、扶助他人的种种善举,是人与人之间为实现自身善价值的相互促进和帮助,是社会和谐的润滑剂和催化剂。因此,友善作为今天公民道德规范和价值追求,其本质是指友好善良、能够互相帮助、相亲相爱的良好的公民伦理关系。

其二,友善是处理公民关系的基本道德规范。友善作为处理公民关系的基本道德规范,是由公民关系新的内在规律所规定的。在宗族社会中,血缘关系是社会成员相互联系的主要依据。而在现代社会中,公民关系则成为社会成员共同生活的根本纽带。随着社会的发展,特别是社会分工的进一步细化,作为公民基本道德

---

① 2013年12月30日习近平在中共中央政治局第十二次集体学习时的讲话。

规范的友善,意味着:公民之间必须建立公共意识,在社会生活中不能只关切自我利益的实现,必须将保护他人的利益纳入自己关切的视野。友善作为公民品德,要求每一个人能够明晰自我权利与他人权利之间的边界,在维护自我权利的同时也维护他人权利。

其三,友善是每个公民应有的基本道德品质。人具有社会性,公民身份决定了任何公民都不是一个单独的存在,每一位公民都必须与其他公民交往,并且只有在相互交往中才能实现自身的价值。公民需要在共同生活中满足自己的需求,但是个人利益之间难免存在矛盾,甚至冲突。如果缺乏友善的道德品质,公民之间就难以跨越差异和矛盾的沟壑,社会生活将显现出诸多不和谐现象。作为公民基本道德品质的友善,既指向他人,也指向自己。怀善良之心、成善良之人是友善的前提。把善心传递给他人的过程就是"友善"。因此,友善也是公民进入社会生活的道德姿态。友善的品质促使人们在公共生活中寻求相互认同,积极、主动地履行彼此间义务,以善意拉近彼此间的距离。

中华民族传承 5000 年的忠、孝、仁、爱的友善文化,正在当代人的努力下,在岁月的长河中绵延、创新、发展。

其四,友善文化的现实意义。

友善作为社会主义核心价值观的内容组成,在社会生活中发挥着不可替代的基础性作用。在"友善"价值观的引领下,能够有效化解社会生活的张力,调解社会心态,创建良好的社会环境。

首先,有助于建立良好人际关系。现代社会的人际关系紧张主要来自两个方面:一是社会的竞争压力,二是多元价值观所带来的差异性。市场经济中的竞争机制激发了公民的竞争意识,公民间的矛盾会因此而被放大、激化。"友善"价值观则能改变公民看待他人的视角,引导人们把其他公民当作社会生活共同促进的伙伴,而不是竞争的对手,更不是强调自我利益的最大化。"友善"价值观也会引领人们以开放、包容的心态对待公民间在生活方式、文化、观点等方面的差异,求同存异,和谐相处。

其次,有助于改善不良社会风气。"友善"作为社会主义核心价值观,鼓励人们更多地理解、包容、团结其他公民。但这种理解和包容不是没有道德标准的纵容。近年来,公共权力的腐败事件、食品安全问题、"中国式过马路"等公共生活失序现象越来越受到人们的广泛关注。这些问题都根源于对公共利益的漠视、公私边界的模糊和公民个体意识的过分膨胀。"友善"价值观在增进公民情感、发挥社会凝聚力的同时,有助于人们划分自我与他人、与社会的边界,在行使公民权利的过程中意识到自我行为的社会意义和对于其他公民的影响。这无疑是消除不良社会现象、改善不良社会风气的根本途径。

其三,有助于消融社会心理矛盾。改革开放以来,我国经济发展取得了令人瞩目的成就,但由于我国经济体制以及各项制度尚在调整和完善之中,加之人们在天赋、能力、受教育程度等方面的差别,客观上造成我国社会群体的分化。在这种背景下,社会心态在某些领域出现了失衡的现象。比如仇富心理、仇官心理以及在财富权力面前的浮躁情绪等。社会心态失衡的主要原因就是由于社会群体之间缺乏相互通达的桥梁。树立"友善"价值观,在个人层面,"友善"价值观能够帮助人们以阳光心态看待其他公民,从积极的角度肯定他人、尊重他人。在群体层面,"友善"价值观能够让人们在群体之间传递友爱的讯息,并且在实质层面予以相互帮助。

其四,有助于建设社会互信体系。"友善"价值观内涵具有对于诚信品德的本质诉求。基于"友善"的诚信有两个层面的伦理意义。第一个层面是"诚"。"诚"意味着公民要胸怀坦荡,实事求是,不违忤自己的良知。诚信的第二个层面是"信"。"信"要求公民对他人信守承诺,不诈不欺,充分履行自己的承诺。"信"还要求公民信任他人,去除自我防备的心理阴影。"友善"价值观有助于人们秉持诚信之德参与公共事务,勇于担当承诺所赋予的责任,消弭人们心中的隔阂,拉近人们的情感距离。人们之间的信任程度通常与情感密切相关。人与人之间的情感越密切,相互的信任程度就越深。公民之间的"友善"交往为营造互信的社会氛围创造了有利条件。

其五,是建立和维护和谐社会的黏合剂。友善是建立在各社会主体平等地位基础上的,它维系着公民之间的平等;友善还维系着公民之间的真诚,在这种联系之中,公民之间真诚相待,建立互爱互信的伦理秩序;友善维系着公民间的互助,它虽然不以互利为前提,但是在友善的联系中,公民之间进一步巩固了互助关系。在公民互助中,大家都平等相待,没有任何公民因为给予帮助或者接受帮助而产生人格的尊卑不同,这就为建设和谐社会奠定了良好的道德基础。倘若人与人之间缺乏友善,将导致惊人的恶果,追悔莫及。以下新闻报道是2005年发生在辽宁抚顺的恶性案件:

新华社沈阳4月19日电 19日上午,辽宁省抚顺市中级人民法院对备受社会关注的修车师傅杀死开"奔驰"车母女案公开宣判,以故意杀人罪判处刘兴伟死刑,剥夺政治权利终身,并判处赔偿附带民事诉讼原告人邹有学经济损失人民币4.2万元。

今年50岁的抚顺市民刘兴伟靠在路边修理自行车谋生。2005年10月5日15时许,刘兴伟正在抚顺市新抚区东公园街凤翔路中国农业银行西侧的小路边摆摊修理自行车,此时23岁的女孩邹华驾驶一辆奔驰轿车经过,撞坏了旁边刘兴伟准备修理的一辆自行车。随后邹华打电话找其父亲邹有学前来解决此事。邹有学赶到现场后在向刘兴伟询问如何赔偿时,双方言语不合,邹有学辱骂并动手打了刘兴伟,又用修车工具追打。后来,刘兴伟离开现场。几分钟后,刘兴伟返回现场,见邹家父女尚未离去,便持刀连刺邹有学腹部数刀。这时,邹华的母亲白素艳赶到现场,于是刘兴伟又向白素艳的腹部连刺两刀,随后又向在场的邹华胸、腹部连刺数刀,将3人刺倒后逃离现场。经法医鉴定,白素艳被刺中腹部造成腹主动脉破裂大失血而死亡,邹华被刺中胸部造成心脏及肺脏破裂大失血而死亡。邹有学胃、肠、肝脏破裂,为重伤。

行凶后,刘兴伟躲到抚顺市一花园树丛中睡了一晚。次日晚上,刘兴伟又在花园睡觉躲避。10月7日上午,刘兴伟的精神陷入崩溃状态,在新抚区附近准备自杀,当他用尖刀刺向胸口流出鲜血时,痛苦难忍的他再也无法将刀刺进自己身体。于是,选择投案自首。①

两条人命,仅仅起因于一次微不足道的事情。这起发生在辽宁抚顺的案件是一个惨剧,更是一个深刻的社会问题!人际间缺乏友善的结果,带来的不仅是人情的冷漠,还会酿成如上例那样的人间悲剧。

当前在市场经济大潮中,毋庸讳言的是人们思想道德和价值观念的滑坡,直接导致友善品德的危机。从宏观层面看,随着网络化和信息化时代的到来,中华民族优秀传统文化在近半个世纪的人为干扰下无法得到应有的传承,而新的符合现代人以及社会主义制度的道德价值观远没有构建起来。这样一个开放的社会改变了原有的生产生活社会体系,加上西方多元化思想的渗透,市场经济商品观念也对社会各个细胞不可避免地产生腐蚀作用,于是拜金主义甚嚣尘上,友善道德在人们对"名和利"的贪欲追求面前显得苍白无力,与传统优秀道德文化相悖的现象层出不穷,传统的以和为贵、友善行为不仅不能换来应有的回报,而且屡屡被误解为虚假和伪善。

从个人层面看,如果按传统文化中的友善品德修行,而别人依然唯利是图,凭强凌弱,所谓"人善被人欺、马善被人骑"的负面现象屡屡出现,于是"老实人不吃亏"的箴言就成为过时的古训。

从法制的层面讲,由于保护善行义举的法律尚未健全,导致出现令人痛心甚至寒心的救人反遭诬,导致"英雄流血又流泪"的不正常现象屡有发生,更加剧了与友善之德南辕北辙、愈行愈远。南京公民彭宇救助跌倒老人反被赖为是推倒老人的嫌疑人一案,就是"英雄流血又流泪"的典型案件,在社会舆论的压力下,案件最终以私下和解,双方撤回上诉落幕,但这个案件已然成为现代版的"农夫和蛇"故事。"彭宇案后遗症"持续发酵,对友善的人际关系造成极大的破坏力。2008年2月16日下午,在南京,也就是彭宇事件的发生地,一位94岁的老人突然倒地,周围许多人远远地看,

---

① 《开奔驰母女被杀案宣判》。http://news.sina.com.cn/c/2006-04-20/07428742979s.shtml。

谁也不敢上前。后来各地接连发生的很多见死不救的事件都摆脱不了 2007 年南京法院判决的这个彭宇案给人们带来的心理阴影。

四、关于培育友善品格的思考

把友善品德付诸实践之中,社会生活就是一个大考场,每一个人在社会生活中的点点滴滴言行就能透彻而真实地反映其内在本性。作为大学生,怎样培育和实践自身的友善品德呢?

培养和践行友善品德,就必须用友善之心对待周围的人:在学校中营造谦敬礼让、帮扶互助的友善风气。以友善之心对待同学,团结友爱,互相帮助,互相照顾,在学习和生活中谦虚低调。面对道德高尚、品质优秀的同学,要虚心学习,做到见贤思齐;面对他人的过失、缺点,要设身处地给予体谅和包容,诚心诚意进行提醒和帮助。在同学有困难时及时解急救难,雪中送炭。

培养和践行友善品德就必须从"孝"做起,在家里帮助父母做力所能及的家务事,该吃饭的时候吃饭,该休息的时候休息,做到不让父母为你担心、伤心,让父母安心、欢心,做一个孝顺的乖儿子、乖女儿;要避免"色难",做到"色悦"。《论语·为政》:"子夏问孝,子曰:'色难。'"是说子女在父母面前经常有愉悦的脸色,是件难事,即使自己很累或心情不好,在父母面前也要保持愉悦的神情,这是一个层次,是态度问题;另一个更高层次是对父母敬爱,是发自内心的修养问题、思想境界问题。

中国传统文化讲孝道,孔子之所以在这里讲孝,其中重要的一个思想是,人不但对父母要孝,为政之人也要以孝子之心来为政。为政者如果连自己父母都不孝,还能做到忠君爱民吗?这个思想对后代很有影响,以至于有"求忠臣必于孝子之门"的说法。

于丹教授在一次讲座中说,儿女容易做到给父母买车、买房,但是最难做到的就是不给父母好脸色看,经常给父母脸色看,这就是"色难"。有人认为,买房子、请保姆、吃大餐、去旅游就是孝顺父母。其实,物质上给父母的享用,这是低层面的"孝";高层面的"孝",应该表现为对父母精神上的敬重和感情上的安慰。"色难"

难在何处?难在有一颗恭敬感恩的心,难在有一个友善谦和的态度。随时给父母好脸色,这是举手之劳的事情,却能体现一个人的素养。

培养和践行友善品德,必须关爱他人。在社会公共场所,遇到陌生人询问,需要帮助时,应该礼貌、热情、帮助解决他们提出的问题。还要主动热情关心别人、邻居、朋友。对待他人的友善态度不仅要发自内心,而且要通过适当的言行举止,恰当的方式表达自己的善意,比如在帮助残障人士、贫困者、年迈体弱等弱势群体时,一定要更加注意表达爱心的方式,不要伤害他们脆弱敏感的心灵。

培养友善之德是一件长期的事,青年大学生要从生活中细小的事情培养起好的习惯,尤其注意培养"八个学会":学会换位思考,学会适应环境,学会大方待人,学会低调做事,学会赞美他人,学会对人礼貌,学会检讨自己,学会感恩。

培养和践行友善品德,必须注意汲取传统文化的精华。社会主义核心价值观中,既有社会主义先进文化的成分,也有传统文化的成分。马克思主义是核心价值观倡导和培育的指导思想,而传统文化则是它重要的思想来源和基础。

追求和谐友善,是中国传统文化中的核心概念之一,构建和谐社会的中心环节就是正确处理人与人的关系。中国先哲认为,在天时、地利、人和三要素中,人和是最关键、最重要的。当代中国所着力建设的文明社会,就是要继承并发扬中国传统文化中的先进文明,传承优秀民族精神。社会主义核心价值观就是在传统文化精髓的基础上发展和建立起来的,是传统文化的当代体现。因此,注意汲取传统文化中的精华,是培养和倡导社会主义核心价值观的重要途径。

友善品德的修养是一辈子的事,古人有"从善如登,从恶如崩"[1]的感慨。意思是培养良善品德如同登山一样艰难,而想养成不好的品德就如同山崩一般快速。这是从人性的角度就培养善良品德的困难程度而言的,因为人总是有种难以克服的惰性,包括行

---

[1] 《国语·周语下》。

动和道德上的惰性,如好逸恶劳、损人利己等等。如果能有严格的纪律约束,总能大体上克服;但是如果在没有外在监督的情况下,克服道德惰性,念念不忘护持一颗善心,便不容易了。毛泽东同志曾说过:"一个人做点好事并不难,难的一辈子做好事,不做坏事。"[①]因此人要舍恶从善,一是内心必须有强大的信念做"防护堤",二是必须有良师益友互为提点。立志须坚,交友须慎,青年人尤为切要。三是必须要有恒心。

培养和践行友善品德,必须发挥榜样的引领作用。当今社会,党和政府大力营造和谐友善的社会氛围,以扭转因"文革"等诸多因素对青少年思想道德的负面影响,比如通过"寻找最美教师"、评选"感动中国人物"等活动来重塑友善的社会氛围。这些已经树立起来的道德模范,如感人的"板凳妈妈",她的崇高品德感动了无数的中国人,凝聚起社会的正能量。在他们的身上,处处可见友善的品德:

> 湖南省湘潭市岳塘区板塘乡的许月华,1985 年被评为湘潭市级劳动模范,2010 年 9 月,她的善行义举事迹被公布于网络,随即在网络世界中疯转。许多网民通过转帖、留言、评论的方式,表达了对她的敬爱,为之动容的网民称她为"板凳妈妈",当年被人民网评为"中国十大责任公民"。2011 年她被评为全国优秀共产党员、第三届全国道德模范。
>
> 许月华,1956 年出生,今年 58 岁。她 1 岁丧父,12 岁丧母。为谋生计,她到铁路上捡煤渣,1968 年 4 月 22 日被火车轮夺去了双腿。当地政府把她从农村接到湘潭市社会福利院收养。家庭和经历的不幸并没有将许月华击垮,福利院的生活让她变得坚强和感恩。一天,她看到一个不到两岁的小孩,搬张小凳子学走路。她想,自己也可以用凳子把身子顶起来走路。于是,没有双腿的她开始用两个矮板凳支撑着,学习用

[①] 这句话是毛泽东同志 1940 年 1 月 15 日在中共中央为吴玉章同志补办六十寿辰庆祝会上有感而发的。后人把毛泽东的言论编印出版了《毛主席语录》,其中就收入这句话。

手扶板凳走路。摔倒、爬起来、再摔倒、再爬起来……许月华终于重新学会了"走路"。衣来伸手,饭来张口的供养人员生活让她感到浑身不自在,她向院长提出要帮着照看小孩。院长拗不过她,就让本来是被供养对象的许月华,成了一名没有任何报酬的编外保育员,成了福利院孩子们的"板凳妈妈"。从此,她撑着小板凳,奔忙于福利院幼儿园的各个房间,为孩子们缝补浆洗,纳鞋底,喂食端尿。

社胜利是"板凳妈妈"的第一个"孩子"。福利院从拖拉机轮子底下捡回胜利时,她才几个月大,患重感冒并引发肺炎,必须专人重点照顾。领导正发愁到哪里抽人手时,许月华主动承担起照顾的任务。胜利是先天唇腭裂患者,喂进去的食物,往往会从鼻腔里流出来。许月华把她抱在手上,用注射器一点一点地喂养她。胜利唇腭裂手术愈合后,长成了漂亮姑娘,如今已结婚生子。她逢人就说:"我能有今天,全靠'妈妈'。"

福利院收养的孤残婴幼儿不断增多,许月华抚育的"儿女"也越来越多,最多时有15个。为了方便照看,她让孩子们都睡在自己的床上。床铺太窄,就不断加宽,最后加宽到了5米,她那张大床成了一座小型幼儿园。白天,许月华给他们喂奶,换尿布,陪他们玩,逗他们笑,常常忙得连吃饭的时间都没有。晚上,这个刚睡下,那个又醒了,这个刚停止哭,那个又扯开嗓子喊,许月华从没睡过一个安稳觉。她用自己感恩、坚强、甘于奉献的善良和爱心,用自己那半截的身躯给予福利院的孩子们以完整的母爱。

在37年间,许月华小板凳用坏40多个,带大了138个孤儿,不少孩子被领养,考上大学,结婚生子。他们在填履历表时,在"母亲"一栏里,写的都是一个共同的名字:许月华。

榜样的教育、示范和引领,对社会主义友善价值观的培育具有不可替代的重要作用。人间自有真情在,生活中从来不乏见义勇为、助人为乐的善行义举。因此,在学校中开展以友善为主题的道德教育和道德实践活动,应贴近百姓生活,着力捕捉、发掘和宣传群众身边的善意与真爱。此外,还要在社会中广泛开展人人参与的以关爱他人、奉献爱心为主题的志愿服务活动,着力引导全社会成员关注、关心、关爱困难群体,营造帮扶互助的友善风气。

培养和践行友善品德,必须善待自然环境。人类不仅生活在群体、社会中,而且生活在天地、自然中。人们在自身的生存发展中不仅要和他人、社会打交道,而且要和自然打交道。"爱人"与"爱物"密不可分。人类只有一个地球,它是人们共有的生存家园。友善对待自然、保护环境,同时就是尊重和保护他人以及子孙后代的生存发展权利,就是尊重和保护人类自己。

党的十八大报告把对建设生态文明提到关系民族未来的战略高度来认识:"建设生态文明,是关系人民福祉、关乎民族未来的长远大计。面对资源约束趋紧、环境污染严重、生态系统退化的严峻形势,必须树立尊重自然、顺应自然、保护自然的生态文明理念,把生态文明建设放在突出地位,融入经济建设、政治建设、文化建设、社会建设各方面和全过程,努力建设美丽中国。"

党的十八大之后,环境问题日益受到社会关注。保护环境,善待自然的观念日益深入人心。当前必须做好以下工作:

一是抓好保护环境的宣传工作。要充分发挥新闻舆论的导向和监督作用。围绕生态文明建设及污染物减排、环境质量持续改善、环境风险防范、环保改善民生等重点、热点问题,开展环境宣传教育。

要采取生动具体、丰富多彩、公众喜闻乐见的形式。要把环保工作重点、热点问题的解决过程作为环境宣传的载体,建立环境宣传的常态化机制。积极开展对青少年的保护环境宣教,使其从小树立环境意识。要建立环保部门牵头,教育、妇联、团委、宣传等部门和环保志愿者组织协同参与的大宣传网络,做大做强环境宣教工作。

二是建立健全政府、公众、企业、环保志愿者协商对话机制,形成政府主导、企业主体和公众参与的环境保护大格局。通过门户网站、官方微博、微信等形式,搭建公众互动沟通平台,构筑起最广泛的环保统一战线,切实保障公众的知情权、参与权和监督权。加强民间环保组织等参与主体的培育,积极引导民间环保组织加强自律,加强业务指导,确保其健康、有序发展。

三是坚持从政府、企业、家庭、学校、社会各层面出发,把生态文明教育渗透到家庭教育、基础教育、高等教育、职业教育及各级党政领导干部教育培训中,努力构建家庭、学校、社会"三位一体"的生态文明环境教育体系。

在家庭教育中,要以创建绿色家庭为载体,倡导环境友好型生活方式。在学校教育中,发挥各类学校生态文明教育主课堂的作用,把生态文明相关知识和课程纳入国民教育体系和各级党政院校的教学计划中。同时加强生态环境教育师资培训,切实提高中小学教师的环境知识水平。在社会教育中,通过各种媒体培养公众的生态伦理观,提高人们的生态道德修养,使科学认识自然、友善对待自然成为人们工作、学习、生活的自觉理念。在企业教育中,重点普及循环经济、清洁生产和可持续发展理论,树立依靠科技进步推动经济社会和环境保护协调发展的理念和责任。通过以上措施,提高全民保护和建设生态文明素养,形成生态文明社会新风尚。

四是使生态文明建设工作成为每个部门、单位、社区、学校和镇村的分内事。发挥政府、公众、企业等各类环境保护主体的作用,改善生态环境、发展生态经济、传播生态文明。着力完善组织、投入、监管、考核等机制,把绿色创建作为各级党政领导政绩考核的重要内容,真正发挥各社会主体在推进生态文明建设中的积极作用。

今天,建设"美丽中国"已经成为实现伟大"中国梦"的重要组成部分,陶渊明笔下安逸与和谐的桃花源梦中圣地,正在被现代中国人放大延及整个中国,正在用"友善"这支五彩笔细细描绘。

培养和践行友善文化,必须在校园中积极营造健康文化氛围。友善教育是学校思想政治教育工作的重要组成部分。要培养大学生的社会主义核心价值观,如何与人友善相处是最基本的要求,打开了与人友善交往的第一步,在实践生活中才能逐渐积累形成好的道德品行,确立正确的人生观、价值观、世界观。因此,进行友善品德教育是大学思想政治教育的重要组成部分,思想政治教育就是要将友善这一社会主义核心价值观内化为社会群体和个人的意识,外化为群体和个人的行为规范,积极营造健康友善的校园文化氛围。

第一,强化友善传统文化的熏陶、灌输。要教育学生懂得,社会中每一个人都不是孤立存在的,是家庭、民族、国家乃至人类的一分子。这种不能切断的天然联系,将每一个人与他人和社会紧紧地联系在一起。中国传统的儒家思想提倡仁爱精神,对青年人来说可以表述为对"你我他"的爱。仁首先要求人要爱自己,"身体发肤,受之父母,不敢毁伤,孝之始也"①。这是对"我"的善待;二是要爱亲人,"夫孝,德之本也"②,就是对"你"——身边至亲的善待;三是要爱他人,"己所不欲,勿施于人"③,要有恻隐之心,这是对"他"——社会其他人的善待。从善待"我"到善待"他",这是一个友善品德升华的过程。

儒家文化中的仁爱精神与社会主义的无私奉献精神、以人为本的精神思想,这些都可以成为"友善"这一社会主义核心价值观的思想源泉。在友善教育过程中充分发挥思想政治教育学原理中的灌输和熏陶原理,以理论灌输的方式和生动有趣的古今中外思想感染学生熏陶学生,使学生懂得宽容是一种储蓄,友善是成功的基础,增强友善品德教育的吸引力。

第二,优化校园环境。首先,学校是学生最重要的生活场所,要加强友善教育就要优化校园环境,创造良好的校园环境是开展友善教育的关键所在。虽然当前社会上存在着种种不良因素,但学校应该在自己的区域空间努力营造良好的道德气候环境。有一句话说得好:我们不能决定太阳几点钟升起,但我们可以决定自己几点钟起床。学校教育环境的优化需要领导重视,保证德育建设有足够的资金投入和完善的硬件建设,建设好友善教育的活动平

---

① 《孝经·开宗明义章》。
② 《孝经·开宗明义章》。
③ 《论语·颜渊》。

台;办好学校广播站、校刊,加强校园网络建设,树先进、立典型,宣传表扬好人好事,批评自私自利的行为。牢牢把握正确的舆论导向传播正能量,提倡健康的生活情趣和向上的精神追求,教育学生明辨是非追求进步,树立正确的人生观、价值观、世界观,促使校园里形成健康向上的环境氛围。

第三,借助良好主题教育活动载体。根据学生身心特点把握学生思想发展的脉络,结合学校社会生活实际针对学生在思想、学习、生活方面关注的问题开展一系列有教育意义的主题活动,使学生获得更多的正能量,从而促使他们感悟人生的真善美,形成良好的心态和健全的人格,充分发挥好教育活动潜移默化导人向善的作用。具体可以采取文化活动月、报告会、为社会献爱心志愿者社会实践活动等形式,在各种丰富有趣的校内外课余活动中展开友善文化的熏陶教育。

第四,加强大学生心理健康教育。友善是人类交际心理的需要。健康心理是友善交往的前提。大学生心理健康需要教育工作者给予更多的关注,在应试教育的体制下当代大学生在他们的中学阶段几乎只专注于学习,家长的过度关注、社会人际交往经历的严重缺乏,导致了众多学生身心健康不能协调发展。积极开展心理健康教育,不断提高大学生心理调节能力,努力培养其良好心理品质,大力促进大学生思想道德素质与科学文化素质协调发展是大学生健康成长的需要。

学生的健康成长需要学校做好引路人。为学生成为全面发展的人才,学校需要切实关怀学生的心理健康问题,把心理健康教育贯穿于教学活动中;学生要主动学习心理健康方面的知识。很多大学生心理健康方面的知识相当贫乏,要掌握一定的心理健康知识,当自身出现心理问题时能够及时及早地自我发现,运用相关的心理知识适当地进行自我调整,从而避免情况的继续恶化;学校要配备专业心理咨询师。目前,我国高校中普遍缺乏专业心理咨询人才,很多时候大学生出现心理问题得不到及时的心理帮助,造成不良后果,这是需要引起我们重视的。

第五,老师要善于引导,因人施教。友善是一个人道德品行的表现,一旦形成善的观念,就是能区分什么是好什么是坏,有了这种辨别能力,就能够有目的、有意识地形成自己长远的合理生活计划,并为此努力。作为老师,应抓好友善教育,从学生的日常行为规范抓起,勿以善小而不为,勿以恶小而为之,让每一个学生养成尊老爱幼、善待他人的良好道德风范。

2012年浙江省高考以来,网民们纷纷转发一篇题作《做一个为英雄鼓掌的人》的文章,其实它是台湾女作家刘继荣写于4年前的博文,原题《坐在路边为英雄鼓掌的人》,被采用为浙江省高考作文素材:

有对父母有个女儿,同学都管她叫"23号"。她的班里总共有50个人,每次考试,女儿都排名23。久而久之,便有了这个雅号,她成了名副其实的中等生。

父母觉得这外号刺耳,女儿却欣然接受。爸爸发愁地说,一碰到公司活动或者老同学聚会,别人都对自家的"小超人"赞不绝口,大家要孩子们说说将来要做什么。许多孩子说是要当钢琴家、明星、政界要人,赢得大家一阵赞叹。

为提高她的学习成绩,让孩子有个好前程,父母请家教,报辅导班,孩子也蛮懂事,周末,从一个班赶到另一个班,卷子、练习册,一沓沓地做。期末考试的成绩,仍然是让父母哭笑不得的23名。

于是父母放弃了轰轰烈烈的拔苗助长活动,恢复了她正常的作息时间,允许她继续订《儿童幽默》之类的书报,允许她继续学她感兴趣的剪纸。可面对她的成绩,又有说不出的纠结。

周末,一群同事结伴郊游。大家各自做了最拿手的菜,带着老公和孩子去野餐。这家孩子唱歌,那家孩子表演小品。女儿没什么看家本领,只是开心地不停鼓掌。她不时跑到后面,照看着那些食物,把倾斜的饭盒摆好,松了的瓶盖拧紧,流出的菜汁擦净,忙忙碌碌,像个细心的小管家。

回来的路上,堵车,一些孩子焦躁起来。女儿的笑话一个接一个,全车人都被逗乐了。她手上也没闲着,用装食品的彩色纸盒,剪出许多小动物,到了下车的时候,每个人都拿到了自己的生肖剪纸。孩子们连连道谢。

期中考试后,父母接到了女儿班主任的电话。首先得知,女儿的成绩,仍是中等。不过他说有一件奇怪的事想告诉他们,他从教30年第一次遇见这种事。

语文试卷上有一道附加题:写出你最欣赏班里的哪位同学,请说出理由。除女儿之外,全班同学竟然都写上了女儿的名字。理由很多:热心助人,守信用,不爱生气,好相处等等。班主任还说,很多同学甚至建议,由她来担任班长。他感叹道:你这个女儿,虽说成绩一般,可为人实在很优秀啊。

父母开玩笑地对女儿说,你快要成为英雄了。女儿歪着头想了想,认真地告诉我说,老师曾在课堂上讲过一句格言:"当英雄路过的时候,总要有人在路边为英雄鼓掌。"她轻轻地说:"妈妈,我不想成为英雄,我想成为在路边为英雄鼓掌的人。"

那一刻,父母被这个不想成为英雄的女孩打动了。这世间有多少人渴望成为英雄,最终成了红尘里的平凡人。我们不妨换个思路:如果健康,如果快乐,如果没有违背孩子的心意,我们的孩子,做一个善良的普通人又有什么不好?

这样的孩子长大成人后,她一定会成为贤淑的妻子,温柔的母亲,热心的同事,和善的邻居。这难道不是老师和父母对学生、对儿女所希望的吗?我们建设和谐社会,不正需要这样的公民吗?

要知道,一个社会不可能每个人都成为英雄,为英雄鼓掌的平凡普通善良人同样也值得鼓掌,笔者觉得,这位善良女孩的追求具有普遍性意义,而这位老师潜移默化的心灵引导,值得点赞,值得每个老师学习。

培育和践行社会主义友善价值观,是一项匡扶正义、匡正人心之举,需要惩恶与扬善并举。一方面,要对损人利己等伤风败德行为采取多管齐下的治理、惩处措施;另一方面,也要注意制定相关的政策法规,保护践行友善品德之人的合法权益不受损害,并在物质和精神上给予相应的支持和慰勉。概言之,在全社会积极营造风清气正、善有善报、恶有恶报的崇德向善氛围,是有效培育、涵养社会主义友善价值观必备的环境气候和土壤。

比如为了纠正上述彭宇案这一与友善美德相悖的判决书带来的许多负面社会效应,因应社会的呼吁,在彭宇案之后的几年间,许多地方相继出台了对见义勇为者的奖励条例。2010年至2011年,深圳、浙江、重庆、福建、安徽、宁夏等地均出台了保护和奖励见义勇为行为的条例。规定诬陷好人构成犯罪的,要追究刑责,公民因实施救助行为负伤、致残的,法院应给予司法救助,用政策条例给见义勇为的好人撑腰。

由于我国至今没有国家层面的见义勇为法律,因此目前有关见义勇为行为的确认、表彰、奖励和补偿一般都是各个省市出台地方条例予以规定。而且,由于各地区在对见义勇为行为性质的认识、资格的确认、褒奖标准的确立、补偿的依据等方方面面存在很大差异,因此,在实际执行中出现了各不相同的情况,这是非常不利于社会鼓励公民的善行义举。十八届四中全会提出了"建设法治国家"的治国目标,我们建议应该制定统一的国家层面的扶助善行义举的法律。只有消除群众对见义勇为的后顾之忧,才能涌现出更多的好人好事;只有加大对见义勇为者的褒扬与奖励,才能真正为维护社会正义者"扬名正身",提振社会友善风气。

五、构建公民优秀品格的统一体

社会主义核心价值观是我们党从国家、社会和个人三个层面进行高度概括、凝练的产物。其中,国家由区域社会组成,社会由个人组成,因此个人层面的价值观在整个价值观体系中处于基础地位。而在个人层面,爱国、敬业、诚信、友善四项价值观是一个完整的体系,其中友善又相对处于基础的地位,其他三项价值观无一不与友善理念相关联,由友善品德所延伸,所发展:诚信、敬业、友善融合到一起的最高境界就是一种爱国情怀。与人友善、爱岗敬业、诚信友爱,这些都是爱国情怀不可或缺的部分。一个不爱他人、只关心自己利益的人,就很难在人际交往中做到尊重他人、诚信无欺,而一个不能善待他人的人,就不能指望其会在具体工作岗位上敬业、为社会和他人做奉献,更不能指望其热爱国家,所以在实践中积极倡导、培育友善价值观,对于社会主义核心价值观整体培育与践行具有基础性作用。

  党和政府对青年寄予了厚望。习近平总书记2014年5月4日到北大看望师生,对广大青年如何培育社会主义核心价值观作了重要讲话,他指出了培育和树立社会主义核心价值观的重要性:"核心价值观,承载着一个民族、一个国家的精神追求,体现着一个社会评判是非曲直的价值标准。古人说:'大学之道,在明明德,在亲民,在止于至善。'核心价值观,其实就是一种德,既是个人的德,也是一种大德,是国家的德、社会的德。国无德不兴,人无德不立。如果一个民族、一个国家没有共同的核心价值观,莫衷一是,行无依归,那这个民族、这个国家就无法前进。这样的情形,在我国历史上,在当今世界上,都屡见不鲜。""确立反映全国各族人民共同认同的价值观,使全体人民同心同德、团结奋进,关乎国家前途命运,关乎人民幸福安康。……富强、民主、文明、和谐是国家层面的价值要求,自由、平等、公正、法治是社会层面的价值要求,爱国、敬业、诚信、友善是公民层面的价值要求。这个概括,实际上回答了我们要建设什么样的国家、建设什么样的社会、培育什么样的公民的重大问题。"

  习近平同志强调青年树立核心价值观对国家对民族尤为重要:"青年的价值取向决定了未来整个社会的价值取向,而青年又处在价值观形成和确立的时期,抓好这一时期的价值观养成十分重要。这就像穿衣服扣扣子一样,如果第一粒扣子扣错了,剩余的扣子都会扣错。人生的扣子从一开始就要扣好。"[①]作为未来社会的建设者,作为承担实现伟大"中国梦"的新一代大学生,都要遵照习总书记的教导,认真扣好人生的第一粒"扣子",让青春在今天的学习中,在以后的工作中谱写无愧于自己,无愧于时代的精彩

---

① 2014年5月4日,习近平在北京大学师生座谈会上的讲话。

篇章,为营造社会主义核心价值观,实现伟大的中国梦做出自己的贡献!

思考题

1. 在"桐城六尺巷"故事中,如果张、吴两家互不相让可能导致什么后果? a. 打官司,让官府裁决;b. 邻居之间老死不相往来;c. 大打出手,酿成惨剧。"六尺巷"的故事给了我们什么样的启示? 我们在工作和生活中应该怎样与人相处?
2. 谈谈你对修车师傅杀死开"奔驰"车母女案的看法。
3. 说说你对《坐在路边为英雄鼓掌的人》这一故事的看法。
4. 培养"友善"品格对一个人的成长和成功有什么样的意义?
5. 谈谈你在学校和社会生活中要怎样培养与践行与人为善的品格。

参考文献

[1] 党的十八大报告《坚定不移沿着中国特色社会主义道路前进 为全面建成小康社会而奋斗——在中国共产党第十八次全国代表大会上的报告》,人民出版社2012年版。

[2] 习近平总书记考察北京大学在师生座谈会上的讲话,《人民日报》2014年5月5日。

[3]《论语译注》,杨伯峻译注,中华书局2004年版。

[4]《孟子译注》,杨伯峻译注,中华书局2009年版。

[5] 梁振中等主编:《中国历代治国思想要览》,中共中央党校出版社1998年版。

[6] 蒲坚主编:《中国法制史》,光明日报出版社2000年版。

[7] 石国亮、莫忧主编:《社会主义核心价值观青少年读本》,人民出版社2014年版。

后 记

本书是闽南师范大学通识课教材,各章编写方法和体例采用李进金教授的数学讲授方法:首先陈述历史或现实所发生的实际案例,引出解释这些案例的相关社会主义核心价值理论;接着系统阐述这些社会主义核心价值理论;最后应用理论于实际,破解案例;力求使社会主义核心价值理论成为像数学那样严密精确和可以践行的科学体系。编写者分工如下:

绪论、全书大纲和统稿工作 李进金,闽南师范大学教授。

第一章 周文彰,国家行政学院教授,曾任海南省委常委、省委宣传部部长和国家行政学院副院长。

第二章、第四章 袁祖社,陕西师范大学马克思主义学院教授。

第三章、第六章、第七章、第八章 王海明,闽南师范大学马克思主义学院特聘教授。

第五章、第十二章 郑礼炬,闽南师范大学文学院副教授。

第九章 邓文金,闽南师范大学闽南文化研究院教授。

第十章 李玢,闽南师范大学马克思主义学院教授。

第十一章 陈再生,闽南师范大学马克思主义学院教授。

第十三章 何池,闽南师范大学闽南文化研究院特聘教授。

本教材是研究和讲授社会主义核心价值的尝试,难免有错误和不妥之处,希望师生和读者不吝赐教,以便再版时修改提高为盼。

闽南师范大学《社会主义核心价值教程》编写组
2015 年 3 月 22 日